JN232535

青年期の本質
The Nature of Adolescence
John Coleman and Leo B. Hendry

J・コールマン＋L・ヘンドリー 著
白井利明他訳

ミネルヴァ書房

THE NATURE OF ADOLESCENCE (3rd edition)
by John Coleman and Leo Hendry

Copyright © 1999 by John Coleman and Leo Hendry
All Rights Reserved.
Authorised translation from English language
edition published by Routledge,
a member of the Taylor & Francis Group.

Japanese translation published by arrangement with Taylor & Francis
Group Ltd through The English Agency (Japan) Ltd.

日本語版への序文

『青年期の本質』の日本語版への序文を書かせていただき，光栄に思います。
　本書は貴重だと考えますが，それには理由があります。なぜレオ・ヘンドリー教授と一緒になって，テキストであるこの第3版を書こうと思ったのか。第1に，青年期は今の社会ではたいていの大人にとって謎のままです。若者に対する誤解も多くあり，人生のこの段階にかんしてもっとよい情報が緊急に求められています。しかも，親にも，専門家にも，実は子どもと10代に関心のあるすべての人々に役立つ情報が求められています。第2に，青年期は発達心理学のなかではなじみが薄いのです。大学の課程では幼児期や児童期ほどには注目されていません。これはとても不幸なことです。経済や社会が健全であるためには青年期という段階が重要だと考えるからです。第3に，青年期そのものは，魅力的でやりがいのある研究分野です。青年期を取り上げた文献を見ると，検証すべき興味深い理論や，みんなが関心のある話題で論争していることがたくさんあります。そのような話題としては，アイデンティティ，自尊感情，家族関係，健康上のリスク，友情などがあげられます。レオ・ヘンドリー教授も私も青年期は大きな視野でとらえたいとみんなが願っていると考えていますが，本書がその目的のために役立つことを望んでいます。
　日本の学生と実践家のみなさまが本書を読むことで，青年期の話題にかんして最新の研究を学ぶことになると思うと嬉しく思います。しかし，気になっていることもあります。そのひとつは，かなりの文献が西洋の国々で行われた研究に基づいていることです。東洋で行われた研究は西洋の国々では知れ渡っていません。とても残念なことです。本書の翻訳がきっかけとなって，日本の学生や学者が青年期をさらに研究するだけでなく，その際，英語で仕事をする研究者と密接な連絡を取っていただくことが，私の願いです。さまざまな文化からの研究者がもっと交流する必要があります。もし本書をとおして青年期に関

心のある人々がさらに結集することになれば，重要な目的を達成したことになります。

　私はとくに白井利明教授と共同翻訳者にお礼を申し上げたいと思います。彼らの情熱と決意がなければ，この翻訳は決してありえなかったでしょう。本当に一生懸命取り組んでくれたおかげで，本書が日本語で出版され，日本の学者が人生の段階としての青年期をさらに理解しようとするのを魅惑するのではないでしょうか。本書が多くのみなさまに読まれることをお祈りします。

　　2003年5月
　　　　　　　　　　　　イングランドのブライトンにて
　　　　　　　　　　　　　　　　　　イギリス青年研究財団所長
　　　　　　　　　　　　　　　　　　　　　ジョン・コールマン

目　　次

日本語版への序文

第 1 章　イントロダクション … 1
　社会の変化 … 2
　移行の性質 … 9
　発達的文脈主義 … 14
　焦点モデル … 18

第 2 章　身体の発達 … 25
　思春期 … 26
　思春期が心理に及ぼす影響 … 30
　早熟者と晩熟者 … 33
　年次推移 … 36
　　実践への示唆 … 39

第 3 章　思考と推論 … 41
　形式的操作 … 42
　社会的認知 … 48
　道徳的思考 … 53
　　実践への示唆 … 58

第 4 章　自己とアイデンティティ … 61
　自己概念の発達にかかわる要因 … 63
　自尊感情 … 68
　アイデンティティの発達に対する理論的なアプローチ … 73
　民族アイデンティティにかんする研究の論評 … 80

実践への示唆 ………………………………………………… *86*

第 5 章　家　　族 …………………………………………… *89*
　自律の発達 …………………………………………………… *90*
　対立と世代の断絶 …………………………………………… *95*
　家族環境と青年期の発達 …………………………………… *99*
　文化と民族性 ………………………………………………… *102*
　母親と父親 …………………………………………………… *105*
　離婚と家族の特質の変化 …………………………………… *108*
　10代の子育て ………………………………………………… *114*
　　実践への示唆 ………………………………………………… *118*

第 6 章　青年期のセックスとセクシャリティ …………… *121*
　性行動パターンの変化 ……………………………………… *122*
　青年の性行動の文脈とタイミング ………………………… *126*
　恋愛と親密性 ………………………………………………… *132*
　若者と安全なセックス ……………………………………… *134*
　青年期におけるレズビアンとゲイのセクシャリティ …… *137*
　10代が親になること ………………………………………… *142*
　効果的な性教育 ……………………………………………… *148*
　　実践への示唆 ………………………………………………… *150*

第 7 章　青年期の健康 ……………………………………… *153*
　喫　　煙 ……………………………………………………… *157*
　飲　　酒 ……………………………………………………… *160*
　違法な薬物 …………………………………………………… *163*
　若者の関心事 ………………………………………………… *166*
　心の健康 ……………………………………………………… *169*
　スポーツと身体的活動 ……………………………………… *172*

結　　論 ………………………………………………………… *175*
　　　実践への示唆 …………………………………………………… *177*

第 **8** 章　友情と仲間集団 ………………………………… *179*
　　青年期の社会的関係の始まり ………………………………… *182*
　　友情と仲間集団のダイナミックス …………………………… *185*
　　家族との関係と友情 …………………………………………… *189*
　　大きなクラウド ………………………………………………… *193*
　　拒絶と孤立 ……………………………………………………… *198*
　　結　　論 ………………………………………………………… *201*
　　　実践への示唆 …………………………………………………… *203*

第 **9** 章　働くこと，失業，そして余暇 ………………… *205*
　　学校教育と労働市場への移行 ………………………………… *207*
　　家を出ること：身分の変化 …………………………………… *211*
　　労働と失業 ……………………………………………………… *212*
　　失業と幸福感 …………………………………………………… *216*
　　若者，余暇，そしてライフスタイル ………………………… *220*
　　「困難な時代」の快楽主義？ ………………………………… *225*
　　結　　論 ………………………………………………………… *229*
　　　実践への示唆 …………………………………………………… *231*

第 **10** 章　若者と反社会的行動 ………………………… *233*
　　反社会的行動の流行 …………………………………………… *235*
　　反社会的行動のリスク因子 …………………………………… *239*
　　反社会的行動への介入 ………………………………………… *245*
　　　実践への示唆 …………………………………………………… *248*

第11章　政治，愛他性，社会的行為 ………… 251
政治的思考と政治的推論 ………… 253
社会的行為 ………… 260
　実践への示唆 ………… 269

第12章　ストレスと対処，適応 ………… 271
青年期におけるストレスと移行 ………… 273
ストレスの原因と関連要因 ………… 279
青年期における対処 ………… 284
リスクと回復 ………… 294
結　論 ………… 297
　実践への示唆 ………… 298

参考文献
邦訳文献一覧
訳者あとがき

第 1 章
イントロダクション

青年期は，社会的・政治的変動のなかで発達する。そこで本章は導入として，最近の社会的・政治的変化でもっとも重要なもののなかから概観し，今日の若者がどんな文脈のなかで生活しているのかを明らかにする。青年期はよく児童期から成人期への移行期だとされるが，過去20年間の社会・政治上の出来事が移行期の性質に重要な影響を及ぼしてきた。それゆえ，本章では，近年，青年期の移行がどのように変わってきたのかに注目する。また，青年期にかんする最新の理論を概観しておかなければならないが，それは理論がさまざまな点で成長と変化の見方も教えてくれるからである。これから見るように，近年，理論が顕著に進歩したが，人間発達を理解するうえで，文脈を重視するようになってきている。家族や地域，社会などの環境もまた，青年期に重要な影響を及ぼすことが今日確かめられている。そこで，この見方も取り入れて思索を進める。本章は最後に焦点モデルの概要を紹介する。というのも，焦点モデルは有用であり，人生のこの段階にある若者の強さや資源，潜在的な傷つきやすさが考察できるからである。本書をとおして，青年期の発達にある肯定的な要素を強調するとともに，最後に焦点モデルを紹介し，その有用な枠組みに基づいて，対処のしかたや適応を論じる。

社会の変化

　本書の第1版や第2版を出版してから数年のあいだに，社会や政治で実にさまざまな変化が起きた。こうした変化は若者の生活に深い影響を与えているので，社会的・政治的変化の性質を概説しておくことが重要である。おそらく，もっとも大きな変化は，ふたつの領域—家族と労働市場の領域—において経験されているが，また人種やジェンダーに対する態度の変化，共産主義の敗北やソビエト連邦の崩壊などの政治的展開の影響，さらには欧州連合においてイギリスなどの国々に対するヨーロッパの影響が増大していることもかかわっている。

　はじめに雇用の状況を分析し，労働市場の変化がどのようにして青年期の理解に影響を与えてきたのかを探りたい。ここではイギリスを取り上げるものの，

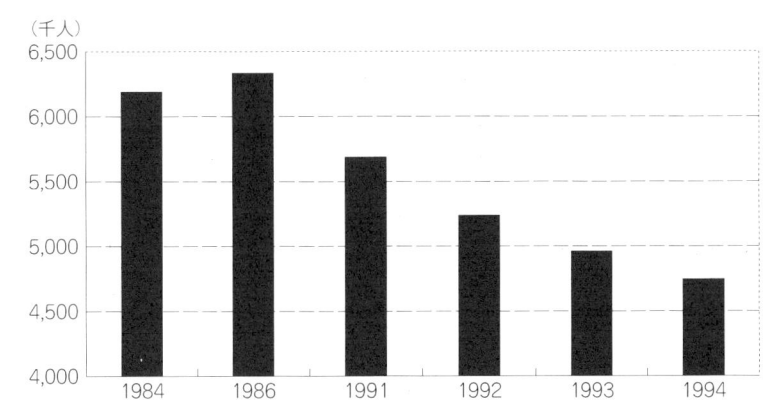

図1.1 イギリスの労働力における16—24歳の人数（1984—1994年）
出典：Coleman（1997a）

　同じ環境がたいていの西ヨーロッパの国々で同時期に存在していた。実際のところ，失業が急激に増加したのは1970年代終わりから1980年代の初めにかけてである。たとえば，イギリスでは，16歳から24歳までの若い男性たちの失業率は，1974年から1984年の10年間に，5％から25％まで上昇した（Coleman, 1997a）。若い女性でも，あまり目立たないものの，男性と同じ上昇が見られた。さらに顕著な動向は，労働市場全体において若者の人数が減少したことである。労働市場にいる16歳から24歳までの若者の人数は，図1.1に示されるように，1984年から1994年にかけて，25％以上の割合で減少した。

　若者の雇用が変化したことで，広い範囲に影響があった。第1に，政府は多くの職業訓練と職業準備の課程を導入して，若者の雇用を援助した。これらの課程は，労働市場への参入を遅くし，失業統計に表れる数を減少させるという二次的な効果ももたらした。第2の影響は，さらに若い多くの者が義務教育の終わる年齢以降に高等教育に進んだことである。イギリスでは，1970年代にはかなり多くの割合の若者が学校を離れる16歳以降に働いていた。20世紀の終わりでは，ほとんどだれもそうしないばかりか，今や約70％が何らかの高等教育か継続教育に進み，残りの者は何らかの訓練の課程に進んでいる。

　若者は明らかに労働市場への参入が難しくなってきているが，これは単に青

年期との適合性が変化しているだけではない。労働市場の構成が変化したせいでもある。ヒクマン（Hickman, 1997）に依拠して説明すると，20世紀の後半はイギリスの全労働市場の35％だった手工業の雇用が16％にまで減少し，反対にサービス業が8％から23％にまで増加した。こうした変化は，若い男性が従来の雇用先を失い，若い女性が新しい労働の機会を得たことを意味する。さらには，社会的な不利も雇用機会に影響を与えた。たとえば，マイノリティの民族出身の若者は，白人の若者以上に失業していると考えられる。詳細は第9章で述べる。

　労働市場の変化が若者に与えたもっとも大きな影響といえば，疑いもなく，経済的独立——これは明確な成熟の徴候である——が遅れたことである。その結果，青年の移行の本質そのものと考えられるものが変わってきている。16歳から20歳までの年齢は，伝統的には若者が成人期に入るときだと考えられてきたが，今日では親や国に経済的に依存し続けている。このようにして青年期は長期化し，親やパートナーとの関係でも新たな妥協をしなければならず，独立した住居を獲得するのはより困難となり，一連の新しい心理的問題を解決しなければならなくなったと思われる。各論については本書の全体をとおして述べることにして，ここで移行の性質に戻る。

　ただしその前に，若者に影響を与える社会的変化でほかの側面についても簡単にふれておく。家族構造の変化もまた，年少の青年が今日成長するしかたに大きな影響を与えてきた。よく知られているように，離婚率はすでに1970年代と1980年代のあいだで着実に上昇したが，それはイギリスだけでなく，北米や多くのヨーロッパの国々でも同じである。離婚率は1990年代に横ばいになったが，ほかの面で変化がはっきりと現れるようになり，とくにだんだんと多くの子どもが婚外出産される事実が明らかになった。とりわけヤングアダルトでこの傾向がもっとも顕著である。最近のデータによればイギリスでは20歳以下の親のもとで生まれた子どもの4分の3以上が婚外出産だった（Coleman, 1997a）。このように，単親によって扶養される子どもの家族の増加は，離婚の結果だけでなく，結婚への，および出産における協力への態度が変化したことからも生じている。過去数十年間のイギリスの単親家族の増加を，図1.2に示す。

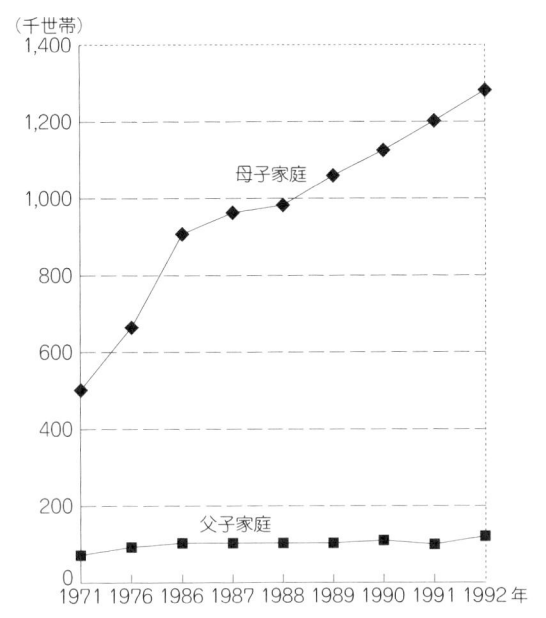

図1.2　イギリスの1971年から1992年までの単親家族の数
出典：Coleman（1997a）

　今日では，いくつかのヨーロッパの国々で，若者の約25％が16歳になるまでに親の離婚を経験している。アメリカでは約33％である。こうした家族構造の変化が，一定の範囲の領域に影響を与えている。まず，少なからぬ割合の子どもや10代が家族の崩壊に対処しなければならず，片方の親の喪失に対処しなければならない。これはストレスの水準をほぼ確実に上げ，家族外からより多くの援助を必要とする。

　さらには，多様な新しい家族の組み合わせが，複合家族（血縁関係にない家族）や同棲，離婚などというかたちで体験されている。もちろん，親が離婚した若者だけがこうした影響を受けるのではない。実際には，だれもが影響を受ける。なぜなら，家族のだれかが離婚か何らかの生活環境の組み直しを経験している友人や隣人，親戚をだれもがもつからである。結婚に対する態度は変化しており，これまでの数十年よりもずっと多様な家族のタイプを経験している。

　家族を再建するために引き起こされるストレス以外に，家族構造の変動が若

者に与える影響には，2つが考えられる。第1に，父親や母親のころに比べてあまり安定していない家庭環境のなかでは，青年が成長するについて，結婚や家族，親になることの価値や信念が変化するだろうということである。この影響を青年がどのようにして受けるのかはいまだわかっていない。必ず近い将来この研究に取り組みたいと考えている。現在言えることは，結婚はまだ高く価値づけられているものの，この状態に対して油断ができないことである。また，結婚と親になることとの分離が徐々に進行しているために，結婚がもはや子どもを持つことの必要条件ではなくなっている。また家族構造の変動の第2の影響は，10代を育てることがより大きな問題となっていることである。単親や義理の親，新しいパートナーが親としての役割を果たすことは難しいが，それは離婚したり別居した親が子どもから離れて暮らしながら親の役割を果たすことが難しいのと同じである。自信のない子育ては，10代にとっても親にとってもよいとは言えない。というのは，とくに，青年期は，家族生活でほかのどの時期よりも，子育ての自信が大切になる時期だからである。この問題については，第5章で詳述する。

　雇用と家族の変化はもっともきわだった社会変化の例であるが，ほかにも注目すべきものがある。たとえば，最近までにジェンダーや人種に対する態度で重要な変化があるが，これも若者を理解するうえで大切である。ジェンダーにかんしては，1980年代が若い女性と不平等への関心の時代だったとすると，1990年代は若い男性が経験する不利が表面化した10年だったと言える。このことから，女性がいくつかの領域，とくに雇用において不利を被り続けなくなったというのは言いすぎであり，女性の問題に注意を払い続ける必要はある。しかしながら，さまざまな理由から若い男性やあまり能力を発揮できない人，不利な環境で成長した人の要求に今まで以上に気がつくようになった。すでに述べたように，労働市場の構成が変化し，手工業部門での仕事がなくなった。これは，若い男性の雇用機会が減少するという悩ましい結果をもたらしたと言える。さらには，若い男性の自殺率が急激に上昇し，彼らの精神衛生に対する要求が注目されるようになったが，このことは，今までにないことだった。この問題はさらに第7章で議論する。興味深いことに，若い女性が若い男性よりも

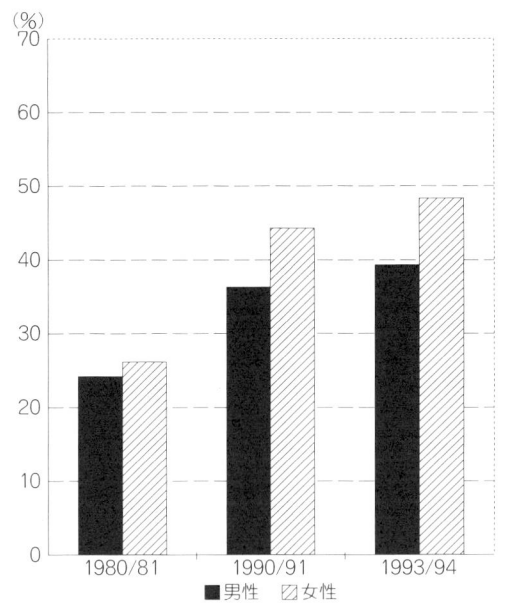

図 1.3 1980年から1994年にイングランドで5以上の一般中等教育修了証（GCSE）でAからCまでの段階を取得した者の男女別の割合
出典：Coleman（1997a）

さまざまな領域で抜きんでているが，もっともはっきりした例として試験の結果を図1.3に示しておく。これは若い女性が自信を深めている結果であり，新しい雇用機会が開けたために動機づけが高まった結果であるという点で重要である。ただし，若い男性も若い女性も，ともに違った領域で不利を被り続けており，両者の要求にともに注意を払うことは不可欠である。

すでに述べたように，イギリスでマイノリティ出身の人たちの失業を考えるにあたって，人種のことは重要である。ほとんど疑いのないことだが，人種は，1990年代にはヨーロッパの国々においてより突出した問題となった。これは，いくぶんかは，北アフリカや中東からの移民の増加と関係があり，過去20年間にわたって移民が最少だったイギリスでさえ，多文化社会という現実が認知されるようになってきた。私たちは，若者への民族差別主義や民族ハラスメントの影響について多くを知るようになり，10代の黒人が被っている特定の不利も

よく知っている。たとえば，イギリスで学校から排除される人のなかで，アフリカ人やアフロ‐カリブ人の若者が，人口から予想されるよりも高い割合を占めている。この問題に対する重要な論文として，バタチャリャとガブリエル (Bhattacharyya and Gabriel, 1997) は，イギリスにおける機会均等の影響を概観している。偏見や差別が広く残っている反面，とくに黒人自身による民族差別主義への抵抗の例があるとも言う。バタチャリャらは，スポーツや映画，他の芸術メディアなどの領域で成功した例が若者に役割モデルを提供し，若者がそのような活動をいっそう支持するようになっていると指摘している。このことと関連して，民族アイデンティティにかんする問題への関心も高まってきているが，これは第4章で明らかにしたい。このように発展してきていることは，マイノリティの文化出身の人にとってはもちろん，どのようにして状況と人間の発達が相互作用するのか（Rattansi and Phoenix, 1997）を理解したいすべての人にとって重要である。

　最後にこの節では，政治的な変化が若者の生活に及ぼす影響について述べなければならない。第11章で指摘するが，青年は，しばしば仮定されているほどには政治的な世界から分離されてはいない。イギリスのサッチャー時代（1979-90）や保守党の政策に継承されていることは，将来にわたって若者の態度や願望に影響を及ぼすと思われる。国の政策に加えて，過去10年間は，イギリスとほかの国々が連合しひとつのヨーロッパとなるという深部の変化を見せた。国々の結びつきは密接となり，欧州連合をとおして教育と雇用の機会が増加し，それぞれの国がほかで起きたことによって大きな影響を受けるようになっている。

　さらには，政治上の特定の出来事によって，研究者はよりはっきりと政治的な変化が若者に及ぼす影響について理解することができた。たとえば，ドイツの再統合によって現実生活場面において青年がどのようにして政治的な激変に順応するのかの研究が可能になった。私たちはこの研究の結果を後の章で紹介する。ヨーロッパ中の社会科学者の連携が増大し，子育て，性や性教育への態度，労働への参入，家を出ること，そのほかの若者の重要な問題といったテーマで新しい文化比較ができるようになった（たとえば，Alsaker and Flammer,

1998を参照）。本書をとおして，これらの比較について紹介し，青年期の体験を理解したいという人が，ライフサイクルのこの段階の幅広いイメージを持てるようにしたい。

移行の性質

　青年期について書かれたものの多くが，20世紀初めに刊行されたG. スタンレー・ホール（Muuss, 1996を参照）の有名な著作以降，青年期を移行期として描くことを通例としてきた。青年期の経験の性質を描こうとすると，数多くの方法のなかでこれがもっとも近道であり，また後で見るように，この発達段階に帰することができる移行の特徴が多いことは疑いようがない。しかしながら，つねに関心が持たれてきたことは，定義によるとはいえ，青年期が長期の年数にわたるという事実にかんしてである。人の生涯のうち7年も8年も移行期として扱うことは現実的なことだろうか。このため青年期を論じる研究者は，前期や中期，後期といった下位段階を設定してきた。しかしこれは多くの人たちに不満を残すこととなる。その理由は主に，それぞれの下位段階の定義や年齢に一致が見られないことにある。

　今日，その状況はいっそう複雑になってきている。というのも，青年期という段階が始まりにおいても終わりにおいても長期化してきているからである。すでに述べたように，労働市場への参入までに長い時間がかかっており，そのうえ10年もしくは20年前に比べて，遅い年齢になってから参入している。このことはまた，若者がより長い期間，親元に居続け，しばしば20代になるまで経済的に依存し続けることも意味する。それに加えて，思春期はもっと早くに始まっているように見える。もっともこの点にかんしてはかなりの論争もある。私たちはこれについて第2章でさらに探求する。それにもかかわらず，ほとんど疑いがないことは，若者たちが今日，より早い年齢で社会的に成熟するということである。性意識がより早期からあり，デートなどの青年期的な行動がより若い年齢に始まり，服飾や音楽，その他10代が興味を持つことへの関心が，それ以前の数十年では前思春期として記述されてきた人たちの心をとらえてい

るように見える。したがって，青年期的な段階は，今や9歳や10歳といった早期に始まる場合もあり，多くの人にとって21歳の誕生日をゆうに過ぎるくらいまで続く。私たちはこの段階をどのように理解できるだろうか。実際，それはひとつの段階になりうるのだろうか。そして，ひとつの移行期として描くことは理にかなうのだろうか。このジレンマを扱うには，2つのやり方がある。ある社会科学者は，青年期は多くの別々の移行で構成されており，それらはそれぞれ別個の事象として研究され，理解されなければいけないという。そうであれば思春期をこうしたカテゴリーで考えるべきなのかもしれない。青年期の始まりにある生物学的な変化と成熟が起こる2年間あたりが，大きな人生の移行期として当然注目に値するということになろう。思春期を研究してきた人たちの多くはこの見方に賛同するだろう。シルバーライゼンとクラッケ（Silbereisen and Kracke, 1993）やアルゼイカー（Alsaker, 1996）もそうだと思われる。思春期以外でも，移行を見いだすことができよう。たとえば，進学という移行である（たとえばSimmons and Blyth, 1987 ; Kalakoski and Nurmi, 1998）。しかしながら，青年期の不連続な側面に注目してきた研究者にとって，もっとも一般的な関心事は，青年期を終えて成人期に入る移行の検討であった。

　この問いに対して膨大な数の研究が，ヨーロッパという文脈のなかで取り組まれてきた。たとえば2つの異なった国々で移行を比較したいくつかの研究がある。マームバーグとトレンパラ（Malmberg and Trempala, 1997）は，不況が起こっている国（フィンランド）を観察し，社会主義から市場経済へと変化した国（ポーランド）と比較した。興味深いことに，国のあいだに見られる差異は，若い男性と女性のあいだの差異よりも，あるいは異なった教育水準間の差異よりも，小さかった。ビンナーら（Bynner et al., 1997）もチザムとハレルマン（Chisholm and Hurrelmann, 1995）も，さらに広い観点から，すべてのヨーロッパの国を観察し，20世紀後半における移行の一般的な特徴についての結論を述べた。これらの著作はどちらも，青年の段階はすべての国で長くなってきており，成人期への移行過程はますます多元化し，断片化していると論じた。図1.4は，チザムとハレルマンが1890年代と1990年代を比較して歴史的変化の概略をダイヤグラムで描いたものである。

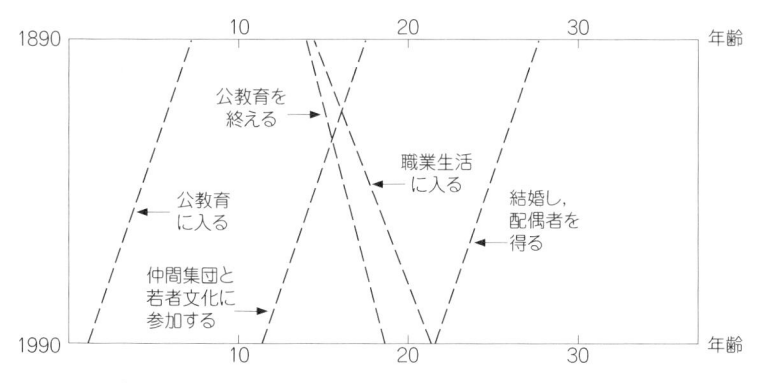

図1.4 成人期への状態移行時のタイミングの歴史的比較
出典：Chisholm and Hurrelmann（1995）

　これらの著者が論じたこと——すなわち成人期への移行が次第に遅れてきているということ——に対して，広い範囲の人たちがここ何年間か，関心を持って発言してきた。実際に，アーネットとテイバー（Arnett and Taber, 1994）は「青年期は終わりうるものか，終わりえないものか——青年期はいつ終わる？」と題した論考を著し，もはや人が大人になる明確なときがなくなり，またそれが定義づけられないような時代にだんだんと移りつつあるという事実を強調している。このことは，若者自身にとっても社会全体にとっても，さまざまな示唆がある。このことから多くの研究者は，青年期から脱する移行の目安を考えるようになり，異なったバックグラウンドをもつ人たちにとってそれらの目安がどのように機能するかを考えるようにもなった。

　イギリスでは，ジョーンズ（Jones, 1995）とコールズ（Coles, 1995）がこの問題を探求してきた。彼らは，成人期に入ることを次の3つの主たる状態の移行にかかわるものと考えている。

1　学校から労働への移行——若者は，全日制の教育を終えて労働市場に入る。
2　家庭の移行——若者は出身の家族から（相対的な）独立を達成する。
3　住居の移行——親が住む家から恒久的に離れようとする。

これら3つの移行に焦点をあてることで，ジョーンズとコールズ，そしてその流れを汲む研究者は，大人の状態になることに特定の不利を持った人たちを明るみに出した。世話がされない人たち，障害を持った人たち，そして民族的にマイノリティの人たちに，ここではとくに関心が向けられた。実際，ウイリアムソン（Williamson, 1997）は「ゼロ状態」の人たちについて書いた。「ゼロ状態」とは，社会にほとんどかかわらず，したがって住居や雇用，落ちついた生活に対して限られた望みしか持てない人たちが直面している困難を強調するのに用いられるフレーズである。こういった関心のつながりでやがて焦点が当てられたのは，社会的な排除の過程であり，非常な不利を被った若者が何の希望も持たぬまま成長していき，恒久的にマージナルなままに置かれていく可能性であった（Coles, 1997 ; MacDonald, 1997）。

　第2の，これに代わる移行研究のアプローチは，グレーバーとブルックス-ガン（Graber and Brooks-Gunn, 1996）による講義論文のなかで述べられている。この論文のなかで著者は，青年期を述べる際には，「移行」という用語を使うが，たとえばある学校から別の学校へ進学するといった重要なきっかけを述べる際には，ターニング・ポイントという概念を使うべきだと提案した。この区別は，彼らが言うように有用なものであるが，どのターニング・ポイントが重要であり，どれが研究されるべきものかを決めるという問題は残されている。

> 移行とターニング・ポイントという概念を統合するうえで必要な前提は，移行期が比較的普遍的な発達的挑戦によって特徴づけられるということである。すなわち，ほとんどの人は移行期を通過していくが，この移行期では生物学的，心理学的，社会的な変化への順応の新たな様式が必要になるということである。したがって，定義からすると，移行期の文脈で起こるターニング・ポイントは，個人あるいは個人が形成する集団にとってはとくに顕著なものになるかもしれない。これらのターニング・ポイントは，往々にして行動面での変化を生じさせたり，移行期の文脈以外で生じるターニング・ポイントに比べて，より大きくて長続きする変化となるかもしれない。
>
> 　　　　　　　　　　　　　　　　　　　　（Graber and Brooks-Gunn, 1966, p. 769）

　これらの著者はさらに，どのような環境のなかで，移行期内のターニング・

ポイントが特定の人にとってかなりやっかいなものになるのかを識別しようとし続けている。彼らはそうした状況とは次のようなものだと考えている。

(a) 移行期におけるターニング・ポイントのタイミングが，余計なストレス，たとえば前思春期にあるような余計なストレスを作り出す場合。
(b) いくつかの出来事が次々に，あるいは同時に起き，その人が一度に対処しきれないくらい多くのことを抱え込んだ場合。
(c) ターニング・ポイントを乗りきらなくてはいけないのとまさに同じときに，精神的健康上の問題が生じた場合。
(d) たとえば勉強好きの10代の子が貧弱な学校環境にいるというような，移行の最中の文脈と行動との適合度が欠如する場合。

　このような考えは，本章の終わり近くで青年期の理論を考えるのに，とくに役立つであろう。発達の文脈を強調することは，適応の中心的な決定因として，出来事が起こるタイミングに注意を払うこととならんで，とくに重要である。
　移行という概念のとらえ方には，さまざまなものがある。グレーバーとブルックス-ガン（Graber & Brooks-Gunn, 1996）は，青年期が普遍的な経験であるという，まさにその事実をもってして，青年期は移行期と呼んでよいという立場をとるに至っている。そして私たちはこの立場にある程度共感している。移行は，多くの特質を持っていると言われる。移行が関係するものは，以下のものである。

1　将来への熱意ある期待感
2　過ぎ去った段階への後悔の念
3　将来にかんする不安感
4　主な心理的再適応
5　移行期間中の状態の，ある程度の曖昧さ

　これから明らかになるように，これらすべての特質はまさに青年期に当ては

まる。成人期は，大人になるととても魅力的に見える自由と機会が手に入ると誘惑する。しかし以前に過ぎ去ってしまったものに哀惜もあり，しばしば言われているように，どの若者の内部にも逃げ出したいともがく子どもがいる。若者は，来たるべきものに対してとても心配をする。おそらくそれまでよりも，もっと強く心配するだろう。仕事や住居，人間関係が不確実なものに思えるときでは，若者が将来に不安を抱くことはほとんど驚くに値しない。本書のなかで後に見るように，相当な心理的再適応が青年期の数年間のなかで求められる。そして，これはあらゆる活動領域でそうである。すなわち家族のなかでも，友人とのあいだでも，家族以外の成人とのあいだでも，そしてもちろん自分自身のアイデンティティとの関係でもそうなのである。最後に，青年期をとおして，多くのテーマと取り組むことになる。そこでは状態への関心が強まったり，役割に再適応したりしている。したがって私たちは，青年期を移行の時期として考えることには意味があると思っている。同時に，この段階のなかに，後の順応にとって中心的な意味を持つ，多くのターニング・ポイントがあることも認めている。

発達的文脈主義

　青年期を移行期として理解しようとするとき，理論が重要な役割を果たすことは明らかであり，私たちは互いに関係し合う2つの理論的なアプローチを概観しようと思う。私たちは本書で，青年期についての理論のすべてを概観する余地を持たないが，ムース（Muuss, 1996）がこれまでの研究をまとめている。ただし，ここで私たちは初期の，もしくは「古典的な」理論については論じない。精神分析の理論，あるいは混乱やトラウマに力点を置いている理論については，第12章で少し論じる「疾風怒濤」を除いては，触れない。私たちの考えでは，これらのアプローチははるかに時代遅れであり（臨床の文脈は除く），本書では個人差に注意を払っている理論に限定したいと考えている。私たちはとくに，若者を傷つきやすくしうる環境だけでなく，そこから回復するために若者が使える資源と可能性の双方に注意を払っているアプローチに興味をもって

いる。したがって、発達的文脈主義に注目することから始めるのが適当であろう。

　本書の第2版で、私たちは生涯発達心理学について書き、この理論的な立場のもととなる多くの原則を概述した。また1980年代におけるいくつかの中心的な研究の努力を系統づける枠組みも提供した。今日、それらの原則のほとんどすべてが、発達的文脈主義として知られるアプローチに統合されてきた。この理論的立場の流れの中心となる人物は、ジョン・ヒルとユーリー・ブロンフェンブレンナー、ポール・バルテス、リチャード・ラーナーである。どの研究者も独自の貢献をしており、この理論的立場のスタンダードとなる概観は今日まだないが、そのアプローチの要素を合わせて描くことはできる。それは主としてアダムズら（Adams et al., 1996）の『青年期における心理社会的発達——発達文脈主義の進歩』と銘打った著作と、ムース（Muuss, 1996）のレビューにあるブロンフェンブレンナーとラーナーの立場をまとめたもの、そしてマグナッソンとスタッティン（Magnusson and Stattin, 1998）による個人と文脈との相互作用理論のレビューに基づくものである。これから明らかになるように、その原則の多くは、生涯発達心理学の議論で見いだされてきたものと同様である。

人間の生態学、または人間発達の文脈があること

　この最初の原則は、数多くの人々の研究からもたらされたが、それともっとも密接に関係する名前はユーリー・ブロンフェンブレンナーである。この原則が意図することは、もっとも広い意味での環境の重要性を強調することである。ほかに強調したいこととして、子どもや若者にとっての発達の文脈とは家族だけではなく、その家族も地理的、歴史的、社会的、そして政治的な道具だてのなかに生活しているという事実である。ムース（Muuss, 1996）による青年期の理論のレビューでは、ひとつの章全体がブロンフェンブレンナーの生態学的観点の記述に割かれている。

人間の発達への連続性があること

　この原則は、生涯発達のモデルから由来しており、2つの点から重要である。

まず第1に段階間の類似点と差異点に注意を払い，それによって青年期の移行がほかの移行，たとえば働くのをやめて引退するといった移行と比較できるようにしていることである。第2に，青年期の段階は突然にやってくるものではなく，児童期の発達の延長線上にあるという事実を強調したことである。研究者はあまりに多く青年期をほかの人生経験と切り離して扱いすぎていた。この原則は，児童期と青年期のあいだには相互作用があることを強調しているのである。

個人とその家族は相補的に影響し合っていること

この原則は，リチャード・ラーナー（ムースの1996年のレビューを参照）によるものにもっとも近い。それは，子どもも家族も静的な存在ではないという事実を示すことである。それぞれが成長し，発達し，変化する。そしてもっとも重要なことは，つねにお互いが影響を及ぼすということである。若い人が成熟していけば，それは家族のなかに変化を作り出し，同時に親の行動の変化や家族の作用が青年の発達に影響を及ぼす。

学際的なアプローチで人間の発達を研究しなければならないこと

これは自明なことのように思えるかもしれないが，生涯発達理論者と発達的文脈主義者はこの原則をとくに重視して，驚くべき成果を生み出してきた。彼らは生物学者，小児科医，社会学者，生態学者，教育学者，精神科医と協力して人間発達についての共同研究を行い，疑いもなく相当な成果をあげてきた。

個人は自分自身の発達のプロデューサーであること

これは，発達的文脈主義の中心的な原則のひとつである。ここで注意を向けたいのは，いかなる年齢の人であっても，すべての個人が自分の発達を形作るうえで果たしている役割である。この革新的な原則は，社会科学の研究にいろいろな示唆を与えている。子どもや青年の発達がさまざまな原因の相互作用から起きるというのは一般に受け入れられるだろうが，個々の若い人が自分自身の発達を形作ったり決定したりするうえで「能動的な担い手」であるという発

想は,この分野の研究者には一般に考えてこられなかった。しかしこの原則は今や,人間の発達を研究する人たちが考えたり論文を書いたりするうえで,深く影響している。とくに,この章の次の節で私たちが考察する焦点モデルにとっては,とりわけ重要である。

人と文脈の相互作用の研究には,適合度という概念を考慮すべきであること

適合度という概念は,もっとも広い意味での個人と環境との関係を考慮に入れるものであり,その人の欲求や目標がどの程度までその文脈と一致しているかを問題にする。したがって発達の結果が適応的なものかそうでないかは,単にその個人の特質によるのではなく,物質的または社会的な環境の性質にもよっているのである。むしろ,その結果はそれら2つのシステムが相互に適合しているかどうかによるのであり,研究上の力点は両方の要素を見ることや,それらがどの程度一致しているかの検討に置かれるべきである。

発達的文脈主義の枠組みを用いて概念化された研究プログラムの例はたくさん挙げることができる。ブルックス-ガンら (Brooks-Gunn et al., 1985),ペイコフら (Paikoff et al., 1991),シルバーライゼンとクラッケ (Silbereisen and Kracke, 1993) によってなされた思春期についての研究は,思春期における発達の決定因として文脈を考慮したものである。これらの研究の多くは学際的に行われ,個人と環境が互いに影響し合うしかたに注目してきた。スタッティンとマグナッソン (Stattin and Magnusson, 1996) による家を出ることの研究では,発達的文脈主義の原則を青年期の発達の分野に適用したすぐれた別のモデルを提供している。その著者たちは,家を出ていく年齢はその若い人の人生のなかのかなり初期の出来事,とくに児童期と前青年期の葛藤や不仲の関係と関連することを示した。彼らが言うように,「家を出ていくタイミングは,若い人と両親の生活の,かなり以前からの発達の過程に端を発している」(p. 67)。つまり,ひとつの出来事は,それがどんなに重要なものであっても,相補性や連続性,適合度という概念がすべて考慮に入れられないうちは,理解されえないのである。

発達的文脈主義は,多くの要素を組み合わせて思想を描いている。ブロンフ

ェンブレンナー自身が認めているように，彼の理論の概念はレヴィンやヴィゴツキーといった心理学の以前の思想家たちに基づいている。しかし今日，青年期の発達のさまざまな側面を探索するために質の高い研究をデザインしたいという人たちは，上で述べたような原則を考慮に入れる必要がある。もはや私たちは，見えるものの一方の側面だけを考えることはできない。個人と文脈は不可分なのである。発達的文脈主義によって，人が自分の世界を形作る上でのその人自身の役割が注目できることも重要であり，その原則こそ次に私たちが述べる焦点モデルともっとも密接に関連を持っている。

焦点モデル

　焦点モデルは，正常な青年期発達にかんする研究の結果から生み出されたものである（Coleman, 1974）。簡単にいうと，11，13，15，17歳の多くの男子と女子の集団に同一のテストを実施し，広い範囲の対人関係にかんする態度や意見を引き出した。データは，自己イメージ，ひとりでいること，異性との関係，親との関係，友情，そして大きな集団のなかにいるときのことについてのものだった。このデータを，これらの対人関係のなかにいるときに見られる肯定的・否定的な要素および，この研究に参加した若者が表現した共通のテーマにかんして分析した。その結果，すべての対人関係に対する態度は年齢とともに変化したが，もっと重要なことは，異なった問題に対する関心が，青年期の過程の異なった段階でピークを迎えたことである。

　この結果によって，焦点モデルが構築されることとなった。このモデルは，特定の種類の対人関係のパターンが，それぞれ異なった年齢でもっとも顕著になるという意味で，焦点化されるのであって，どのパターンもひとつの年齢だけに限定されていると言っているのではない。つまり，パターンは重なり合っており，異なる問題は異なる時期に焦点化されるのだが，ある問題が特定の年齢のもっとも顕著な特徴ではないという理由だけでもって，その問題が，その年齢の人にとっては重要ではないことを意味するのではない。このモデルを象徴的に表したものが，図1.5である。

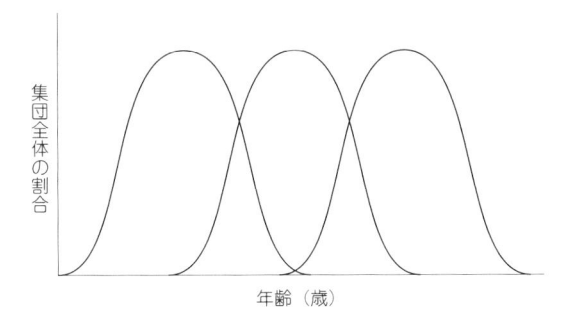

図1.5 焦点理論
それぞれの曲線は異なる問題あるいは対人関係を示す。
出典：Coleman（1974）

　このような考えは，いかなる伝統的な段階理論とも多くの点で似ていないわけではない。しかし，それは発達にかんするはるかに柔軟な見方を提供し，それゆえ3つの重要な点で段階理論とは異なる。第1に，ある問題の解決は次の問題に取り組むための必須ではないと思われる。実際，一度に2つ以上の問題に直面するのは少数の人だけであると，はっきり予測できる。第2に，このモデルは，段階のあいだに固定された境界があると仮定していないので，問題は必ずしも発達レベルの特定の年齢と結びつかない。第3に，そのなかの系列は，不変ではない。最初の研究を行った文化圏では，個人は，特定の問題に青年期の初期の段階で直面し，別の問題に別の段階で直面する傾向が見られたが，焦点モデルは固定された系列があることを強調しない。クループ（Kloep, 1999）やゴースンスとマルクーン（Goossens and Marcoen, 1999a）による，異なる文化における問題の系列に着目した最近の研究を考慮するといいかもしれない。これらの研究にかんする討論は，後に示す通りである。

　以前の論文で，著者のひとり（Coleman, 1978）は，なぜ若者は，青年期の広い範囲の移行に直面しながらも，それほど過度のトラウマやストレスに襲われることなしに対処できるように見えるのかを考えた。青年期の移行の発達的な要求に非常に多くの若者がうまく適応することに対するひとつの可能な説明は，焦点理論によって得られる。このモデルによって示唆される答えは，彼らは一度にひとつの問題を扱うことによって対処しているというものである。彼らは，

順応の過程を何年ものスパンへと拡張し，まずひとつの問題を解決し，次に別の問題に向かう。さまざまな難問，つまりさまざまな対人関係の問題を異なる段階で焦点化して取り組むので，新しい行動様式に順応するために必要な種々のストレスは，ほとんど一度に集中しないのである。

　このことからくる当然の帰結として，どんな理由であれ一度に2つ以上の問題に対処する人たちに，問題が起こりやすいと言える。つまり，たとえば，思春期や急激な成長が正常な時期に起これば，教師や仲間などから別の圧力がもたらされる前に，人はこれらの変化に適応することができる。しかし，成熟の遅い人たちにとっては，圧力は同時期に起こりやすくなり，必然的により広範な問題に適応することが求められる。フェルドマンとエリオットは彼らの考えを，次のように表現した (Feldman and Elliott, 1990, p. 485)。

　　一般的にいえば，青年は，本質的に生活のすべての側面で変化に直面する。つまり，その変化に対処する彼らの能力は，内的な力や外的なサポートによるだけでなく，ストレスのタイミングにもよる。もし混乱することがあまりに多かったり，短い期間で大きな変化が要求されると，危険かもしれない。大きな変化が同時に起こること—例えば，新しい学校に入学して，仲間と結んだ関係の輪を失うと同時に，思春期を通過すること—は，多くの青年が扱うことができる範囲を超えている。貧困にかかわる難題には，貧困が青年も彼らの家族も制御できないような変化を生じさせるために起こるものもある。

　焦点モデルは，青年期発達を概念化する多くの方法のひとつにすぎないが，2つの固有の利点がある。第1に，実証的な証拠に直接的に基づいていること，第2に，移行の過程に必要な順応の量と，この過程に特有の圧力にうまく対処するための大半の若者の能力とのあいだにある明らかな矛盾の解決に少なくとも役立つことである。焦点理論が実証的に妥当であるというにはまだ長い道のりがあるが，モデルを支えるいくつかの有望な研究がある。すなわち，クローガー (Kroger, 1985) やゴースンスとマルクーン (1999a) は，さまざまな文化における対人関係への関心の系列を研究した。クローガーは，ニュージーランドとアメリカの若者を比較し，ゴースンスとマルクーンは，ベルギーで研究を行

った。これらの研究の結果は，異なる問題は異なる時期に表立つという考えを支持する。ゴースンスとマルクーンが述べるように，「青年の対人関係への関心についてピークを迎える年齢の一般的なパターンは，焦点理論を支持する。ひとりでいること，両親との関係，異性との関係，小集団，そして大きな集団からの拒絶についての否定的な感情は，一度には起こらず，一度にひとつの問題を扱うようである」(1999a, pp. 65-80)。

ノルウェーで行われた別の研究で，クループ (1999) は同様の結果を示した。彼女は，若者によっては異なった問題—たとえば，地球への関心—が顕著であることを示したが，この研究は，可能なときには一度にすべてではなく一度にひとつの問題を扱うという考えを強く支持する結果を示した。ほかの研究者たちは，焦点理論を少し異なる問題に適用した。すなわち，ヘンドリーら (Hendry et al., 1993) は，余暇活動に注目し，若者が青年期を進むにつれて，ある活動や対人関係から別のそれへと移っていくしかたをとらえる視点を提示するために，焦点モデルを利用した。スタイン (Stein, 1997) は，世話をされない若者にかんする研究で，傷つきやすい若者にとって，世話をされないという出来事が非常にストレスの高い性質をもつことを描写するために，焦点モデルの考えを適用した。最後に，アメリカでの重要な研究としてシモンズとブライス (Simmons and Blyth, 1987) は，人生における2つ以上の移行に直面した者が，学校でよい成績をとれなかったり低い自尊感情を持つ傾向があることを示した。シモンズとブライスの結果は，図1.6と図1.7に示した。

焦点モデルに対しては，ライフイベントの理論 (Dohrenwend and Dohrenwend, 1974) を青年期に適用しただけであるというひとつの批判がある。ある面でこれは正しい。焦点モデルは確かに，若者が対処すべき「問題」が多いほど，起こりうるストレスの兆候も多いことを論じている。シモンズとブライス (1987) の結果は，このことをよく示している。しかし，焦点モデルはそれより先に進んでいる。というのは，ライフイベント理論とはある重要な点で異なるからである。ライフイベント理論は，個人の人生で起こる出来事が多いほど，そこにあるストレスも多くなることを単に意味するにすぎないのに対して，焦点モデルは，若者は自分自身の発達の主体であり，可能なときには一度にひと

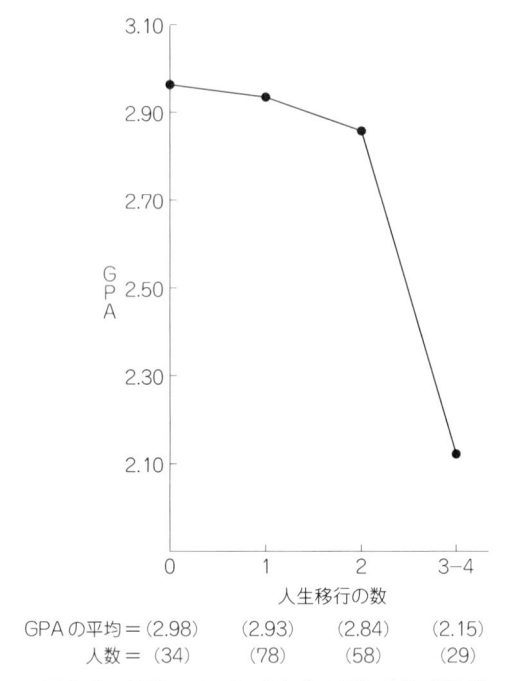

	0	1	2	3-4
GPAの平均＝	(2.98)	(2.93)	(2.84)	(2.15)
人数＝	(34)	(78)	(58)	(29)

図1.6　女子についての7年生の平均成績（GPA）と人生移行の数

出典：Simmons and Blyth（1987）

つの問題を扱うことによって，青年期の移行を若者自身がとりしきることを示している。

　これはもちろん，発達的文脈主義にかんする私たちの討論のなかで，すでに概略した原理のひとつである。それは，ジャクソンとボズマ（Jackson and Bosma, 1992）が青年期に対する新しいアプローチにかんする概観のなかで強調し，ラーナー（Lerner, 1985 ; Damon and Lerner, 1998）が著作のなかで詳細に論じている。一見するとこの発想は理解し難いかもしれないが，少し考えれば，この概念が結局のところそれほど風変わりなものではないことがわかる。個人が現在の対人関係のなかで得ることのできる選択肢の幅を，ちょっと考えてみてほしい。どの1日においても青年は，朝食の食卓をはさんで親と対立することや，きょうだいとけんかすること，親友の指摘を受け入れること，権威主義的な教

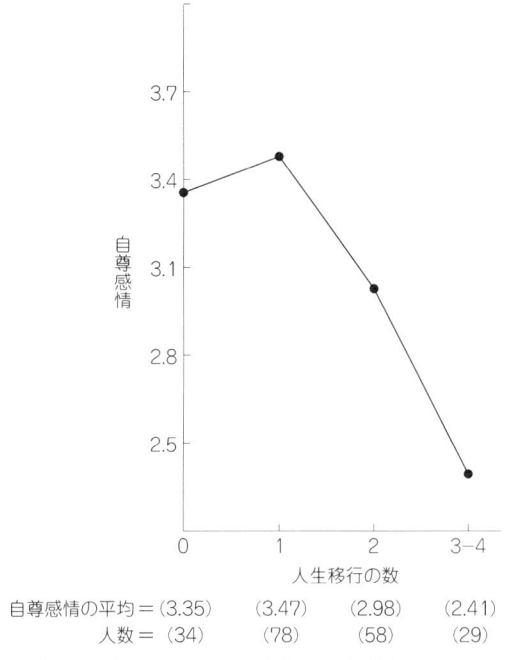

自尊感情の平均＝(3.35)　(3.47)　(2.98)　(2.41)
　　　　人数＝(34)　　(78)　　(58)　　(29)

図1.7　女子についての7年生の自尊感情と人生移行の数

出典：Simmons and Blyth (1987)

師に対抗すること，仲間集団の圧力に従うこと，ボーイフレンドやガールフレンドの説得に抵抗することなどを選択できる。これらの状況のいずれも若者に選択肢を提供し，すべてが，焦点モデルがいう対人的な問題であり，十分に意味がある。大半の若者が自分自身の青年期の移行を調整していると示唆することは，大変現実的である。彼らの大半が，ひとつの問題を押しとどめる一方で，別の問題に取り組んでいる。多くの者が，自分は何に対処できて何に対処できないかを感じ取っており，本当の意味で，自分自身の発達の能動的な主体になるつもりでいる。

　主体性という概念については，この領域における多くのコメンテーターが考えてきた。ロバーツ (Roberts, 1997) は，成人期への移行の断片化を考察するなかで，貧困や不利に順応しなければならない若者にとっての個人の主体性の

重要性を強調した。さらに、グローブ (Grob, 1988) は、認知された統制という概念について述べており、認知された統制と青年の適応との関係を見た研究がもっと必要であると論じている。彼の主張は、フェルドマンとエリオット (1990) の著作に含まれるものとほとんど同じである。この著者らは、今後の研究計画を概観するなかで、若者が自分の発達において果たす能動的な役割が私たちの中心的な関心となるべきだとして疑わない。

> 今後の研究では、特定の文脈を形作るうえでの個人の役割を詳しく検討する必要があるだろう。文脈がさまざまに異なるということは、少なくともある種の制約のなかであっても、個人に自分の状況を形作るうえで相当な自由度を与える。青年は、あまりにしばしば、他者が彼らにもたらした環境や資源の受動的な受け手として描かれすぎている。彼らは本当は、彼らがそのなかにいて扱う文脈─友達や、活動、ライフスタイル─を選択し、形作るうえで、能動的な役割を果たしている。健全な発達をうながす環境を提供したいという親や社会の願いは、10代がなぜ、どのようにしてそのような努力に抵抗したり、あるいは協力するのかについて、研究者がもっとはっきりと理解できるなら、単純化できるかもしれない。
>
> (1990, p. 495)

　結論として、発達的文脈主義と焦点モデルの両方は、青年期を理解するためのより現実的な概念の枠組みを作ることに貢献する。両方のアプローチによって、青年は混乱や困難を心に抱えるという見方から離れられる。この領域の研究者が直面する中心的な問いは、何人の若者が適応に困難を抱えているかではなく、成功する適応的な対処の過程である。両方の理論的なアプローチは、移行の過程にある青年を援助する要因の探求を促し、これは大変喜ばしいことである。本書を通して、文脈がどのように発達に影響するのか考え、青年期発達のさまざまな次元を見ていきたい。これらの次元を概観したあと、最後の章で、今度は対処と適応のトピックについて、より徹底した考察を行う。

第 2 章
身体の発達

思　春　期

　若者は青年期に多くの変化を経験する。そのうち本書は最初に身体発達，つまり「思春期」について述べたい。これが一般的な書き方だからである。思春期（puberty）の語源はラテン語の pubertas であるが，これは成人になる年齢を意味し，一般に女子では初経の時期，男子では陰毛の生え始めの時期を意味する。しかしながら，後で検討するように，この２つの目に見える変化は全体のなかのごく一部にすぎないのであり，思春期は多くの身体機能がかかわるまったく複雑な過程である。思春期が性的成熟と関係するというのは誰でも知っている。しかし，思春期は個人の生殖系や第二次性徴が変化するだけではなく，心臓や心血管系の働きが変化し，そして肺も変化し，肺は今度は呼吸器系に影響し，さらに身体の筋肉の大きさや強さなどにも影響する。それゆえ，思春期は広い意味で身体のライフイベントであると言わざるをえない。このことが本章の考察の要点である。

　思春期における多くの変化のひとつに，「発育スパート」がある。一般に青年期前期に身長と体重の増加が加速することをいう。典型的な個人の発育速度の曲線を図2.1に示す。しかしながら，発育スパートの開始と期間は個人差が大きく，図2.2と図2.3に示されるように，まったく正常な子どもでも個人差が大きいことに注意しなければならない。両親も青年自身もしばしばこの事実をわかっていないために，不必要な不安を多く抱え込んでしまう。

　発育スパートは男子では早ければ９歳，遅くても15歳に始まり，女子では７，８歳，遅くとも12，13歳までには始まるが，14歳になることもある。しかし，平均的な男子の場合，急激な発育が12歳ごろに始まり，13歳のどこかでピークを迎える。女子では，10歳で発育スパートが始まり，11歳で身長と体重の増加のピークを迎える。ただし，念のために言うと，ここ数年，思春期の年齢の問題をめぐって誌上で論争が交わされている。ある研究者は，過去20年あるいは30年のあいだ思春期の開始年齢はほとんど変わらないできたと主張し（Leffert and Petersen, 1995），他の研究者は，少なくとも思春期のある種の側面にかん

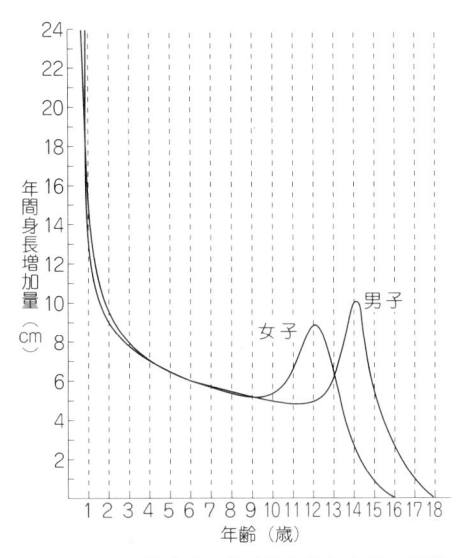

図2.1 男子と女子の仰臥位身長と身長の典型的な発育速度曲線
これらの曲線は各時点の典型的な男子と女子の速度を示す。
出典：Tanner *et al.*（1966）

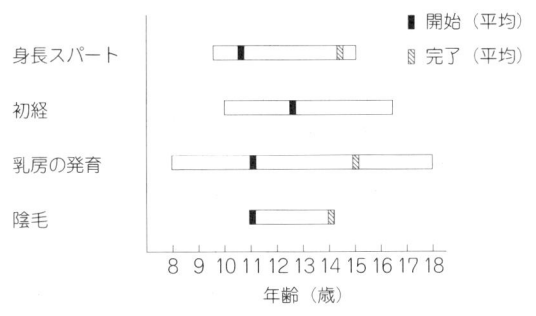

図2.2 女性の性徴の発達の正常な範囲と平均年齢
出典：Tanner（1973）

しては10年前や20年前よりもかなり早くなっていると言う（Hermann-Giddens *et al.*, 1997）。この論争は，本章の後半で紹介したい。

すでにふれたように，身長や体重の変化以外にも，発育スパートとかかわる現象がある。たとえば，心臓の重さはこの時期にほぼ2倍になり，肺の発育が

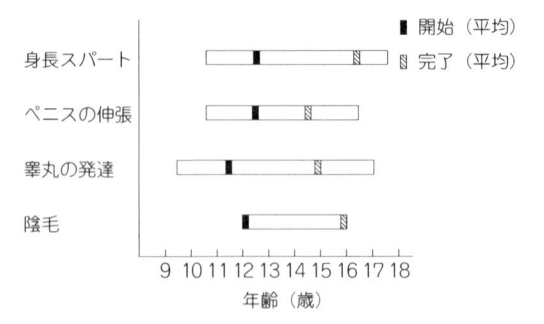

図2.3 男性の性徴の発達の正常な範囲と平均年齢
出典：Tanner（1973）

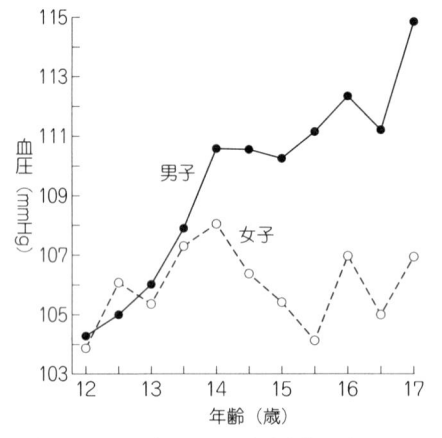

図2.4 思春期における心収縮期の血圧の男女差
出典：Montagna and Sadler (Eds.) (1974)

加速し，基礎代謝が弱まる。とくに男子では，体力と持久力が自分で気づくほどに著しく増大する。ジェンダーによる違いは外的な変化であってもあまり目立たないことがある。このようにバンクロフトとライニシュ（Bancroft and Reinisch, 1990）は言う。たとえば，赤血球の数の増加や心収縮期の血圧の上昇などの変化は，男子が女子よりはるかに大きい。この違いは進化の結果，男性のほうが力仕事で大きな力を必要としたためかもしれない。図2.4に示しておく。

タナー（Tanner, 1978）は，思春期の一連の出来事全体のなかで身長スパー

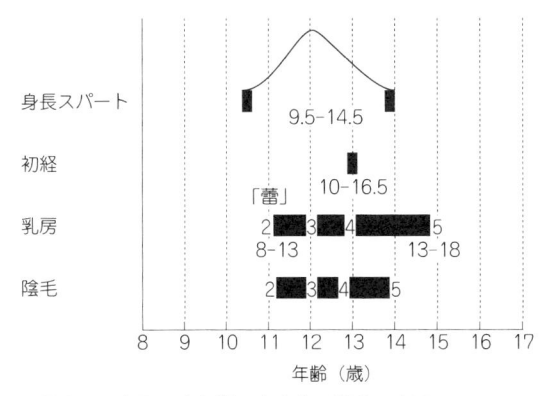

図2.5 女子の青年期の出来事の順番の略図
平均的な女子を示す。各出来事のすぐ下の数字は出来事の起こる（そして発達の段階の）年齢の範囲である。
〔訳者註：出来事の棒の区切りのなかにある数字は発達の段階を示す。〕
出典：Tanner（1962）

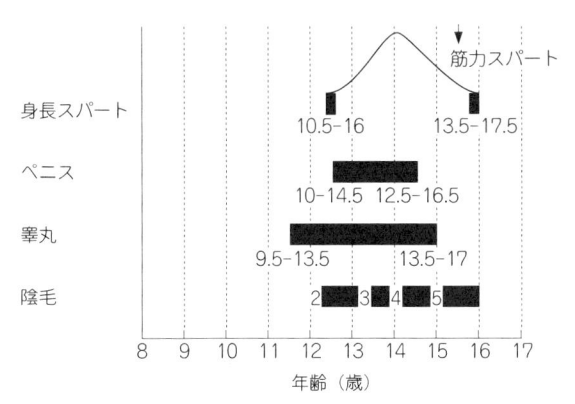

図2.6 男子の青年期の出来事の順番の略図
平均的な男子を示す。各出来事の開始と終了のすぐ下の数字は出来事の開始と終了の（そして発達の段階の）年齢の範囲である。
〔訳者註：出来事の棒の区切りのなかにある数字は発達の段階を示す。〕
出典：Marshall and Tanner（1970）

トが男女で相対的に違う位置にあることを強調してきた。詳細な縦断研究 (Eveleth and Tanner, 1977) の結果わかったのは，女子は男子より身長スパートをかなり早期に経験するということである。陰毛の発毛の男女の開きが約9カ月であるのに，身長スパートでは速さがピークに達する年齢で男女に約2年もの開きがある。

　女子の乳房がふくらみ始めるのは，男子の睾丸が大きくなるのとほぼ同時であるようだが実は，その前である。つまり，女子の発育スパートは男子よりも一連の思春期の出来事のなかでの順番が早い。それでは，これが実践的にどんな意味があるか考えてみよう。女子では身長の伸びが思春期最初の出来事であることが多いが，それにはほとんど注意が払われていない。他方，男子は，身長の伸びの速度のピークは，陰毛が生えて性器が大きくなってから後になることが多い。このことから，タナー (1978) が言うように，男子では仲間よりも背が低い，つまり成熟が遅いとしても，性器がそれほど発達していないなら，まだ身長スパートが来るよと励ますことができる。他方，女子では背が高すぎると心配していても，初経がすでにあったなら，身長スパートはほぼ終わっていると教えることができる。

　シルバーライゼンとクラッケ (Silbereisen and Kracke, 1993, 1997) はこの影響を縦断研究で実証することができた。青年期前期では，女子の早熟者は晩熟者や時期どおりという意味での定期の者に比べてかなり背が高かったが，男子の晩熟者は定期の者や早熟者よりもずっと背が低かった。このため，早熟の女子は背が高くて同級生から突出し，晩熟の男子は背が低くてまわりの男子から目立ってしまう。これが社会的発達に影響を及ぼすと考えられる。そこで，つぎに簡潔に検討しておきたい。

思春期が心理に及ぼす影響

　前節で見てきた思春期の変化は，個人に大きな影響を及ぼさざるをえない。身体の大きさや形態が急激に変わるので，多くの青年がこれらの開始時に変化に慣れようとしてぎこちなくなったり自意識を高めたりするのも当然と言える。

身体は機能面でも変化し、気になる新たな身体体験、たとえば女子の初経や男子の最初の夢精などがあるということを理解しなければならない。こうしたことは話しにくいために、この段階の不安が一般的であることは知られなさすぎるとも言える。ここで、2人の女子に初経を語ってもらおう。

> 「なんというか、その日のこと、思い出すんだけど、初経はまず友達から教えられた。なんてこと、ひどい、と言ったんです。びっくりしたんだよね。信じられなかったから家に帰って母に聞いたら、本当だって言われた。てっきり母は、違うよ、本当じゃない、と言ってくれると思っていたから、驚いた。」
> (Coleman, 1995, p. 8)

> 「思い出すのは、まず怖くて、そしてとても嫌だったことです。長いあいだ、こんなことは経験したくないと思っていた。そして、本当になったことが嫌だった。座り込んで、泣きわめき、ただそうであってほしくないとだけ願った。こうなると覚悟していなかったわけではないし、そうね、そうなるとかいろいろなことを知ってはいた。だけど、まったく心の準備がなかった。どんなふうに思うかとか、毎月これを経験するんだというような気持ちとか。ともかく、いろいろあって、そして母が認めてくれたというか、母は贈り物だと考えたらと、私が思っているような拷問みたいなものとは考えないことねって言ってくれた。それでも、毎月経験するのを嫌がっていると思われても仕方がないと思う。」
> (Coleman, 1995, p. 7)

オーストラリアの11歳の女子の研究（Moore, 1995）の結果から、月経に対する戸惑いや悩み、心配は大きいことがわかっていて、ここで引用したインタビューにあるように、この感情はおそらく一般に考えられているよりも広く見られると思われている。ムーアの研究は女子が月経についてあまりよく知らないことを明らかにしたが、なんと、研究の協力者となった女子が住んでいる地域では性教育が学校のカリキュラムにすべての水準でうまく組み込まれていたのである。スタインとライザ（Stein and Reiser, 1994）が同様の研究を男子で行い、精通への態度と知識を検討した。そして、男子もまた、性教育を受けていたにもかかわらず、どちらかというと思ったより早かったというように精通の覚悟がなかったと感じていた。覚悟のあった者のほうが肯定的だったが、それでも、

ほとんど全員が，だれにも話さなかったとか，精通に戸惑ったり途方に暮れたとか言った。2つの研究からわかるように，学校で性教育があったとしても若者の心構えができるように伝えられていないことから，研究の結果を生かして授業を改善することが大変重要である。

つぎに，アイデンティティに対する思春期の影響について検討する。多くの著者が指摘しているように，個人がアイデンティティを発達させるには，自分が他者とは違う別の存在であると思うことが必要なだけでなく，自己の一貫性の感覚や世界のほかの人々にどう見られているかについての明確な知識も必要となる。言うまでもなく，身体の著しい変化はアイデンティティのこうした側面に影響を与え，たいていの若者がそれに順応するよう求められる。それなのに，残念なことに，たいていの大人は―教師や指導者でさえ―思春期の身体変化が心理に及ぼす影響をあいまいにしか知らない。

最新の研究から，青年期前期に身体変化をどのように感じるかがわかっている（展望は，Alsker, 1995, 1996を参照）。とくに，10代では，身体的魅力の規範を理想化したうえ，非現実的な基準であってもそれに合わないとなると，自分が不適格だと感じるようである。メディアが果たす役割は大きく，美や成功を左右するのは身体的特徴であるかのようなイメージを作り出しているが，このような身体的特徴は通常の人間ではありえないことは言うまでもない。興味深いことに，青年期前期の女子は男子よりも容姿が自己概念の重要な要素となり（たとえば，Harter, 1990を参照），また，女子は男子よりも身体に不満であるらしい。とりわけ，男子は身長に不満であるのに対し，女子は体重が大きな悩みの種になるようである（Stattin and Magnusson, 1990）。自己概念にかんする多くの研究によると（Harter, 1990 ; Bulcroft, 1991 ; Abell and Richards, 1996を参照），青年期の初めの数年間，男子も女子も自分を特徴づけるのに身体的特徴ばかりをあげる。しかし，青年期の段階を進むにつれて，若者はパーソナリティの知的あるいは社会的側面でかなり自分を特徴づけることができるようになり，身体像や身体的特徴に頼らなくてもよくなる。しかも，10代では，身体的特徴を嫌い，知的特徴や社会的特徴を好む傾向があるとも言える。したがって，身体がもっとも急激に変化する時期だけ，容姿がアイデンティティや自尊感情にと

って，また友人や仲間のあいだの人気にとって決定的に重要となるのである。

　さらに研究論文で取り上げられていることでは，思春期が与える親子関係への影響がある。たとえば，パピニと共同研究者による研究は，思春期の開始の時期に，家族の交わりで緊張したり（Papini and Sebby, 1987），個人的習慣をめぐる家族の口論が増加する（Papini and Clark, 1989）と報告している。しかしながら，この結果を疑問視する研究者もいて，思春期の状態をより正確に測定すべきだと主張している。実際に，この時期は対立が減少するとか（たとえば, Paikoff et al., 1991），思春期の状態は何も影響しないとか（たとえば, Simmons and Blyth, 1987），対立が増えることもあれば親との関係に不満が高まることもある（たとえば, Stattin and Magnusson, 1990）などという研究もある。

　このような混乱した結果は測定に問題があり，これはこの領域の重要な問題のひとつである。実際のところ，思春期の状態の測定は複雑な作業であり，それは思春期の発達がとくに多様な領域で生じることからきている。単に初経の時期を聞くだけでは不十分だが，かといって，タナー（1962）の基準に照らして正確な状態を査定するには研究者が時間も訓練も必要としすぎる。矛盾する研究結果は方法論が違うことによると言えるので，ともかくこのことを念頭に置いておくことは必要だろう。すぐれた研究のひとつに，スタインバーグ（Steinberg, 1987）があるが，彼は思春期の状態についてあらゆる査定をしただけでなく，年齢や思春期の状態，成熟の時期といった重要な変数を考慮に入れた。その結果，思春期の成熟は親子の情緒的距離を広げるが，これは年齢と関係がなく，また男子にも女子にもあてはまることを示した。ただし，対立は母娘がほかの家族のペアよりも激しかった。これはのちの縦断研究でも確かめられた（Steinberg, 1988）。

早熟者と晩熟者

　成熟の速度は個人差が大きいので，13歳の少女でも背が低かったり，乳房が発達していなかったりして，児童のように見られることもあれば，同じ年齢でもすっかり大人の女性に見えることもある。そこで，このような身体上の顕著

な違いは心理的適応に何か影響を与えるのだろうかという疑問が生じる。研究の多くは，男子では，早熟は社会的に有利であり，晩熟は問題が多いとしている。早熟の男子のほうが自分自身や身体に対して肯定的に感じ，自分の発達に満足している (Tobin-Richards et al., 1983 ; Simmons and Blyth, 1987)。ほかの研究でも，早熟の男子は人気があり，学業も良いようである (Silbereisen and Kracke, 1993, 1997)。反対に，晩熟の男子は人気がなく，学業も良くなく，おどおどして，大人にも仲間にも魅力がないとされている (Petersen and Crockett, 1985)。

女性では事態はもっと複雑であるが，それは早熟に損得の両方があるからである。多くの研究者によれば，仲間よりも明らかに早熟な女子のほうが人気がなく（少なくとも女子のあいだで），内的な混乱の兆候があり (Buchanan, 1991 ; Alsaker, 1992)，自分の身体にも満足していないらしい (Silbereisen and Kracke, 1997) ということである。昔の文献（たとえば，Clausen, 1975）では，女子の早熟は悪いものではなく，それどころか，状況によっては，女子は仲間よりも早く思春期に入ることが自信や信望を高めるとされていた。しかし，最近では，不利な面が強調されるようになり，心身症の兆候があるとか (Stattin and Magnusson, 1990)，摂食問題をもちやすいとか (Brooks-Gunn et al., 1989)，うつの水準が高いとか (Alsaker, 1992)，逸脱した仲間とつきあったりしがちである (Silbereisen and Kracke, 1993) とか言われる。

思春期の開始というテーマは多くの研究者が関心をもってきたが，疑いもなく，この領域はブルックス-ガン (Brooks-Gunn) やピーターセン (Petersen) の研究が中心となって問題提起をしたり，新しい方法論を開発してきた。重要な研究が『若者青年期研究』(*Journal of Youth and Adolescence*) の2つの特集号に掲載されている (Brooks-Gunn et al., 1985)。この特集号では2つの話題が取り上げられている。第1に，思春期は自分や身近な環境にとってどんな意味をもつか，第2に，思春期に入るタイミングに影響を与える要因は何かである。生涯発達的なアプローチがこれらの研究に大きな刺激を与えたことを特筆したい。しかも，ここで重要なものとして，「逸脱」仮説がある (Petersen and Crockett, 1985 ; Alsaker, 1996)。逸脱仮説によれば，早熟者も晩熟者も仲間集団

の成員から逸脱しているために，定期の者とは違うとする。早熟の女子も晩熟の男子も適応にかんして大きなリスクをもっていると思われるが，それは2つの集団が成熟にかんしてもっとも逸脱的だからである。なお，ラーナーら(1989)は個人と環境の相補的な関係の重要性を強調したが，この論文は概念モデルを思春期の成熟に応用したすぐれた例となっている。

　このアプローチの例として，2つの古典的な研究を紹介したい。まず，ブルックス-ガンとウォーレン (Brooks-Gunn and Warren, 1985) は，定期モデル (on-time model) を使って青年のダンサーの調査結果を考察した。ダンスの学校とそうでない学校の女子の思春期の状態を比較した。ダンス学校の生徒はどちらかというと体重を軽いままにしなければならないので，晩熟のほうがダンサーにとって有利だろうと考えられる。調査の結果，ダンス学校の生徒の55％が晩熟であり，ほかの学校の29％よりも多かった。しかも，ダンス学校で定期の者(つまり，すでに思春期に達した者) は人格や摂食の問題が多かった。そこで，ブルックス-ガンとウォーレンは，特定の社会的文脈の要請と個人の身体的・行動的特性のあいだに適合性というものがあるのではないかと言う。ダンサーは，ダンスのために体重を軽いままにしなければならないので，定期 (つまりは，体重が重い) は不利に働く。他方，何が何でも体重が重要とは言えない女子では，定期が有利といえるし，少なくとも悪くは思われないようである。

　また，サイモンズ (Simmons, R.) やブライス (Blyth, D.) ほかの研究は，今日でも価値があるものであり，思春期は個人の社会的・身体的発達のひとつであるとみなす研究の発展例として引用される。ブライスら (1985) は，思春期のタイミングが青年期の女子の身体像の満足度と自尊感情に与える影響を縦断研究で検討した。その結果，若者がその文化の理想近くまで痩せていたり，環境の変化 (学校移行) と身体の (思春期初期の) 変化を同時に体験するというのでないならば，身体像か自尊感情かのどちらかが好ましいか，あるいは両方が好ましいことがわかっている。サイモンズとブライス (1987) は，この知見を男女の比較にも拡張し，男子のほうが定期でない，つまり仲間と歩調が合っていないと否定的な影響を受けるとし，とくに極端に早熟だったり晩熟だったりする場合が否定的な影響を受けるとしている。

このような研究の要点は，多くの変数が考慮されていることと生涯発達の見通しのなかに知見が位置づけられていることにある。以上のような社会科学者の仕事から，主として若者の人生に思春期がどう位置づくのかがわかる。残念なことに，1990年代になると，このように洗練された研究がほとんどなくなってしまった。研究費の援助が打ち切られたこともその原因に入れられるかもしれない。今日の青年にとって思春期の意義を問うことはいまだに緊急課題なのであり，1980年代以降に重要な社会的変化が生じていることからしてもとくに大切である。そこでテーマを社会変化に戻そう。

年次推移

過去数百年にわたって子ども・青年の身体発育が加速し，成熟の速度が速くなり，また前傾化したという生物学的事実は「年次推移」と呼ばれる。この推移は2～5歳児にかけての発育速度で顕著だが，青年期の発達にも多くの示唆を与えてきた。大人の身長の伸びは今ではかなり早い年齢（つまり，16～18歳のあいだ）で止まり，最終的な背丈や体重が大きくなったため，多くの研究者が青年期の身長や体重は昔よりも今日のほうが大きくなったと報告している (Eveleth and Tanner, 1990)。

身長や体重の変化だけでなく，生殖系の成熟も年次推移によって影響されている。タナー（1978）は，西欧の平均的な人々は初経年齢が1850年以降10年に4カ月くらいの割合で下がっていると見積もった。この推移を図2.7に示すが，これを見ると，類似した初経年齢の低年齢化がさまざまな国で起きてきたことがわかる。この推移の原因についてはさまざまな議論があるが，おおむね一致しているのは，健康管理や栄養の向上が推移の基礎となる一次的な原因だということである。

タナーや共同研究者の先駆的な研究がきっかけとなったものの，この領域にかんしてはほとんど見るべき研究がなかった。ただし，初経年齢は，少なくともヨーロッパや北米では，ここ数十年間変化しないできたという指摘は特筆できる（たとえば，Wyshak and Frisch, 1982 ; Leffert and Petersen, 1995）。教師やほ

第2章 身体の発達 | 37

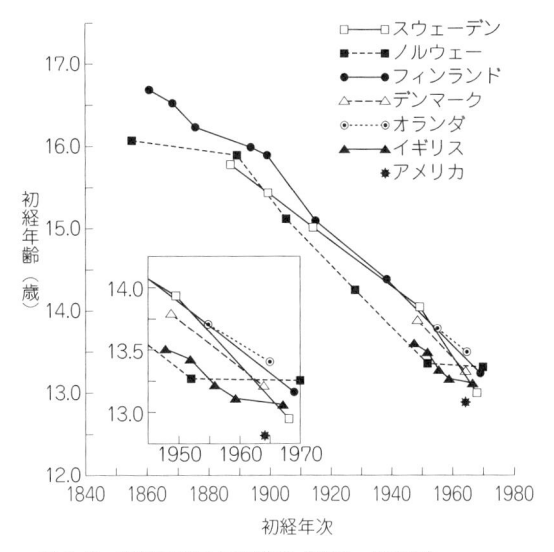

図2.7　初経年齢の年次推移（1860－1970年）
出典：Tanner（1978）

かのひとたちが、ほとんど疑いもなく、今日の若者がかつてよりも成熟が早まっていると考えていることとはまったく対照的である。

この疑問に答えようとして、ハーマン-ギデンズら（Hermann-Giddens et al, 1997）はアメリカの小児科に来た3～12歳の17,000人の女子を研究した。その結果、解決と同じくらい多くの疑問も出てきた。第1に、初経年齢は過去50年間、北米の白人女子ではまったく同じであると報告している。1948年の初経年齢の平均は12.9歳であるが、92年は12.8歳だった。アフリカ系アメリカ人出身の女子は、92年に初経年齢の平均が12.2歳であったが、彼女たちの集団を歴史的に比較できるデータがほとんどない。ただし、乳房の蕾の発達を基準にするならば、たしかに今日は過去よりも早い年齢で発達していると言える。乳房の発育が優勢になる様子を図2.8に示すが、それを見ると、白人女子の60％、アフリカ系アメリカ人の女子の80％が10歳までに、いわゆるタナーの段階2に達している。もしこれらを現存する小児科のデータ（Harlan et al., 1980）と比較するならば、思春期発育の初期の段階は今もなお年次推移によって変わりうると言える。

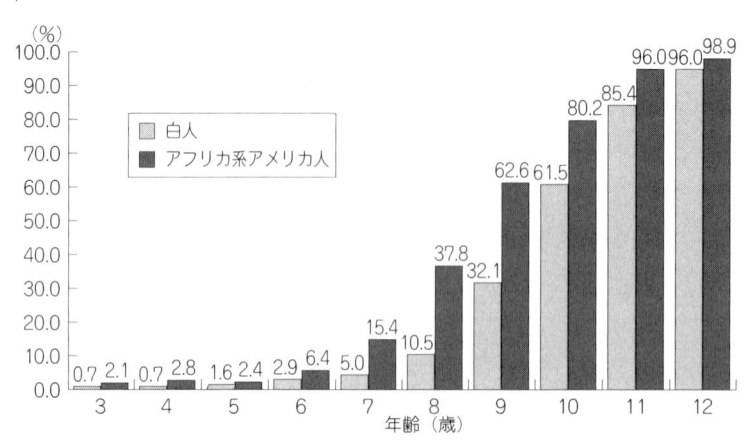

図2.8 年齢と民族ごとの乳房の発達におけるタナーの段階2以上が優勢になる様子

注：コクラン・マンテル・ヘンツェル検定 $\chi^2 = 168.6$, $df = 1$, $P < .001$
ブレスロー・デイ検定 $\chi^2 = 10.7$, $df = 9$, $P = .300$
出典：Hermann-Giddens et al.（1997）

　今ではセクシュアリティへの関心が早くなりすぎており，セックスに対する開放的な態度が子どもや若者に影響を与えている。この問題については第6章でさらに検討したい。ただし，もし多くの人が信じているように性的に成熟した行動が以前よりも早く起きているのであれば，これが生物学的な現象なのか社会的な現象なのかを見極めることは重要である。初経の年次推移がゆっくりとなったか，まったく止まってしまったと考えるならば，ここでは社会的な要因が重要となるかもしれない。しかし，ハーマン–ギデンズら（1997）の研究は，思春期は複雑な現象であることを示している。たとえば，初経年齢は数年間は一定であったとしても，思春期全体の過程が長期化していることからも説明できる。思春期の初期の兆候が幼い年齢のほうで見られることによって，男子も女子も過去数十年よりも早熟になってきている印象を大人や若者に与えるのである。

実践への示唆

1. 思春期はあまり理解されていないが，それは10代自身だけでなく，身近な大人にもあてはまる。両親や世話をする人がもっと多くの情報を知る必要がある。研究の結果から，思春期の到来をしっかり覚悟している若者はそれがほとんどない若者よりうまく適応していることがわかっている。
2. この点にかんして，小学校の健康教育をより効果的に行う必要がある。生物学的成熟の速度については異論があるものの，11歳以下の子どもたちがかなりの割合で思春期についての適切な知識を必要としていることは疑問の余地がほとんどないし，その知識が助けとなって中学入学以前に体験する身体変化にも対処できるのである。
3. 早熟者・晩熟者それぞれが抱える要求と潜在的困難に注意を向けることは，両親や教師をはじめ若者とかかわろうとする人にとって有用であろう。本章で述べたように，早熟者も晩熟者も自分の社会的・情動的発達で問題を抱えやすい面があり，周囲の大人が好機を逃さず援助することで若者の適応がかなり違ってくる。
4. 最後に，この概説からわかったこととして，この領域の研究がもっと必要だということがある。私たちは思春期の発達で民族による違いをよくわかっておらず，しかもヨーロッパの文脈で使えるよい方法論をもっていない。しかし思春期の発達に対する年次推移の影響をさらに明確にする必要がある。また，思春期が今日の環境のなかで若者にどんな意味をもつのかについてもさらに知る必要がある。もし適切で援助的な情報や忠告を若者に与えられるなら，若者が知識をもって自分の思春期の発達を理解でき，若者が得することになるだろう。

第 3 章

思考と推論

青年期の認知発達は、成熟が外からは見えにくい領域である。身体的発達とは違って、目で見て何が起きているのかがわかる外的な徴候がない。それでも、この領域での変化は時々刻々と起こっているのである。さらに、知的機能の変化は、行動や態度に広汎な領域にわたって影響を及ぼす。この変化は、思考や行為の独立に向かうことを可能にし、若者のなかに未来を含む時間的展望を発達させ、より成熟した人間関係への進歩を促し、コミュニケーション・スキルの発達に役立つ。そしてこの変化が結局は、社会で大人の役割をになう個人の能力となる。この章では最初に、この領域におけるピアジェ（Piaget）の業績を見てみる。それは、思春期に伴う知的発達の重要性に最初に注目したのがピアジェだったからである。これとならんで、社会的認知にかんする話題や、エルキント（Elkind）の言う自己中心性の考え方、そして道徳的思考の発達についても見ていく予定である。

形式的操作

スイスの心理学者ジャン・ピアジェの研究は、10代における認知発達を考える際にもっとも明確な出発点となる。認知的スキルの単なる増加ではなく、精神能力の性質が質的に変化すること、しかもそれが思春期かその前後に起きると最初に指摘したのはピアジェであった。彼はまた、発達のこの時点において、形式的操作に基づく思考がはじめて可能になると論じたのである（Inhelder and Piaget, 1958）。

ピアジェの認知発達の段階の全体を説明することは本書の範囲を超えており、それは児童の発達についての定評あるテキストを見ていただきたい。まず重要なことは、ピアジェが具体的操作と形式的操作を区別したことである。具体的操作期のあいだ（だいたい7～11歳）、児童の思考は「関係的」である。しだいに、子どもは類や関係、量の概念を習得しはじめる。保存や系列化も可能となり、これらのスキルが発達すると、個人は具体的な出来事について仮説や説明を作り上げることができるようになる。子どもはこれらの認知操作を単に知的道具と見ており、しかも知的道具で作り出されたものが知覚現象と同様にみな

されている。言い換えると，この時期の子どもは知覚に与えられたものと知的に構成されたものとを区別することがまだできないようである。子どもがある仮説を立てるとすると，それはデータに基づくものであり，人の内面から出てきたものではない。もし矛盾するデータが新たに出てくると，子どもは仮説を変えることはせず，むしろデータを変えたり，あれこれのしかたで仮説を合理化しようとする。

　形式的操作が現れてくると，いくつかの重要な能力を用いることができるようになる。これらの能力のうちでもっとも重要なものはおそらく「事実に反して」仮定をする能力であろう。この変化は，青年の思考の重点が「現実のこと」から「ありうること」へと移行することによるとされてきたが，それが問題解決や命題論理学への仮説演繹的アプローチを可能にするのである。これによって個人はまた，操作可能な対象として知的構成物を考えることができたり，確率や信念といった概念を使うことができたりするのである。

　年少の子どもと青年のあいだでの彼らのアプローチの根本的な違いは，エルキント（Elkind, 1966）によって行われた古典的研究で，明確に示されている。8歳・9歳の子どもと13歳・14歳のティーンエイジャーという2つのグループに，2つの絵から選択させるという概念形成課題が与えられた。絵が一対のペアで提示されるが，どの一対も片方には車輪のあるもの（たとえば自動車）が，他方には車輪のないもの（たとえば宇宙船）が描かれている。車輪のあるものを選ぶとランプがつき，車輪のないものを選ぶとランプはつかない。若者に与えられた課題は，ランプをつけるものは何かを決めさせることであった。年少グループは半数しか正解に達しなかった。そして成功した子どもも，与えられた72試行をほとんど使い切ってはじめて成功したのである。これに対し，年長グループは全員が正解し，また大多数は10回もしくはそれ以下の試行で問題を解くことができた。問題を解いている最中に青年が自発的に口にしたひとり言からわかったことは（たとえば「これはひょっとして輸送かな…いや違う，これは何か別のものに違いない。それじゃ，これを試してみよう…」），年長グループがうまく別の仮説を立てることができ，それぞれの仮説を事実に対して検証し，間違いであることが明らかになった仮説は捨て去ることができていたことだった。

図3.1　ピアジェの「人間とステッキ」問題
子どもは，人間の大きさとステッキの大きさを対応づけることができるか？
出典：Muuss（1996）

　しかし年少グループは，データから強く示唆された最初の仮説（たとえば道具か道具でないか，乗り物か乗り物でないか，など）に固執するように見えた。年少の子どもは，ほとんど検証できなくても，なお当初の仮説にこだわり続けたのである。
　この状況についてのもうひとつ別の，上とは少し異なる例が，「人形とステッキ問題」（図3.1参照）に示されている。9歳児は，とくに困難もなくこれらの人形を大きさの順に並べることができる。さらに，ステッキを人形に，高さにしたがって対応させていくことができる。人形とステッキのどちらが先に提示されるかは，結果には関係ない。しかしながら，この同じ問題が抽象的な表現で提示されると，この年齢の子どもは課題を解くことができなくなってしまうのである。たとえば「BはCより低く，かつAはCより高いならば，どれが一番高いか」といった課題は，形式的操作が発達するまではうまく取り組むことができないのである。
　たしかにイネルデとピアジェ（Inherder and Piaget, 1958）は，論理的思考の多くの異なった側面を調べるために一連の巧妙な問題を作り出したし，そのうちのいくつかはほかの研究者によって広く用いられてきた。こうしたテスト課題の一つが「振り子問題」である。ここでの問題は，振り子の振動の速度を決

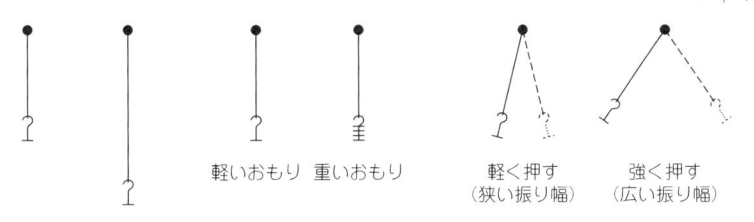

短い糸　　長い糸　　　軽いおもり　重いおもり　　軽く押す　　　強く押す
　　　　　　　　　　　　　　　　　　　　　　（狭い振り幅）　（広い振り幅）

図 3.2　振り子問題
振り子の振動数を決定するのは，どのような要因あるいはその組合せであるかを決めるのが課題である。
出典：Shayer の原著論文（1979）

めるのはどの要因か，またはどんな組み合わせかを発見することである。この課題は図 3.2 に図示してある。この問題の解決は，ここでもまた，成り立ちうる仮説を次々と試していく個人の能力によっている。

マレー（Murray, 1990）は彼の著作のなかの重要な章で，形式的操作による推論の基準を次の 5 つにまとめている。

1　持続。操作的思考は時間を超えて継続する。その結果，問題が最初に提示されてからどんなに時間がたっても，つねに同じ結果が得られる。
2　反論に対する抵抗。操作的思考ができる若者は，説得されたり別の説明による議論をふっかけられても影響されない。
3　特定の転移。たとえ材料や状況が変わってきても，本来の問題解決能力は影響を受けないで，そのままである。
4　特定的でない転移。若者は，問題解決の背後にある原理を理解し，ひとつの領域で得られた学習をほかの領域に応用することができる。
5　必然性。この概念は，物理的対象および物質における連続性の観念を示す。つまり，あるものがどんな形で示されようとも，必然性をもって，それは見かけにかかわらず同一のものでありつづける。操作を使って思考する人は，この原理を理解することができる。

近年，ピアジェ理論に対してはさまざまな批判がなされてきた。多くの人は，

こうしたはっきりとした認知発達段階がそもそも存在するのかどうかについて，疑問を投げかけてきた。ピアジェが最初に心に思い描いたような区別が段階のあいだに存在するとは考えにくい（Sutherland, 1992）。さらに，形式的操作段階は，それに先だつ段階と異なって明確に定義されておらず，きちんと確認することも難しいと言われてきた。とくに，ピアジェの理論は青年期で検証され定義されているものの，そこでは主として自然科学や数学から引いてきた材料が用いられている。芸術や文学の領域においてもやはり高度な推論スキルが必要とされるにもかかわらず，そこでの形式的思考にはあまり注意が払われていないのである。

　形式的操作思考という概念がもつ問題点で大きなもののひとつは，おそらく，ピアジェがあまりにも楽天的に，すべての若者がこの認知発達段階に達すると信じた点にあるだろう。異なった年齢水準でさまざまな発達段階に達する人の正確な比率について一致した見解は得られていないが，16歳までに形式的思考というもっとも高い段階に到達できるのはごく少数の若者にすぎないという点では一致している。

　イギリスでは，シェイヤーら（Shayer *et al.*, 1976）の研究，またシェイヤーとウィラム（Shayer and Wylam, 1978）の研究は，いくつかの科学的志向の課題を用い（振り子問題を含む），1,000人以上の若者を対象にした標準的な手続きで，16歳児で前期の形式的思考段階に達するのは30％以下であり，高度の形式的思考の水準に達するのは10％にすぎないことを明らかにした。この結果は，図３.３に示してある。ほかにも多くの研究がこの結果を支持しているが，それはキーティング（Keating, 1990）およびムース（Muuss, 1996）の著作にまとめられている。

　こうした知見によって，研究の重点は，ピアジェの理論から，より文脈的アプローチをとる理論へ，あるいは青年期における情報処理の構成要素に重点を置く理論へと移っていった。たとえば，キーティング（1990）は，社会的ないし対人的関係に関連した内容については形式的推論を示せるのに，科学的課題においては形式的推論ができない青年がいると述べている。ほかの研究者，たとえばワードとオヴァートン（Ward and Overton, 1990）は，能力と達成とを区

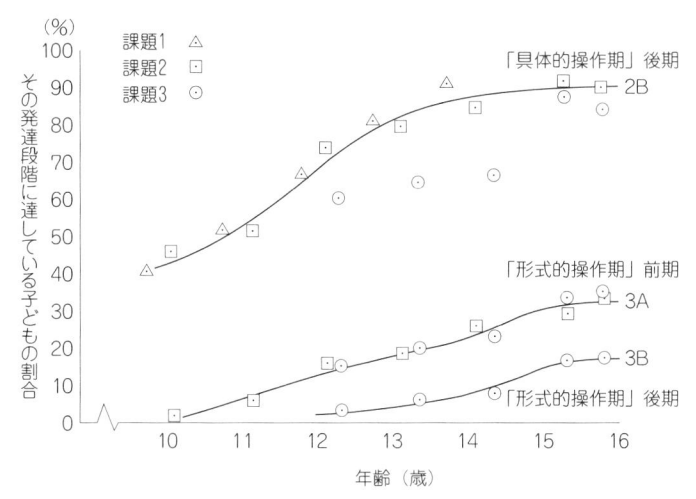

図 3.3 ピアジェのさまざまな発達段階に達している男子の割合
3つの課題による評定。
出典：Shayer and Wylam (1978)

別し，多くの人は形式的推論の能力はあるが，もし課題が興味のないものである場合，そのもっている最高の能力の水準では課題を遂行しないと論じている。彼らは2つのタイプの材料を使って，この区別を示した。ひとつは，学校での規則違反に対する罰に関した問題であり，もうひとつは，退職に直面した人々にかんする問題である。結果は目をみはるものであった。17歳では，学校の規則にかんする問題では70％が形式的思考を示したのに対して，退職にかんする問題については形式的思考を示したのはわずか30％にすぎなかったのである。

　何人かの著者は，論理的推論だけを考えるのはいささか視野が狭いと論じている。そして多くの著者は，知的発達について，スターンバーグ（Sternberg, 1988）が「構成要素的」アプローチと名づけたような理論を使うのを好んでいる。スタインバーグ（1996）は，自分の理論に含まれる5つの要素の概略を記述している。第1の要素は注意である。若者は選択的注意（どの手がかりに注意を向けたらいいかがわかること）にかんしても，分割的注意（同時に一組以上の手がかりに注意を向けられること）にかんしても進歩がある。第2に，10代のあいだに，短期記憶と長期記憶の両方に進歩が見られ，試験勉強やほかの学校課題

に大きな助けとなる (Keating, 1990)。

　つぎに，青年期における情報処理の速度に関心が向けられてきた (Hale, 1990; Kail, 1991)。認知的課題のタイプにかかわらず，研究者は，年長の青年のほうが年少の青年よりも早い速度で情報を処理できることを見いだしている。若者の組織的な方略にも進歩が見られる (Siegler, 1988)。10代になると，記憶や学習を含んだ課題をたてる傾向があり，特定の状況において，どんな方略がもっとも効果的かを立ち止まって自問することができるようになる。最後に，若者は成熟するにつれて，自分自身の思考過程についてよりよく考えられるようになる。これは推論の領域において多くの点で重要な価値をもっているが，同時にまた自意識の増大ももたらす。そこでつぎにこの自己意識の問題を扱おう。

社会的認知

　ピアジェの理論が今日，青年期の理解にとっては周辺的でしかないと見られているにしても，10代の思考の発達への興味はほとんど全てがピアジェの考えを出発点として用いていることは否定できない。エルキント (Elkind, D.) は社会的認知の領域へと導いてくれる研究者のひとりであり，同時にピアジェの研究をどのように精緻化できるのかについて，よい例を示してくれている。エルキント (1967) は，青年期における自己中心性の概念を発展させていくなかで，若者の推論についての考え方を重要な点で押し広げてくれた。エルキントは，形式的推論の達成は，個人を多くの点で児童期の自己中心性から解き放ってくれるが，同時に，逆説的なことだが，新しい形の自己中心性に囚われるようになっていくと論じている。これは，形式的推論の達成によって（私たちがすでに示したように）青年が自分自身の思考について考えられるだけでなく，ほかの人々の思考についても考えられるようになるからである。

　エルキントは，他者の思考を考慮することのできる能力が青年期の自己中心性の基礎になると考えた。そもそも他者が考えていることと自分自身の関心とを区別することはきわめて難しい。だから若者は，自分がある考えや問題に取りつかれると，他者もそのことに関心をもっているに違いないと考えてしまう

のだ。エルキントは，具体例として，青年の容姿をあげる。概して，10代は自分が他者の目にどう見えるかを非常に気にし，他者も自分と同じくらい容姿に関心をもっていると思い込む。エルキントはこれを「想像上の観客」という概念に結びつけた。自己中心性のため，青年は現実の社会状況であれ想像上の状況であれ，他者の反応をつねに予期している。しかしながら，これらの反応は，他者も自分のことを自分自身と同じくらい批判や称賛をもって見ているという前提のうえに立っている。このように，10代はたえず想像上の観客を構成し，それに向けて反応している。そしてこのことが，エルキントによれば，青年の行動の多くを説明するのである。たとえば若者の自意識とか，プライバシー願望や，服装への関心や，鏡の前で長い時間を過ごすことなどは，すべてこの「想像上の観客」という観念に関連しているのである。

　青年期の自己中心性のもうひとつの重要な側面は，エルキントが「個人的寓話」と呼ぶところのものであり，たとえば感情の過剰分化がある。おそらく青年は自分が多くの人にとって非常に重要な存在だと信じているため，自分の関心や感情は非常に特殊で独自なものだと思い込むようになる。自分の個人的な惨めさや苦しみが独自なものだという信念は，もちろん文学においてはおなじみのテーマであり，エルキントは，これは若者が個人的寓話を作り上げる基礎になっていると考えた。つまり，個人的寓話は個人の自分自身についての物語であり，万能感や不死といった幻想を伴って作られる神話なのである。それは本当の話ではないが，意義のある目的のために役立つものであり，いくつかの有名な青年の日記に典型的に現れている。この種の材料を見ると，ひとは青年期の経験が普遍的な意義をもつという信念に至るが，個人的寓話が作り出されるのもこの信念からである。エルキントは，想像上の観客と個人的寓話という，青年の自己中心性の基礎をなす2つの側面は，青年期の認知的行動を説明するのに役に立つものであり，問題を抱えた青年の治療においても助けとなるという。彼はひとつの例として，青年期の犯罪者をあげる。ここではしばしば，その本人に現実の観客と想像上の観客とを区別させることがもっとも重要であり，エルキントが指摘するように，それはつまるところ多くの場合に現実の親と想像上の親とを区別させることになる。

多くの研究が自己中心性の性質を実証的に探求した。エルキントとボーエン (Elkind and Bowen, 1979) やエンライトら (Enright et al., 1980) は，自己中心性のさまざまな側面を測定する尺度を開発した。大きくいうと，これらの研究は，自己中心性が青年期の前期から後期へと移るにつれて減少することを支持している。しかしながら，結果はそれほどはっきりしたものではなく，最近の研究は批判的になってきている。何人かの研究者は，これについて発達的傾向を確認することは難しいと考えている（たとえば，Riley et al., 1984）。それに対しほかの研究者たちは，自己中心性の特定の側面（たとえば個人的寓話）は全青年期を通じて一定して存在し，それどころか成人期に至っても存在しつづけると論じている (Goossens et al., 1992 ; Quardrel et al., 1993)。もっとも本質的な批判としては，自己中心性の研究はこれまで質問紙によって行われてきており，若者が社会生活において実際に直面する状況の文脈を考慮に入れてこなかったという批判がある。たとえば，ヤーンケとブランチャード-フィールズ (Jahnke and Blanchard-Fields, 1993) の研究によると，自己中心性は，認知能力よりは若者の対人理解により密接に関連している。結論としては，エルキントが自己中心性は青年期前期の特徴であるというのは正しいとしても，その説明には，認知的能力よりもむしろ社会的・感情的発達がかかわっていると考えられるのである。

　エルキントに加えて，何人かのほかの著者も，青年期における社会的認知の問題を探究している。バレンボイム (Barenboim, 1981) は，印象形成に注目し，テュリエル (Turiel, 1978) は社会的慣習についての若者の理解を探究し，セルマン (Selman, 1980) は，ティーンエイジャーにおける社会的視点取得や相互の役割取得を明らかにするための枠組みを作った。セルマンの著作はよく練り上げられており，若者への介入を考える際に重要な意味をもっている。そこで彼の理論的立場をいくぶん詳しく説明してみよう。セルマンの見方では，社会的認知とは，子どもや若者が他者を理解するために概念化し学んでいく過程のことである。つまり，思考，願望，情緒，他者への態度，そしてもちろん社会的行動である。社会的認知は，役割取得，視点取得，共感性，道徳的推論，対人的問題解決，自己知識とかかわる。セルマンは，役割取得と社会的視点取得

との間に重要な区別をしている。役割取得は社会的・心理的情報が他者の立場からはどのように見えるかという問題とかかわっているという。社会的視点取得はより一般的に，「人間の視点がどのように互いに関連し合い，調整し合っているかについての理解」をさす（Selman, 1980, p. 22）。セルマンのもっとも重要な貢献は，社会的認知の段階理論についての提案である。もっとも一般的な意味では，セルマンは社会的視点取得に4つの発達段階があるとしている（Selman, 1977, 1980）。

第1段階：差異的ないし主観的視点取得（5～9歳）。
　　　　　この段階で子どもたちは，ほかの人々が自分とは異なる社会的視点をもちうることを理解し始める。
第2段階：自己内省的思考ないし相互的視点取得（7～12歳）。
　　　　　この段階で子どもは，ほかの人々が自分自身の視点をもっていることに気づくだけでなく，その他者が自分自身の視点を考慮してくれていることを理解するようになる。こうして，ここでの重要な認知的前進は，他者の視点を考慮に入れる能力ができることである。
第3段階：第三者ないし相互的視点取得（10～15歳）。
　　　　　青年期前期の視点取得スキルは，より複雑な社会的認知への能力をもたらす。若者は単に他者の視点を（往ったり来たりするしかたで）取得することを超えて，当事者すべての視点をより一般的な第三者の立場から見ることができるようになる。
第4段階：深化した社会的視点取得（15歳以上）。
　　　　　この時期になると，個人はより高度でより抽象的な水準の対人的視点取得に進む。それは社会の視点を個人や集団の視点と調整することともかかわっている。

これらの段階がセルマン理論の発達的な構造をもたらしている。そこで考えられているのは，若者がひとつの段階から次の段階へと進むとき，自己と他者との関係を質的に違ったしかたで見るようになるということである。セルマン自

身の研究は，社会的視点取得にかんして，年齢で進歩が見られるとしている（Selman *et al.*, 1986）。とくに，セルマンはこれらの段階を，4つの異なった領域，すなわち個人的領域，友人領域，仲間集団の領域，親子の領域に適用できると考えている。領域固有の枠組みがあると，これら異なった領域それぞれごとに個人の進歩がわかるし，段階の構造が適用可能な対人的問題を識別できる。

　セルマンのアプローチの大きな強みのひとつは，社会的発達の世界への適用可能性である。社会的スキルに乏しく，孤立して友人もなく，社会的状況で傷つきやすい人への治療にその理論が適用できることである。セルマンが，視点取得や役割取得に直接かかわる実践的問題をどのように明らかにしていったかを知るために，彼が友人領域にとって非常に重要だと考えた6つのテーマを挙げておきたい。

1　友情の形成。友情はどのように，なぜ形成されるか。何が理想の友人をもたらすか。
2　友情の親しさ。友情にはどのようなタイプがあるか。友情における親密さとは何か。
3　友情における信頼の役割。人はどのような状況下で友人に対して何かをするか。友情において，互恵性はどのような役割を果たすか。
4　友情における嫉妬。すでに確立された友人関係に他者が入り込んできたとき，人はどのように感じるか。
5　葛藤の解決。友人間に不和があったとき，葛藤をどのように解決するか。
6　友情の終結。友情はどのようにして，なぜ終わるのか。

　セルマンは自分の考えを発展させるにつれて，臨床的諸問題への適用に関心を強めていった。彼はとくに，友人をつくるスキルはどのように高められるのか，また友人関係に問題が生じたとき，どのように援助できるのかという問題にとくに関心を向けた。セルマンは，彼がペア療法とよぶモデルを作り上げた。その目標は，社会的視点取得能力を高めることであり，どんな若者も挫折したり大人の援助を必要とせずに友人関係を調整していく能力をもつようになるこ

とである。この仕事はセルマンとシュルツ (Selman and Schultz, 1990) およびナクラとセルマン (Nakkula and Selman, 1991) に解説されている。著者は，社会的問題を扱うには4つのステップが必要であると述べている。(1)若者が知覚している社会的問題を定義する，(2)さまざまな問題解決方略を生み出す，(3)青年の視点から見てもっとも適切と思われる方略を選択する，(4)結果を評価する，つまり結果が満足のいくものでなければ，新たな問題解決方略を生み出す。

　ここで重要なことは，セルマンの理論的構造によって臨床的介入が開発でき，セラピストやほかの人々が困難を抱えた若者とどのようにかかわったらいいかに広範囲な示唆を与えたということである。発達心理学の領域でこうしたしかたで直接に応用できる理論というのは非常に少ないので，セルマンの仕事は，将来の理論家を勇気づけるモデルを提供しているのである。

道徳的思考

　道徳的思考はもちろん社会的認知の一側面であるが，それはいくつかの点で，私たちがこれまで議論してきたテーマとは異なる独自性をもっている。そのために，道徳的思考は，ここでひとつの節を立てて別箇に考察する。道徳的発達にかんしても，エルキントやセルマンやほかの研究者にとって，ピアジェの考え方がここでも後年の理論のための踏み台の役目を果たした。若者における道徳的観念の発達を説明するために，さまざまな理論が提唱されてきたが，青年期に対してはピアジェとコールバーグ (Kohlberg, L.) の「認知発達論的」アプローチがもっとも重要であることは疑いないであろう。ピアジェはその著作『児童の道徳判断』(1932) のなかで，道徳的思考の2つの主要な段階を記述している。最初の段階は彼が「道徳的リアリズム」と呼ぶものだが，それは，年少の子どもたちが客観的根拠によって，たとえば生じた被害の程度を評定することによって，判断を行う段階である。したがって，状況の如何にかかわらず，12個のカップを割った子どもはカップを1個しか割らなかった子どもよりも悪いとされるのである。第2の段階は，普通8～12歳まで適用されるが，協同の道徳あるいは相互性の道徳とよばれる。この段階では，道徳にかんする意思決

定は通常，主観的基準に基づいて，つまり結果よりも意図の評価に基づいて行われるとピアジェは考えた。

　コールバーグ（1981, 1984）は，ピアジェの理論的枠組みを推し進め，6段階の発達理論を打ち立てた。その方法は，異なる年齢の若者に道徳的ジレンマを含む架空の物語を提示し，それに対する彼らの反応を道徳的発達の段階理論に基づいて評定する，というものであった。研究者たちに広く使われた結果によってよく知られるようになった道徳的ジレンマに，次のような物語がある。

> ヨーロッパで，ある女性が悪性の病気で死にかけていました。それは特殊な癌でした。医師が彼女を救うことができるかもしれないと考える薬がひとつだけありました。それはラジウムの一種で，この同じ町に住む薬剤師が最近，開発したものでした。薬は作るのに費用がかさむものでしたが，この薬屋は，つくるのに必要だった費用の10倍の値段をつけていました。彼はそのラジウムを作るのに200ドルかけましたが，少量の薬に2000ドルの値段をつけていたのです。病気の女性の夫のハインツは，知人のところへ行ってお金を借りてまわりましたが，1000ドルしか集まりませんでした。それでは薬代の半額でしかありません。彼は薬屋に，妻が死にかけていることを話し，薬を安く売ってくれるか，あるいは後で払うようにしてもらいたいと頼みました。しかし薬屋は言いました。「いや，だめです。私がこの薬を作ったんですよ。私はそれで一儲けするつもりなんですから。」ハインツは絶望し，妻のために薬を盗もうと，薬屋の倉庫にどろぼうに入りました。
>
> 質問：彼はこうすべきだったでしょうか？
>
> 　　　　　　　　　　　　　　　　　　　　　　　　　　　　（Kohlberg, 1981）

こうした種類の質問への回答に基づいて，コールバーグ（1981）は，道徳的発達について，次のような段階を設定した。

<u>前慣習的水準</u>
第1段階　罰―服従志向。罰せられる行動は悪とみなされる。
第2段階　道具的快楽主義。報いや報償を得るために規則に従う。
<u>慣習的水準</u>
第3段階　対人関係志向。よい行動とは，相手を喜ばせたり助けたりして相手

から認めてもらえる行動のこと。
第4段階　社会的秩序の維持。よい行動とは，自らの義務を果たし，権威に尊敬をもち，社会的秩序を自己目的として維持すること。

<u>脱慣習的水準</u>
第5段階　社会契約もしくは良心への志向。この段階の前期では，道徳的行動は社会全体によって合意された一般的権利や基準によって考えられる。しかし後では，良心による内面の決断により重点が置かれるようになる。
第6段階　普遍的倫理原則。この段階では，抽象的な倫理原則（たとえば黄金律〔訳者註：自分がしてもらいたいことを人にもせよ〕やカントの定言命法〔訳者註：誰に対してもあてはまる規則に基づいて行動せよ〕など）を構築し，それにしたがって行動しようとする。

(Kohlberg, 1981)

　コールバーグの道徳発達理論は，論争をひき起こし，かれの著作に対しては，かなりいろいろな批判が寄せられている（その概観は，Muuss, 1996を参照）。とくに，道徳的ジレンマを検証し評定する際の方法論的な問題が批判を生み出した。その結果，それに代わるいくつかの評定方法が工夫されるに至った。これらのなかでもっともよく知られているのが，問題定義検査DIT（Defining Issues Test）である（Rest, 1973）。これは多肢選択方式を用い，客観的に評定できるものである。もうひとつの批判点は，発達段階の順序の不変性に対してである。コールバーグは，これを自分の理論の中核と考えていた。多くの研究は発達段階の不変性を支持する結果を出しているが（たとえばKohlberg and Nisan, 1984；Walker, 1989），ほかの研究者は，被験者がより低い道徳段階に退行することがあるという事実を見いだしている（Murphy and Gilligan, 1980）。このテーマについてのもっとも興味深い研究のひとつに，さまざまな文化における道徳的発達の研究がある。図3.4および図3.5に見られるように，3つの著しく異なる文化において，発達段階はほとんど同じ時間的順序で現れているように見える。文化間の違いは発達の速度にかんしてであり，発展程度の低い社会

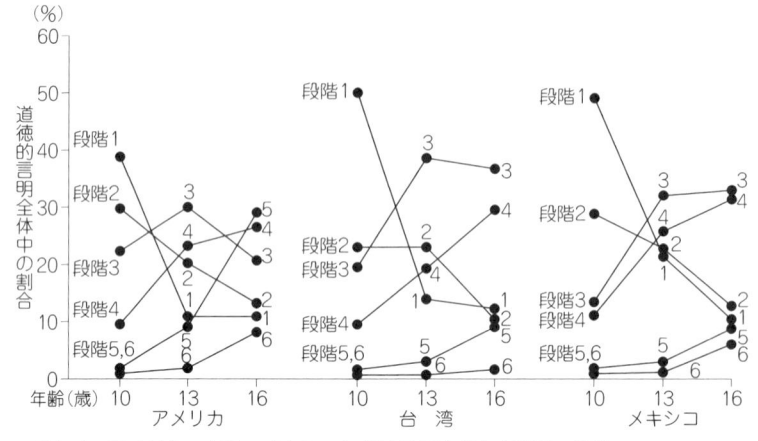

図3.4 アメリカ，台湾，メキシコにおける都市部中産階級の男子
10歳では，言明の割合は，難易度の低い段階ほど高くなっている。13歳では，3文化のどのグループでも第3段階がもっとも多く使われている。16歳になると，アメリカ人男子では，10歳時とは逆の順位になっている（第6段階を除く）。台湾とメキシコでは，16歳でも慣習的段階（3～4）がもっとも多く，第5段階はわずかしか使われていない。

出典：Kohlberg and Gilligan（1971）

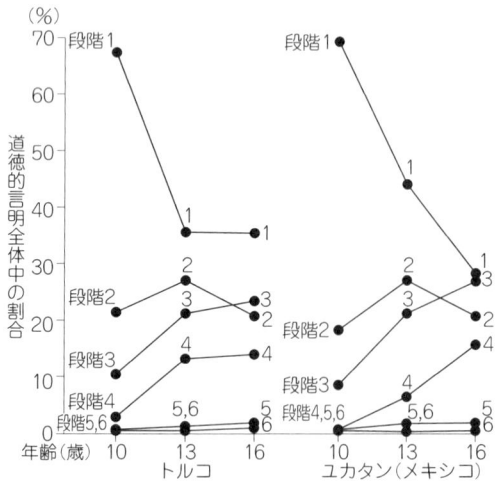

図3.5 トルコとユカタン（メキシコ）の寒村におけるグループは，道徳的思考にかんして似たパターンを示している。発達段階の順位の逆転は起こらないが，16歳になると，前慣習的段階（1～2）は慣習的段階に対してさほど優位ではなくなる。

出典：Kohlberg and Gilligan（1971）

においては，脱慣習的段階の思考はほとんど使われていないのである。

コールバーグの理論に対するもっとも強固な批判は，ギリガン（Gilligan, 1982）によるものである。彼女の論点をまとめて言えば，女性にとっての道徳の性質は男性とは異なる。コールバーグの段階理論は本質的に欠陥がある。なぜならそれは道徳性についての男性的観念に基づいているからだと言う。ギリガンは，伝統的に女性の「善」として規定されてきた特質，たとえば他者の世話や感受性などは，男性にとってはとくに評価されない特質であると述べている。たしかに，コールバーグの理論では，対人的に規定される道徳性は第3段階のものであり，第4段階では人間関係は規則に従属している。そして第5，第6段階では，規則は普遍的な正義の原理に従属しているのである。

ギリガンは，コールバーグが使用しているジレンマ物語の多くは，若い男女が日常生活で直面している道徳的ジレンマとは関係ないと論じている。たとえば前記のハインツの状況は，日常的で個人的で実存的な道徳的ジレンマとは直接はほとんど何の関係もない抽象的事象にすぎない。ギリガンらは，若者の道徳的思考により肉薄しうると考えられる別の状況を開発した。たとえば次のような状況である。

> ある女子高生の両親が週末に出かけてしまい，彼女はひとりで家にいる。金曜日の夕方に，思いがけず彼女のボーイフレンドがやってくる。ふたりは家のなかで夕暮れの時間をいっしょに過ごすが，やがて，抱き合い，愛撫をはじめる。
>
> 質問：これは正しいことでしょうか，誤まったことでしょうか。ふたりがもしそのままセックスに至ったら，どうしますか。それは正しいことですか，誤まったことですか。女の子は男性ほど乗り気でないと考えてみてください。彼女だったら，そのように考えるのには，どのような理由がありますか。あなたは，セックスにかんする事柄は，道徳性の問題と関係があると思いますか。
>
> （Gilligan *et al.*, 1990）

ギリガンら（1990）はこのようなジレンマを3つ作り，若い男女のさまざまなグループを対象に実施した。結果は，コールバーグの批判者が予想したように，対象となるジレンマが抽象的なときは，道徳的思考は有意に高いことが示

された。性的関係についてのジレンマが提示されると,青年は男女ともより低い水準の思考を示したが,その低下の程度は女子よりも男子のほうが著しかった。ギリガンとベレンキー (Gilligan and Belenky, 1980) は,中絶の問題に焦点を当てて類似の研究を行った。中絶は,女性にとっての中心的な関心事であり,自己利害と他者への配慮との葛藤がもっとも重視される問題でもある。この研究に参加した女性の大多数が,ほかの研究で見られたのと同じ結果を示した。すなわち,個人的問題が対象となると,道徳的思考の水準が低下する傾向が見られたのである。これらの研究から,直接自分に個人的利害がからむ問題に直面すると,人間は道徳的思考能力を十分発揮できなくなるように思われるのである。

　コールバーグのもとの理論が,後続の研究による批判から無傷であり続けることはできないのは明瞭である。他者への配慮が,普遍的命法に従うのと同じくらい道徳的原理に基づいているということを見落としたのは,たしかにコールバーグ理論の重大な欠陥であろう。また道徳的思考を測るのに,抽象的な道徳ジレンマに依拠したのも,重大な問題である。ごく近年の研究は正義の観念に注目しているが,正義の観念は道徳理論の本質をなすものの,文化によって大きく異なることを強調している。それにもかかわらず,ラプスリー (Lapsley, 1992) が指摘するように,コールバーグの理論は今なお,道徳的発達についての大多数の研究にとって,基礎となるものである。コールバーグの研究はこのテーマについての私たちの理解を推し進めるうえでもっとも重要な貢献をなした。これからも修正され続けていくであろうが,それでもこれは道徳性の理論への大きな貢献であり続けるに違いない。

実践への示唆

1. 第1に,10代初めに抽象的な思考に移行することは,この年齢の人と接する大人なら考慮に入れなければならない。論理的および科学的推論の能力の増大が,若者のコミュニケーション,意思決定,交渉のス

キルに影響を与える。
2．加えて、学校カリキュラムについて、そしてそれが今日の青年の思考様式に与える影響について、広汎な関心が集まっている。カリキュラムは、形式的操作思考を促進するのか、それともその発達を抑制するのか。何人かの著者にとっては（たとえば Keating and Sasse, 1996）、彼らが「精神の批判的習慣」と呼ぶ若者の能力を、現行の教育実践が抑制してしまっているのではないかと実際に心配している。彼らによれば、学校は、想像力や創造的思考を促進するのとは反対に、あまりにも試験成績にのみ重点が置かれた場所になってしまっている。
3．自己中心性の概念など社会的認知が、若者どうしの日常の交流にどのように適用されるかを示す例がすでにいくつか挙げられた。私たちは、エルキントやセルマンらが自分の理論を新たな臨床的介入法を開発するために用いたことを見てきたが、これらの理論が重要なのはそのためばかりではない。たとえば、自己中心性でいうと、年少の青年が自分自身をどう見ているかを知ることが、親や、ソーシャル・ワーカーそのほかの人々にとって役に立つと言える。若者と生活し仕事をする人々にとっては、若者はおそろしく自己中心的であるように見えるかもしれない。しかし自己中心性は青年期の認知発達の正常な要素であることがわかれば、大人はこうした青年の行動をよりよく考慮することができるだろう。
4．道徳的思考を理解することは、さまざまな意味で実践的な示唆を与える。コールバーグ自身（1970）、青年の道徳的発達を促進させるためのトレーニング・コースを企画したが、多くの人々は、こうした訓練の効用について大きな疑念を抱いてきた。しかしながら、若者を対象としたプログラムにおいて、コールバーグの枠組みを活用しようとする試みも存在する。これらのうちのいくつかは、たとえばヌッチとウェッバー（Nucci and Webber, 1991）の研究に見られるように、価値教育という大きな領域のなかで行われている。ヌッチらは道徳性と社会的慣習を区別しているが、生徒は、社会において社会的慣習は多様だ

が，道徳性の体系は類似していることを学習するよう促される。
5．コールバーグ理論が適用できるもうひとつの領域は，若い犯罪者への対応である。これは，道徳的思考の欠陥が行動に現れている人は，この領域でのトレーニングによって立ち直ることができるという信念によっている。このような考え方は，北アメリカ（たとえば Ross *et al.*, 1988）やイギリス（Thornton and Reid, 1982）の両方で深められてきた。しかしながら，犯罪行動は認知的スキルの訓練によって修正されうるとする考え方は，全面的には受け容れられていない。いくつかの研究は，このようなプログラムは若い犯罪者に対してまったく何の効果も及ぼさないと報告しているが（Robinson, 1995），別の研究では，その効果は犯罪のタイプにもよると論じられている（Nelson *et al.*, 1990）。
6．結論として，青年期の思考や推論を理解することは，多くの点で実践への応用の可能性をもっている。専門家はあまりにもしばしば若者の行動に目を奪われて，発達というあまり目に見えない側面を無視してしまいがちである。思考と推理の変化はその具体例である。年少の青年に思考スキルの限界があることを考慮することと，そのスキルが年齢とともにどのように成長し，年長の青年になると一連の新たな能力が現れるようになることを知ることとは，どちらも大切なのである。

第 4 章
自己とアイデンティティ

自己概念からすると，青年期は変化と地固めの両方の時期だとたいていは考えられている。これには理由がある。第1に，第2章で検討した主要な身体の変化が身体イメージの変化をもたらし，それにより自己の感覚に変化をもたらすからである。第2に，前章で見たように青年期には知的な側面が成長するので，より複雑で洗練された自己概念をもつことができる。第3に，自己概念のなかには，情緒的な自立が高まり，職業，価値観，性行動，友情の選択などといった重要な決定が近づいた結果として，発達するものがある。第4に，青年期の移行に伴う特徴，とくにこの時期に経験する役割の変化が，自己概念の変化に結びつくことがあるように思われる。

　若者が自分自身や自分の主体性，性格をどのように理解し認識するかによって，ライフ・イベントへの反応のしかたが大きく変わる。一人ひとりの若者が社会に受け入れられた一員でありたいと願うと，「適切な役割を演じること」と「自分自身であること」のあいだに本質的なジレンマを抱える。一方では，さまざまな社会的状況で正しい役割を演じることができることや，その状況で決められた規則に従うことができることは，重要である。しかし他方では，個性や自分自身であることを維持できることも，同じように重要なのである。青年期は，個人が，自分自身がまさに自分らしくあるためにはどんなことが大切かをはっきりさせるために苦闘する時期であり，選択した一連のことを統合し全体が一貫するように人の本質を作り上げ，両親やその他の発達的な影響からしっかり離れることに苦闘する時期である。個性を作り上げるこの過程がないと，若者は自分がなくなってしまうかのように考えかねない。若者は，役割と役割構造の形を多様にしたり，家庭の外で発達するための別の社会的・環境的な文脈を選ぶことで，規則で決められた行動から少しは逃れる自由を入手することができる。

　社会化の過程では，若者がかかわるさまざまな大人（両親，教師，若者のリーダー）が役割のモデルや社会の代理人として重要であるが，自分自身であることや有能感の認識，一貫したアイデンティティの機能もまた重要である。若者は，社会的世界を意味づけ，そこに居場所を見つける過程にいそしんでおり，それは心理的な成熟にとって重要である。

そこでこの章では，青年期の自己概念にかんして得られた知見を手短に概観する。とくに，4つのおもなテーマを見ていく。

(a) 自己概念の発達にかかわる要因
(b) 青年期における自尊感情
(c) アイデンティティの発達に対する理論的なアプローチ
(d) 民族アイデンティティにかんする研究の論評

これについて論じる前に，用語について話しておかねばならない。残念ながら，この分野では，多くの用語が著者や研究者によって同じ意味で使用される傾向がある。そのため，たとえば，「自己概念」，「自己価値」，「自尊感情」は，すべて同じことがらを述べるために使用されているかもしれず，他方ではまた，「アイデンティティ」，「自己」，「自己概念」が混同されたりする。さしあたり，私たちは「自己概念」という用語を，自己の感覚についての全体的な考えに言及するために用い，これには身体イメージ，自尊感情，その他の自己の次元が含まれる。「自尊感情」という用語は，できるだけ個人の自己評価，あるいは自己価値の感覚について言及するときにかぎって用い，「アイデンティティ」という用語は，エリクソンの研究について議論したり，彼のオリジナルな考えをもとにしたマーシャ（Marcia, J. E.），ウォーターマン（Waterman, A. S.），アダムズ（Adams, G.），コテ（Cote, J. E.），フィニー（Phinney, J. S.）などの研究について議論するときに用いることにする。

自己概念の発達にかかわる要因

自己概念を概念化するしかたは数多くある。実際，これは心理学のなかで長い歴史をもつ話題であり，幅広い理論的な立場が文献で確認できる。しかし，ここでは青年期の領域にとどまり，まず人生のこの段階に適用されてきた概念を見てみる。自己概念を描写するもっとも一般的なしかたは，自己の全体を構成すると思われる次元を記述することであった。ひとつのよい例は，オッファ

表 4.1 青年期の自己イメージを，青年期の心理社会的な機能の 5 つの領域に分け，さらにオッファー自己イメージ質問紙（OSIQ—53）の10尺度に分類したものとその項目数

青年期の自己イメージ
心理的自己
衝動統制尺度（4項目）
情緒的健康尺度（4項目）
身体イメージ尺度（5項目）
性的自己
セクシュアリティ尺度（5項目）
社会的自己
社会的機能尺度（6項目）
職業的態度尺度（5項目）
家族的自己
家族機能尺度（10項目）
対処する自己
自己信頼尺度（5項目）
自信尺度（4項目）
精神的健康尺度（5項目）

出典：Stoller et al. (1996)

ーらの研究に見られる。オッファーは，オッファー自己イメージ質問紙（Offer, 1969 ; Offer et al., 1992）を開発したことでよく知られている。この質問紙では，青年の自己イメージは，表 4.1 に示すように，5つの大きな心理的な機能の領域に分けられ，さらに10尺度に分類される。ハーター（Harter, 1990）の研究では多次元的な別の見方をしている。ハーターは，因子分析の手続きに基づいて自己認識のプロフィールを開発し，この手続きによって自己概念の 8 つの特定の領域を明らかにした。それらは，学業能力，職務能力，運動能力，容姿，社会的受容，親密な友情，ロマンティックな魅力，行為である。

　シェイベルソン（Shavelson, R.）は，図 4.1 に示すようなより複雑なモデルを提案して，青年期の自己概念は階層的であるという見方を支持している。シェイベルソンら（1976）とマーシュら（Marsh et al., 1988）は，モデルの頂点には非常に安定した全体的な自己概念があり，これは学業的および非学業的な自己概念という 2 つの主要な次元の上に成り立つと考えている。非学業的な自己概念は社会的，情緒的，身体的自己概念に分かれており，それぞれは自己のより細かい側面をもっている。これらはあまり安定せず状況に特有な性質をもつ

第 **4** 章　自己とアイデンティティ ｜ 65

全体的

学業的・非学業的な自己概念

自己概念の下位領域

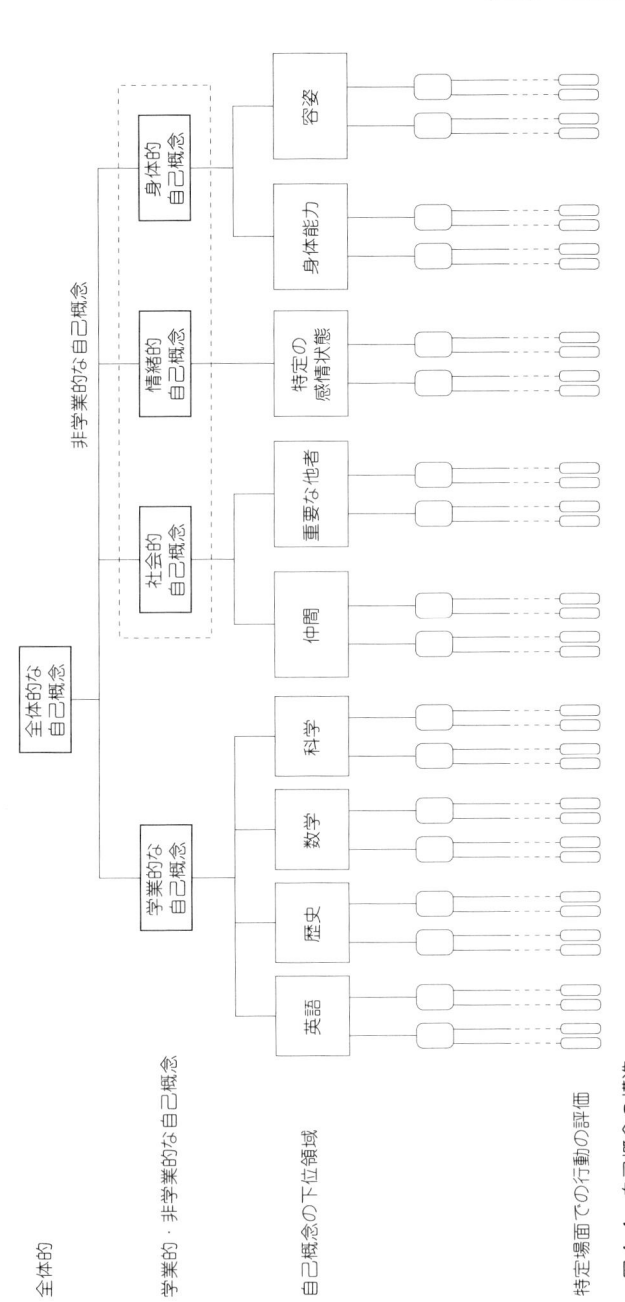

特定場面での行動の評価

図 4.1　自己概念の構造
出典：Shavelson *et al.* (1976)

と考えられるため，階層の下のほうに位置づけられている。

　これだけが青年期の自己概念にアプローチした文献の唯一の例というのではないが，これらの研究から社会科学者がこの話題をどのように見ているかがわかる。このアプローチはまた，自己概念が青年期のあいだにどのように変化し発達するのかを検討しようとするときに有効である。第1に，はなはだしい分化が起こる。まずは，自己概念の側面は特定の状況に結びつく傾向がある。たとえば，子どもは，自分自身をたんに友好的とか，寂しい，怠けている，運動が得意だと描写するが，10代の若者はそれよりも，自分自身をこれこれの状況では友好的だとか，特定の環境のもとでは寂しいと述べる傾向がある。他方で，青年はまた，幼い子どもよりも，だれが述べているのかという視点を入れることができる。たとえば，10代の若者は次のように言うかもしれない。「両親は私のことを無口で恥ずかしがり屋だと言うけれど，友達は私が正反対だということを知っています。」自己を異なる観点から見るこの能力は，若者が青年期の初期に世界の見方を変える重要な特徴であり，前章で述べた認知発達の次元に左右される。

　分化するだけではなく，自己の異なる側面がよりよく組織化され，統合されてもいく（Harter, 1990 ; Marsh, 1989）。自分について描写するように言われると，子どもはたんに属性を挙げるだけで，それらは相互になんの秩序も関連もない。年齢が上がるにつれて若者は，属性を組織化することに強い欲求をはっきりと示すようになり，それらを結びつけて一貫したまとまりを形づくるようになる。興味深いことに，このように一貫した性格をもつことが重要であると気づいていくことが，青年期の中期の若者に，ある問題を生み出す。というのは，この気づきのために，自分の性格のなかに矛盾する属性があることに気づくからである。ハーターとモンスール（Harter and Monsour, 1992）は重要な研究を行い，若い人に，さまざまな特性のうちもっとも重要なものを同心円の中心に，もっとも重要でないものを同心円の外側に置いて，自分の性格を特徴づけるように求めた。その結果，ほとんどの若者は，自分が矛盾する属性をもっており，異なる場面では異なる種類の人間になると見ていることが明らかになった。思うに，これらの矛盾の解決や受容は，成熟へ向かって発達する過程の

一部である。この点で，自己概念を，個人が自己について構築した理論として理解することがもっとも有益であるとハーター (1988) などが考えたことは重要である。青年期のあいだに徐々に分化と組織化が起こるというのは，まさに自己が構築されるとハーターが述べていることの証拠になる。

ハーターらはまた，全体的な自己概念にかんしてさらに2つの側面に関心を寄せてきた。ひとつは，この時期に特有の自分への熱中であり，もうひとつはこの時期に自己概念はどの程度ゆらぐのかという疑問である。ひとつめの問題については，青年期は著しく内省的になるからであることに疑いの余地はほとんどない。このことはエリクソン (Erikson, 1968) やローゼンバーグ (Rosenberg, 1979) が十分に述べてきた。自分に気づいたり，自分が他人にどう見えるかということに気づいていく変化はしばしば苦痛を伴うが，さまざまな要因によって起こる。思春期に伴う身体的な成長とともに，増大する認知能力が重要な役割を果たしている。身体が変化していくことで自己が変化していると感じ，そのことが今度は強い自意識を引き起こして，他人や，自分が他人にどう見えるかということへの気づきを高める。青年期の自己中心性や，新しい知的スキルが新しい思考様式を生み出すしかたについてはすでに述べた。自己中心性と内省は密接に結びついている。というのは，青年は生成しつつある自己を理解しようとする新しい段階に入ると，しばらくは内的世界のこの側面が重大な関心事になるからである。

ところで，自己概念の安定性の問題について言うと，実際のところ，全体的な自己概念の安定性より自尊感情の安定性にかんする実証研究のほうが多い。こうした研究については次節で考えることにするが，自己のいくつかの側面は他の側面よりも変化するということは確かである。実際，上述したシェイベルソンのモデルでは，自己の要素が上位の階層にあるほど安定していることが示されている。これに加えて，若者の自己のいくつかの側面が日々のゆらぎにさらされていることに気づく。しかし，それがわかったとしても，安定性に欠けるという懸念が必ずしもなくなるわけではない。ハーターが述べているように，若者はよく次のように問うものである。「自分がどうしてこんなに速く変わってしまうのか本当にわかりません。ある瞬間は元気で，次には不安になり，今

度は皮肉っぽくなるんです」(1990, p. 363)。もちろんこれは親から何回となく聞かれる問いで，親は，まるで違った人間たちがひとつになったように見える10代への対応に苦闘しているのである。

自尊感情

　自尊感情は，対処と適応の指標であり，他のどのような概念よりも注目されてきた。この分野の研究が始まった当初から，自尊感情が低いと適応に困難が予想されることや，自尊感情が高いとさまざまな分野でうまくやれる可能性が高いことが明らかであった。ひとつ例を挙げると，ローゼンバーグ(1965)の古典的な研究は次のような一般的な結論を示している。低い自尊感情は，彼が研究したサンプルの約20〜30％の人が示し，幅広い要因がかかわることが明らかにされた。この研究の対象は，年齢の高い青年に絞ってニューヨークの学校から無作為に選ばれた約5,000人の17歳と18歳だった。自尊感情は，10項目の自己評定式の尺度（たとえば，「私は，自分が他の人と少なくとも同じくらい価値のある人間だと思う」といった文章に自分がどの程度あてはまるか，あるいはあてはまらないか）で測定した。

　自尊感情が低いことは抑うつや不安，学業成績の低さと関連していることが示された。自尊感情の高い青年も低い青年も同じように，学校を出るときの成功を望んでいたが，自尊感情の低い人は，決してそのような成功を遂げることはないだろうと思いがちであった。加えて，彼らは自分の手に負えないとわかっているような仕事を選びがちで，成功に必要な資質をもっていないと思いがちであった。自尊感情の高い青年は低い青年よりも，自信や勤勉さ，リーダーシップの能力，良い印象を与える能力を自分の利点だと考えていた。自尊感情の低い青年は，対人関係の能力に欠けていると感じ，社会的に孤立していることや，だれも自分を理解も尊敬もしてくれないという考えをもっていた。また，自尊感情の高い青年は，両親が自分に関心を向けてくれているという信念を有意に強くもっていた。

　ローゼンバーグ(1965)の研究以来，自尊感情のさまざまな側面にかんして

多数の重要な研究が出されてきた。そのほとんどは，自己概念だけが多面的なのではなく，自尊感情も多面的であることに気づいてきている。たとえば，ある若者はサッカーをするときは自尊感情が高いが，教室での勉強や女の子をデートに誘うことには自信がないかもしれないということである。この分野の研究は，ローゼンバーグらが研究を始めて以来洗練されてきているが，自尊感情の高さが何に関連しているかといった同じような問題ばかりが検討され続けてきた。たとえば，ホーグら (Hoge et al., 1995) は，学業成績と自尊感情の関連を調べた研究を概観している。ホーグら他の多くの研究者（たとえばMarsh, 1987）が指摘するように，どの変数が何に影響しているかを試したり選り分けることが問題にされている。自尊感情が高いと学業成績がよくなるのか，それとも他の筋道があるのかと問えば，教室での成功が自信を高めることも十分にありうるだろう。ホーグら (1995) は，因果関係の方向にかんする確固たる結論は今のところないという結論を下した。しかも彼らの研究は，構造方程式によるモデル化を用いると，鍵となる変数のあいだに低い相関しかないことを見いだした。結局，特定の科目の成績とその領域と直接関係がある自尊感情とのあいだにもっとも高い相関が見られたことから，シェイベルソンの階層的モデルで，上記の結果を説明できると考えている。

　以上のような特徴にかんする研究以外に，自尊感情研究の2つの分野が過去20年にわたってもっとも関心をひいてきた。ひとつは自尊感情にもっとも影響する属性を理解すること，もうひとつは青年期における自尊感情の経時的な安定性にかんすることである。これに加えて，さまざまな民族集団の自尊感情にかんする研究もあるが，これは民族アイデンティティの節でふれる。ここでは，まず自尊感情に影響する属性を見てみよう。この問題については研究者のあいだで驚くべき一致が見られる。すなわち，自尊感情にもっとも影響するのは容姿への満足であるということに，ほとんどの研究者が同意しているのだ。ハーター (1990, p. 367) はある青年の次のようなことばを引用している。「私にとって本当に大切なことは，私がどんなふうに見えるかということです。私が自分の外見を気に入れば，私という人間も好きになるんです。」若者，それもとくに青年期初期の若者では，身体イメージの満足が全体的な自尊感情にもっとも

高い相関を示し，仲間に受け入れられることがこれに続く。学業成績とスポーツにおける成功も寄与するが，程度は小さい。身体的な魅力が顕著にかかわることについては明らかな性差があり，男性より女性に重要な要因となっている。青年期の初期の段階では，女子のほうが一般に自尊感情が低いことが多くの研究で報告されている（たとえばSimmons and Rosenberg, 1975 ; Simmons and Blyth, 1987）。この結果は，自尊感情全体のなかで身体イメージの満足が占める程度によって説明することができるかもしれない。女子は思春期に身体イメージにとりわけ敏感で，しかも不満をもっているからである。

　自尊感情に影響を与えるもうひとつの要因は，重要な他者の意見である。しかし，青年期にはどのような他者がもっとも影響するのだろうか。ここでハーター（1989, 1990）の研究が重要になる。彼女の研究によると，それには発達的な変化があり，両親は年齢とともに重要でなくなるという。すなわち，子どもにとっては両親の認知は他のどのような変数よりも自尊感情を規定する大きな役割を果たしている。しかし，青年期の始まりとともに仲間が徐々に重要になる。興味深いことに，自尊感情への影響については，親友よりもクラスメートのほうが重要であるという。ハーターは次のように述べている。

　　公共の場で仲間から承認されることは，親友から個人的に尊重されるよりも重要なようである。というのは，親友は当然サポートしてくれるので，親友からの肯定的なフィードバックは必ずしも自己を高めるものとして見られないからである。…このように，青年は自己を確認するためにより客観的なサポート源に―いわば社会的な鏡といえるものに―たよらねばならないのである。

(1990, p. 368)

こうした重要な結論が出ているものの，青年期の自尊感情に対する両親の影響がなくなるという証拠はない。両親は引き続き自尊感情に対して影響をもち続ける。しかし，児童期ではっきり見られるほどの大きな影響はない。すでに述べたように，両親が学業成績に関心をもつ場合，青年は自尊感情が高いことをローゼンバーグ（1965）は示している。実際，第5章で紹介する研究によると，自尊感情は，青年期の養育スタイルによってもっともはっきりと影響される変

数のひとつであることが示されている。両親と仲間の両方がこの重要な領域で役割を果たしているが，青年期に家庭外の社会的関係の重要性が増すにつれて，2つの影響のバランスは変化する。

　研究が続けられているもうひとつのテーマは，青年期に自尊感情が変化するのかどうかということである。初期の研究は矛盾する結果を報告しているが，後から考えると驚くに値しない。というのは，実に多様な種類の尺度が用いられた一方で，研究者は，すべての若者に適合するひとつの答えを見つけようとしていたからである。最近の研究は，青年期の自尊感情にかんして，異なるグループの青年は異なる軌跡を示すことを見いだしている。こうした可能性を最初に記したのはハーシュとデュボア（Hirsch and DeBois, 1991）で，青年が自尊感情の発達にかんして4つの非常に異なる経路をとることを明らかにした。彼らのサンプルは12〜14歳で，その約3分の1が青年期に安定して自尊感情が高く，15%が安定して自尊感情が低いと分類された。しかし，サンプルの約半数は2年間で大きな変化を示した。研究するあいだに20%は急激に自尊感情が低下し，3分の1近くは少しだが自尊感情の有意な高まりを示した。この研究は，青年期の自尊感情をよりはっきりと理解するのに非常に大きく貢献しており，一般的な傾向だけを取り上げると重要な個人差が隠されてしまうことを強調している。

　ハーシュとデュボア（1991）の論文が公刊されてから，他の研究者もこの問題により注目するようになった。ヨーロッパではアルサカーとオルウス（Alsaker and Olweus, 1992）が，自尊感情は短い期間（たとえば1年）では安定しているが，長い期間（3年）では大きく変化することを示した。ブロックとロビンズ（Block and Robins, 1993）は，男子において目立つのは自尊感情が高まる群で，女子において目立つのは自尊感情が低下する群であることを見いだした。ツィマーマンら（Zimmerman et al., 1997）は，ハーシュとデュボア（1991）の研究より幅広い年齢を検討した。彼らの研究は12〜16歳の若者を対象にして，ハーシュとデュボアが最初に示した4つの変化の軌跡と広い意味で同じ結果になったことが注目される。図4.2に彼らの結果を示した。

　ツィマーマンらによると，自尊感情が安定して高い人と上昇する人は，仲間

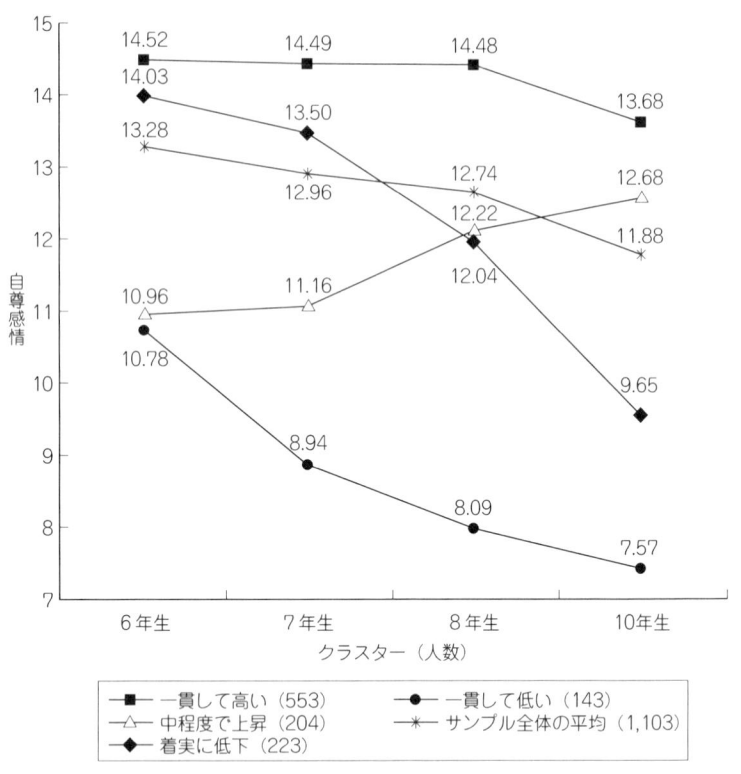

図 4.2 サンプル全体における自尊感情の軌跡（1,103人）
出典：Zimmerman *et al.* (1997)

からの圧力に抵抗することが多く，飲酒におぼれたり逸脱した行動に走ることは少ない傾向があるという。さらに重要なことは，自尊感情が上昇するグループと低下するグループを比較することによって，自尊感情の変化が及ぼすもっとも著しい影響がわかると彼らが結論づけていることである。この2つのグループは12歳ではほとんど同じ地点から出発しているが，徐々に，研究されているどの従属変数についても得点に開きが出てくる。ツィマーマンら（1997）が指摘するように，この結果は介入プログラムに対して重要な示唆を与える。つまり，ひとつの介入プログラムがすべての青年に合うわけではないということを示唆している。彼らは次のように述べている。「ある方略は自尊感情が着実に低下していく若者に効果があるかもしれないが，別の方略は自尊感情の上昇

していく若者に効果があるかもしれない」(p. 137)。最後に彼らは，単一のモデルを用いて青年期発達を記述するのでは，若者に見られる意味のある個人差が見えなくなると述べている。この研究が自尊感情研究にとって明らかに重要であると同時に，非常に広範囲にわたる意味をもつことに疑いの余地はない。異なるグループの青年は異なる道を通って成長していくという事実を説明するために，さらに研究を重ねる必要がある。また，この知見を反映するような方法を用いなければならないだろう。

アイデンティティの発達に対する理論的なアプローチ

　アイデンティティの発達にかんするどんな議論においても，その中心はエリクソン(1968)である。彼の研究を詳細に読みたい人には，クローガー(Kroger, 1996)のすばらしい展望論文がある。エリクソンは，人生は一連の段階であり，それぞれの段階は，その段階にかかわる心理的な特性について特定の発達課題をもつと考えた。たとえば乳児期では，その課題は基本的信頼感を確立し，不信感と闘うことである。ここでは，乳児が後の信頼関係を築く基礎をつくるうえで母子関係が重要であると考えられている。青年期にかんしては，一貫したアイデンティティを確立し，アイデンティティの拡散の感覚を打ち破ることが課題である。エリクソンは，いくつかの要因によって，この段階でアイデンティティを探索することがとりわけ急務になると考えている。たとえば，エリクソンは青年期の急速な生物学的・社会的な変化を強調し，この時期に人生のほとんどすべての領域についておもな決定をすることが重要であると指摘している。エリクソンは多くの著作のなかで，アイデンティティの問題を解決しアイデンティティの拡散を打ち破るためには，若者にはある種の危機が必要であると述べたり暗示している。図4.3に，エリクソンの段階の図式を示した。

　エリクソン(1968)によれば，アイデンティティの拡散には4つのおもな構成要素がある。第1は，親密性の問題である。自分自身のアイデンティティを失う恐れから，親密な対人関係に関与したり取り組むことを恐れるのである。この恐れは，紋切り型で形式的な対人関係や，孤立をもたらす。あるいはエリ

	1	2	3	4	5	6	7	8
VIII								統合性 対 絶望
VII							世代性 対 停滞	
VI						親密性 対 孤立		
V	時間的展望 対 時間の拡散	自己確信 対 自意識過剰	役割実験 対 役割固着	仕事見習い 対 労働麻痺	アイデンティティ 対 アイデンティティの拡散	性的同一性 対 両性的拡散	指導性と服従性 対 権威の拡散	イデオロギーへの関与 対 価値の拡散
IV				勤勉性 対 劣等感	課題同一視 対 無価値であるという感覚			
III			自発性 対 罪悪感		役割の予期 対 役割の抑制			
II		自律性 対 恥、疑惑			自分でありたいという意志 対 自己疑惑			
I	信頼 対 不信				相互の認知 対 自閉的孤立			

図 4.3 エリクソンの図式

出典:Erikson (1968)
(訳者注:岩瀬庸理(訳) (1973) アイデンティティ:青年と危機 金沢文庫,鑢 幹八郎 (1990) アイデンティティの心理学 講談社 を参照。)

クソンが言うように，若者は「熱狂的な試みを何度も繰り返して憂うつな失敗に陥り，もっともありそうもない相手との親密さを求める」(Erikson, 1968, p. 167) かもしれない。第 2 に，時間的展望の拡散の可能性がある。青年は将来の計画を立てることができなかったり，時間の感覚をもつことができない。この問題は，変化することや大人になることへの不安と結びついていると考えられ，しばしば「時間とともに変化することを断固として信じようとしなかったり，それにもかかわらずそうなってしまうかもしれないことを激しく恐れたりする」(p. 169)。

つぎに，勤勉性の拡散がある。若者は，仕事や勉強において現実的なやり方で自分の能力を利用することができないと感じる。仕事と勉強の両方に関与してしまい，それへの防衛から，集中できないと感じたり，ひとつの課題に熱狂的に取り組んで他を追い払おうとするかもしれない。最後に，エリクソンは否定的アイデンティティの概念を説いている。これは，両親やその他の重要な大人が望むのと正反対のアイデンティティを若者が選択することである。

> アイデンティティの感覚の喪失は，しばしば，家族や身近な共同体において適正で望ましいとして提供される役割に対する，横柄で軽蔑に満ちた敵意の形で表出される。求められる役割のどの側面も―それが男らしさであろうと女らしさであろうと，国籍であろうと階級への所属であろうと―若者が辛らつに軽蔑する主要な対象となりうる。
>
> (Erikson, 1968, p. 172)

もちろんアイデンティティの危機を経験する個人がこれら 4 つの要素をすべて示すわけではないが，これらはアイデンティティの拡散のおもな特徴を構成している。これらの概念に加えて，エリクソンの理論の重要な特徴である，もうひとつの概念について言及する必要がある。それは，心理社会的モラトリアムである。これは，決断を未決にしておく期間のことである。若者が，自分がどのような人間になりたいのかを見つけるために，社会は，おもなアイデンティティの選択を遅延したりさまざまな役割を実験する人生の時間を認めるばかりか奨励さえする。そのような時期は，方向を見失ったり不安になったりする

かもしれないが，エリクソンによれば健康な機能をもつという。「この明らかな混乱の大半は，社会的な遊戯として——児童期の遊戯を発生的に引き継いだものとしてとらえるべきである」(1968, p. 164)。

エリクソンの考えでは，アイデンティティ形成の過程とは本来，生物学的な資質や重要な同一視，自我防衛が，社会によって提供された役割と統合することを意味している。これらの相互作用と相互の調整をとおして，内的なアイデンティティの感覚が発生するのである。青年の社会とのかかわりは，まずは職業的，イデオロギー的，性的な役割をとおして行われるので，アイデンティティ形成の過程は多くはこの線で検討されてきた。

エリクソン理論にかかわる実際上の問題は，彼が青年期のアイデンティティ危機の程度について一度も明確にしていないことにある。「規範的な危機」や「ありふれた青年期の病理」といった彼の用語は，すべての若者がそのような危機を経験するかもしれないことを意味しているが，彼は青年期の経験の範囲がどのくらいまで及ぶのかどこにも記していない。彼はそれよりもアイデンティティ発達の質的な側面を取り上げることを好み，彼の考えにはっきりとした臨床的な洞察は豊富にあるが，彼のアイディアを実証的に検証できる形に変える仕事は残されたままである。

マーシャ（1966, 1980, 1993）が行った研究は，その芽ばえである。マーシャは，危機と積極的関与というエリクソンの概念を，4つのアイデンティティの状態を定義するために用いている。この4つの段階，いわゆるアイデンティティ・ステイタスは以下の通りである。

1　アイデンティティ拡散。アイデンティティの危機をまだ経験しておらず，職業や信念についていかなる関与もしていない。また，関与するための積極的な試みの兆しもない。
2　早期完了。危機はまだ経験していないにもかかわらず，自分の目標や信念に関与している。それらは多くの場合，他者によって決められたものである。
3　モラトリアム。アイデンティティへの苦闘をまだ解決していないが，選択

を行うために積極的に選択肢を探索している。
4　アイデンティティ達成。危機を経験し，それを自分のやり方で解決し，現在は職業やイデオロギー，社会的役割にしっかりと関与している。

　アイデンティティ達成，モラトリアム，早期完了，拡散は，アイデンティティの課題を解決したり回避したりする若者の姿をきわめて詳細に描いている。アイデンティティ達成と早期完了の人は，大人としての役割に関与しているという点で共通する。しかし，達成している人は児童期に同一視した重要な対象を独自で自分なりの布置へと統合しているのに対して，早期完了の人は他者が彼らのために用意したアイデンティティを受け入れただけで，そうした発達課題に取り組まずに過ごしてきている。それとは対照的に，モラトリアムと拡散の若者は，積極的関与がないという点で共通している。しかし，モラトリアムの人にとって，関与のないことがアイデンティティを統合するきっかけとなるのに対して，拡散の人にとって，関与のないことは大人としてのアイデンティティに関与する能力のないことを意味する。
　マーシャの見方では，これらの4つのアイデンティティ・ステイタスは，発達的な系列のようにみなされるかもしれないが，必ずしもあるステイタスが他のステイタスの先行条件であるというわけではない。ただし，モラトリアムだけは，その特徴である探求がアイデンティティの問題の解決に先立つので，アイデンティティの達成に不可欠であると思われる。マーシャ（1966）のもともとの研究では，大学の4年間のなかで，アイデンティティ拡散のカテゴリーに入る人が減少し，アイデンティティ達成の人が着実に増加することが見いだされた。
　マーシャがアイデンティティの発達を概念化したことで，膨大な数の研究が生み出された。1970年代と80年代には，2つの重要な問いが強調された。第1に，エリクソンのアイデンティティ発達にかんする理論が，マーシャが提唱した方法論によって支持されることを見いだそうとした。その結果，おおまかにいえば支持されたのである。たとえば，アイデンティティ達成の人は，他のステイタスの人よりも心理的に健康であることがさまざまな尺度で示された。彼

らは，達成動機や道徳判断，進路成熟，仲間とかかわる社会的スキルでもっとも高い得点を示した。モラトリアムの人は，不安の尺度でもっとも高い得点を示し，権威とのあいだの葛藤の水準がもっとも高かった。早期完了の人は，もっとも権威主義的で，社会的な承認をもっとも必要としており，自律の水準がもっとも低かった。最後にアイデンティティ拡散の人は，心理的および対人的な問題の水準がもっとも高かった。彼らはまた，もっとも社会的に引きこもっており，仲間とかかわる社会的スキルももっとも低かった。このような研究の展望と要約は，アダムズら（1992），クローガー（1993, 1996），フィニーとゴースンス（Phinney and Goossens, 1996）でも見ることができる。

　マーシャの後継者によって検討された第2の重要な問いは，4つのアイデンティティ・ステイタスの発達的な過程にかんすることであった。アイデンティティは18歳以前にはめったに達成されないことが指摘されてきた。青年期中期にある10代の若者を検討している研究者は，ほとんど同じ結果を見いだしている（Archer, 1982 ; Adams and Jones, 1983を参照）。この時期に自分を省みることは起こるかもしれないが，大人のアイデンティティの実際の形成は，早くても青年期後期まで起こらないと思われる。ウォーターマンらによる重要な研究では，大学生のアイデンティティ発達が何年にもわたって追跡された（Waterman and Waterman, 1971 ; Waterman et al., 1974 ; Waterman and Goldman, 1976）。この研究の結果は，大学の終わりになっても，アイデンティティは，まずは職業的なアイデンティティの領域で達成されることを示している。政治やイデオロギーといったアイデンティティの領域への関与は，ヤングアダルトでもかなりの大多数でまだ示されない（Waterman, 1982を参照）。

　個人が時間の経過とともにあるアイデンティティ・ステイタスから別のステイタスへと移行するかどうかという問題にも，大きな関心がもたれてきた。ステイタスはどのくらい安定しているのか，変化の程度は人によって違うのだろうか。アダムズとフィッチ（Adams and Fitch, 1982）の研究は，アイデンティティ拡散と分類された学生の60％以上が1年間で別のステイタスに移行したことを示した。先に紹介したウォーターマンらによる研究も，同様の結論を示している。ある研究では（Waterman and Waterman, 1971），12カ月で50％の人が

アイデンティティ拡散から離れ，別の研究では（Waterman and Goldman, 1976），モラトリアムの約90％の人が研究の終わるまでに別のステイタスに移行した。したがって，アイデンティティへの問いは，必ずしもひとつの時点で解決されるのではなく，個人が青年期後期から成人期初期に移行するあいだに，繰り返し繰り返し現れ続けることが明らかである。

　クローガー（1996）が明らかにしているように，エリクソンとマーシャに始まる精力的な研究の努力は，いまもそのままである。この10年間の研究は，アイデンティティ・スタイルと防衛の方略（Berzonsky, 1992），アイデンティティ形成の過程における対人関係の役割（Archer, 1993），アイデンティティの発達を促す最適な経験の役割（Waterman, 1992），アイデンティティ・ステイタスの変化にかかわる出来事（Kroger and Green, 1996），ダイナミック・システムズの観点から積極的関与を行う過程を検討するものがある（Bosma, 1992）。加えて，早期完了や拡散にさまざまなタイプがあることが提案されたり（Archer and Waterman, 1990），アイデンティティ資本にかんするコテの研究に見られるような，重要な考えの進展も見られる（Cote, 1996, 1997）。コテの論旨は，後期近代社会の転換に伴って，心理的・社会的な資源がかぎられるようになってきたので，今日のアイデンティティ形成の過程を理解しようとするなら，若者が手に入れることのできる目に見える資産と見えない資産の両方をしっかり検討しなければならないというものである。

　アイデンティティの発達に対する理論的なアプローチについての本節を締めくくるにあたり，近年明らかになってきたもうひとつの重要な流れに注目しておく。これは，第1章で概説した理論的なアプローチである発達的文脈主義において最近見られる関心と密接に結びつくので，とりわけ重要である。アイデンティティの理論家は，しだいにアイデンティティ形成の文脈に注意を払うようになってきた。この流れは，最近の著作のタイトルに現れている。たとえば，フィニーとゴースンス（1996）による『青年期研究』（*Journal of Adolescence*）の特集号は，「文脈のなかでのアイデンティティ発達」と銘打たれている。この特集号の編集者たちは，アイデンティティ研究では，文脈の要因にあまり注意が払われていないと考えているが，この特集号の論文の幅広さを見ると，こ

の分野の研究者の焦点が変化しつつあることがわかる。それらは，アイデンティティ発達と歴史的，地理的，民族的な文脈との相互作用を検討しており，こうした流れが数年のうちに速さを増すであろうと思われる。おそらくこの動きのもっとも重要な特徴は，民族性への関心が高まったことであり，フィニーがその中心的な役割を果たしている。民族性にかんする研究は，文脈と発達の問題がどのようなしかたで一体となるかについての最良の例となるので，次にこの話題を取り上げることにする。

民族アイデンティティにかんする研究の論評

　何十年も前から関心をもたれてきたテーマだが，ごく最近になって，重要な結論を引き出せる理論と方法にまで発展した。この分野の理論のほとんどが北アメリカから出たことは注目される。ヨーロッパの研究は本節でのちほど紹介するつもりである。歴史的に見るなら，まずは本質的に一元的な見方をする理論から検討しないといけない。たとえば，フィニーは初期の研究（Phinney, 1992, 1993 ; Phinney and Rosenthal, 1992）で，民族アイデンティティの3つの発達段階のモデルを提示した。まず，自分の民族アイデンティティについて探求したり考えたりしたことのない若者は，「未探求」と呼ばれた。次の段階の若者は「探求者」である。彼らにとって，たとえば人種的ないやがらせを目撃したり経験するという出来事や事件が，自分自身をどう見るかの転回点となり，自分の民族性の根元を問うことに導いていく。最後に，自分の文化と多数派の文化の両方に向き合う立場を受け入れ，アイデンティティの解決に至る青年もいる。これらの青年が「達成」したグループである。このような図式は，いくつものアイデンティティ・ステイタスがあり，個人は発達的な過程で，あるステイタスから別のステイタスに移行することを示唆するという点でマーシャらのものと類似している。フィニーのモデルを用いて多くの研究がなされているが（たとえばMartinez and Dukes, 1997），同時に他の研究者（たとえばBerry, 1990）は，文化への適合はもっと複雑で多次元的なものなので，単純な3段階のモデルでは，個人がいかにして自分の民族アイデンティティと折り合うかの

過程をとらえることは難しいと論じている。むしろ，次の2つの独立した次元を用いたほうが，少数民族集団の出身者をよく位置づけることができる。それは，自分の文化の伝統を保持していることと，より大きな社会との関係を確立し維持していることである。これをフィニー自身は同意しており，それは彼女がフィニーとデヴィッチ・ナヴァロ（Phinney and Devich-Navarro, 1997）のなかで明らかにしている。ベリー（1990）が提唱したモデルでは，自文化の保持と周囲の社会との関係という2つの次元で高低に二分し，できた4つの象限でどんな人でも位置づけることができる。4つの象限は次のとおりである。

1 統合。自文化の伝統を強く保持すると同時に，その社会の主流の文化との関係も発展させ，維持している。
2 同化。多数派の文化との関係を強く維持しており，自文化の保持の程度は低い。
3 分離。自文化を強く保持しており，主流の文化への同一視は低い。
4 境界化。両方の次元とも低い。

フィニーとデヴィッチ・ナヴァロ（1997）が記すように，このモデルは一元的なモデルよりは有用であるが，さらに洗練して，少数派集団における自民族と主流文化への関与の多様性がとらえられるようにする必要がある。そこで，フィニーとデヴィッチ・ナヴァロは図4.4に示すようなさらに精巧なモデルを提示した。この図には3つの枠がある。一番上の枠は，主流文化への同化と融合のパターンを示している。ここでは，個人は自文化を完全に拒否するか，2つの文化をひとつに融合するかのどちらかである。2番目の枠では，より複雑な二重文化の可能性が見られる。ここでは，2つの文化は重なり合うものとして認識され，個人は重なり合う2つの文化の中間に位置を占めるか，2つの文化のあいだで，ある文化から別の文化へかわるがわるに移行する。3番目の枠は，2つの文化が重ならない個人を示している。このような個人は，一方の文化だけに同一化するか，両方の文化の外に自分の位置を見いださざるをえない。
　フィニーとデヴィッチ・ナヴァロ（1997）は，アフリカ系アメリカ人とメキ

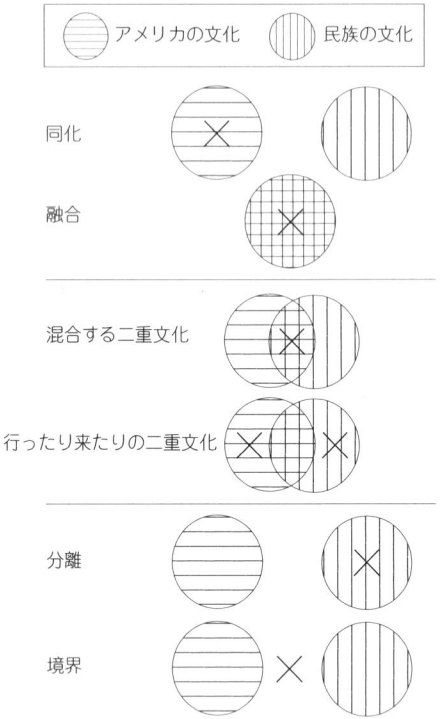

図4.4 分離，結合，重なりというアメリカおよび民族（円で示した）の文化に対する個人の認識と，各文化における個人の位置（×で示した）からなる同一化のパターン

出典：Phinney & Devich-Navarro (1997)

シコ系アメリカ人の若者を研究し，二重文化にどう取り組むかを問い，興味深い回答例を得ている。混合する二重文化のカテゴリーに入る若者は，進んで2つの文化のどちらかに決めようとはせず，自分たちをアメリカ人でありかつ少数民族であるというように，同程度に考えていた。たとえば，あるアフリカ系アメリカ人の若い女性は，自分のことを「半々みたい。…私にとっては同じことです」と言った。そしてメキシコ系アメリカ人の若い男性は，「どちらの文化も。僕は両方です」と言った。別の若者は，「僕はどちらかといえばアメリカ人だと思うけど，それは僕が黒人ではないという意味ではありません」と言った。他方で，かわるがわるに変化する二重文化のカテゴリーに入る若者は，

自分たちをアメリカ人というより少数民族であると考えていた。たとえば，あるアフリカ系アメリカ人の学生は，「私はほとんど黒人です。両方だけど，より黒人なんです」と回答した。あるメキシコ系アメリカ人の若い男性は，「僕はアメリカ人でありスペイン系だけど，自分はどちらかというとスペイン系だと思います」と述べている。フィニーとデヴィッチ・ナヴァロは，二重文化のアイデンティティをもつこの2つのグループを比較し，2つの民族集団のあいだに興味深い違いがあることを示した。要するに，アフリカ系アメリカ人の若者は，混合する二重文化か分離されたグループのどちらかに属することが多かったのに対して，メキシコ系アメリカ人の青年は，かわるがわるに移行する二重文化のグループに属することが有意に多かったのである。

ヨーロッパでは異なる文化を比較する研究はまれであり，例外的にはヴァーキューテン（Verkuyten, 1993, 1995）がある。このうち1995年の研究では，オランダに住む4つの文化的背景をもつ若者の自尊感情と民族アイデンティティを比較した。4つのグループとは，オランダの主流の文化，トルコ，スリナム，モロッコの出身者である。その結果，全体的な自尊感情は4つのグループで違いが見られなかったが，民族アイデンティティは少数派の文化の出身者のほうが顕著であった。同じような結果は，マーチニスとデュークス（Martinez and Dukes, 1997）が，アメリカにおいて4つの文化的背景をもつ集団を比較して報告している。

民族アイデンティティに及ぼす家族の影響が多く検討されており，主流の文化と同様に少数派の文化でも家族環境が発達を形づくるという点で，研究の知見が一致している（これにかんする展望はSpencer and Dornbusch, 1990を参照）。自文化に対する両親の態度は，子どもや若者に深く影響し，民族アイデンティティの形成過程に避けがたい影響を与える。アフリカ系アメリカ人の家族を対象にしたアメリカでの研究では，多くの親たちが，子どもに自分の人種に誇りをもち，黒人であることに肯定的な感情をもつように育てていることがわかった（Thornton *et al.*, 1990）。マーシャル（Marshall, 1995）の研究では，少数派の文化出身の両親に，自分たちの人種のどの側面で子どもと話し合うことが大切であると思っているかを尋ねた。その回答には，人種の誇りや人種にとって妨

げとなるもの，平等，その民族に特有の身体の特徴が含まれていた。興味深いことに，家庭のなかで人種の問題について議論するほど，若者の民族アイデンティティは発達していた。

　主流文化および少数派の文化にどのくらい同一化することが期待されるかについて，両親と10代の子どものあいだに葛藤があることは重要な問題である。たとえば，イギリスのアジア文化では，両親は子どもが不快に思うくらい，民族の価値観，すなわち宗教的な信念や家庭生活に対する態度の実践に強く関与することを期待する（Gilani, 1995）。フィニーとローゼンタール（Phinney and Rosenthal, 1992）は，この問題にかんするメキシコ系アメリカ人の若い女性の言葉を引用している。「両親は古くさいので，『女の子だから料理をしろ』というようなことを言います。私は親よりもアメリカ人らしくなっているから，女だからどうのこうのなんて思いません。親と話し合うのはやめました。どうせ解決しないんですから」(p. 153)。

　とくにジェンダーの問題が，人種との関連で注目されている。たとえば，ショーター・グーデンとワシントン（Shorter-Gooden and Washington, 1996）は，北米の若い女性たちが，いわゆる「アイデンティティを織り上げる」ことの難しさについて検討した。研究の対象は青年期後期の高学歴のアフリカ系アメリカ人の女性で，彼女らにとっては民族アイデンティティがジェンダー・アイデンティティよりも突出していた。このことは，ジェンダーが重要でないと言っているのではない。明らかに，ほとんどの人のアイデンティティを定義する特徴が人種にあった。イギリスで行われたマーザー（Mirsah, 1992）の研究も，若い黒人女性に才能があることを強調し，白人と同じ教育を得ようとするときに直面する障壁について検討している。マーザーは次のように述べている。

　　若い黒人女性は，根本的に不平等な社会の証拠をすべてたずさえている。彼女らは学校でよくやり，社会でよくやり，有能な働き手であるのに，集団としては彼女らが受けるに値する経済的な地位や職業的な威信をいつも保証されない。この研究では，黒人の女性がなぜこのような不公平にさらされているのかを問い，能力主義のイデオロギーにもかかわらず社会に根強い不平等の過程を明らかにしようとした。
　　　　　　　　　　　　　　　　　　　　　　　　　　　　　(1992, p. 189)

バック（Back, 1997）もまた性別と人種について検討したが，これは若い男性についてである。彼は，若い黒人男性が特定の特徴，たとえば運動能力や音楽の才能を羨望される一方で，暴力的で問題を起こしがちであると見られて恐れられていることを，「不安と願望の対」と名づけて研究している。バックは，そのような状況では，黒人の男性アイデンティティ形成が問題となるために，若い黒人男性が主流の文化で成功すると同時に自分の民族的な背景とつながりたいと思うと，困難に直面すると述べている。

最後に，混血の若者が経験する別の民族アイデンティティの側面について述べる。少数派の文化出身の人が直面する問題に焦点を合わせてきたが，彼らは少なくとも，明らかに同一視できる所属文化をもつ。ところが，混血の若者の場合には状況は非常に複雑であるにもかかわらず，この分野の研究はほとんどない。しかし，ティザードとフィーニックス（Tizard and Phoenix, 1993）は注目すべき研究を行い，イギリスの混血の若者のアイデンティティ発達を検討した。彼らは，対象者の約60％は肯定的な民族アイデンティティをもち，20％は「問題のある」アイデンティティをもっていた。肯定的なアイデンティティの例は以下の通りである（1993, pp. 58-60）。

> 私は幸運です。自分の肌の色を誇りに思っています。（どうしてそう思うのですか。）私は独特なんです。私たちのようにほんの少ししかいない民族は，他にはいません。

> すごく興味深いんです。私の国籍を聞かれたら，説明するのに30分はかかります。

問題のあるアイデンティティの例は以下の通りである。

> 他の男子と一緒になると，違いを感じました。僕のクラスでは，僕だけが有色人種だったから。…見た目で価値が決まるから，見た目の違う僕は本当に損をしていると感じました。

> 私は最近，白人になりたいと思うんです。人種による嫌がらせはあまり受けてきませんでしたが，それでも辛いんです。もし私が白人だったら，自分の肌の色のこと

で悩まずにすみます。

　この研究の協力者は，全体的なアイデンティティの感覚に関係する11個の要素を提示され，彼ら自身のアイデンティティにとって重要なものから順位をつけるように求められた。興味深いことに，3分の1の人が肌の色を1位または上位にした一方で，39％の人は肌の色についてまったく言及しなかった。この結果は，混血であることはある者にとっては重要な問題であるが，別の者にとってはそれほど考える問題ではないことを意味している。肯定的なアイデンティティをもつ人は，多様な人種のいる学校に通っている傾向があり，問題のあるアイデンティティをもつ者の多くは，主流の白人文化出身の成人の養子であった。おもに若者の育つ環境が，民族アイデンティティを形づくることに疑いの余地はない。このことを指摘している2人の若者の言葉で，本節を締めくくりたい。

　　いつも気にかかっていることがあるんです。（何ですか。）私はクラスでたったひとりの有色人種なので，私の肌の色のせいで皆に差別されるんじゃないかということです。

　　黒人のあまりいない国や街に行ったら，まるで初めて黒人を見るように，皆が「黒人がいるよ」という感じでひじをつつき合ったり，目配せしたり，見たりするんです。でもロンドンに戻れば，黒人か白人かなんてだれも気にしません。

（1993, p. 62）

実践への示唆

1. 本章で紹介した研究から，自己概念が青年期に急激に発達することは明らかである。この発達は，身体的，認知的，情緒的な成長に伴って起こる。とくに，自己概念はより分化すると同時に，若者は自分自身を他者の視点から見る能力が増大する。10代の若者とかかわる大人は，こうした成長や，それらが対人関係に及ぼす影響を考慮すべきである。

2. 自尊感情が幅広い領域にわたって適応に強い影響を及ぼすことについては，一般に認められている。学業成績，社会的関係，精神的健康，ストレスへの対処はすべて自尊感情の影響を受ける。これまではどんな要因が個人の自尊感情の程度を決めるのかについて追求されてきたが，本章では，自尊感情への影響力という点で両親と仲間のあいだで重点が変化することに注目した。また，青年期の自尊感情の発達の軌跡の多様性と，それに応じた介入の重要性についても述べた（Zimmerman *et al.*, 1997）。
3. エリクソンによって最初に記述されて名高い「青年期のアイデンティティ危機」は，実は多くの若者に見られるとはかぎらないことを実践家は知っておくべきである。最近の研究では，アイデンティティの発達は青年期において中心的であるが，必ずしも危機の形を取るわけではないことが示されている。むしろ個人は，ある段階から別の段階へとかなり揺れ動きながら，多様な段階を通って，青年期後期にアイデンティティの問いが解決される。
4. 過去10年のあいだに，民族アイデンティティが目立って研究されるようになってきた。そして，少数派の文化出身の若者とかかわる場合は，青年期の発達で民族アイデンティティの次元を重視する必要のあることが明らかになってきた。もちろん大きな個人差があり，文化，文脈，社会の背景によって民族アイデンティティが目立つかどうかに違いが出る。それにもかかわらず，実践家は研究の結果から多くを学ぶべきであり，この分野の知見がもっと身近になることが望まれる。

第 5 章
家　族

青年期は親と若者の相互交流のしかたが大きく変化する。変化は緩やかで，一般の見方とは違って，親子関係を壊してしまうということはない。これから見るように，過去10年間くらいの研究は，変化だけでなく連続性があることも強調しており，この人生段階をとおして親が中心的な役割を果たすことを重視してきた。さらに，最近の研究知見によれば，家族の対立は人々が想定するほど一般的なわけではないことが指摘されてきた。多くの青年は親とうまくやっており，成人期への移行で重大な問題に直面すると，親の指導や援助をあてにしている。しかも，第1章で述べたように，この移行は20世紀後半のあいだに根本的な点で変わってしまった。社会変動の結果として，若者が家を出る時期が遅くなり，そのために青年期後期と成人期前期における若者と親の関係を見直さなければならなくなっている。本章をとおして，若者が早熟になっていながら巣立つことができず家族に長期間依存するような文脈で，若者がどうやって自律をうまく獲得するのかを検討したい。そして，対立やいわゆる「世代の断絶」の問題，また母親と父親の役割の違いについても検討したい。離婚や義理の親との同居が与える影響など，家族構成の変化の影響についても考察する。最後に，10代の若者の親としての役目を果たすことについて取り上げ，この世代の親は幼い子どもの親ほどには援助されていないと思われるが，彼らに対する支援や青年期にかんする情報を提供することがいかに重要かを述べてみたい。

自律の発達

　家族関係における独立や自律の発達は，青年期にとって重要な課題のひとつであると考えられる。親の束縛から解放されて，自分自身の生活をコントロールできるようになることはすべての若者の目標である。しかしこの目標へと向かう道のりは，決してまっすぐなものではない。ある程度までは，この道のりは，家族の状況，民族的背景やその環境で入手しうる文化的，社会的そして経済的な機会によって決まる。ジェンダーも役割を果たすが，それは青年女子の自律が青年男子にとっての自律とは異なったものと解釈されるからである。さらに，親自身の状況や息子や娘に対する態度と同様に，若者の性格も重要とな

る。兄弟姉妹の人数や年齢，祖父母の役割など，家族のほかの要因すべてが，完全な大人としての自律に向けてたどる道のりに影響を与えるようである。

　こうした青年期の特徴に対する私たちの認識は，これまでの数十年のあいだに，考え方が大きく変化した。長いあいだ，精神分析的な見方が，自律の発達に重要な見通しを与えると考えられてきた。このことから，親からの感情的離脱が自立へと向かう動きの構成要素であり，別居や分離が起こらなければ，成熟した大人にはなれないと考えられていた。しかし，アメリカでのドーヴァンとエーデルソン（Douvan and Adelson, 1966）などの初期の実証的研究では，親と10代との関係はこれらの理論が正しかったならば予想されるよりはるかに良好な関係であるらしいことを示した。イギリスにも類似の結果を報告したさまざまな研究があった。その研究のひとつの例がフォーゲルマン（Fogelman, 1976）によってなされたものである。その結果が表5.1と表5.2に示される。

　この種の実証的な仕事の成果として，新たな理論上の視点が出現しはじめた。数多くの研究者は初期の理論で考えられていたような離脱がなくても自律を発達させることができると考えた。たとえば，グリーンバーガー（Greenberger, 1984）は社会的責任性（共同体や他者と密接にかかわっていること）が連動して自律の発達を促すとした。ユーニスとスモーラ（Youniss and Smollar, 1985）は相互依存を問題にした。すなわち，親と青年とが自分たちの関係をともに再定義しようとした段階について述べた。この段階では，密接なつながりが維持されるが，若者の個別性の成長が脅かされることはない。この期間を扱った論文でもっとも頻繁に引用されたもののうちのひとつがグローテヴァントとクーパー（Grotevant and Cooper, 1986）であり，そこでは結合性の概念が提唱された。彼らの見解では，若者は家族とのつながりを維持しながら個別化の状態に向かって進んでいくことができる。結合性の概念が当初，若い女性にかんしてとくにあてはまると考えられたことは注目にあたいする。しかしながら，最近の論文ではこれはジェンダーに依存しない理論的な視点となってきた。このアプローチについてのすぐれた概要をグローテヴァントとクーパー（1998）に見ることができる。

　グローテヴァントとクーパー（1986）は家族のコミュニケーションパターン

表5.1　親子の意見の不一致（親の報告による）（11,531人）

	しばしば %	ときどき %	全くか，ほとんどしない %
同性の友人を選択すること	3	16	81
異性の友人を選択すること	2	9	89
衣服や髪型	11	35	54
門限や就寝時間	8	26	66
ひとりの時間を過ごした場所	2	9	89
宿題をすること	6	18	76
喫煙	6	9	85
飲酒	1	5	94

出典：Fogelman（1976）

表5.2　家族関係（子どもの報告による）（11,045人）

	まったくあてはまる %	あてはまる %	どちらともいえない %	あてはまらない %	まったくあてはまらない %
私は，母親とうまくいっている	41	45	8	4	1
私は，父親とうまくいっている	35	45	13	5	2
私はきょうだいと口論をする	23	43	10	19	5
私の親は私の外見にうるさい（たとえば，衣服，髪型など）	15	33	19	27	6
私の親は夜私がどこへ行くのか知りたがる	27	51	8	11	3
私の親は私の男性の友人で認めてくれない人がいる	9	19	18	37	16
私の親は私の女性の友人で認めてくれない人がいる	5	15	18	40	22

出典：Fogelman（1976）

を符号化するために4つの部分からなるシステムを開発した。このシステムの特性のなかで，個別性は分離と自己主張によって表現されるのに対し，結合性は相互性と浸透性によって表現される。彼らの研究結果（Grotevant and Cooper, 1985）は連結と分離との効果的な組み合わせが青年期のアイデンティティ探求と視点取得スキルの発達に関連するという見解を支持する。彼らはこれらの測度でもっとも高く得点している人が少なくとも片方の親とのあいだに「個別的な」関係の経験をもっていた点を指摘する。「彼らは相違を確認したが，しかしそれは結合の文脈のなかであった」（Grotevant and Cooper, 1986, p. 92）。それにもかかわらず実際の結果は複雑であり，筆者は家族相互の二者関係のすべての組み合わせを見る必要性を強調する。クーパーはごく最近の研究で，さまざ

まな民族出身の家族における結合性を調べ，多くの非ヨーロッパ系アメリカ人家族で，親と青年のあいだの親密さと支持の期待が異なっていることをも示した。

自律および親との親密な関係の維持の双方を包含する理論的見解は，明らかに，いくつかの内的矛盾を抱えている。おそらくこの結果として実証的研究の新たな波が1980年代にやってきたのだが，そこでは，さまざまな自律の測定方法を開発し，多様で複雑な概念を構成する種々の要素を区別する試みがなされた。たとえば，スタインバーグとシルバーベルグ（Steinberg and Silverberg, 1986）が情緒的自律の4側面を測る感情自律尺度（EAS）を開発した。その4側面は次のとおりである。

1 「脱理想化」，すなわち親が誤りもある人間的な存在であると若者が考える程度。
2 「普通の人として親を認識する」，すなわち親が個々の別個の人生をもつ普通の人々であるという認識。
3 「非依存」，すなわち若者が自分自身でものごとをなしとげられるかどうか。
4 「個別化」，すなわち青年が親との関係のなかで個別の人間であると感じる程度。

この研究の結果は10〜14歳のあいだに，自律のすべての側面で着実な増加を示したが，2番目の項目「普通の人として親を認識する」は例外であり，ほとんど変化を示さなかった。興味深いことに，14歳以降には自律の増大はほとんど見られなかったが，これは主要な移行が青年期の早い時期ですでに起こっていたことを示すものである。ほかの研究も類似の結果を報告している。たとえば，フェイリングとルイス（Feiring and Lewis, 1993）は，青年の年齢が上がるにつれて，親は子どもの友人について知っていることがどんどん少なくなっていることを見いだした。

1990年代に議論の焦点は移り，10代の順応にとっての自律の重要性により多くの注意が払われるようになった。一方では，ランボーンとスタインバーグ

(Lamborn and Steinberg, 1993) らは，自律は非常に高く，かつ両親が支持的でないとみなす青年は，支持的な親がいて自律した青年より不適応のリスクをもつと主張した。ファーマンとホルムベック（Fuhrman and Holmbeck, 1995）はこれとは反対の立場をとる。彼らは，親が支持しない場合で，情緒的に自律していることが適応的であるのは，家族がストレスの状況に置かれているときのみであると考える。彼らの意見では，このようなストレス状況下での自律は，家族の問題から距離をもたせ，それが家族外での援助を見いだすための助けとなるという。これらの研究者にとって，高い自律が適応的でないと考えられるのは親子関係が良好であるときのみである。ここで検討してきたように，2つの見解は矛盾している。そしてこれは，対処と順応についての議論を引き起こしたのだが，その点に関しては第12章でふれよう。ここでは，自律にかんする研究が近年いっそう洗練されてきており，また青年期の発達にかんするほかの主要領域との結びつきが深まっていることを指摘するにとどめたい。

　この話題を終わる前に，私たちは自律のテーマのアプローチにおいてどちらかといえば異なったほかの2つの研究にふれておきたい。まず，ドイツで行われたクラッケとノアクの研究（Kracke and Noack, 1998）は，青年期の3つの段階を区別した。このことにより，自律にかんしてもっとも激しいかけひきが起きるのは青年期中期であることを示しえた。彼らが指摘するように，この段階の若者にとっては，自分の自由への権利を確立することがもっとも必要とされる時期である。他方で，同時に，親にとっては子どもに対してコントロールを失うことを一番望まない段階でもある。クラッケとノークはさらにこの段階では家族成員の行動はずっと多く言葉によってかけひきをするほうへと変化することを示し，そして上記で述べたような口論の増大にもかかわらず，葛藤と攻撃にかんする全体的な水準はすべての段階で低かったことを指摘する。

　さらに，この文脈におけるラーソンらによる研究，とくに彼らの方法論的アプローチにふれておくことは重要である。ラーソンらの研究（Larson *et al.*, 1996）は，たとえば，若者と家族との日常的なかかわりという観点から自律の問題を記述する。彼らは経験サンプリング法（ESM）として知られている方法を用いるが，10代が呼び出し機を与えられて，そして日中任意の瞬間に信号を

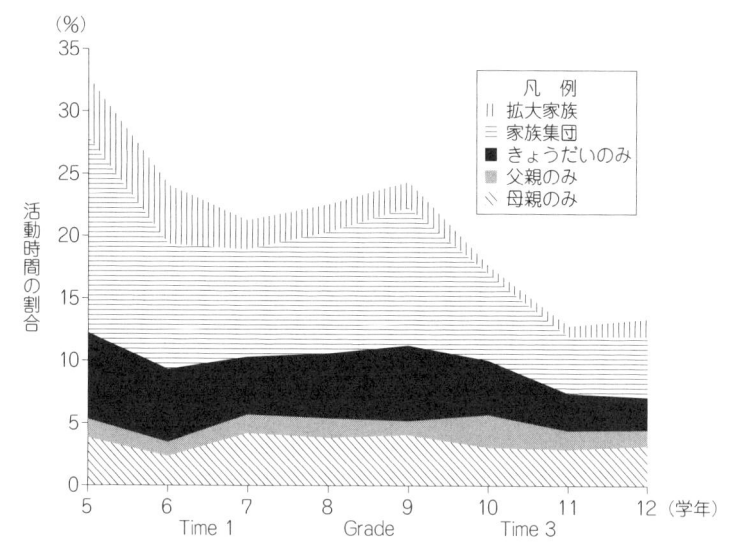

図 5.1 青年期に家族と過ごす時間の量の年齢差
出典：Larson *et al.* (1996)

送られた。信号のあと，若者は自分のしていることや活動やそれに伴う感情を報告するよう依頼される。ラーソンは，このような方法を使うことで，若者の毎日の活動を追跡し，青年期における若者の生活の非常に貴重な実像を得ることができるようにした。ラーソン（1996）の研究では，家族と一緒に過ごす全体的な時間が10代の時期をつうじて減少したのに対して，母親や父親と1対1で過ごす時間が10〜18歳のあいだにほとんど変化していないことが明らかとなった。図5.1で示されるそれらの結果は，親との親密な関係が重要な機能を果たし続けるという事実を強調する。自律は重要であるかもしれない。しかし，結びつきも同じく重要である。

対立と世代の断絶

親と青年との対立は，もっとも多く研究が行われているテーマのひとつである。一般には，これは「世代の断絶」として知られている。この話題にかんしてとくに興味深いことは，明らかに研究者と世間一般のあいだで意見が違うと

思われる点である。親や世間一般は，青年期は家のなかで対立や意見の相違をもたらすと信じており，それはセックスや薬物，徳行のような話題で広く多種多様な意見があるのと同様だと思われている。他方，研究者が言うには，キャリアや教育，道徳に対する態度で世代差があるという証拠はあまり認められず，親と10代のあいだには良い関係がある。このテーマを関連する実証データでより注意深く見よう。

　引用したフォーゲルマンの研究（1976）はイギリスで11,000人の若者と親について検討し，親の大多数が10代との良い関係を報告し，若者は親の意見を尊重し自分が直面した主要な問題にかんし親にアドバイスを求めたことが明確にされた。その後の研究は同様のことを発見した（概要を得るには，Steinberg, 1990 ; Noller and Callan, 1991 ; Hill, 1993を参照のこと）。もちろん，親と10代との関係で問題をかかえる家族もあるが，親と年少の子どもとの関係で問題をかかえる家族もある。親と青年の関係に重大な困難がある場合には，幼年時代や児童期にすでに重大な困難があった可能性が非常に高いことを研究は示している（Haggerty et al., 1994）。

　価値と態度を検討した研究もまた，世代差よりも類似性のほうを多く見いだしている。ジェカスとシェフ（Gecas and Seff, 1990）は，たとえば，親と10代が仕事，宗教，道徳についての信念，そして自分にとって重要な個人的な特性についての信念を共有していることを示した。実際，この研究は，世代差よりも社会的背景が異なる若者どうしのほうに大きな違いがあるとしている。ここでひとつ興味深いのは，人々が相違を過大視するという事実である。これは，ノラーとカラン（Noller and Callan, 1990）によって明らかにされた。若者は自分の親に対し親自身が思う以上に保守的であるととらえ，反対に大人は若者を極端に急進的であるととらえている。しかし，実際には若者はそれほどでもない。

　もちろん，たとえば服装や音楽などの個人的な好みにかんして，そして日常の生活習慣にかんして世代のあいだの違いがあるという事実を無視することは非現実的であろう。寝室を整えることや食習慣，テレビの視聴，就寝時刻などについては意見の違いがあるようだった。しかし，これらの問題で意見が食い

違っていてもなお関係が崩れないでいることは可能である。スメタナら（Smetana, 1988 ; Smetana, 1989 ; Smetana and Asquith, 1994）がおもしろい研究をしている。それによると，意見相違の理由のひとつは，世代で問題の定義のしかたが違うことだった。つまり，親は行動が慣習の問題であると考えがちであり，たとえば服の選択は他人の期待や現在の状況下の常識に基づくと考える。他方，若者は，服の選択は個人的な自由の問題である。そこで，もし彼らが慣習とは関係なく自分の欲しいものの選択を決めることができるなら，それは若者の自律と成熟の現れである。

　スメタナ（Smetana, J.）らは，親と10代が個々の細かい問題よりも，むしろ定義のしかたで衝突すると考えている。換言すれば，それは「誰が正しい」というより，むしろ「誰が権限をもっている」かの問題である。もし若者と親とが日常の問題を違ったふうに定義するなら，葛藤の解決は難しくなる。まさにこの時点で世代間のコミュニケーションという考え方が重要になる。多くの研究で示されたように，親と10代のあいだのコミュニケーションが良くなるほど，それだけ葛藤が解決される可能性も高い。さらに，薬物のようにあまり話し合わない問題にかんしては，世代間で態度が分かれる可能性が大きい。ひとつの興味深い研究（Brody et al., 1994）は，若者が家族の意思決定に関与するほど，若者が青年期後期あるいは成人期前期になってから親と類似した態度をもつことを示した。

　親と若者のコミュニケーションの質は，さまざまな変数によって変化する。ノラーとカラン（1991）は社会的背景，若者の年齢，宗教的信念がすべて家庭内でのコミュニケーションに影響を与えることを示唆している。デューレイら（Drury et al, 1998）は，若者が家族内でのコミュニケーションの障害をどのような原因帰属で説明するかを報告しているが，若者がもっとも多く挙げた理由は，他者の視点が理解できないことであった。またデューレイらは，若者は父親に対してと母親に対してのコミュニケーションが違うと考えていることを明らかにした。母親とのコミュニケーションが一般により高い質のものであること，そしていっそう支持的であることが認められた。母親と父親とのコミュニケーションの相違については，この章の後半部分で詳細に触れよう。ユーニス

表 5.3 話の内容についての両親と友人との比較

トピックス[a]	女性		男性		全体	
	両親	友人	両親	友人	両親	友人
学校でうまくいっているのか	.72	.24	.68	.25	.70	.25
学校での問題	.44	.55	.54	.39	.49	.55
勉強や成績	.86	.83	.89	.80	.88	.82
職業目標	.63	.30	.70	.24	.67	.27
将来の希望や計画	.40	.54	.54	.38	.47	.46
将来の計画	.87	.81	.88	.76	.88	.78
異性について感じていること	.07	.92	.14	.78	.11	.85
異性にともなう問題	.16	.82	.15	.78	.16	.80
結婚に対する態度	.32	.64	.35	.55	.33	.60
セックス観	.21	.79	.17	.82	.19	.80
デートをする行動	.45	.73	.43	.73	.44	.73

注：a　ある協力者は回答しなかったりあるいは両方を選択したため，強制選択でありながら合計は100％となっていない。

出典：Youniss and Smallar（1985）

およびスモーラ（1985）は重要な研究を行い，コミュケーションの話題は，親に対してと仲間に対してとでは明らかに違うことを見いだした。この研究の知見によると，表5.3に示されるように，若者は，学校や進路にかんしては親と話し合うが，性や人間関係にかんする話題は仲間とはるかによく話し合う。

　この節の結論は，世代間に広範な意見の対立があるとする実証データはほとんどないということである。しかし，深刻な対立をかかえる家庭もあることを認識することは必要である。それは，自律をめぐる家族間の争いによって生じたり，あるいは家庭内のさまざまに入り組んだ家族関係の問題によって生じている。離婚，家族の別居，あるいは育児のしかたなどの慢性の対立を引き起こすいくつかの要因については，本章の後の節で考察しよう。最後に，青年期の「世代の断絶」についての一般の人々の見方をどのように説明するのかを考えたい。これについては，メディアが動かしているという意見もあれば，協調性のないごく一部の若者に注意を払いすぎるという意見もある。おそらく青年を否定的に見る固定観念が10代は体制を揺さぶると社会がみなすうえで重要な働きをしているのだろう。この見解が真実がどうかは別として，研究結果は明白である，という事実を見失ってはいけない。親と青年とのあいだの深刻な対立は，ほんの一握りの家族にあてはまるにすぎない。この事実は不安な気持ちで

青年期の始まりを迎える親にいくらかの安らぎをもたらすはずである。

家族環境と青年期の発達

　家族環境とそれが青年の発達に与える影響を考える際に，親の役割，とりわけ子育てのスタイルを見る必要がある。子育てのスタイルを考えるとき，最初にバウムリンドやマッコウヴィの研究を概説しておくことが不可欠である。実際のところ，この2人の研究者が子育て行動についての理解に深く影響したと言えるし，子育てにかんする研究で2人の研究を出発点としないものはほとんどない。1970年代の初頭に，バウムリンド（Baumrind, 1971）は初めて，子育て行動には2つの次元があり，それらは区別される必要があるという見解を示した。すなわち，親の応答性と要求性の次元である。バウムリンドは，親はこの2つの次元上でそれぞれ異なっており，またこの2つの次元は相互に多かれ少なかれ独立していると考えた。これによって，親の性格特性のさまざまな組み合わせを考えることが可能になった。また，多くの研究は，この分類図式が家族機能についての理解のためにいかに重要であるかを示唆した。

　マッコウビィおよびマーティン（Maccoby and Martin, 1983）が開発した枠組みは，図5.2に図示されるように，親の要求性と応答性の組み合わせにより4つのタイプの子育て行動を区別することができる。すなわち，甘やかし型，無関心型，権威のある型，権威主義型の4タイプである。権威主義の親は従順や同調を重視する。それらは不品行を罰し，自律を励まさない傾向がある。権威のある親は温かく，しっかりしている。彼らは標準を定めて，けじめをつけるが，罰を与えるよりは説明を与えて，若い人に道理を説く傾向が強い。甘やかし型の（許容的な）親は，温和でよく子どもを許容するが，本質的に受動的に振る舞う。彼らは標準を定めたり，子どもに対して高い期待をもったりせず，罰を重要なものとは見ない。最後に，無関心型の親はしばしばネグレクト型とも呼ばれる。このタイプの親は，自分の子どもが行っていることをほとんど知らず，育児の活動に費やす時間を最小限にしようとする。

　すでに示されたように，この分類を使って子育てにかんする多数の研究が行

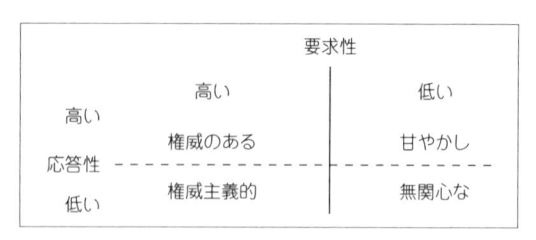

	要求性	
	高い	低い
応答性 高い	権威のある	甘やかし
応答性 低い	権威主義的	無関心な

図5.2 子育てのタイプを分類する図式
出典：Maccoby and Martin (1983)

われたが，結果は一貫している。それらは，ほとんどすべての場合に，権威のある親のもとで育てられた子どもや若者は，自尊感情や視点取得において秀でており，さらに薬物の使用，時期尚早の性行為などのリスクを回避する行動ができる点において秀でていた (Dornbush et al., 1987 ; Steinberg et al., 1991を参照)。甘やかし型の親のもとで育てられた青年は，成熟度が低く，無責任で仲間に同調する傾向が強い。ネグレクト型ないし無関心型の家庭で育てられた青年は，予想されるように，もっともリスクにさらされている。彼らは，より衝動的で，年少の段階からリスクの高い行動に染まる可能性が高い (Fuligni and Eccles, 1993 ; Kurdek and Fine, 1994)。

　権威のある子育てをより詳細に観察し，その特性を理解しようとする試みも数多く行われた。スタインバーグ (1996) は，このタイプの子育てが中核となる3つの構成要素をもっていると考える。第1に，温かさである。この権威のある親は，子どもを愛で包んで養育する。第2に，若者が自分の行動について期待や規則をもつことができるような構造を提供する。第3に，若者の個性を受容し励ますことで自律を支援する。これらのことはすべて，親が限度を設定し，支持と受容を与え，達成を励まして，自律が促されるような家庭環境をつくるために重要な要因である。

　この話題にかんして，ヨーロッパで行われた数少ない研究のうちのひとつにシャックスミスら (Shucksmith et al., 1995) によるものがある。シャックスミスらはスコットランドの家族を研究し，子育てスタイル以外に，年齢，社会的背景および家族のタイプなどの一連の変数を検討した。結果は有益なもので，子育てスタイルとしては許容的な子育てがもっとも一般的に家庭に行き渡って

いることが示された。しかし，青年期にさしかかった時期には権威のある子育てと権威主義の子育てが一番多い一方，10代後半の子どもがいる家庭では許容的な子育てが一番多かった。この調査協力者では，心理的な幸福感や学校への不満は，子育てのスタイルには関連していなかった。そこでシャックスミスらは，許容的な子育てが多数を占めているとすれば許容性に対する見方を再検討し，なぜスコットランドではこのスタイルがほかのものに比べて普及しているのかを説明する時期にきている，と指摘している。ジャンクとシルバーライゼン（Juang and Silbereisen, 1998）は，2つのヨーロッパ諸国，つまり旧東ドイツと西ドイツで子育てのスタイルについての研究を行い，どちらの国においても，権威のある親の子育ては歴史的・地理的文脈とは関係なく肯定的な効果をもつことを示すことができた。

　この節を終えるにあたり，モニタリングや監督というテーマにふれておく必要がある。これは，子育て行動の特徴のひとつで，相当注目を集めた問題である。これまでの研究では，親がモニタリングを怠ると，年頃の子どもは犯罪や薬物使用，学業不振，避妊をしないセックスなど，さまざまなリスク行動に結びついていくことが一貫して明らかにされている（Patterson and Stouthamer-Loeber, 1984 ; Fletcher et al., 1995を参照）。しかし，スタティンとカー（Stattin and Kerr, 1999）による最近の論文は，これらの研究結果を注意深く扱う必要があると主張した。彼らは，自らの実証的な研究に基づいて，それらは，親のモニタリングよりもむしろ若者の自己開示のいかんこそが問題行動にむすびつく重要な変数であると提言する。つまり，それまでは親のモニタリングは，いつ何時でも年頃の子どもの居場所を親が把握していたかどうかによって評価されてきた。しかしながら，ステインらは，10代が自分のしていることを開示する場合にのみ親が10代の行方を知っていることを示した。モニタリングと監督は青年の活動にかんする多くの情報を得ようとして親が率先して行うものではなく，むしろ若者から親へと向かって流れるコミュニケーションによる機能なのである。明らかに，これは子育ての実践だけでなく研究においても重要な発見である。この領域でのいっそうの研究が望まれる。

文化と民族性

すでにさまざまな民族的背景をもつ家族における自律の発達にかんするクーパー (Cooper, 1994) の研究が注目されてきた。民族的背景は明らかに重要な変数であり、事実上、家族機能のあらゆる側面に実際に影響を与えているものであるにもかかわらず、引用できる研究はかなり少なく、とくに北アメリカにおいて以外ではほとんどない。

本節では、この領域での民族性の役割について調査したいくつかの研究を展望するつもりである。さまざまな文化での比較は、しばしば家族の活動に費やされる時間や親と若者の感情面での結びつきにかんしてなされている。たとえば、クーパー (1994) は、ヨーロッパ系アメリカ人の家族よりも、アメリカにおける中国人、メキシコ人およびベトナム人の家族においてのほうが、家族の結びつきに期待が大きいことを示した。ファチオとバティステュータ (Facio and Batistuta, 1998) による研究では、ヘンドリーら (Hendry et al., 1993) に記述されたスコットランド人の家族関係と、アルゼンチンの小都市で見られた家族関係との比較がなされた。比較の結果は鮮やかだった。アルゼンチンでは、15～16歳の若者のうち、ほぼ80％の者が親と食事をとると答えたのに対し、スコットランドでは、35％にすぎなかった。アルゼンチンでは、親とのあいだに温かく肯定的な関係がもたれているという一般的イメージがここから浮かび上がってくる。これはスペインやイタリアのような国の生活の研究とも類似しており、これらの国々では、関係が密であり、青年は往々にして成人期に至るまで家族のなかにとどまっているのである。

日本文化は重要な比較のポイントを提供する。それは、ジェルデとシミズ (Gjerde and Shimizu, 1995) が指摘するように、父親の役割が西洋人の習慣としているものとは著しく異なっているからである。日本では、母親が親の中心的な役割を担っており、父親はほとんどの時間「不在」である。さらに、家族内の不一致をはっきりと表現するのは差し控えられる。それゆえ、対立を管理することが困難になる。ジェルデらが明らかにしたように、日本での文化的価値

が青年期の発達に与える影響については，これまでほとんど考察されてこなかった。しかし，ジェルデとシミズの研究（1995）では，日本における家族関係の複雑さの一端を示すことができた。彼らは青年がどう社会化されるべきであるかについての親の一致あるいは不一致を検討し，これを母親と10代の結びつきや若者の適応行動と関連づけた。その結果を要約すると，両親が社会化にかんする問題で一致している限り，10代との結びつきや若者の適応行動を関連づけた。つまり，両親が社会化にかんする問題で一致している限り，10代と母親との深い結びつき（高い凝集性）は適応的であった。しかしながら，母親と父親との意見が食い違っていた場合には，10代と母親との結びつきは不適応と関連していた。著者が述べているように，これらの結果は，父親が留守がちで，たまにしか家庭生活に参加しないとしても，それでもなお父親の役割が非常に重要であるという事実を裏づける。

イスラエルでは若者はこれとは非常に異なる家庭生活を経験することになる。イスラエルにおける青年期の発達についてはこれまで多大な興味が寄せられてきた。というのはキブツで育てられた若者には，これまで仲間や家族外の大人のほうが親より影響力があるとされてきた。しかし，近年になって，カフマン（Kaffman, 1993）が「家族主義的な革命」と呼ぶべきものへとはっきりと変わってきた。部分的には，1970～80年代にキブツで育てられた若い人々が経験した障害の結果として，近年になって家族は重要性を増した。今では，若者にとって親との関係はヨーロッパ諸国におけるのと同じようになり，家族は中心的な意味をもつようになった。家族の機能の変化については，マゾール（Mazor, 1993）の論文のなかで報告されている。この研究は，青年期における親の役割にかんして価値が変化したことをうまく説明している。とくに，浸透した麻薬文化への恐れから，また多くのイスラエル人青年が，カルトなどの破壊集団に関与することへの恐れから，家族により重点を置き，仲間集団の力と影響を縮小させる必要があると社会が考え始めたからだと論じている。

アメリカでは，異なる民族集団における子育てのスタイルを比較する研究がいくつも行われてきた。結果は，前節で定義された意味での権威のある子育ては，アフリカ系アメリカ人家族，アジア系アメリカ人家族，あるいはヒスパニ

ック系アメリカ人家族では，ヨーロッパ系アメリカ人家族よりも少ないことを示している（Dornbusch et al., 1987；Steinberg et al., 1992）。しかしながら民族的マイノリティの家族であっても，親がこの権威のあるスタイルを使う場合には，若者はヨーロッパ文化におけるのと同じくらい依然として恩恵を受けていると思われる。さらに，ここに興味深い2つの知見がある。第1に，権威主義の子育ては民族的マイノリティの社会においてもより多く見られる。第2に，白人の若者のほうが，マイノリティの若者よりも権威主義の子育てによって悪影響を受ける程度が強い（Steinberg et al., 1994）。なぜなら，親の強いコントロールは，暴力と危険が蔓延している地域のほうが適応的であることを示すだろうし，また，チョウ（Chao, 1994）が指摘したように，子育てスタイルのこれらの次元は非ヨーロッパ文化ではあまり意味をもたないからかもしれない。

　結論として，「個人主義」文化と「集団主義」文化とに区別されるべきである。これは文化および価値の問題に関心をもった人にはよく知られた区別であるが（たとえば，Hofstede, 1983），どのような形であれ青年にとっての家庭生活を考察するうえで重要である。基本的な区分を述べると，「集団主義」文化とは，若者の行動や願望が，個人の望みではなく，家族と地域社会の評判や成功を中心とすべきだと信じられている文化である。「個人主義」文化は，これとは反対の価値システムである。ここでは，若者は個人の目標を見つけるように努力することが期待され，家や社会全体のニーズや願望に対して必要以上に注意を払うことなく，自己の目標を達成する方策を見つけるように鼓舞されることが期待される。この区別は，異文化にかんする研究のなかで頻繁に使用されてきた。しかし青年研究でこの区分を用いたものはまれである。それだけいっそう，アジア系や白人イギリス家庭における母娘関係を調べたジラーニの研究（Gilani, 1995）はとくに価値があるものといえる。彼女は，2つの文化における若い女性に対する扱いの違い，娘の行動に対する母親の期待の違いをたどった。顕在化した対立は，白人家庭においてのほうが有意に多かった。しかし同時に，白人家庭の若い女性は，意思決定をしたり，友人とともに時を過ごしたり，自分のライフスタイルを選択する自由をもっていると感じていた。アジア人家庭の若い女性は，まったく異なる経験をしていた。彼女にとっては，親の望みが

最初にきたのである。彼女は家族内でほとんどの時間を過ごすように期待され，また家族の規範に同調し，親に対して口答えをしたり，反対したりしないことが期待されていた。ジラーニは，上述した2つの文化によってこれらの違いを説明した。これは，イギリスにおける白人家族とアジア系家族との違いという特殊な文脈において有用なだけではなく，世界中のさまざまな家族においても適用できるようなより広範な妥当性をもっている枠組みであると考えられる。

母親と父親

　母親と父親で10代との関係が違うことについては，研究者の関心を引いてきた。それにもかかわらず，見えてきた実像は多少一面的なものだった。ほとんどすべての研究が，母親のほうが支持的で息子や娘にいっそう興味をもち，子育てに深く関与していると報告してきたのである。ユーニスとスモーラの研究（1985）はこの傾向を示すひとつの研究例としてあげられるだろう。彼らの見方では，父親の役割は，幼年期から青年期に至るまでほとんど変化しないとされる。父親は，長期の目標を設定したり，規則の決定，しつけを行い，また役割モデルとしてふるまう点で重要であると考えている。しかし，父親は一人ひとりの個性を知ろうとしないし，青年期を通じて子どもの情緒的な発達を援助しようとしない。母親はそれとは異なる。

> 第1に，母親は，息子や娘との規則的な接触を維持する。第2に，母親の接触は子どもの将来にかんしてのみに特定するということはない。第3に，母親はそれがどういうものであれ青年自身の関心事に注意を向ける。第4に，母親は，しつける者と相談にのる者の両方の役を演じることにより緊密に息子や娘を監視する。第5に，母親は，最後まで共感的であり続けることで体験を共有する腹心の友の役を務める。この目的のために相互性が関係のなかに入り込み，ふたりの関係はどちらかが一方を支えるというよりも互いに支え合う関係へとなっていく。
>
> 　　　　　　　　　　　　　　　　　　　　　　　　　　（1985, pp. 90–91）

　これは，やや理想化されたイメージかもしれないが，それでもこれを母性の

表5.4 青年の母親・父親とのコミュニケーションに対する認知

話題	母親	父親
頻度		
社会問題	3.19	2.33
趣味	4.32	2.79
性役割	3.03	2.01
家族の性役割	2.59	1.98
関係	3.15	2.12
性への態度	2.78	1.75
政治	2.75	3.41
性についての情報	1.93	1.36
性に関する問題	1.54	1.21
一般的な問題	4.15	3.24
自己開示		
趣味	4.80	4.10
性役割	4.10	3.50
関係	3.92	3.27
性についての情報	3.42	2.45
性に関する問題	3.32	2.32

注：評定は6件法であり，頻度の評定は1（めったに話さない）から6（しばしば長く話す）であり，自己開示の評定は，1（どんなことも開示しない）から6（自分の感じたことや意見にかんしてあらゆる側面について開示する）である。
出典：Noller and Callan（1991）

　表現と認めるには誰も吝かではないだろう。たしかに，母親が人生のいろいろな段階を通して，息子や娘の両方に対し，父親とは異なった，そしてより親密な役割を果たすと考えるのは，これらの研究だけではない。親と青年のコミュニケーションについてのノラーらによる研究は，ユーニスとスモーラとによって描かれた像を支持する。親と10代とのあいだのコミュニケーションを見て，ノラーとカラン（1991）は，母親のほうが父親よりも，ひとつの話題，つまり「政治」を除いてすべての話題において青年とかかわっている状況を報告している。これらの知見は表5.4のなかで示される。

　母親の肯定的なイメージがこれほど多くの研究によって描かれてきたのは，ひとつには社会の価値観，もうひとつには10代の母親であるという現実によると思わざるをえない。さらに，父親にかんする著しい研究の欠如は，男性や親であることのとらえ方とも関係があるかもしれない。最適な発達を促進するうえで父親の役割がきわめて重要であることについては議論の余地はない。しか

し，子育てという文脈で男性のニーズや行動をきちんとつかむことができていないことは，男性に面接調査をする時間がつくれないというのではすまされない問題である。ただし，この話題に注目する研究者も最近増えており，とくに父親と青年を扱う最初の本も出版された（Shulman and Seiffge-Krenke, 1997）。

この本のなかの展望から明らかなことは，父親の子育てへの関与は，中年期にいる男性にとっても，毎日家族とふれ合っている青年期の若者にとっても有益だという点である。前者にかんして，モンテマイヤーら（Montemayor et al., 1993）は，中年期のストレスの程度と父親の青年とのかかわりの質を評定した。父親は，仕事，結婚および健康のような問題における自分のストレスの程度を答えるように依頼された。その結果，中年期のストレスは，青年期の子どもとの相互作用の質とは負の相関があることが明らかになった。ほかの研究も同様の結果を報告した。グリーンバーガーとオニール（Greenberger and O'Neil, 1990）は，仕事上のストレスは，貧弱な家族関係に関連しているという証拠を示した。また，シルバーベルグとスタインバーグ（1990）は，母親および父親の中年期の悩みと，彼らの10代とのかかわりの質とを関連づけることに成功した。

シュルマンとサイフゲ-クレンケ（Shulman and Seiffge-Krenke, 1997）が指摘するように，青年期における父性にかんする議論はほとんど「欠損」モデルを出発点としている。母親は親として，より深く関与しているとみなされているので，父親は何らかの意味で「欠損」しているのである。興味深いことに，すべての研究が10代は父親を不満に思っていると報告しているわけではない。ハンソン（Hanson, 1988）やモンテマイヤーとブロンリー（Montemayor and Brownlee, 1987）の研究はともに，若者は，自分の父親が生活のなかで果たしている役割に満足していることを示した。母親と父親が演じている役割の違いにより注意深く目を向けると，これは説明できる。パワーとシャンクス（Power and Shanks, 1988）は，親に面接調査を行い，親がどういう行動を励ましたり，非難したかを調べた。結果は，父親は独立や自己主張のような手段的（道具的）行動をより促進するのに対し，母親は，対人スキルや家族への関与をより励ます傾向があることがわかった。ハウザーら（Hauser et al., 1987）は，親

と若者が共同の課題に取り組む際の会話の内容を分析し，同じ問いを検討した。彼らは，父親が青年の提案や考えに対して興味や支持をより多く示したのに対し，母親はもっと抑制的な言明を行い，それは若者に対してそれほど支持的でなかったことを見いだした。このように，母親と父親とが異なったスタイルや関心をもって，子育ての課題に取り組んでいることは明らかである。両親がともに貢献しているということを認識せずして，青年期の家族機能の現実的なイメージを確立することはできない。

離婚と家族の特質の変化

家族の理解のしかたは20世紀後半のあいだに大きく変化した。今日，かなりの割合の子どもや若者が単身の親か，子育て関係において何らかの変化が生じた家族のなかで成長する。この点は第1章で指摘した。しかしながら，これが離婚と別居の結果だというのはその一部分にすぎない。図5.3は，単親家族が増加の一途をたどっていることを示しているが，これは離婚率の増加のみが家族構造の変化の主要な要因ではないことを裏づけている。家族にかんする態度や価値観についてもまた，とくにいっそう若い人で変化している。イギリスでは，20歳より若い親から生まれた婚外子の数がますます増えており（Babb and Bethune, 1995），これは結婚が従来の考え方から流動的な（変化しやすい）関係構造に変わっていることを表している。国際比較によると，アメリカが離婚率においてもっとも高い割合を示し，オーストラリア，ニュージーランド，そしてイギリスは低いながらもそれぞれ類似した離婚率を示している（Rodgers and Pryor, 1998）。

最近の10年間，離婚や家族の再編成が子どもや若者におよぼす影響を検討する研究は著しく増加している。ビュキャナンら（Buchanan *et al.*, 1996）は，アメリカにおける大規模な研究プロジェクトで，後見のしかたとその若者への影響について検討したが，イギリスにおけるコケットとトリップス（Cockett and Tripp's, 1994）のエクセター研究は激しい論議を引き起こした。全国児童発達研究における縦断的な分析（Kiernan, 1997）は，離婚によって影響を受けた家

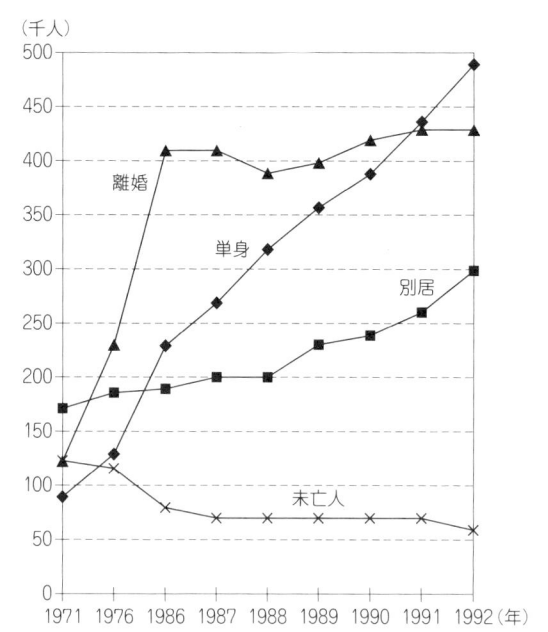

図5.3 タイプ別に見た1971から1992年までのイギリスにおける母親のみの家族の数

出典・Coleman（1997a）

族のなかで成長する子どもが貧弱な教育と収入により悪影響を受けることを見いだした。ロジャーズとパーヤー（Rodgers and Pryor, 1998）はこの分野でのイギリスにおける研究の非常に貴重な展望を示し，これまで見いだされた知見にかんするとても重要な概要を提供している。現在のデータに基づいて，イギリスの若者の28％は，彼らが16歳になるまでに親の離婚を経験するであろうと指摘する。統計からわかるのは，離婚の衝撃について十分な理解をもっていることがいかに重要かという点である。私たちは，この節の残りの部分で，研究から生じる主なテーマのうちのいくつかの点について述べたい。

最初に検討したい問いは，離婚という出来事に遭遇した時点の発達段階が適応に何か重要性をもつかどうかということである。非常に多くの研究が離婚の時期と離婚後に経過した時間とを混同しているので，この点について断言するのは難しいが，幼い子どものほうが10代より多様な影響を受ける可能性が高い

と言えるだろう。これは，年長者のほうが認知能力が高いだけでなく，自分が体験したことの意味を理解する能力が増大し，情緒的に成熟しているからでもある。自己中心性が減少すると，若者はひとつ以上の観点から状況を見て，何が起こっているかを理解し，そのときに生じた感情に対処することがいっそう容易にできる。多くの研究が，年齢が要因として考えられうることを明らかにした。なぜならそれはとくに，若者の情緒的な自律が増したり，家族外のネットワークに対し支援を求める機会が増えたりするためである。ヘザリングトン（Hetherington, 1993）の報告によれば，前青年期に離婚を経験する人は，青年期に移行してもなお適応障害が続くという。ワーレスティンやブラッケスリー（Wallerstein and Blakeslee, 1989）は，幼いときに離婚を経験した若者は，そのときには困難を認識しなくても青年期になって困難を体験するという。

　この分野のすべての研究から得られる重要な結論のひとつは，離婚が出来事ではなく過程だということである。これは，ビュキャナンら（1996）がカリフォルニアで行った研究で明らかにした。6年間にわたり1,500人の子どもや若者を調べた結果，離婚という出来事の前にも後にも影響があることを示すことができた。とくに彼らは，離婚の後に適応を決定する主要変数として両親の絶え間ない対立が大きいとした。両親の離婚で「あいだに立たされた」と感じたり，両親が別居後にたたかい続けたりした若者は，両親がより建設的な態度で自分たちの関係をコントロールした若者よりもはるかに悪影響を受けた。ビュキャナンらは，どのくらい頻繁に離婚後に子どもの養育者が代わったかについても検討した。養育権の申し合わせの内容に関係なく，人生で変化が多くて激変が連続した若者が両親の離婚後の適応にあまりうまく対処できなかった。ひとりの若い女性は，自分の両親についての気持ちを以下のように説明する。

「最悪だったのは，両親どうしの憎しみだったわ。両親が，お互いにどれほど憎しみ合い，憎しみのまっただなかにいるかがわかっていたので，いつもお互いに本当にひどく冷淡で，ふたりは私の前でお互いにののしり合うだけだったの。そして，私はそれが嫌いで，ほんとうに大嫌いだった。私は渦中にいて，それにかんして何もできないように感じたの。私は，当初は，その一部は私のせいであるように，して，自分が止めるべきだったと感じたと思うのだけれど，というか，ただできな

かった。でも,私がそれを止めることができたはずなのにという思いをいつも抱き続けているの。」

(16歳少女,Coleman, 1990, p. 18より引用)

　この分野の研究者にとって主な問題のひとつが,離婚の長期間にわたる影響である。ロジャーズとパーヤー (1998) が指摘するように,多くの研究は離婚の否定的な影響を強調する。たとえば,いっそう高い非行率 (たとえば,Wadsworth, 1979),いっそう貧弱な教育水準 (たとえば,Kiernan, 1997),薬物とアルコールのより高い水準の使用 (たとえば,Hope et al., 1998),さらには,心の健康問題を抱えるリスクがいっそう増えるなどの報告がある (Garnefski and Diekstra, 1997 ; Rodgers et al., 1997)。それにもかかわらず,明らかにこれらの研究の多くで使用される方法論には問題がある。とくに,単身の親によって率いられた家族に離婚後生じる貧困や不利益の影響を考慮に入れることが必要である。

　興味深いことに,すべての研究者が離婚が否定的な経験であると考えるとはかぎらない。いく人かは,家族の慢性的な矛盾 (家族の葛藤状態) にさらされた青年にとって親の別居はストレスからの解放となると主張した (McLoughlin and Whitfield, 1984 ; Mitchell, 1985)。さらに,ほかの研究者の指摘によれば,離婚が家族におけるより大きな自律や責任をもつ機会をもたらすこともあるという。すなわち,若者の成熟した行動を促進し,青年期の発達を強めることができるという (McLoughlin and Whitfield, 1984 ; Barber and Eccles, 1992)。この主題にかんする研究のメタ分析では,アマトやキース (Amato and Keith, 1991) が明らかにしたように,離婚している家族と完全な家族の子どもや若者のあいだには,主観的幸福感の点でたしかに違いがあるのだが,離婚による影響は比較的小さいことを示すことができた。同様の知見はバーバとエクルズ (Barber and Eccles, 1992) によって報告されている。両者の研究によると,大多数の研究は,離婚が苦痛を伴うとしても,その影響は短期間であるとしている。ビュキャナンら (1996) による研究のようにより良くデザインされた縦断研究が必要であり,それは異なった見方をもたらすだろう。

　離婚とその影響を検討するためには,さらに重要な変数を考慮に入れる必要

がある。若者個人のジェンダーや別居や離婚に続いて起こる家族の再編成である。数多くの研究がこれらの要因の検討を試みたが、結果は一貫しているとは言い難い。ビュキャナンら（1996）は研究者間の不一致のひとつの例を取り出している。まずビュキャナンらによれば、若者の良好な適応を予測する因子のひとつは再婚された親と一緒に住んでいることである。しかも、親が新しいパートナーと未婚のまま一緒に住んでいると、多くの点で適応が悪く、とくに少年で悪かった。この発見はほかの研究と矛盾している。ほかの研究では再婚しなかった家族より血縁によらない家族のほうが若者はいっそう恵まれていると示唆しているからである（Ferri, 1984 ; Hetherington and Clingempeel, 1992）。また、少年と少女の適応の差異にかんして若干の混乱がある。ほとんどの研究が、少年のほうが離婚後に苦痛を感じ、とくに少年の母親と一緒に住む場合に苦痛であると報告する（Hetherington, 1993）。すでに見たように、ビュキャナンら（1996）による研究では少年はいっそう悪い状態になっていた。この研究では、少年は親どうしの対立のまっただなかに置かれると著しい影響があったのに対して、少女はそれにはあまり影響を受けなかったように思われた。しかしながら、すべての研究がそのような明瞭な性差を報告するとはかぎらない。たとえば、アリソンとファリストンベルグ（Allison and Furstenberg, 1989）の報告によれば、ザスロウ（Zaslow, 1989）と同様、親の離婚に対する反応には男女間での違いよりも類似性のほうがより多いという。ロジャーズとパーヤー（1998）が指摘するように、それは男性と女性とでは苦痛を表すしかたが異なるからかもしれない。たとえば、いくつかの研究では、少女は心的外傷にかんする情緒をそれほど顕在化させることがないのに比して、少年は多くの注意を得るためだけに行動へと顕在化することを指摘している。

　再婚と家族の再編成が一般化している今日、新しい家族での若者の経験に密着して研究することが重要である。多くの研究者は義理の親が10代のいる家族に入っていくときの困難を強調した。そして、ヘザリングトンとスタインバーグなどの心理学者はどのような状況をつくるのがもっとも良いのかにかんして提案した。新たな義理の親は事態をゆっくり理解し、同居していない実の親にとって代わろうとしないことが非常に重要である。いくつかの研究は、新しく

家族が変化するごとに，若者の適応が悪化することを示す（Capaldi and Patterson, 1991 ; Kurdek and Fine, 1994）。そこで，離婚後に一緒に住む親は変化が衝撃となっていることを知り，青年ができるだけ安定できるようあらゆる試みをすることが重要である。とくに，10代が同じ学校に残れることは必要である。新しい友達をつくる必要がないので，それが新しい家族環境に適応しなければならないことと重ならないからである。ここに，多重ストレッサーの潜在的影響に対するよい例を見ることができる。これは第1章で検討した焦点モデルと同様である。最後の章にてこの問題に戻ろう。最後に，義理の親との関係が同居していない親との関係によって影響を受けるという可能性にふれておくことは意味がある。ビュキャナンら（1996）によれば，同居している家族と同居していない家族のあいだにしつけの一貫性があったり，義理の親と住んでいる10代が「不在の」親と良い接触を維持することができる場合は，うまく適応する。

　明らかに，この分野での研究はいつも一貫した結果を生み出すわけではない。幾分かは研究を行う際のさまざまな困難によるからである。多くの家族は研究者に自分の体験を話すことができないか，ためらったりする。それは，自分の苦痛ゆえであったり，家族の歴史を話すことが若者に否定的な影響を与えることを恐れたりするからである。したがって，研究を始める以前から，調査協力者に偏りがあるとも言える。さらに，長期的な研究のための協力者が少なかったり，実際に比較のための十分に類似した統制群を見つける困難がある。研究の困難さ以外に，実際問題として離婚や家族の再編成に対する反応と経験には多様性がある場合もある。おそらく，親の再婚は，ある若者にとって，ある環境で，そしてある文脈ではいっそう有益であるが，ほかの若者にとっては逆だということである。家族の変化にかんする現実の複雑さを前にして，単純な答えを出すことはできない。

　それにもかかわらず，リチャーズ（Richards, 1996, 1997）が指摘するように，若干の一般的な結論を引き出すことができるということは明らかに重要である。婚姻中でも離婚後でも両親の対立は子どもと若者に有害である。離婚後の経済的影響は心理的影響と同様に重要であり，かなりの困窮が家族に壊滅的な結果をもたらす。離婚は一緒に住んでいない親，通常は父親だが，その親との人間

関係に変化をもたらす (Simpson *et al.*, 1995)。青年と両親との関係の質や子育てのスタイルは実際の生活環境以上に適応に影響を及ぼす (McFarlane *et al.*, 1995)。最後に，家族の再適応をもたらすためには，若者と両親とのコミュニケーションが重要である。両親はこのときに起こっていることを子どもにはほとんど伝えていないことが研究の結果，明らかにされている (Mitchell, 1985)。これらの結論は実践に重要な示唆を与えるが，答えが出ていない問題や矛盾する結果の問題が残されている。今後は，家族が別居したり再編成されたりするなかで若者が経験しうることが多いことを明らかにする研究が求められる。

10代の子育て

10代の子育てという話題は，過去数十年間よりも現在，いっそう大きな注目を集めているように思われる。アメリカでは，子育て実践が若者の問題行動および反社会的行動の鍵を握るかもしれないという認識がしばらくあったが，ヨーロッパでは，この認識はかなりゆっくりとしたものであった。しかしながら，状況は変化しており，明らかに，イギリスではこの話題への関心が高まっている。これは幾分かはピューら (Pugh *et al.*, 1994) やスミス (Smith, 1996) による研究の成果であるが，政治が青年犯罪など容認しがたい行動が増えてしまっているとした結果でもある。

10代の親と幼い子どもの親とのあいだの重要な違いのひとつは，子育て役割にかんする不確実性である。幼い子どもの親の役割と責任を定義することはあまり難しくない。しかしこれは青年の親の場合にはあてはまらない。これは部分的には，家族における権力と権威の性質が変化しているからにちがいない。今日，10代の親は，モニタリングと監督で期待することが明確でない。たとえば，14歳の子どもにけじめをつけたり限度を示すことや，宿題をさせる，見てもよいテレビの時間を決めるといった子どもに対するモニタリングと監督をどのようにするかが明確ではない。医療的処置では秘密を守るべきだったり，性関係をもち始めるのに適切な時期もある。ほとんどの親がそのような事柄にかんして途方に暮れると感じる。すなわち自信をなくし，心配が増え，子育ては

うまくいかないと感じている（Coleman, 1997b）。

　実際，10代の親を導き支援するために利用できる文献は多い。すでに子育てスタイルの次元を確立する際に，バウムリンド（1971）やマッコウビィとマーティン（1983）の研究にふれた。さらに，モニタリングと監督の重要性を指摘した。スモールとイーストマン（Small and Eastman, 1991）は，4つの次元を備えた親の機能のモデルを確立した。これらの研究者は，親は若者の基本的欲求を満たしたり，発達を導き援助したり，保護したり，子どもの代弁者となったりするという。明らかに，これらの働きはそれぞれ複雑で，さまざまな人々によって異なる方法で解釈することができる。しかしながら，スモールとイーストマンは，これらの働きが適切に解釈されるならば最適な発達に寄与することを，有用な証拠とともに提案している。たとえば，発達を導き援助する枠組みは，肯定的な役割モデルを演じたり，けじめをつけたり，人間関係のもめごとの解決の具体例を示したり，温かく配慮したりすることに貢献する。これらにはすべて対応する研究結果がある。

　10代の子育てに示唆を与える研究はほかにも例がある。親が規則を説明したり，若者が別の視点からものごとを見るように援助したりすることで，親の権威を正当化する過程を「誘導」という。このスタイルは児童期は良い結果をもたらすが，青年ではさらに重要になる（Holmbeck et al., 1995）。これは，ヒル（1988）が指摘するように，若者は知的に洗練されてくるので，「ただ規則があるから」という理由では規則を受け入れたくなくなるからである。同様の知見はもめごとの解決の「民主的な」スタイルとして知られていることにかんしても概説されている。バウムリンド（1991）は青年の家族が民主的な意思決定を行うことが，より強い自尊心や向社会的行動，より高い道徳的な推論をもたらすことを示した。

　例の最後として，親が青年との上手なかかわり方を工夫するうえで役立つしかたを研究のなかから紹介しよう。知覚されたコントロールという概念は，ブーゲンサールらが虐待家族で最初に研究し（Bugenthal et al., 1989），クッドナウとコリンズ（Goodnow and Collins, 1990）が子育てにかんする古典的著作において発展させた。知覚されたコントロールという考え方は子育てのジレンマに

かんして中心的な問題となっている。本質的に議論されるべきことは，親がコントロールできると知覚するほど，いっそう効果的に育児の環境を管理したり，権威主義のしつけよりも権威のあるしつけのほうを行うということである。子どもが幼ければ幼いほど，親がコントロールしているのだと容易に思える。青年期になるとコントロールの喪失感を多くもち，しかもそれには個人差が大きいのも確かである。知覚されたコントロールについての概念によると，どのようにして親は10代でだんだん影響力が少なくなると考えるのか理解できる。

親が若者の行動をコントロールできないと思うと，2つのどちらかのことを行う。つまり，より心配になるか，しつけが高圧的になるかである。後者は身体的な罰を与えたりしがちだが，そのような手段を使うことはよい結果が得られないことが証明されている。また親が子どもをコントロールできないと思うと，うつ状態になったり，親としての役割に無力感をもったりする。こうなると，父親と母親はあきらめがちで，10代の好きなようにさせることになり，甘やかしか放任のスタイルをとることになる。

明らかに10代の親に参考となる文献が多くあるが，ほとんどの人々はこれを知らない。これらの情報が手に入れられる人々でさえ，宿題やちらかった寝室，食習慣，テレビの見すぎなどで口論する日々の生活にどれくらい役立つのかと聞かれるかもしれない。しかし，なぜそうならなければならないのだろうか。第1に，研究者集団が広くみんながすぐに手に入るような事実を作り出すことができていないことを認めなければならない。もちろん，これは青年期に限った問題ではない。しかし，研究証拠を有益で使用可能な情報に置き換える必要性を真剣に受けとめないならば，青年期についての適切な理解を実際に防げる障壁となる。第2に，社会は10代の親のために情報を提供することの順位を低くした。赤ん坊や幼い子どもの親には利用可能な広範囲の材料がある一方で，同じことが年長の子どもの親にはあてはまらない。子どもが思春期に達したり，中学校に入学したりすると，親は援助を必要としないとみなされ，概して独力で課題に立ち向かうことになる。

この節を終えるにあたって，私たちは，事態を改善するために何ができるかを検討し，現在着手していることを簡潔に述べよう。できることとして，より

多くの情報が広い範囲の親にとって容易に利用可能にすることが明らかに必要である。これから見るように，この分野では進展があるのだが，大多数の親が適切なサポートを受けるまでにはまだ長い道のりがある。より多くの研究も必要であるし，そうすることで，よりはっきりしたことが親の経験や必要としていることから言えるようになる。第3に，子育てにかんする事業やコースが開発されていても，評価は必ずしも重視されていない点である。組織的評価が必要不可欠なフィードバックをもたらし，人々が成功した事業について見聞したりすることでそうした人たちを励ますことができる。

これまでも言われてきたことだが，良いニュースがある。ローカーおよびコールマン（Roker and Caleman, 1998）が，イギリスの子育て事業の調査のなかで示すように，1990年代後半に子育て事業が著しく増加した。さらに多くの事業が利用可能になっており，また，この種の支援について親と専門家の関心が増大している。評価の結果，事業にかかわると実りある成果，すなわち親が自信を強め，親と10代とのコミュニケーションが改善された。子育て事業に加えて，この分野で新しい考え方となるほかの提案がある。ボーゲンシュナイダーとストーン（Bogenschneider and Stone, 1997）は学年中に定期的にすべての親に送られるニューズレターの使用にかんして報告している。これらニューズレターは，思春期の発達にかんする問題に焦点を合わせ，そして態度や行動に影響を及ぼす問題を取り上げる。ローカーとコールマン（1999）は，そのようなサービスを利用したいすべての人々に，話し合いのための材料や助言，機会を提示するという，親支援のための学校全体のアプローチを開発している。

そのようなアプローチがすべての親を対象にする一方，特定の問題行動に向けられるさまざまな事業があることにも注目するべきである。たとえば，ファン・アッカー（Van Acker, 1997）は，行為障害をもつ若者の親にとって有用な計画があるが，多くの読者は若い犯罪者や薬物乱用者を対象にしたオレゴン社会的学習センター（Patterson et al., 1993）に基づくことを知るだろう。そのような事業については，第10章で反社会的行動を扱うときに取り上げたい。

10代の親を全般的に支援するには，多くの障壁がある。スポーズら（Spoth et al., 1996）はアメリカで学校を基盤とする事業に親が参加しない理由を分析

してみて、時間がかぎられていることや日程調整が難しいことが、もっとも一般的に挙げられる理由であることがわかった。さらに、多くの若者の親にとって、プライバシーにかんする懸念が重要であることもはっきりした。年少の子どもについて問題を抱えるよりも、この年頃で親としての役割を果たせずにいると知られてしまうことのほうが恥ずかしいと感じるのは無理もないだろう（Goodnow and Collins, 1990）。このような場合、家庭の問題を心を開いて話し合うことが求められる状況を避ける親がいるのも当然である。それでもなお、科学的事実が親たちを励ますことになる。青年期の子育てに対する関心は高まりつつあり、この現場で骨を折ることが、親の自尊心を高め、家庭内のコミュニケーションを改善することになり、後で報われることになろう。

実践への示唆

1. 最初に銘記すべき点は、自律の発達についての最近の研究が示すように、青年期の若者は、親から完全に分離してしまうのではないということである。概して、若い男女いずれにとっても、親との結びつきを継続することは、成人期への移行にとって有用であると言える。
2. 青年期の特徴は家庭における対立が激しいことだと世間一般では考えられているが、研究はこの結論を支持するものとはならなかった。親子が意見を異にする問題がたくさんある一方、全体的には親子関係はむしろ肯定的であり、大多数の家庭では世代間で大きな対立が起こっているという証拠はない。対立の大きさに影響を与える要因は多々あるだろうが、とくに、親子間のコミュニケーションが良好だと対立が減る効果がある。わかっていることかもしれないが、対立がもっとも多くなるのは、父親と母親の関係がよくない場合、環境要因により家庭内にストレスや困難がある場合、親の機能が長期間にわたって悪化している場合である。
3. 近年、子育てのスタイルへの関心が高まっている。調査の結果、権威

のある子育てが青年期後期の発達にもっとも有益な影響があることが，首尾一貫して示されている。そこには，自律や温かみ，しつけの枠組み，支持が含まれるが，これらが自律を促す。これとは対照的に，権威主義，無関心，甘やかしといった子育てはいずれも，程度の差こそあれ，青年期の発達を不適応にしてしまうという影響がある。

4. わずかではあるが人種や民族性の問題，そしてそれらが青年期の親子関係に与える影響を明らかにする研究が出始めた。この分野でのさらなる研究が緊急に求められているが，さまざまな文化において，10代の子どもに対する親のふるまい方に民族性が重要な役割を果たしていると結論づけることができる。したがって教育や子育ての実践者にとっては，文化によって違いが生まれること，そしてある文化的状況で予想されることが別の文化的状況で予想されるとはかぎらないことを認識しておくことが大切である。人種的背景が不利や公然たる偏見と関係している状況下では，親は10代の子どもに対して順応的か保護的かのどちらかまたは両方の育児スタイルをとって，そうした状況に対応していくと考えられる。そのようなスタイルは，偏見やいやがらせがそれほど起こらないところで，多数派の文化に順応しているとみなされているようなスタイルとは異なるかもしれない。

5. 青年期の発達に関連して父親の役割に関心が向けられることは相対的に少なかったが，最近の研究は，父親の果たす役割の重要性を強調している。父親としての役割を考えるうえで「欠損」モデルを破棄する必要が強調されている。明らかに，子どもが10代になる段階において，父親を支援するための努力がさらに必要となっている。

6. 離婚が与える影響にかんして，調査結果は必ずしも首尾一貫していない。それは，このテーマ自体が研究の難しいものであることも一因である。それにもかかわらず，同居と別居のいずれでも，父親と母親が対立していると，子どもや若者の行く末を悪くしていることは明らかである。また，離婚による経済的影響が心理的なものと同じくらい重大であることもはっきりしている。相当の困窮が青年期の適応に大き

な影響を及ぼす。離婚後の生活の調整は重要ではあるが，両親との関係，子育てのスタイル，コミュニケーションに比べたら，長期的な適応に与える影響は少ないと思われる。実践的にもっとも重要な結論を述べるとすると，離婚は過程の一部であり，適応に影響を与えるのは，離婚それ自体よりむしろ，離婚によって経験するさまざまな事象であるということである。概して若者は，対処しなければならない生活上の変化が少ないほど，親の離別によく対処できる。

7．この数年のあいだに，青年期の子育てへの関心が高まってきた。青年の親へのさまざまな種類の教育と支援について研究が行われてきた。介入は親の自信や自尊感情に肯定的な効果を与えることが明らかとなった。ただし，10代の子どもを抱えるすべての親に支援を行うには多くの障壁がある。また，効果的な支援をできるだけ多くの親に行う手段を解明するにはさらなる研究が必要である。

第 6 章

青年期のセックスとセクシャリティ

性的な発達は，青年期の経験全体の中心にある。生物的成熟に基づき，思春期の最初に始まり，少なくとも3～4年は続く。しかし，性的な発達は，生物的変化だけでなく，若者の社会的および情緒的世界における成長や成熟も伴う。本章では，こうした変化のいくつかについて検討することで，いかにして若者は自分の経験が文脈と相互作用したり，文脈によって影響を受けたりしながら成長していくのかを考察する。若者の性は，さまざまな要因の影響を受ける。たとえば，思春期の成熟度といった内的要因であったり，家族や近隣社会のタイプ，その時代の政治情勢といった外的要因であったりする。若者の性の発達は，10代の青年自身にとっても，若者の保護責任者であり彼らの教育に責任を負う大人にとっても，無視できない不安の種になるのかもしれない。若者が，望まない妊娠や，性感染症の危険性があると思われるような場合は，とくに不安が高まる。本章では，安全な性行動の問題を考察し，性教育や避妊，年少で親になることといった論点についても考察する。

性行動パターンの変化

　性に対する寛大さは，1960年代にピークに達し，最近では，性行動に対する若者の態度は，抑制が高まり，保守的になっていると一般に考えられている。この点に取り組む前に，青年の性行動にかんする証拠の入手には限界があることを注意しておかなければならない。たとえば，第2章で指摘したとおり，過去数十年の場合と比べて，現在は実際に成熟が早まっている可能性があるという事実にもかかわらず，16歳未満の若者の性行動については，ほとんど調査がなされてこなかった。さらに，若者の性行動の調査方法には大変な限界があることは明らかである。たとえば，2回以上若者にインタビューした調査の一部分から得た結果では，67％の若者が，性の初体験の時期について一貫性のない報告をしていたことを示している（Alexander *et al.*, 1993）。

　それでもなお，参考にすべき証拠も確かにあり，こうした証拠から，1960年代や1970年代と比べて現在のほうが早い時期に性行動を起こすようになる若者が増えていると結論づけないわけにはいかない。この問題を考察するため，性

表6.1　現年齢別の16歳以前の最初の性交渉

面接時点の年齢	男　性		女　性	
	％	基本となるサンプル数	％	基本となるサンプル数
16-19	27.6	827	18.7	971
20-24	23.8	1137	14.7	1251
25-29	23.8	1126	10.0	1519
30-34	23.2	1012	8.6	1349
35-39	18.4	982	5.8	1261
40-44	14.5	1042	4.3	1277
45-49	13.9	827	3.4	1071
50-54	8.9	684	1.4	933
55-59	5.8	603	0.8	716

出典：Wellings *et al.* (1994)

交の初体験の年齢を見ることから始めよう。イギリスで実施されたもっとも大規模で最新の調査でウェリングスら（Wellings *et al.*, 1994）は，大人と17歳以上の若者あわせて18,000人にインタビューしている。16歳未満で初体験を経験したと報告した人数を見てみると，年代間で大きな差があることがわかる。表6.1の数値は，若ければ若い人ほど16歳未満で初体験を経験している傾向率が高いことを示している。

この問いを考えるもうひとつの方法は，過去30年間にわたってイギリスで実施された3つの調査結果を比較することである。ショフィールド（Schofield, 1965），ファレル（Farrell, 1978），ウェリングスら（Wellings *et al.*, 1994）の行ったすべての調査は，16歳未満で初体験を経験した16～19歳の青年の数に基づいている。図6.1からわかるように，このカテゴリーに入る人数は，この30年間に着実に増加しているものの，若い女性にかんしては，その変動は，若い男性の変動と比べ緩やかなものとなっているようである。

ほかの各国から得た証拠も，同様の傾向を示している。たとえばオーストラリアでは，ゴールドマンとゴールドマン（Goldman and Goldman, 1988）は，1980年には17歳の40％が性的行動に目覚めていたが，1980年代末までには，この数字が60％に上昇したと報告している。アメリカにかんするかぎりでは，スタインバーグ（Steinberg, 1996）に要約された証拠は，1990年代には，約33％の少年と25％の少女が，15歳になるまでに初体験をしたことを示している。し

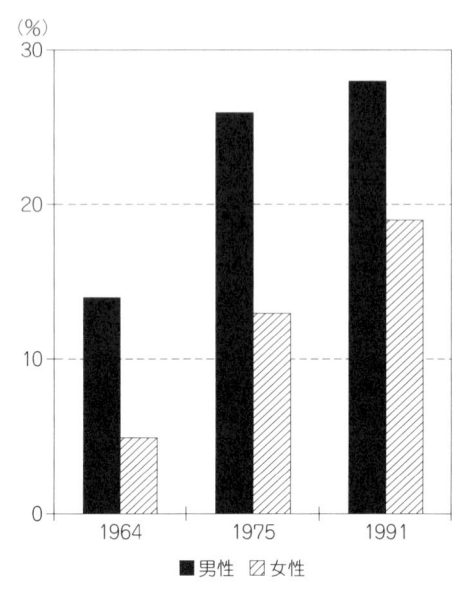

図 6.1　性別の16歳以前の最初の性交渉
3つの異なる研究からのデータ。
出典：Schofield（1965）；Farrell（1978）；Wellings *et al.*（1974）

かし，スタインバーグが指摘しているとおり，こうした数字は，地域や民族によって非常に大きなばらつきがあることを隠してしまう。たとえば，アフリカ系アメリカ人は，ヨーロッパ系アメリカ人と比べて，性的活動に目覚めるのが早い傾向にあることは明らかである。

　何人かの評者が注目したもうひとつの変化は，過去数十年の場合と比べて，現代の若者はより幅広い性的行動を行う傾向があるという可能性についてである。たとえばオーラル・セックスを行うことが若者のあいだで広まっているように思われ，型にはまらない性行動に対して，以前は否定的だった考え方に変化が見られるようになってきた。フォードとモーガン（Ford and Morgan, 1989）の研究では，18歳で青年男子の46％と青年女子28％が一時的なパートナーとオーラル・セックスを経験していると報告した。継続したあるいは安定したパートナーとのオーラル・セックスの経験率は，青年男子で56％，青年女子で58％であった。イギリスで行われた別の研究（Breakwell and Fife-Shaw,

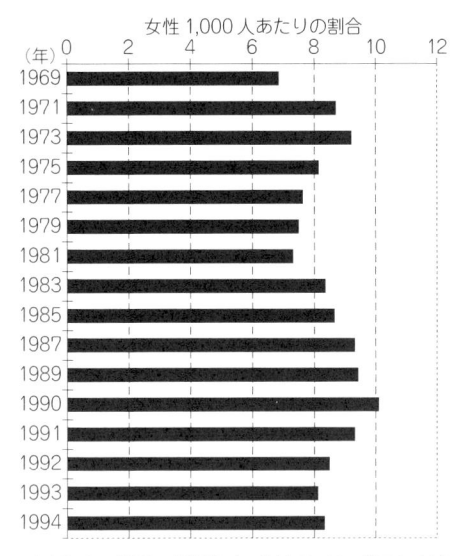

図6.2 1969—1994年におけるイングランドとウェールズにおける女性1,000人あたりにおける13—15歳の少女の妊娠割合

出典：Coleman（1997a）

1992）では，16〜20歳にわたる調査協力者の9％がアナル・セックスを行ったことがわかった。そして，オーストラリアでの研究は，ホームレスなど問題をかかえたグループのなかでは，この種のような性の慣習の割合がはるかに高いことを示している（Moore and Rosenthal, 1998）。

　性の行動の変化についての別の視点は，10代の妊娠率にかんする統計から得られるであろう。しかしながら，このデータは性行動の水準について本当のところを教えてはくれない。なぜなら明らかに，避妊法を使用するかしないかがここでの決定要因であるからである。図6.2で示されたデータは，イングランドとウェールズで，13〜15歳の年齢集団の妊娠の割合が1970年以来，年次による多少の変動は予想どおりであったものの，それほど著しくは増加していないことを示している。予測されるかもしれないように，これまで年度の変動があったが著しくは増加していないことを示す。1971年の割合が1,000人の女性あたり8.7人だったのに対し，1996年には1,000人中9.4人だったことがわかる。

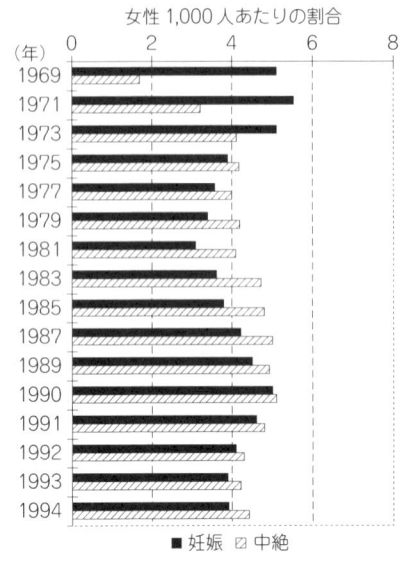

図6.3 1969—1994年におけるイングランドとウェールズにおける13—15歳の少女の妊娠と中絶の割合

出典：Coleman（1997a）

　しかしここで，変化が起きたのは，この同年代の若い女性が行った妊娠中絶の数であった。中絶の数は長年にわたって徐々に増加した。その結果，今日，16歳以下の若い女性の妊娠の50％だけが出産につながる。図6.3のなかで示されるデータは，1969年に，イギリスの法律の変更によって支えられて，専門家の態度が根本的に変化したことの例となる。それにもかかわらず，子どもを産むのには非常に若い親であると考えざるをえない多くの若い女性がいまだに存在するのだが，この章の後でその話題にふれよう。

青年の性行動の文脈とタイミング

　自明のことのように思われるかもしれないが，青年の性行動が成人の態度や行動に関連して起こっている点を指摘しておくのは重要である。このテーマにかんする公の議論では多くの場合，コメンテーターや評論家は，10代が社会全

体から切り離されていると考えているかのような印象を与えている。青年は自由奔放だとか，結果も考えずに不特定多数と行きずりのセックスをしていると非難されている。しかし，事実は，若者の基本的な感覚が周囲に起きていることによって影響され，性的な発達もその影響を受けているということである。今日，私たちは，性について非常にオープンな社会に生きている。30年前にタブーであったことの多くが消え失せてしまい，その結果，性が私たちの生活に広く浸透してしまっている。

　若者は，テレビ，映画，ビデオ，広告，10代向けの雑誌で性にかんするものを目にする。さらに重要なことは，若者は自分の周囲の大人たちが，家族であれ隣人であれ，配偶者以外と性的関係をもっていることを知っている。若者は，大人たちが必ずしも後先のことを考えないで性的満足を追い求め，それを自分たちの目標として性的な満足を自分たちの個人目標の上位に位置づけ，驚くことではあるが，若者がそのような大人の姿から影響を受けることは重視していないのを見ている。青年が自分たちだけの世界に生きていると考えることは，現実味がなく，しかも役に立たない。若者の性行動が起こる文脈を把握し，大人社会の影響が大きいことを認識しなければ，青年期の性を理解することはできない。

　若者の性に影響を及ぼす社会的要素のなかで，おそらくは，家族というものが一番初めに考慮されるべきものであろう。カチャドゥリアン（Katchadourian, 1990），ムーアとローゼンタール（1995），タリスとセミン（Taris and Semin, 1997）といった研究者は，両親やほかの家族成員が，性の領域で子どもに及ぼす影響についてまとめた。まず，両親は性に対する自分たちの姿勢をもっていることだ。これは，肉体とその機能，プライバシー，快楽，恥ずかしさ，罪悪感，そしてもちろん親密な関係の本質といった問題に関連するだろう。また，両親は，性役割，力関係，男女間のコミュニケーションなど，心理・社会的な意味での性に対しても自分たちの姿勢をもっている。これらすべてについての両親の態度が，少年少女の性の発達の方向性に影響を及ぼすのである。こうした態度に加え，両親は，若者に役割モデルも示す。母親と父親の相互の関係のあり方，物事を決定するときの方法，互いの相手に対する接し方，性的行動の

ふるまい方などが自分たちの子どもに強く影響を及ぼすモデルとなることは疑う余地もない。

この明白なひとつの例は、親が離婚したか別居した家族での若者が、完全な形の家族のなかにいる若者よりもいっそう性的に活発になる可能性が高いことを示す研究である（Newcomer and Udry, 1985 ; Miller and Bingham, 1989）。最近の研究では、クロケットら（Crockett et al., 1996）が単親と一緒に住むことの影響を、社会経済地位、思春期のタイミング、学業成績、きょうだいの行動などの変数の影響との比較を行った。これらの研究者は、すべての変数のなかで親の状況が、少年と少女の双方にとって性行動のはじまりに影響を及ぼすもっとも重要な要因であることを示した。この発見に対してさまざまな説明がなされた。たとえば、許容的な性規範に接すること、親のモニタリングや監督の減少などである。ある若い女性は次のように説明した。

> 「もしも、両親が離婚か別居していて、ママやパパが週末や毎夜違う人を家に連れてきていても、それ（セックスすること）は大したことではないと考えるでしょうね。それは特別なことでもないし、大したようなものでもない。でも、もし両親が結婚しているならば、それは大事なことと思うだろうし、自分がその人を愛している時のみ、その人を受け入れるべきだわ。」
> 　　　　　　　　　　　（16歳の少女。Moore and Rosenthal, 1995, p. 65からの引用）

タリスとセミン（1997）は、両親が大きな影響力をもてるようにするにはほかの方法もあることを私たちに思い出させてくれる。状況によっては、またいくつかの問題にかんして、両親はもっとも有能な性の教育者であるかもしれない。押しつけがましくなく、率直に自分たち自身の問題よりも若者の問題を語ろうとしている場合には、とくにこのことが言える。私たちが上で言及したように、両親は監視し、監督しながら、10代が性的な活動にかかわる時期を遅らせるのを助けることができる。あるいは、若者が自分たち自身で境界を設定するのに任せながら、若者が性的発達のペースにかんして独自の判断を下すよう委ねることもありうる。メシュケとシルバーライゼン（Meschke and Silbereisen, 1997）によるすぐれた研究で、旧東ドイツと西ドイツでは、親の監視の度

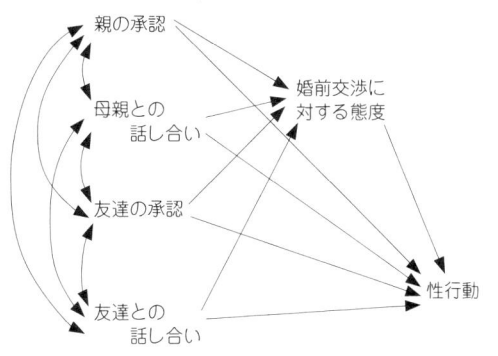

図 6.4 親と仲間集団の人間関係と性に対する態度と性行動にかんする仮説モデル
出典：Treboux and Busch-Rossnagel（1995）

合いが強ければ強いほど若者の性的な活動の開始が遅くなることが示された。また，ここでは，宗教について言及することも重要である。宗教上の信仰が思春期の性的な行動に影響を与えることを示す十分な証拠がある（Thornton and Camburn, 1987）。宗教的信仰をもっている人々は，性的な活動が遅くなる可能性が高く，自分たち自身の人生におけるこの領域の問題にかんして罪の意識や不安感が増す傾向がある。また，若者の宗教的態度は，両親の信念と強い関連がある。

いくつかの研究によって，性的な行動をする者への両親や友人の影響力のそれぞれについて区別して考察されている。そのような研究の例に，トレブーとブッシュ-ロスナゲール（Treboux and Busch-Rossnagel, 1995）によって報告されたものがある。この研究では，15～19歳の若い女性の大多数の被験者の協力によって，両親や友人と性の問題をどれだけ話し合うのか，性的な行動が認められていると思うかどうか，性的な態度，および実際の性的な行動の評定がなされた。この結果，両親と友人の影響力は年齢によって変化することがわかった。母親と話すことの影響は15～17歳の若い女性でもっとも強く，友人の承認の影響は19歳の年長者でもっとも明確に現れた。この研究者によって開発されたモデルを図6.4に示す。

この問題への別のアプローチはウドリーとその同僚（Udry and Billy, 1987；

Udry, 1990)による重要な研究によって例示される。ウドリーは，性的な行動への社会的な影響力と生物的な影響力の区別に関心をもってきた。青年期におけるさまざまなホルモンの水準を測定し，性的な行動，友人と両親の性的な態度を評価することによって，ウドリーは社会的要因と生物的要因との相互作用のモデルを構成した。このモデルを使用することで，男子が性交にかかわることに比べ女子の性交へのかかわりに対して社会的要因がはるかに重大な影響を及ぼすことをウドリーは示している。男性ホルモンであるアンドロゲンの増加は，女子のなかで性への関心を増加させるが，この関心が行動に変換されるかどうかは社会環境に依存する。アンドロゲンの水準が高い女子は，自分と同様の傾向のある友人がいる場合，または寛大な両親がいる場合にのみ，性的な行動に走ると考えられる。同様の女子が前述のような助長されやすい環境にない場合は，女子が性的な行動に走る可能性は低い。男子に対しては，社会的な制御が女子に対してと同様には作用せず，社会的状況にかかわらずアンドロゲンの水準が高い者は性的な行動に走る可能性が高いように思われる。この性差について説明するために，ウドリーは，一般に女子より男子のほうが寛大で性を助長されやすい環境のなかで成長していると主張する。その結果，ホルモンの水準の変化によって男子に与えられる刺激は，性的な行動を扇動するのにはまったく十分である。女子については，状況は男子より複雑であり，行動を決定するうえで社会的な制御による影響力がより大きいと思われる。

　最後に，性的な行動への影響の問題に注目するうえで，コミュニケーションの役割を考慮するのは重要である。私たちの誰もが認識しているように，性にかんする問題はとくに若者をひどく当惑させる場合がある。ある若い女性はこの問題にかんして真剣に話し合おうとする母親の試みを思い出しているが，多くの者は若い女性に共感を寄せるだろう。

　「学校でそれについて習っているときだったかもしれない。ある日道を歩いているときにママがこう言ったのを覚えている。『それで，やり方は知っているのね？』それで私は，『とっくによくわかっているよ』と言った。実際私は済ませていたから。ママは言った。『今はちゃんとわかっているのね。すべて。』私は本当に困ってしまい，こんなふうに言葉につまり，話題を変えようとしたわ。でも，ママは，

『あなたは子どものつくり方も育て方もわかっているのね』とかいろいろばかげたことを言い続けた。それで私は『ええ，そうよママ』と言い，この話題をずっと避けようとしていたの。」

(Colemen, 1995, p. 3)

　性の問題にかんするコミュニケーションに焦点をあてた研究がある。両親とのコミュニケーションと友人とのコミュニケーションを比べた研究はオーストラリアでムーアとローゼンタール（1991）によって行われた。この研究では，性的に活発な若者の69％が，彼らが友人とではどんな関心事や悩み事についても議論をすることができたと感じている。その一方で，母親と性的な問題について議論することができるのは33％にすぎず，父親とはわずかに15％のみがそのような事柄について話ができると感じていた。同じような数値が避妊の問題にかんするコミュニケーションについても報告されている。しかしながら，この著者は，性健康クリニックを訪問するような実際的な援助の提供にかんしては，友人によるサポート資源はより少なかったことに注目する。医者にまで付き添ってもらうような実際的なやり方で友人の援助を受けたと報告したのはわずか22％であった。

　ムーアとローゼンタール（1991）が示すように，若者の性教育で仲間が果たす役割は明らかに重要である。しかしながら，この影響のあり方については疑問がある。多くの報告によれば，仲間によって提供された情報は，大人から発する情報と比べ正確さを欠いているという（たとえば，Kraft, 1993）。さらに，若者が困っており具体的な助けや方向づけを必要とする場合，仲間は重要な大人ほど支持的でないかもしれない。大人が挑戦すべきことのひとつは，仲間のよい影響を最大限にし，かつより入手可能な情報を若者が利用可能にする方法を見つけることである。このことは，娯楽場で不正確な事実が伝わる機会を減少させるだろう。

恋愛と親密性

　若者の性にかんする研究に取り組む研究者に対して浴びせられる批判のひとつに，だれが何歳で何をしたかといった行動があまりにも強調されすぎ，性的な関係の意味にはほとんど関心を払わないということがある。それゆえ，愛や恋愛，親密さにも注意を払うことは重要である。このことが特別重要なのは，燃えるような恋愛の経験や，親密な関係に没頭してすべてをささげることが，若者の人生にとってもっとも重要なことになりうるとわかっているからである。

　評論家がしばしば言及してきたように，青年期において，恋に落ちるということは不可欠な体験である。ザニ（Zani, 1993），ムーアとローゼンタール（1998）は，エリクソン（Eriskon）の概念に基づいて，恋愛はアイデンティティや自己定義を模索することの一部であることを示唆している。彼らが指摘するように，エリクソンの概念では，アイデンティティの危機を克服することは，部分的には親密さを経験する能力に依存する。エリクソンによれば，親密さには開放性や共有，信頼，関与が関連し，親密さを経験することが，自己探求の機会を通じてアイデンティティの発達，つまり成熟に貢献する。この親密な関係によって，若者は，たとえそれが歪んだものであっても，鏡を自分自身にかざすことが可能になり，他人に対する驚くほどの親密感を経験することができる。これは，どこか幼児期の母子間の接触を反映しているにちがいない。青年期の恋愛は成人期において経験する恋愛とは大きく異なるほどの激しさをもつのはおそらくこのような理由からであろう。

　これまで，研究が10代の愛と恋愛への理解に貢献したのは比較的わずかであった。しかしながら，恋に落ちる経験に関連した尺度や測度を開発しようするための試みはいくつか行われてきた。ハットフィールドやシュプレッヒャー（Hatfield and Sprecher, 1986）は情熱的な愛の尺度を考案し，ルヴェスク（Levesque, 1993）は恋愛経験指標を構成した。これらは両方とも青年期の愛の要素を探るために使用されたし，同様の考えに基づいて提案された。どちらの尺度も，たとえば，障害の測定，性的覚醒，愛する人に受容されたり近づきた

表6.2　恋愛関係における肯定的側面

(%)

特　質	少女	少年	全体
デートする相手に対する好み			
良い性格特性	85	88	86
身体的魅力[a]	46	68	57
親密性[b]	42	26	34
援助[c]	44	14	29
気が合うこと	27	24	26
共通の趣味（関心）	6	10	8
デートする相手をもつ利点			
気が合うこと	71	60	66
親密性[d]	54	32	43
援助	36	23	30
友情	18	16	17
社会的地位[e]	18	7	12
異性について知る	9	16	12

注：a　$x^2=4.11, p=.04.$　b　$x^2=3.01, p=.08.$　c　$x^2=9.51, p=.001.$　d　$x^2=4.73, p=.03.$　e　$x^2=3.05, p=.08.$
出典：Feiring（1996）

い気持ちや，困難な問題が起こった場合の苦痛や苦悩についての側面のいずれもがそこには含まれている。いくらか異なったアプローチをとって，ファイリング（Feiring, 1996）は15歳の協力者におけるロマンスの経験を検討した。この研究はいくつかの興味深い知見を報告した。まず，この年齢の段階ではデートの関係は，安定した同性の友人関係より持続時間の短いものであったことが示された。恋愛関係の平均の交際期間は，同性の友人関係の1年以上という期間と比べ，わずか3～4カ月であった。しかしながら，恋愛関係における接触は友人関係よりもはるかに密度の濃いものだった。若者は，毎日面と向かってか電話で話しながら何時間も過ごすと報告した。ファイリングはまた，仲間集団の機能の研究で見いだされた結果と大変類似した性差を記している。すなわち，男子が恋愛関係においてともに活動することを重視する一方，女子は自己開示と支持を重視する。さらに，男子は女子より恋愛関係を満足させる要因として身体的な魅力について言及することが多い。私たちは，次の節で性に対する男女の見方についてさらに言及しなければならないだろう。ファイリングの知見のいくつかが表6.2で示される。

　発達のこの段階における性的性質をもつ親密な関係は，若者の適応に強い影

響を及ぼす。私たちが指摘したように，そのような関係は一貫したアイデンティティをしだいに，ときには痛みを伴いながら構築していくうえで重要な役割を果たす。恋愛が短命であるかもしれない一方で，これらの経験は自己価値の認識と同様に将来の選択を形成する。もし若者があまりに多くのトラウマを伴うことがなくて関係の崩壊をうまく切り抜け，ある意味で，より豊かで，より賢明な感覚になっていけば，次のステップが発達のうえで，それだけよりいっそう成熟度が増すかもしれない。他方では，喪失が苦痛でありすぎ，恋愛経験が成長のほかの局面と十分に統合されたというわけではないならば，新しい学習が起こりうるには，ある程度の時間はかかるかもしれない。とにかく，私たちは青年にとっての親密な関係の重要性を過少評価すべきではない。研究者たちが概してセクシャリティのこの様相にほとんど注意を向けてこなかったのは本当である。研究の焦点が今後変化することを望みたい。

若者と安全なセックス

　性の行動自体と同様に，性に対する態度上に1980年代のエイズ（AIDS／HIV）現象の到来が，深遠な影響を与えたという点について何ら疑問はない。まず，無防備の性交渉がひどい結果をもたらすことが皆にとって明らかとなった。もちろん，コンドームを使わない無防備の性交渉には，これまでも性感染症や妊娠の結果がつねに伴った。しかし，どうやら，日常的な行為のために人が死ぬかもしれないという意識が，以前とはそのスケールにおいてまったく異なる影響を与えることとなった。莫大な予算を，若者を含む多くのグループの性行動や，性教育への新しいアプローチ，ライフスタイルを調査する研究活動に用いることが可能になった。エイズの恐怖が青年に与えた影響は多くの研究者によって報告されている。そこには，アグルトンら（Aggleton *et al.*, 1991），ウイリアムズとポントン（Williams and Ponton, 1992），そしてムーアら（Moore *et al.*, 1996）が含まれる。

　この時期を振り返ると，私たちは，ヨーロッパの政府やメディアによって不安が誇張されていたことがわかる。今日，私たちは，ヨーロッパの状況では，

HIV感染症が静脈注射用薬常用者や日常的同性愛者などのグループにとって重大な健康上のリスクであることを理解している。しかしながら，圧倒的大多数の若者にとって，それは比較的小さな危険をもたらすにすぎず，このことは，エイズに対する公の態度を変化させることになった。実際，振り子は逆方向に振れすぎたきらいがあり，若者は，エイズをもはや心配する必要のあるものであるとは考えていないほどである。それにもかかわらず，この性感染症の到来は，事実上何か性にかかわりのあるあらゆる事柄に対し深遠な影響をもたらした。そこで私たちは，生じた変化のいくつかについて考えてみよう。

まず，性的な知識という話題が注目されてきた。気づきの初期の段階では，この疾病について一般の人々が無知であることを憂慮するのは理解できることであった。そして，理解の水準を改善するために，多数の計画が始動した。スカンジナビアにおけるクラフト（1993）のような研究，オーストラリアにおけるダンネら（Dunne *et al.*, 1993），そしてイギリスにおけるウインら（Winn *et al.*, 1995）の研究ではすべて，若者についての性知識を扱っている。興味深いことに，これらの研究の多くの結果は，エイズにかんする青年の知識には多少の欠陥はあったものの，概して，若者たちは，この問題について，不妊，避妊あるいはほかの性行為感染症にかんするよりもより多くのことを知っていたという事実を際立たせた。これは，これらの研究が行われていたときに，メディアのなかでエイズについて高い水準の情報が広く普及したためであることは疑問の余地がない。しかし，それにしても，気にかかる発見であり，そのことが性教育のカリキュラムを見直すことへの要請へと結びついた。この問題にかんしては本章の後にふれよう。もちろん，知識が必ず行動を変えるというわけではないだろうということが急速に明確になって，「より安全なセックス」の実践に影響を与えるほかの要因へと焦点を移していった。

イギリスにおける性行動にかんするウエルカム研究のデータ（Wellings *et al.*, 1994）は，最初の性的交渉の際に避妊具を用いる10代に安定した増加が認められたことを示す。コンドームはいかなるほかの方法よりしばしば使用される。すべての若者のうち半数が初体験の際この方法を用いたと報告しており，20％は錠剤の使用を，24％はどんな方法もまったく使用しなかったと報告して

いる。ウエルカム研究では,「危険なセックス」を定義する試みがなされたが,これは前年に2人以上のパートナーと性交渉をもっているが,コンドームをまったく使用しないものと定義された。結果によると,これは過少評価であるかもしれないのだが,年齢幅16〜24歳の調査協力者のおよそ10%はこの分類に入った。

　多くの研究が,無防備の性行動のリスク因子を特定しようとした。知識の不足はひとつの因子かもしれないが,全体像のなかでは比較的小さな役割を演じているにすぎないだろう（Moore et al., 1996）。より重要なのは,当事者個人の年齢である。ウェリングスら（1994）は,最初の性交渉の時点で本人が若ければ若いほど,おそらく無防備な性交渉をもつ可能性が高いだろうと報告する。たとえば,ウエルカム研究の結果は,若い女子の半数近く,さらには16歳以下で性交渉をもっていた若い男子の半分以上の者が初体験の際,何らの避妊手段も講じなかったらしいということを報告した。ほかの要因としては,避妊のアドバイスが受けにくいこと,コンドームを購入したり,入手する自信がないなどが含まれる。とくに,問題行動があったり,ホームレスや養護を受けていたり,またはすでにリスク行動傾向がある者のグループの人々が危険にさらされやすい（Feldman et al., 1995 ; Crockett et al., 1996 ; Breakwell and Millward, 1997）。しかしながら,おそらく何よりも重要であるのが,早い時期の性的活動の社会的,心理学的な文脈である。そこで,その点に議論を転じよう。

　無防備なセックスがいかにして起こるのかを理解するもっとも手っ取り早い方法は,コンドームを使うことの必要性について考えることである。まず,そのためにはコンドームを購入し,それを適切な時点で使わなくてはならない。つぎに,パートナーのどちらかひとりがセックスしようと思っていたということを両者が受け入れなくてはならない。また,避妊具や避妊薬を使うことについて議論しうること,それが性的な刺激を妨げる恐れがあることに対して互いが十分納得できることが必要であろう。さらに,もちろん,少なくともパートナーのどちらかが,最初に出会ったときに冷静で分別があることがすべての前提になる。年齢が若かったり,付き合い始めだったり,相手のことについてまったく自信がもてない場合,これらの条件が全て満たされない状況もあること

は驚くにはあたらない。

　成長過程で必然的に起こる自信の欠如やあらゆる不安とは別に，考慮しなければならない一番重要な要因は，性差である。過去10年にわたり，性における男女の見方について，多くの重要な議論がなされてきた（たとえば，Lees, 1993 ; Thomson and Holland, 1998 ; Holland *et al.*, 1998）。ヒリアーら（Hillier *et al.*, 1998）は，「あなたがコンドームをもち歩いていると，男の子はみな，あなたがそれを望んでいると考える」という論文でこの核心を突いた。これらの著者が明らかにしているように，性の領域には二重の基準があり，これによると，男性にとっては性的な有能さは誇りとなるものであるのに対し，女性にとっては，それは沈黙を守るべきものである。事実，性にかんして積極的であることが知られている若い女性は，仲間のなかではしばしば非常に中傷的な呼び名で呼ばれる。間違いなくこれと密接に関連しているのは，避妊方法の使用についての意思決定にかんし，女性は男性と比して権限をもっていないという事実である。女性は男性に従う傾向が強いし，男性にとってコンドームの使用が，ほかのタイプの避妊法の使用と比べ喜びが少ないという事実によって影響を受けやすい。より安全なセックスを実践するかどうかは，計画性とコミュニケーションの程度と同様にパートナー間の信頼に依存する。過去10年間の研究は，この年齢集団にはより安全なセックスに対するさまざまな障壁があることを例証した。性的な出会いのなかではたらく社会的・心理的要因をよりよく認識することが必要であり，性教育へのより全体的なアプローチが同様に必要である。

青年期におけるレズビアンとゲイのセクシャリティ

　過去10年間，青年期のレズビアンやゲイのセクシャリティの位置づけについての認識が著しく増えた。本書の旧版では，この話題についてはほとんど言及がなされていなかったのだが，この間，社会の認識は変化した。10代の性の発達にかんするどのような考察も，性的指向について何らかの議論なしでは完全になりえないという事実が広く認められるようになった。本質的な議論に移る前に，私たちは，おそらく用語にかんしていくつかの点に言及しておいたほう

がよいだろう。「ゲイ」と「レズビアン」という用語が「ホモセクシュアル」よりも多く用いられてきた。なぜなら，「ゲイ」や「レズビアン」という用語が「ホモセクシュアル」より，同性間の性行動やアイデンティティについてより肯定的な評価を伴っていると一般にみなされているからである。この話題にかんする議論の多くは，両性愛者の若者についても考察の対象としている。両性愛者の話題も重要である。なぜなら，若者の感情は必然的に，あるいは排他的にもっぱらひとつの性，もしくはもう一方の性に向けられているとは限らないからである。性的感情を男性と女性の両方に向けている者もおり，そして，こうした個人は自分のことも「両性愛者」であると名のるだろう。

　これまでの文献で多くの関心を集めてきた重要な問題のひとつに，ゲイやレズビアンのアイデンティティの発達がある。この過程にかんし，いくつかの発達段階を想定したほうが役立つと考える専門家もいる（たとえば，Cass, 1984；Goggin, 1995）。このような研究者は，アイデンティティの発達の過程で4つの段階を指摘する。最初に，「気づき」の段階がある。この段階では，子どもや若者は，自分が他者とは異なることに気づき始める。彼らは，異なった興味をもつか，または同性の仲間たちによって経験されるものとは同じでない性的感情を認識し始めたりする。第2段階は「アイデンティティ混乱」の段階である。ここに，個人は，自己の意識が変化したこと，同性の者に結びついた性的興奮，ゲイやレズビアンの行動をとりまく汚名の感覚，およびホモセクシャリティに関連する不正確な情報を経験する。第3番目の段階は「アイデンティティを仮定する」段階として知られている。ここで若者は自分がゲイあるいはレズビアンであることのアイデンティティを引き受け始め，そのアイデンティティをほかの者に少なくとも親密な友人に対しては言い表すことができる。最終段階は「関与」である。この時点で個人は同性のだれかとのすべての親密な関係に関与することができて，また，家族やほかの重要な他者に対して自己開示することもできる。

　いく人かの研究者（たとえばCoyle, 1998）が，アイデンティティ発達の段階の識別について深い疑念を抱いている点を注意しなければならない。まず，段階の概念は，すべての個人が皆同じ過程を同じ順番で通過していくということ

を意味するが，明らかにこれは正しくない。また，私たちは，若者がゲイもしくはレズビアンとしてのアイデンティティを自覚するに至る経緯には大きな個人差があることを知っている。ある者は早い段階からわかっているかもしれず，他方では，青春期を通じて混乱していて不確実な状態にとどまる者もいる。上で述べた諸段階は，アイデンティティ発達の固定した枠組みとして見るよりもむしろ，ゲイやレズビアンである若者が直面する課題や問題についての具体例として考えることのほうがもっとも有益だろう。ある若者は自分自身の個人のアイデンティティ発達について次のように記述する。

> 「私が性的感情をもち始めたのは―私はいずれにせよそれを分類してはいなかったが―11歳のころからだと思う。そしてこの感情は14歳または15歳まで続いた。私は，テレビや友達との話を通して，全部ではないがその感情のいくつかをゲイの感情として分類するようになった。自分が，学校でそのことについてみんなが話していた「ホモ」の一人であることに気づくまでの過程は実のところ非常に長くかかった。そのことに気づくまで実際16歳，いやたぶん17歳まで本当に長くかかった。自分は，それが普通の性的感情であると思っていたし，実際そうであった。私たちの性的感情がある方向または別の方向へ導かれるのはメディアのなかのイメージやものごと，社会的圧力を通じてであり，広く社会で容認されたものとしては，これらの感情のうちあるものは善であり，受け入れられ，ノーマルであるとされ，別のものは悪であり，排除されるべきもので害悪とされる。」
>
> （20歳の青年男性，Coleman, 1995から引用）

この状況にあるどのような若者も直面する重要な問題のひとつは，同性愛嫌悪である。たしかに，疑いもなく専門家のあいだでは著しい態度の変化がみられるが，同性愛に関連した非常に暗いイメージがまだとくに若者たち自身のなかに強く残っている。それゆえ，自分がゲイかレズビアンかもしれないと思い始める若者は誰でもこの問題をめぐる敵意，および無知に対処するための対処方略を作り出さなければならない。もちろん，もっとも一般的な対処方略は個人の感情を秘密にしておくことである。これはこの状況にある若者にとって重大な意味合いをもつ。もしも同性愛について議論する場がなく，ゲイやレズビアンのライフスタイルにかんするいっそうの情報を得る何ら簡単な手段もなか

ったならば,本人たちは不安で混乱を感じるだろうし,自分たちのセクシャリティが「悪い」か「間違っている」と感じるだろう。

同性愛に対する社会的態度は,自己開示の問題と密接に関係する。コイル(Coyle, 1991)によって行われた研究では,若いゲイの男性にとって,最初の開示がいずれかの性の親密な友人に対して行われることがもっとも多いことが明らかとなった。しかし,コイルが報告しているように,ほとんどの場合,開示の結果は,若い人にとって,救済であり,親からは拒絶ではなく安心が与えられたという。親やほかの家族へこのことを伝えることはおそらくもっとも困難なハードルである。ある若いゲイの男性の母親は次のように自身の経験について記述する。

「そうして,彼は座ってこう言ったのです。『僕は言わなければならないことがある。』私は,『わかったわ。何?』と言った。すると彼は言った。『お母さんの2人の友達ならわかってくれると思う。』そして,彼が意味した2人の友達が誰であるのか私は突然悟った。それは,同性愛者である私たちの友達のことであった。私は,『それで,あなたはそうだと思うの?』とだけ言ったのです。私はその単語を使わなかったが,彼は『そうだ』と言った。私は言った。『どうしてそう思うの?』すると,彼はこう言った。『だってそう思う。』そして,私は,言った。『わかったわ,いいじゃない』と。すると彼の顔に安堵の表情が見えた。身体中全身に明らかな安堵が。そして,私が彼のところへ行くと,彼はわっと泣き出した。私は彼を腕に抱いてこう言った。『大丈夫よ。わかっているでしょ。心配しないで。』そして私は言った。『愛しているわ。あなたは私の息子よ。私の気持ちに変わりはないわ。あなたが告白するほんの少し前と今でも何も変わらない。だから大丈夫。心配しないで。』」
(2人の少年の母親, Coleman, 1995より引用)

それにもかかわらず,親に開示することにあまり満足できない経験をした若者もたしかにいる。そしてまた実際,成人期に至るまで,両親に開示することができない人もいる。親の役割は,若者が自己の性的アイデンティティと折り合いをつけることを可能にするうえで非常に重要である。ここでも,若者がこの問題にかんして私たちの社会において今なお浸透しているステレオタイプや偏見に遭遇せずに,親に自らのセクシュアリティを告げるためには,この問題

を取り巻く無知とたたかう必要がある。

　ゲイやレズビアンの若者にかんする心の健康をめぐって，専門文献のなかでかなり多くの議論がなされてきた（Savin-Williams and Rodriguez, 1993）。いくつかの研究は，同性愛と異性愛の個人間には何ら違いもないと報告している。しかし，今日，重大な心の健康の問題がここにあるという合意ができてきたように思われる。イギリスで行われたよくデザインされた研究（Coyle, 1993）では，統制群の若者と比べ，ゲイの男性のほうが心の健康状態が有意に悪いことがわかった。アメリカでは，ダウゲリとハーシュバーガー（D'Augelli and Hershberger, 1993）がゲイとレズビアンの若者のうち42％の者が前年に自殺をはかったことを明らかにした。類似した知見がローゼラム-ボラスら（Rotheram-Borus et al., 1994）によって報告されている。ブリジット（Bridget, 1995）は，20人の比較的孤立しているレズビアンの青年のうち14人が自殺を試みたか，真剣に自殺を考えたことがあることを見いだした。心の健康の問題は性的指向との関係において重要である。しかし，それらに取り組むことは容易ではない。多くの専門家が，私たちが言及したステレオタイプ化の問題を憂慮しているが，若者自身は自分たちを特別の支援を必要とするグループに分類されたいと思わないだろう。

　コイル（1998）は，困難の原因となっているのは，ゲイやレズビアンのアイデンティティそれ自体ではないことを指摘する。むしろ問題は若者の置かれた状況にある。つまり自分の感情を隠さなければならない圧力を受け，他者への支援や援助を求めることもできず，さらに，通常は家族とこの不安からくる心の重荷をわかち合うこともできないといった状況が問題なのである。孤立し，さらに同性愛に関連したスティグマの感覚が加わると，しばしば耐え難いストレスを生む。教育者やほかの人々がそのことで大変な試練を受けていることには疑問の余地はない。それゆえ，この問題に私たちが率先して迫ることは必要不可欠である。援助が容易に得られることは，性教育カリキュラムの見直しと同様に必要不可欠である。とくに学校場面での同性愛嫌悪に立ち向かう必要がある。もし私たちがゲイやレズビアンの若者に，ほかの若者と同じように健全で健康なアイデンティティを発達させる機会を与えようとするならば，私たち

の態度は変わらなければならない。

10代が親になること

　過去10年間以上にわたり，早く親になることにかんする話題に対する関心が高まってきた。この点については，ヨーロッパ諸国間でもっとも高い割合を示しているイギリスと同様に，世界でもっとも高い10代の妊娠割合を示しているアメリカでとくに注目された（Coleman, 1997a）。しかしながら，10代が親になることを明確に理解することはさまざまな要因によって阻まれている。一般的な言い方で10代が親になることについて話すことは誤解を招く。19歳が親になることは14歳や15歳がなるのとはまったく異なる経験であることは明らかである。しかし，この問題をめぐる論議において，若い親の発達段階の重要性についての認識はほとんどない。私たちはここでまず初めに16歳以下の親について述べよう。

　第2の問題は過去10年間くらいの間，とくにイギリスやアメリカで10代の親に影響を与えているステレオタイプ化という過程である。政治家やほかの評論家が，このグループを国へのたかり屋，あるいは住宅供給の列への割り込みをするために妊娠するひとたちと評するとき，若い親たちが必要としていることがらを合理的・建設的なやり方で考慮することを困難にする風土が形成されてしまう。しかしながら，否定的なステレオタイプに責任がある人は政治家だけではない。青年のこのグループにかんする研究は，ほとんどが若い時期に親になることの否定的な面のみを見ている（たとえば概観は，Lask, 1994 ; Coledy and Chase-Lansdale, 1998を参照のこと）。ある研究は10代の親は子どもによい結果をもたらさないことを強調している一方，ほかの研究は若い時期に親になる若者の性格の特性に焦点を置く。こうした研究は，しばしば若者の子育てスキルと年上の親による子育てスキルとを比較し，ほとんどいつも10代の親にとって不利な結論を導き出す。明示的であれ暗示的であれこの問題にかんする大多数の研究は十代が親になることについて「欠陥モデル」と呼ばれる考えを支持する。こうしたモデルは，当事者の若者だけでなく研究努力それ自体を損なうもので

ある（Coleman and Dennison, 1998）。

　3番目の問題はイギリスやヨーロッパ全体において10代が親になることにかんして利用可能なデータが限られているという点である。いくつかのよい研究が行われてきたが，この問題についての大部分の研究はアメリカで始められたものである。異なる国々の若い親の母集団が比較できないことは明らかであり，また，ひとつの国で得られた結論をほかの国にそのまま適用することにはかなりの危険がある。そのひとつの例として，北アメリカにおける研究がほとんどすべてアフリカ系アメリカ人の母集団に基づいたものであるのに対し，イギリスでは，少数の10代の親だけが少数民族の出身である（Dennison and Coleman, 1998a）。

　もちろん，すべての若い女性が等しく10代で親になる可能性があるわけではないであろう。上で示したように，ある者はほかの者よりも意図しない妊娠をする危険が高く，また同じグループのなかでも，ある者は妊娠を継続し，ほかの者は中絶することを決意する。それゆえ，10代の妊娠の発生率は国の地理的な地域によって異なる点に注意することが重要である。イギリスでは，田舎ではより低い割合を示す（Babb, 1993）。妊娠率は都市のエリアにおいてもっとも高い。いくつかの研究が，社会経済的地位と10代の妊娠および出産の発生率とのあいだに強い関連を示した。バブ（Babb）が言うように「10代の出産率がもっとも高いのは，社会経済的にもっとも不利な状態にある若い女性である」。これらの人口統計学的な要因に加えて，他にもいくつかの変数が働いている。たとえば，多くの評論家は，青年期の妊娠と若い女性の母親の経験とのあいだに強い関連があることを提示した（たとえば，Simms and Smith, 1986）。さらに，地方公共団体の保護のもとで育った人々のように，とくに弱い立場にある10代は，ほかの人々よりいっそう低年齢で親になる可能性が高いように思われる（Quinton and Rutter, 1988 ; Corlyon and McGuire, 1997）。ある若い女性は自分が親になった動機について次のしかたで記述する。

　　「私は，本当の幼年期というものをまったく経験していないからといって，幼年期を経験し損なったとは思わない。私は3歳のときに家を追い出され，ママは私を見

捨て，パパは私をあちこち殴った。そして5歳のときに性的虐待を受けた。だから私はいずれにしても幼年期がなかった。だから私は幼年期を経験したことがないから，懐かしくも思わない。14歳になったころ，私は養護施設にいて思っていたことは，だれも私を愛してくれない，だれも私を愛してくれていたことがない，だれも私を愛することはないだろうということ。そしてそのときに私は自分自身の家庭をもとうと決め，そしてそれを実行した。」

(16歳の若い母親，Dennison and Coleman, 1998b によって報告された研究の協力者)

　この話題にかんする研究においてもっとも頻繁に出される質問のうちのひとつは，若い母親の性格特性にかんするものであった。いくつかの研究は，そのような10代の心理的プロフィールに注目し，ほかの研究は子育てのスキル，子どもの発達についての知識や母性に対する態度に注目する。アメリカで行われる研究は，このグループに関連した否定的な属性を強調する傾向がある。一例をあげれば，オソフスキー (Osofsky, et al., 1993) とその仲間の研究は若い母親たちが年長の母親たちと比べ，より抑うつ的であり，感情がより動揺しやすく，赤ちゃんに情緒をもって接することがより少ないことを見いだした (Osofsky et al., 1993)。別のおもな研究—バルティモアの多世代研究—で，著者は，低い教育の達成水準，問題行動，および不健康といった10代の母親たちに見られるさまざまなリスク因子を提示している (Furstenberg et al., 1989)。

　すべてのイギリスにおける研究が欠陥モデルの視点を免れていたわけではないが，イギリスにはよりバランスのとれたアプローチをとる研究者たちがいることも確かである。このよい例としてあげられるのはフェニックス (Phoenix, 1991) の研究である。彼女は16歳から19歳のあいだに妊娠した80人の若い女性の経験について検討した。彼女は，その若い女性が民族，教育，職業そして子どもをもつ理由について，さまざまに異なっていることを見いだした。しかしながら，彼女らはすべて貧困の経験をしていることで共通しており，またしばしば非常に困難な状況で，子どものために最善のことをしようと決意している点でも共通していた。フェニックスは，同様の社会的，経済的状態に置かれている年上の女性と比較して，これらの若い女性が同じようにうまく対処行動をとっていると論じた。いずれにしても，彼女らの機会や人生のチャンスは制限

されているので、親になることは、建設的で現実的な選択肢であったと見ることができる。

　10代の親の家族背景にかんしては、この分野でのほかの話題より、あまり注目されなかった。しかし、1990年代の初め以来、10代の親についての側面への関心が高まってきた。そして、アメリカでの研究は祖母の果たす重要な役割を確認し始め（Chase-Lansdale et al., 1991 ; East and Felice, 1996）、デニソンとコールマン（1998b）は10代の子育ての家族状況にかんしてイギリスで最初にそうした研究を報告した。いくつかの問題が強調されている。まず、10代の母親が祖母と同居していることが、若い母親にとって益となるかどうかについての疑問が起こる。つぎに、若い女性が母親になった早い段階で、祖母が価値ある役割モデルを果たすことができるかどうか、そして、どのような環境で援助するのが一番良いかについてである。第3に、祖母の子育てのスタイルを検討したり、ほかのやり方よりもよりよく子育てを励ます特定のスタイルがあるかどうかを検討したりするのも面白いかもしれない。ある若い女性が、子どもの世話における母親の役割についての不安を語っている。

　「そう、娘の世話はほとんど私がしたわ。そうよ、私が全部やったわ、ほんとうよ。母にはいつも、ちょっと手を貸してもらっただけよ。私は、娘を産んで復学したから、母が自分の赤ん坊みたいに娘の世話をしてくれるのだろうと思っていたの。だけど、母はそんなふうにはしなかったわ。母は、私が学校へ行くときには母親のように娘を連れていてくれたけど、学校から帰ると私が交代することになった。最初はね、赤ん坊が私の母のことを自分の母親だって思い始めるのじゃないかって心配したの、わかる？　でもね、娘は私が誰だろうって知ろうとしないけれど、私のことはわかるのよ。」
　　　　（15歳の若い母親、Dennison and Coleman, 1998b に報告された研究の協力者）

　同居にかんしては、ブルックス-ガンとチェイス-ランスディル（1995）によってよい概観がなされている。そこで若者が指摘するところによれば、初期の研究は同居の利点をいくつも報告していたのに対し、最近の研究は多世代家族の環境は若い母親にとっても赤ちゃんにとっても必ずしも支持的であるとは限

らないという事実を強調するようになった。著者はとくに,自分の母親と同居している母親は高水準のストレスを示し (Chase-Lansdale *et al.*, 1994),またそのような環境にある赤ちゃんや幼児が知的に劣っていることを指摘した。ブルックス-ガンとチェイス-ランスディルは矛盾した結果が出ているのは,部分的には若い母親たちの年齢の違いによって説明されるだろうと結論している。つまり,同居は10代でも年少の母親には有益かもしれないが,年長の母親たちにとってはあまり有益でないだろうということである。こうした結論は意味あるものであり,デニソンとコールマン (1998b) によって報告された知見とも一致している。この研究で,祖母と同居する10代で年少者と年長者との比較では,年少者のほうが良好な適応を示した。

母―祖母関係についてワックシュラークら (Wakschlag *et al.*, 1996) は,この話題にかんする研究のために世代間特質尺度を開発し,研究をリードした。デニソンとコールマン (1998b) は,その尺度をイギリスの文脈にいっそう適合するように改訂して,関係の5つの次元を特定した。すなわち,情緒的な親密さ,若い母親の子育てスキルを確認すること,若い母親の成熟性,自立,対立である。60組の若い母親と祖母のペアを対象とした調査の結果,情緒的な親密性の水準は高く,対立の水準は比較的低く,確認の度合は中程度であることが明らかとなった。この研究で得られた知見が示すところでは,両者の最良の関係は,祖母が自分の娘の子育て能力を確認すること,娘の成熟や自立への欲求を認めてやるかどうかにかかっていた。有能な親になるために必要なスキルや自信をもたせるべく青年を促す場合に,家族関係が重要な役割を果たすことは明らかであるので,この分野でのいっそうの研究が求められている。

家族関係のテーマでは,10代の子育てにかんする考察においてパートナーの位置にはほとんど注意が払われていないことは衝撃的である。この主題にかんし,ほとんどの研究者が若い父親が見えないか不在であるといった全体の印象をもたせる原因となっている。父親が研究の過程にかかわるのに困難であるということを過少評価しないことが重要であると指摘されている。彼らは見知らぬ面接者には警戒するかもしれないし,自分の役割に自信がないのかもしれない。このために,若い男性がいかなる責任も取りたがっておらず,そうでなけ

れば子どものしつけで活発に役割をこなすと一般的には考えられている。

　しかし，最近の知見はこの見解を支持しない（Voran, 1991 ; Speak, 1997）。大多数の十代の父親たちは子どもとの接触を維持して，子どものしつけに一定の役割を果たす。しかしながら，多くの障壁がある。すなわち，若者には，社会における自分の立場がまだ不確実であるために，時々克服不可能な障壁というものがいくつかある。まず，10代の中頃に形成された大多数の関係は続かない。というのは，子どもを生むことの問題，パートナー間の憤慨や対立，そして祖母の態度，ほかの拡大家族の問題といったあらゆることすべてを克服しなければならないからである。さらに，経済要因も一役買っている。仕事を捜しているか，ほかの地域で訓練を受けているかもしれない。そうした場合，母子を訪問することは難しい。これらすべての問題にもかかわらず研究から得られた証拠は，父親との肯定的な関与がある場合には，子どもによってよりよい結果が期待されるかもしれないことを示している（Robinson, 1988a）。若い父親には果たすべき重要な役割があると専門家は考えており，さらなる研究をすることは重要である。ひとりの若い女性は以下のように自分のパートナーについて記述する。

　「彼はかなり積極的だった。そう，本当に，なぜなら私たちはその当時まだ17歳だったから。私たちは友達と会うたび，私は彼が赤ちゃんで束縛されることをどのように考えているのかと思った。彼の友達は彼にやっかいな問題をもち込むようで，ある日彼は振り返り，こう言った。「もうたくさんだ。ぼくは友達には会わない。どこにも行かない。ここで君と赤ん坊と一緒に座っている。」でも，彼はいつも友達と外出，いいえ，いつもするわけではないけど，でもいつも彼らと一緒だった。そして，同時にかなり多くの時間を私と一緒に過ごしてくれた。彼は私たちふたりのための時間を見つけてくれた。そのことにより，今までよりちょっとふたりは近くなった。最初，私たちは本当に近かった。彼が彼女のためにいろんなことをしてくれて，私に掃除などさせなかったけど，いつまでもそうは続かなかった。今でも，彼は最高というべきでしょう。私たちは少々言い合いもするけど，たとえば，赤ちゃんが泣くと，彼が彼女をちょっと乱暴に扱い，私が叫び始める。でも，これ以上なれないほどお互いに近づいたと思う。」

　（18歳の若い母親，Dennison and Coleman, 1998b の研究の協力者による報告）

効果的な性教育

　本章を締めくくるにあたり，性教育の問題を考察し，それが若者の現実の要求を考慮に入れたものへと修正されるようにいくつかの方法を検討することは適切だろう。まず第1に，性教育が生物学にのみ焦点を当てることができないことは明らかである。生物学は重要な要素であるにはちがいないが，若者がもっとも必要としているのは，人間関係や性行動の倫理など性の社会的文脈にかんする要素である。性にかんする生物学を教えることは比較的容易である。しかし，若者が性行動における固有のジレンマや矛盾を探求し，必要な人間関係のスキルを向上させることを可能にするような性教育プログラムを作り出すことは，より困難なことである。この方向へと新たに考えられるべきである。

　すぐれた性教育の第2の要素として，若い男女双方の要求と同時に，マイノリティの文化に属する若者やゲイ，レズビアンあるいは両性愛者の若者の要求に考慮することが重要である。ジェンダーの観点からすると，性教育プログラムは男性と女性のあいだの良好なコミュニケーションの重要性がめったに考慮されていないというのが事実である。また，性教育プログラムは若者たちに男らしさや女らしさにかんする伝統的な考え方を検討する機会も与えない。さらに，両性が性教育の授業から必要とするものはたしかにいくらか異なっており，率直な議論が可能になるように，カリキュラムの一部については，男女別のグループをつくることが必要になるかもしれない。ほかのグループの要求ということにかんしては，ここで鍵となるのは，性教育プログラムはマイノリティの人々が何を必要としているかを積極的に認識し，彼らの経験を率先して評価すべきだということである。そのような若者が人種差別主義者や性差別主義者の偏見やありうるハラスメントから安全であると感じられなければ，彼らの要求は満たすことができない。専門家の大人には，安全な環境をつくり出す責任がある。

　有効な性教育にとって不可欠な3番目の要因は，生徒によって性知識の水準がさまざまであることを認識することである。以前に示されたように，若者は

性にかんする知識においては相当な多様性がある。年齢や性別も重要な要因だが，生徒は，特定の話題にかんしてはほかの話題についてよりも多くの知識をもっているという知見も同じく重要である (Winn *et al.*, 1995)。たとえば，受精についての若者の理解はエイズにかんする彼らの知識と比べて貧弱である。そのような情報は性教育プログラムに反映されるべきであり，教師が評価の必要性により多くの注意を払うよう援助すべきであろう。

　ミッチェル (Mitchell, 1998) は，若者が性行動の領域で決断するであろうことを先取りするような性教育プログラムは必要ないと主張しているが，これは重要な指摘である。性教育は指図的であってはいけないし，何が正しくて何が正しくないかについての道徳的メッセージを与えるべきでもない。もっとも効果的な性教育プログラムは，若者に，情報ならびに対人関係のスキルを与え，彼らが何が自分たちにとって正しいのかを理解したうえで選択できるようにすることである。もちろん，この観点がこの問題に興味をもつすべての人に共有されているわけではない。1997年からアメリカでは，連邦政府によって膨大な金額の予算を用意してプログラムの財源にあてているが，このプログラムは，若い人にとっては肉体関係をもたないことが進むべき正しい道であるというメッセージを提言している。このようなアプローチはヨーロッパ諸国政府の政策には見られないが，やはり，もしプログラムを若者にとって信じられるものにするなら，道徳的メッセージを避けることが重要であると思われる。

　最後に，ライス (Reiss, 1993) が示す通り，どんな性教育プログラムでも，何を目標としているのかを問うことが大切である。有効な性教育でも，10代の妊娠は防げないだろう。時として無知は，望まない妊娠に至る原因の一部であることもあるが，関係する唯一の要素であることはめったにない。若い人の望まない妊娠を防ぐ，または少なくともその数を減らしたいなら，より近づきやすく受け入れやすい性的健康サービスなどや，若い女性に対するより広い範囲の教育および雇用の機会といったさまざまな方略が必要だろう。もちろんそれらの方略は，より効果的な性教育と組み合わせる必要があるが，教育だけでは10代の妊娠を減らすことはできないという認識は重要である。それでは，効果的な性教育とは何だろうか。私たちの見方では，これは，若者が性行動の領域

において自分たちの人生をコントロールできるように，知識と人間関係のスキルを提供するプログラムの開発と普及を意味する。そのようなプログラムは，すべての中等学校に導入が予定されている，包括的な「生きるためのスキル」の授業の一部となれば望ましい。本章で提示した証拠は，このような政策のもつ潜在的価値を表している。

実践へ示唆

1. 1960年代以降，青少年の性的行動に大きな変化があったことは疑う余地がない。もっとも重要な点は，青年期の初期および中期における性行為が増加していることである。データの検討から，現在は性行為を行う青少年が増えており，過去数十年よりも彼らの年齢が若くなっていることを私たちは確信している。この変化は成人の性的行動の変化と密接に関連しており，ほかの社会的傾向との関連がないとは思えない。しかし，教育者と両親にとっては特別の意味があり，効果的な健康教育と性教育の時期がきわめて重要だということを裏づけている。

2. 青少年に対するHIVおよびエイズの衝撃は大きかった。ただし，20世紀が終わりに近づくにつれ，1990年初頭と比べるとこの性行為で感染する病気に対する青年の関心は低くなっている。エイズの現象によって，「より安全なセックス」が注目を集めた。若者の性知識にかんする関心，彼らの避妊に対する態度，およびコンドームの使用などである。「より安全なセックス」はさまざまな要素で決定され，その分野に従事する健康の専門家は年齢，態度，性別，性的関係のタイプ，および性行為の社会的背景がすべて役割をもつことを認識するようになった。エイズによって，若者のリスクと性に対する関心について多くがわかった。

3. 青年期にゲイ，レズビアンまたは両性愛者として成長する若者に影響を及ぼす環境が認識されてきている。とくに，このグループにおける

アイデンティティの発達段階が注目されてきている。ゲイとレズビアンの若者が直面する困難，とくに偏見と否定的なステレオタイプ化によって孤立することが多くの著作で指摘されている。この問題が学校における性教育カリキュラムに受け入れられる部分となるよう，もっと援助し姿勢を変えることが必要なのは明らかである。

4．10代の親がとくにアメリカとイギリスで注目されるようになっている。これらの国では10代の妊娠率がほかの西洋諸国よりも高い。多くの研究が「欠陥」モデルと呼ばれるものに集中し，若年の親をより年上の親と不利に比較する傾向があるが，そのような研究は若年の親の資質を見落としている。適切な援助を受けられれば，若者が有能な母親と父親になれることは明白であり，実践家は，若い親の限界を強調することよりも，彼らの子育てのスキルを手助けする方略に焦点を当てることが絶対必要である。

5．この章の結論の部分では，効果的な性教育にかんする考察を述べる。結局，性教育は学校のカリキュラムの一科目とみなすことはできず，また性の健康のためのサービスとは別の方略だともみなすことができないことを知ることが不可欠である。性教育を効果的に行うには，全体として概念化し，学校の「健康的な生活」カリキュラムに組み込み，地域社会のそのほかの医療対策と統合する必要がある。青年の性に対する関心の研究から学んだことがひとつあるとするなら，青年が必要としているのは狭い生物学的な感覚の性教育ではなく，そのような性教育は姿勢や行動に実質的な影響を与えないようだということである。

第 7 章

青年期の健康

この章では，青年期の健康をさまざまな側面から，健康上のリスクも含めて見ていく。もちろん，リスクには若者がどうすることもできないようなものも歴然と存在する。すなわち貧困のなかでの成長 (Dunnehy et al., 1997 ; Roker, 1998)，戦争や難民になることの影響，大人の犠牲となったり虐待されること，飢餓や政治的弾圧 (Gibson-Kline, 1996) などである。世界のいたるところで，これらの要因はすべて，若者に健康上のリスクを加えうるし，また事実加えている。しかしここでは，どちらかといえば「個人の健康」の問題として考えられる側面に限ろうと思う（ただし本章をとおして，大人や社会がいかに若者の健康への行動を侵害しているかについても検討しよう）。

　ハレルマンとローゼル (Harrelmann and Losel, 1990) が示しているように，若者個々人の行動が病気や死をもたらすことがある。すなわち，喫煙や飲酒や薬物の誤用などといった危険な行為が彼らの健康をむしばむ。それでも，一面では若者は，人口全体のなかでは健康な年代であると考えられている。それは，他の年代に比べると医療サービスを利用していないからである。しかし他方，彼らは健康のさまざまなリスクにとても遭いやすい。このジレンマこそ，この章で検討したいことである。ここでは，次のトピックを検討していく。

1　大人社会にとって気になる青年期の健康上のリスク
2　若者自身がもつ健康への関心
3　青年期における心の健康
4　スポーツや身体的活動

　青年期という年代は，若者が自らの変化と社会における変化の双方に対して，大いなる適応をしなければならない時期である。そしてそれは，社会が若者に期待することと関係がある。多くの若者は比較的容易に成人期へと移行していくが，それを阻む経済的・構造的な力のために，移行が困難な人もいる。きわめてたくさんのことが自分の自尊感情やアイデンティティを脅かし，それらに一度に対処しなければならないという逆境にある者もいる。こういう状況に置かれた若者のなかには，地位や慰めを必要とするあまり，反社会的行動や自己

破壊的行動をとる者もいる。しかしこうした「欠損」理論だけでは、リスクを冒したいと思うことを十分に説明できない。スリルがあり、危険をはらむ行動に若者を惹きつける積極的な魅力があること、また多方面の大人社会が若者に約束と禁止をしていることをわかっておくことは大切である。若者は刺激を求める行動を大人の行動パターンと同一視するために——それが誤ったものであっても——「利用して」いるという意味で、刺激を求めることには象徴的な意味があるようにも思える。

　大人はとくに、薬物やアルコール摂取、喫煙、性的行動、そして非行に関心を寄せてきた。これらの行動のほとんどは、大人がするのなら問題ではないが、成長途上の若者がすると問題になると考えられている。たとえばシルバーライゼンら（Silbereisen *et al.*, 1986）は、いわゆる「反社会的」と呼ばれているたくさんの行為は、実際のところ目的があり自己調整的であり、そして青年期の発達の諸側面に対処するためのものだと言っている。それらの行為は、少なくとも短い期間は、発達にとって建設的な役割を果たすことができる。それらの行動は象徴的（すなわち、たいていは成熟した自己イメージをつくりたくて、あるいは魅力や社交性を身につける手段だと思ってなされる）とも言えるが、若者にリスクももたらしうる。大人と同じように、10代の若者がある行動をとるのは、通常、そうすることによって、たとえば誰かを喜ばせたり、友達から受け入れられたりといった何らかの望ましい結果が得られると信じているからである。そういうことをするとき、若者は、その行動が自分たちにとってもしかすると危険かもしれないという事実を無視したり、軽視することがよくある。

　リスク・テイキング（危険を冒すこと）という概念は、定義が曖昧である。それは、若者の精神構造の一部分、すなわち発達的移行においてスリルを求める段階のことなのか、それとも成人のスキルや自尊感情を獲得するために必要な一歩なのだろうか。あるいは大人が、若者を辺縁化しようと社会的にも文化的にもかりたててきたことの結果なのだろうか。というのも、管理可能な子どもから管理された大人へと移行する過程で、若者はやっかいで、共同体の安定を脅かすものとして見られているからである。この問題について考える前に、私たちはリスク・テイキングという概念の意味を、もっと明快に定義する必要が

ある。ヘンドリーとクレープ（Hendry and Kloep, 1996）は，リスク・テイキングには次のような3種類の行動があるとした。

　第1は，スリルを探し求める行動である。これはわくわくするような，刺激を求める行動であり，覚醒し，自分の限界を試すものである。そのような行動は，青年や大人と同じように，子どもにも見られる。青年がスリルを探し求める行動は大人とも子どもとも違うものであるが，それは頻度（青年は大人よりも頻繁にそうした行動をするし，自らを試し，また何かを吸収する）と，そのために要するもの（青年は子どもよりもお金と時間をかける。しかし青年は限られた経験しか持たないので，自らの限界と被るリスクの量が判断できない）の両方である。

　第2は，観衆に支配されたリスク・テイキング行動である。仲間うちで受け入れられ，居場所を見つけ，そして社会的地位を確立するために，若者は一定の手腕や能力を示さなければならない。そのために，危険な行動はたいてい，観衆を明らかに必要とするのである。したがって大人は，これみよがしなリスク・テイキング行動をそれほど頻繁にはとらないのかもしれない。なぜなら，大人は自らの地位を示すのに象徴的な手段を，肩書きや高価な衣服，スポーツカーというかたちで持っているからである。観衆に支配されたリスク・テイキング行動のなかにはさらに，若者が他の人たちに印象づけ，あるいは気を引こうという意図で行う行動がある。大人は青年の行動や活動の多くを制限するが，多くの青年にとって，規範を平然と無視することは自立への発達の一歩である。青年は大人の命令や禁止に従うのを拒むことで大人の優位性を覆したいと熱望するあまり，大人の命令や禁止が自分を抑圧するために出されたものか，自分の最善の利益のために出されたものかを，いつも区別できるとは限らない。そのために，大人がさらに否定的に反応することでリスク・テイキング（すなわち，規範を破る）行動がますます強化されてしまうのである。

　第3は，無責任なリスク・テイキング行動である。これは，リスクが目的で行われるのではなく，リスクを承知で他に自分の望みをかなえるために，行われる。そのような無責任な行動は，個人が長い目でものを考えられないことを示しているか，あるいはそれがわかっていても，目先の利益に目を奪われてやめられないかである。そのような行動の例として，喫煙や飲酒，三日坊主の運

動,避妊しない性交がある。酒に酔ったりコンドームを使わないといった行動は,リスクが伴うから魅力的なのではなく,その時々に結果よりも重要な他の理由があるからである。アーネット(Arnett, 1998)が述べているように,文化というものは,一方では個人主義と自己表現を推し進める社会化と,他方では社会秩序を推し進めることとの矛盾を受け入れなくてはならない。私たちが生活しているような社会では,個人主義と成果や業績をあげることを推し進めたツケとして,青年が高い割合で大人の文化に反応して危険を冒す行動をするという代償を支払っているのだ。

喫　煙

　ゴールディング(Golding, 1987)は,先進国の喫煙率が劇的に下がっていると述べている。30年間で,たとえばイギリスの男性における喫煙率は70％から40％に下がった。しかしながら,これは全般的な傾向にすぎず,細かく見るとジェンダー,社会階層,年齢によって喫煙率が異なっている。成人層では社会経済的な階層による差異が際だっており,喫煙率は「未熟練労働者」でもっとも高く,「専門職」でもっとも低かった。ジェンダーや地域による差異もある。青年では,どの程度これらと同じ特徴が見られるであろうか。喫煙は,しばしば青年期に習慣として身につき,成人期での罹病率や死亡率において長期にわたって重大な影響を及ぼす(Holland and Fitzsimons, 1991)。11～15歳のおよそ10％が習慣的な喫煙者であり,過去12年間でそれはほとんど変化していない(Diamond and Goddard, 1995)。しかし,イギリスの一般家庭調査(General Household Survey)からのデータによれば,1972～92年にかけて,16～19歳の喫煙率は減少している(Coleman, 1997a)。

　青年においては性差があり,女子が男子よりも喫煙率が高いということを,数多くの研究が示してきた。たとえば,イギリスの健康教育局の調査では,15～16歳の男子では15％が毎日喫煙をしているのに対して,女子では24％だった(Turtle *et al.*, 1997)。ロイドとルーカス(Lloyd and Lucas, 1997)はこの違いを詳細に検討し,男子と女子のあいだの開きは,13歳に目立ち始め,続く16歳ま

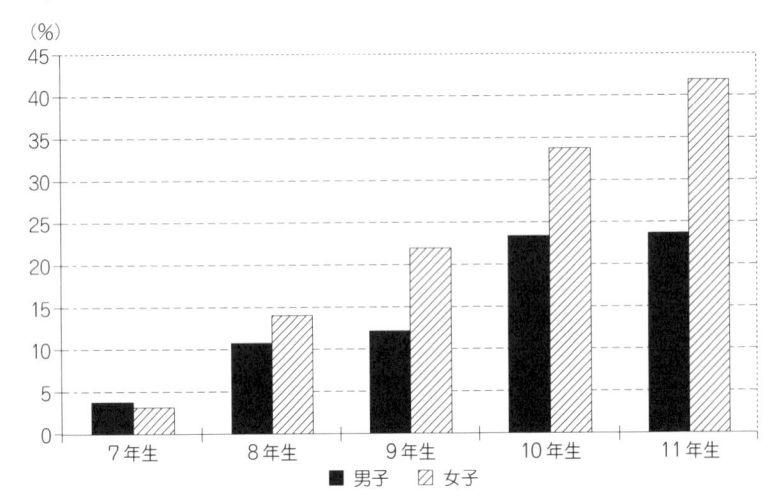

図7.1 1996年にイングランドにおいて就学期間に日常的に喫煙している男女別の割合
出典：Lloyd and Lucas（1997）

でのあいだで大きくなることを示した。この結果を図7.1に示した。同様の喫煙パターンは，他の国々，たとえばオーストラリア（Heaven, 1996），アメリカ，そして他のヨーロッパ諸国（Seiffge-Krenke, 1998）でも報告されている。

　ホランドとフィッシモンズ（Holland and Fitzsimons, 1991），ヤコブソンとウィルキンソン（Jacobson and Wilkinson, 1994），ロイドとルーカス（Lloyd and Lucas, 1997）は皆，喫煙している10代の若者は，ある一般的な特徴を示す傾向があることに注目した。それは家族や友人に喫煙している者がいること，単親の家庭の子が多いこと，自尊感情が低いこと，自信がそれほど持てないこと，不安が比較的高いこと，教育を受けたいという気持ちが乏しいこと，余暇の時間はアルバイトか，「群れて」いることである。ゴダード（Goddard, 1989）は学童を対象とした研究で，家族が喫煙者である場合には，青年も喫煙者になる傾向がずっと強いことを見いだした。その点では，両親よりも兄弟姉妹がより大きな影響を及ぼすように思えた。これらの結果は，グレンディニングら（Glendinning et al., 1992）が行ったスコットランドの青年の研究でも確かめられている。習慣的な喫煙率は14歳からもっとも高くなり始めるようだが，その

前に，早い年齢で吸ってみる段階がある (Holland and Fitzsimons, 1991)。トレント地方のライフスタイル調査では，習慣的な喫煙者に，どこでもっともよくタバコを吸うかを尋ねた。もっとも多かった回答は，パーティ，学校への行き帰り，そして路上であった (Roberts *et al.*, 1995)。

コガンスら (Coggans *et al.*, 1990) は，国による薬物教育の評価の一部として，普及にかんする大規模な研究を行った。研究協力者は13〜15歳の若者で，社会階層の構成比とこの年齢層で薬物教育を受けた経験の割合の双方を反映するように決められた。ただし，その調査対象の生徒は，もっぱらスコットランドの中央地帯から抽出された。コガンスの調査では15％程度の生徒が，「常習」レベル（週に少なくとも1本吸う場合）で喫煙していた。デイヴィスとコガンス (Davies and Coggans, 1991) は，青年の喫煙率の分布には，不思議なことに2つの山があると述べている。ひとつはほとんどめったに吸わないグループ（19％）であり，もうひとつは頻繁に吸うグループ（14％）である。言い換えると，年上の青年は年下の青年より喫煙をする傾向があり，女性は男性よりも，また低い社会階層出身の若者のほうが高い階層出身の若者よりも，喫煙をする傾向がある。

社会階層と関係しているという事実はさらに，「若者の余暇とライフスタイル」研究 (Hendry *et al.*, 1993) から得られており，13〜24歳の19％が自らを喫煙者であると認めていた。全体から見ると，データには年齢による明確な傾向が見られ，喫煙人口は20代前半でピークを迎え，その後はわずかに下降していく。しかしもっとも興味深いのは社会階層による差で，世帯主の社会階層による従来の方法で測定してみると，その差は有意ではなかったものの，他の研究で報告されたものと同じ傾向が認められた（「肉体労働者でない」家庭の青年は11％がいつも吸っており，肉体労働者の家庭では14％がそうであった）。しかし，年齢の上のほうから4つの年代にかんしては，出身の階層ではなく，現在の階層を測定することができた（たとえば，全日制の教育を受けているか，半熟練職業で働いているか，など）。この測度を用いると，若者が従事する経済活動のタイプが異なると，喫煙状態が有意に異なることがわかる。たとえば，継続教育中か専門職か中間的な地位の若者では「習慣的な」喫煙者がわずか11〜13％であるのに

対して，失業中の若者では28％であった。

　10代の喫煙率を減らすために学校が行う援助では，知識面は改善できるとしても，必ずしも行動面に影響を及ぼすとは限らない（Nutbeam et al., 1993）。10代の子どもたちは，喫煙のリスクについては，すでに高いレベルの知識を持っている（Macfarlane et al., 1987 ; Turtle et al., 1997）。10代で喫煙をしている子の多くは，禁煙したいと思っている（Turtle et al., 1997）。ある研究は，一般的な訓練場面でも個別にアドバイスをすれば，禁煙に同意することを示した（Townsend et al., 1991）。しかし，喫煙にかんする健康推進の活動は個人に対して行っても，広告による広域な社会的影響，価格設定，仲間集団からの圧力，親の模倣，化学的な嗜癖と比べると，その効果は小さなもので，多面的な健康教育アプローチ（Townsend et al., 1994 ; Macfarlane, 1993）が必要である。

飲　酒

　今日の社会では，10代の飲酒は普通である。ゴダード（Goddard, 1996）のデータでは，イングランドでは，若い男性の45％弱，および若い女性のおよそ35％が，15歳までには少なくとも週1回は飲酒をしている。これは，図7.2に示したとおりである。若者の飲酒についての研究では，飲酒行動は子どもから大人への社会化過程の一部になっていると述べている（たとえばSharp and Lowe, 1989）。イングランドやウェールズでは，大部分の青年が，13歳までに初めて「正式に」酒を飲む（男子の82％と，女子の77％）。スコットランドでは，学童が酒を飲み始めるのは少し遅いが，15歳までにはイングランドやウェールズの子どもたちに追いつく（Marsh et al., 1986）。ただ断っておかなくてはいけないことは，青年の大多数は1年に数回しか飲まないし，飲み初めのころはほとんどの若者が家で両親と一緒に飲む。ただ，青年が年を経るにつれて，飲酒の場はパーティ，あるいは路上へと広がり（Hendry et al., 1998），さらにはクラブやディスコへ，最後にはパブへと広がる（Turtle et al., 1997）。また国際比較については，ヘヴン（Heaven, 1996）やサイフェ・クレンケ（Seiffge-Krenke, 1998）の報告がある。

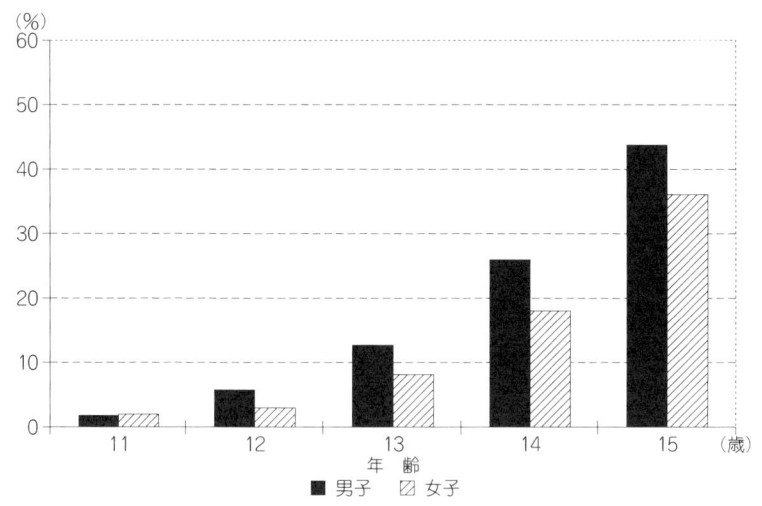

図7.2 1994年のイングランドにおいて、週に一度は飲酒する男女別・年齢別の割合
出典：Goddard（1996）

　たくさんの量の習慣的な飲酒が長期にわたる影響を健康に及ぼすことは十分にわかっているが、短期間の影響だったり、たまにでもきわめて多くの量を飲むことの社会への影響というものもある。それゆえ「酒に溺れること」にかんする研究への関心が、実際のところ高まっている。マーシュら（Marsh et al., 1986）がスコットランドで行った調査によれば、飲酒をした最年少の男子の約30％、女子の23％が1度以上は「ぐでんぐでんに酔った」ことがあると認めている。これらの数字には、飲酒をしたことのない若者は含まれていないことに注意するべきである。このような数字は非常に主観的なので、警戒すべきであるが、こうした行動は、男女とも15歳でピークを迎え、その後女子のほうが、急速に減少していくようである。

　アルコールは、直接買うことができるので、10代の子どもたちにもたやすく手に入れられる。ボールディング（Balding, 1997）によれば、15歳の生徒のおよそ4分の1が、この1週間のうちにスーパーマーケットや酒屋からアルコールを買い、10％はパブでアルコールを注文したと報告している。1980年代中頃の研究によれば、ほとんどの若者は週末に飲酒しており、量は、どの年齢でも

女子が男子よりも少なかった（Marsh, et al., 1986）。男子の消費量は年齢とともに増加し、17歳で非常に高くなるが、女子の消費量は義務教育の最後の年齢（すなわち16歳）にピークに達する。パブに行くことは10代後半にピークに達するが、その後、成人期前期にはそれが「消えていって」しまう。青年の大多数は飲酒を肯定的にとらえているが、マーシュら（Marsh et al., 1986）は、酒に溺れる時期には、必ず身体症状が現れるだけでなく、器物破損などといった飲酒がらみの問題を起こしたり、警察から目をつけられたりすることにも注意を促している。

地方の若者を対象としたヘンドリーらの研究（Hendry et al., 1998）では、若者が飲酒と、健康問題を考えるうえでアルコールが果たす役割についてたくさんのことを話している。若者はさまざまな理由で飲酒をする。その理由には、普通の文化的環境のなかで、飲酒ができ、またそれが受け入れられるということも含まれている。大人と同じように、若者は、酒を飲むことは気分を楽にして、社交性を高め、飲酒で感覚と認知が変わるからと述べている。飲酒は正常な知覚世界から超越する「変容（transformational）」経験をもたらしてくれるという若者もいるし、また逃避であるという若者もいる。若者の飲酒に対する考え方に段階があることが示唆されている。すなわち、早すぎる年齢の飲酒でコントロールを失う段階から、「分別のある」飲酒の段階、そして自分の「限界」に応じて飲む段階である。時には、年上のきょうだいや友人が指南者として振る舞い、どうやって飲むのかをアドバイスしたり、パーティで年下の若者の面倒を見たりする。二日酔いなどよくない結果は、学習の過程のこととして受容される。ある若者は次のように述べている。

「僕は第2週の週末のたびに、飲んでいたよ。飲み始めたころには、週末ごとに飲んでいた。今年は本当にあんまり飲みに行っていない。やめたんだ。僕はほんの2，3杯だけを飲むようにしているけど、そのくらいでも時には多すぎることがある。（どうやって自分の限界がわかったのですか？）どうやって飲み方を知ったかって…。

うーん、もっぱら経験によってだと思う。何回か、ぐでんぐでんに酔っぱらっちゃった！ でも今は少ししか飲まないし、飲みすぎないんだ。なぜかというと、深

酔いするのが好きじゃないんだ。(どうやって自分の限界がわかったのですか?)これしかない。やってみること。飲むとなったら必要なことだから，やってみる。それは成長の一部だよ。」

(Hendry *et al.*, 1998から引用)

若者にとっては，飲酒は気分を高揚する手段である。若者が飲酒する理由——つまり社交性を高め，リラックスをし，仲間とつきあい，感情を高ぶらせるなど——は，大人と同じであり，彼らは酒を飲むことで，「飲酒の社会」へと仲間入りできると感じている。明らかなのは，健康教育で若者を対象としてアルコールの消費を取り上げるときには，飲酒行動に向けられた意味を問いかけ，飲み方や酔う理由の双方を根本的に変化させなければならないということである。

違法な薬物

大人社会が大変心配しているもうひとつのことは，青年の薬物の使用である。調査によると，すべての西欧諸国で最近10年間，若者のあいだでこの行動が増加している (Measham *et al.*, 1994 ; Sullivan and Thompson, 1994 ; Parker *et al.*, 1998)。違法な薬物で，もっともよく使われているのは大麻である。ローカーとコールマン (Roker and Coleman, 1997) が示すには，イングランドでは14〜16歳で40%にのぼる人が大麻を使っており，他の国の数字も同じようなものである。パーカーら (Parker *et al.*, 1998) はイングランドの北西部で14〜18歳の人を広範囲にわたって研究し，大麻を使っている人が14歳では30%であるが，18歳では60%近くに上昇することがわかった。その他の違法な薬物も使われているが，その程度はそれほどではない。たとえば，エクスタシーは18歳では19%の人に使われている。パーカーらの研究 (Parker *et al.*, 1998) のデータを，表7.1にあげる。

もっとも年下の青年が使う薬物は，溶剤である。アイブスの研究 (Ives, 1990) によれば，中等学校生の4〜8%が溶剤を試したことがあり，13〜15歳に吸引のピークを迎える。デイヴィスとコガンス (Davies and Coggans, 1991)

表 7.1 14—18歳で不正な薬物の使用が流行する薬物ごとの割合

(%)

	14歳 (776人)	15歳 (752人)	16歳 (523人)	17歳 (536人)	18歳 (529人)
覚醒剤	9.5	16.1	18.4	25.2	32.9
亜硝酸アミル	14.2	22.1	23.5	31.3	35.3
大麻	31.7	41.5	45.3	53.7	59.0
コカイン	1.4	4.0	2.5	4.5	5.9
ヘロイン	0.4	2.5	0.6	0.6	6.0
LSD	13.3	25.3	24.5	26.7	28.0
マジック・マッシュルーム	9.9	12.4	9.8	9.5	8.5
エクスタシー	5.8	7.4	5.4	12.9	19.8
溶剤	11.9	13.2	9.9	10.3	9.5
精神安定薬	1.2	4.7	1.5	3.9	4.5
少なくともいずれかひとつ	36.3	47.3	50.7	57.3	64.3

出典：Parker et al. (1998)

の調査協力者の11％程度が少なくとも一度は溶剤を使ったことがあり，その数字はパーカーら（Parker et al., 1998）の研究のものに近い。ただし溶剤を使う人の多くは一度だけ，あるいは数回しか使わないということは注意しておくべきだろう。しかし，継続して使用する人は少ないとはいえ，溶剤使用の流行が，必ずしもなくなっていないことは明らかであるにもかかわらず，近年はメディアで取り上げられることが少なくなってきている。かろうじて接着剤（もっともよく知られている溶剤）の販売をしている小売店に配られている注意書きが，かえってエアゾールなどのもっと危険な製品の使用傾向を生んでいることが取り上げられている（Ives, 1990；Ramsey, 1990）。「吸引している人」たちがどのくらいになるかは，オーブライアン（O'Bryan, 1989）の研究からわかる。健康教育は，その問題—この場合には溶剤の乱用—が受講者にとってどういう意味や役割を持っているかに応じて介入しなければならない。溶剤の使用者は皆，14歳ぐらいの男子であった。女子と一緒にいるところでの吸引は，ほとんどなかった。実際，吸引していたのは，とくに女子の扱いが下手な男子たちのようである。ともかく，女子たちは，盛んに吸引がなされている街路をうろつくという文化は持ち合わせない。

ヘンドリーらの研究（Hendry et al., 1993）は，個人の薬物摂取行動について，直接に尋ねるのではなく，薬物摂取に対する態度と，仲間集団のなかで使用し

ている人の割合で尋ねている。男子のほうが女子より，親しい友達で薬物を使用している人がいると述べた。17～18歳は薬物使用のピークにあたる時期であり，この年齢の41％が身近な友人に薬物を使用している人がいると述べた。身近な友人が薬物使用者であると言っている人たちは社会階層と有意な関連があり，専門職あるいは中間層の出身では32％がそう言うのに対して，半熟練または非熟練の職業層出身者では23％であった。有意な違いはまた，仲間内での薬物使用を報告した人が個人住宅が立ち並ぶ裕福な地域で48％ともっとも高いという点でも見られた。このことから，薬物使用は一般的な，また社会的な剝奪によるものという理論は誤りであり，むしろ高価なデザイナーブランドの薬物が台頭してきたり，大麻が優勢になってきたことを重視すべきだ，という仮説が立てられるだろう。この研究でとくに興味深いのが，この話題についてのもっとも年長の世代のデータであり，回答者が所属する現在の社会階層ごとに分析したものである。その結果によれば，友人のあいだでの薬物使用を報告した割合がもっとも高いのは，現在高等教育を受けている人たちのグループと失業者のグループというように，分布に2つの山がはっきりと見られる。

　若者の健康について大人が気にかけている中心的な関心をもとに本節で言いたいことは，合法と違法の双方の薬物は，若者が変容体験を得るために使われてきたということである。それに加えて，青年にとっては，変容体験は象徴でありうる（たとえば「カッコよく」，もしくは「成長した」ように見える）。それゆえに，10代による非合法な薬物の使用はこれまでも，そして今も増えているという事実にはことかかない。薬物は，容易に手に入り使いやすくなっており，広い意味での社会や文化の一部となりつつある。パーカーら（Parker et al., 1998）は，彼らの本のタイトル『非合法なレジャー：青年の薬物使用がリクレーションとして普通になっている』（*Illegal leisure : the nomalisation of adolescent recreational drug use*）で，その点を問題にしている。

　それでも，社会は一般に，この問題に多大なる関心を寄せている。そうした声が高まることで，現実には青年に薬物摂取をより危険にしかもより魅力的にさせているかもしれない。危険にとは，「軽い」薬物を犯罪とすることで，それを使う者にラベルを貼り，つまり「烙印」を押すことによってであり，また

ある人たちにとって使用を魅力的にするとは，違法であることへのスリルや「観衆に支配された」リスクをつくり出すことによってである（たとえばHendry and Kloep, 1996）。他方，しばしばマスメディアがそのように過度に喧伝することによって，情報の提供を中心とした防止キャンペーンのはずが，10代の人たちにとってはまずいことになっている。つまり，被害を減らそうというねらいは功を奏しなくなっている。情報を与えるだけの防止事業は，行動を目に見えて変える結果にはならないようである（例：Robson, 1996）。ローカーとコールマン（Roker and Coleman, 1997）は，11～16歳の若者2,100人に，薬物の教育と情報にかんして聞き取り調査を行った。その結果，若者が薬物教育を受けてみたいと思うのは，違法な薬物を実際に使用したことがある人からだったり，本とかリーフレットといったひとりで見られる情報源からだったりした。たしかに，現行の健康教育の事業から提供されるものは，不満が高いとされている（例：Shucksmith and Hendry, 1998）。

　10代のうちに薬物を使う人の大多数は試しに短期間やってみるだけであり，長期にわたって害を受けたりやめられなくなるという証拠はない。しかし，大麻を早い年齢で試したり，頻繁に使ったりするときは，非常に危険な問題と結びつくことは間違いない。したがって，若者にはたらきかけるときには，薬物に手を出したり抜けられなくなることに注意を払う必要がある。私たちは，文化や法律という広い視点から見るだけでなく，若い人のものの見え方に立ってこの状況を理解しようとしてみなくてはならない。

若者の関心事

　本章では今まで，青年期の健康について，大人の関心から見てきた。若者たちが関心を持つことは何であろうか。これまで述べてきたように，10代の若者は一般に，健康だと考えられている。が，それは，彼らは医療サービスを受ける率が比較的低いことに基づいている。しかし，13～15歳の若者にロンドンの9つの総合制中等学校で実施した調査によると，若者の主たる健康上の関心は体重，にきび，栄養，身体運動にあった（Epstein et al., 1989）。さらに，多く

の研究から，性発達，性感染症，避妊について話す必要が，早いうちからあるように思われている（たとえばShucksmith and Hendry, 1998を参照）。10代の若者は一般に，喫煙やアルコールや薬物——これらは全て大人の関心事である——について健康の専門家と話し合うことに，それほど興味を示さない。さらに，ロンドン中心部の一般開業医を主治医とする16～20歳の若者に郵送調査を行った結果では，女子の30％と男子の15％は何らかの健康上の問題を記入していたが，それは体重が重すぎることであった（Bewley et al., 1984）。アグルトンら（Aggleton et al., 1996）は，8～17歳の子どもおよび10代の若者に一連の面接調査を行い，若者の健康上の関心は，喫煙，薬物，そして性の健康にかんする問題以外のところへ広がっていることを確かめた。ダイエットや体重についての心配に加えて，対人関係の問題があり，それが幸福感に影を落としていることをとても気にかけていた。

　若者は，「他人とうまくやっていく」ための基本的なスキルを持つことが，健康や幸福にとって不可欠だと考えていた。若者は，10代の子がそうした社会的なスキルを学びたいと思っていることか，若者が直面する発達課題の重要性のどちらかにでも気を配ってくれる大人は少ないようだと感じており，またより一般的に言うと大人は，若者の関心事にもっと共感するようになれるはずだと感じていた。ヘンドリーらの研究（Hendry et al., 1998）でしばしば聞かれた意見によれば，大人——そこには親や教師，地域の大人一般が含まれる——は，必ずしも若者が健康にかんしてどんな関心を抱いているかを理解しておらず，自尊感情を育てたりあるいは損なったりすることから，また若者がより健康な態度を育んだり行動面の練習をするのに役立つ「資源」を左右することから，ある種の経験がいかに重要かも理解していなかった。抑うつや，感情にかかわる他の疾病についてどんな教育を受けたいかについて，さらなる事実を面接調査で収集した。若者は，自分たちは一種の「情緒教育」を受けるべきだとも信じていた。そこには，怒りにどう対処したらよいかとか，情緒や気分をどのように理解（すなわち認識）したらよいか，そしてそのために何をすべきかといったことが含まれており，悲しみや喪失の問題をくぐり抜けるなどのこともはいっていた（Perschy, 1997）。

チャーチルら（Churchill et al., 1997）は，健康への態度は，自分の健康を自分でコントロールできると思うか，それとも健康はかなり偶然によると思うのかによって，分類できると述べた。すると，健康への態度は，健康とかかわった行動やリスク・テイキングを左右するものになろう。この分類に基づき，「健康についての統制の所在」測度（Norman and Bennett, 1996）がつくられている。マクファーリンら（Macfarlane et al., 1987）によると，10代の13％が健康とは運の問題だと言い，85％が「健康でいて病気をしないために自分ができることはたくさんある」を肯定したという。ボールディング（Balding, 1992）は学校における調査で，内的─外的という統制の所在尺度を使った。11歳と15歳のあいだでは態度はほとんど変化しなかったが，男子は女子に比べて内的な統制の所在が強く，ということは女子は，自分の健康をコントロールできるという感覚をあまり持てていないようであった。男子も女子もおおよそ3分の1が，自分の健康が外から影響を受けた場合に，「無力感」が強くなった。ボールディングは，そのような態度は健康促進のいかなるメッセージに対してもフィルターとしてはたらくと指摘している。同じことは，ヘンドリーら（Hendry et al., 1993）が，スコットランドの10代に広げて研究した結果でも見られ，若者は自分の健康についてかなり肯定的な見方をしているものの，若い女性は男性に比べて，自分をそれほど健康ではなく，健康上の問題を多く持っていると考えており，また健康を運ないし遺伝の問題だと見ている人がいる一方で，ほとんどの人は自分の健康は自分が選ぶライフスタイルによって変えられると考えていた。

　レヴィン（Lewin, 1980）は，子どもでも大人でもないという青年の立場こそが，情緒や行動の問題の原因なのだと示唆した。絶望や混乱，孤独，そして自己不信など難しい時期があるとしても，大多数の若者たちはこれらの感情に対処し，それを引き起こす不都合な状況を修正しようとする（Plancherel and Bolognini, 1995）。心の健康は，青年期の移行にかんして発達課題を達成することによって良い影響を受ける，と言えるかもしれない。クライバーとリッカーズ（Kleiber and Rickards, 1985）は，「青年にとってもっとも重要な課題は，より大きな社会に影響を及ぼすことができるまでに自らを鍛えることによって，自己

の感覚と正当性をもつ個人として確立することである」と述べている。この点でヌルミ（Nurmi, 1997）もまたすぐれた論文のなかで，自己定義は良い心の健康と関係があると強調している。さらに，外的な要因も役割を果たしており，たくさんの異なる文脈，とくに家族と学校の文脈が発達に影響を与え，しかもそれらが個人の特徴とともに健康や行動上のリスクと関連していることがわかってきた（Resnick et al., 1997）。

心の健康

　心の健康の問題と診断されるもののほとんどが青年期に始まっていることが報告されている（Koskey, 1992 ; Steinberg, 1987）。しかし一般的には，この時期は多くの変化に適応し，成長と発達の機会を得る年代と考えられている。今日の研究はまた，青年の発達への欲求と，学校や家庭などの場面での経験との「ミスマッチ」が，心理的および行動上の発達に悪い影響を与えているかもしれないとしている（Eccles et al., 1996）。これは，若者の側に変化に対処する力がない場合は，なおさらそうである（Petersen and Hamburg, 1986）。したがって，社会的および心理的により傷つきやすい青年は，青年期に困難を抱えがちであり，心理的障害が現れるかもしれない（Leffert and Petersen, 1995 ; Rutter, 1995）。数多くの要因が青年期の感受性に影響を及ぼし，心の健康の問題をひき起こすリスクを高める。そこには生活のストレスの増加といった社会的リスクの要因（Costello, 1989）や，家族の崩壊や子育ての枠組みといった家庭の要因（Maccoby and Martin, 1983）がある。

　精神障害や情緒・行動・対人関係で不利を抱える偏りが，人口のなかでも子どもや若者にかなりの割合（10〜20%）で現れていると推定されてきた（Hunter et al., 1996）。子どもや若者では，大きく3種類のストレッサーが心の健康の問題と関連してきた（Hodgson and Abbasi, 1995）。それはまず進学することといった正常な，あるいは規範的なストレスであり，つぎにたとえば両親の離婚などの重大な非規範的なストレス，そして困窮のなかで生活するなどの重大な慢性的なストレスである。ストレスの性質は，第12章でさらに詳しく取り上げる。

デネヒーら（Dennehy et al., 1997）は，心の健康は一般に，自殺，うつ病，統合失調症（精神分裂病）など，問題の範囲が広いと仮定されているとしている。しかし，心の健康とは，単に精神的に病気ではないという状態以上のものと考えるべきである（Wilson, 1995）。このことは若者たちの場合にはとくに重要で，若者は心の健康の状態がそもそも幸福感によって決まり，しかも幸福感は医学的ないし認知的な要因が原因であるというよりは，対人関係がうまくいっているとか社会的環境とかいったものでもたらされることが多い。心の健康は文化という文脈ごとに考えられるべきものである。というのは，それぞれの文化で心の幸福の理想についての考え方が違っているからである。

　ラターとスミス（Rutter and Smith, 1995）は，過去50年にわたって，より狭義の若者文化（大人より仲間集団の影響を受けるもの）は，社会がより個人主義的な価値観を強めていくことと合わさって，若者における心理社会的問題をとてつもなく増やしてきたと論じている。すでに述べたように，毎年，10～20％の若者が何らかの心の健康上の問題を抱えており，ただ，その大多数は専門家の援助を必要とはしないだけである（Williams, 1996）。うつ病は児童期からヤングアダルト期のあいだに多く見られ，重いうつ病は若者の2～8％で，しかも女性に多い。ヘンドリーらの面接調査研究（Hendry et al., 1998）によれば，25％以上の若者が，うつ病の兆候や他の感情の乱れが気になっていると話したという。抑うつ感が健康上の関心となる割合と，それらが重大な心配や不快感に結びつく割合はどちらも驚くほどで，それは田舎の青年は物足りない思いをせず，感情的に素朴なパーソナリティを持っているという固定観念で見られたときの不快感とは比べものにならない。うつ病を抱えた若い人が行為障害や不安障害を併発することは珍しいことではないが（Hunter et al., 1996），それが彼らのうつ病を隠しているのかもしれない（Harrington, 1995）。だれもが人生の一時期で悩まされる憂うつと，持続的でしばしばひどい障害となる病的な抑うつとを区別することが大切である。

　失業は，心の健康に問題を引き起こす重要なリスク因子であり（Bartley, 1994），精神科に入院する割合と強く関連することがわかっている（Gunnell et al., 1995）。心の健康の問題にとって，失業による経済的な問題が大きな原因で

あるが，もっと重要な理由は，仕事がもたらす経済面以外の恩恵を失うことの影響かもしれない。それらの多くは，「地位や目的，社会との接点，日々の時間の組み立てを失うこと」によるものである（Smith, 1985）。15〜20歳の若い女性を対象とした研究によれば，失業している人が気分の障害を自己報告した割合は，雇用されている人が報告した割合よりも有意に高かった（Monck et al., 1994）。この違いはまた，若者が学校にいるときには見られなかったが，労働市場に入ると現れた（Bartley, 1994）。

不安定で不満な仕事に就くというリスクは，失業とちょうど同じくらいに抑うつにさせることがある（Bartley, 1994 ; Monck et al., 1994）。親のうつ病，とくに母親の側がそうだったときには，一貫して子どものうつ病に結びついていた（Monck et al., 1994）。家族以外の環境要因，たとえば友人関係が難しかったりいじめがあったりということもまた，若者のあいだでうつ病を増加させる重要な要因であるようだ（Harrington, 1995）。貧困や失業などの不利な社会環境からと同じように，若者は家族の出来事からきわめて影響を受けやすい。家庭の貧困，親が失業したり精神障害を患ったり，物理的・精神的なネグレクトをしたりすることは，子どもの発達に悪い影響を及ぼすことが一貫して示されており，精神障害，とくに行為障害のリスクを増加させる（Goodyer, 1994）。

つぎは自殺や自傷行為に目を転じてみよう。故意の自傷行為は，若者たちの緊急入院のもっとも多い理由であり，そのためにイングランドおよびウェールズで病院の治療を求める人は，毎年推定で18,000〜19,000件もある（Hawton et al., 1996）。もっとも高い割合を示すのは15〜19歳の女性で，もっとも多い理由は対人関係の悩み，失業や雇用上の悩み，物質乱用，摂食障害である（Hawton, 1992）。したがって，若い女性の自殺企図は，若い男性の3倍ほどよくあることである。もっともホートンら（Hawton et al., 1999）は，最近10年間には男女どちらにおいても自殺の発生率は増加してきていると報告している。自殺企図の場合は，人間関係の悩みがもっとも頻繁に引き合いに出されるようであり（Hawton et al., 1996），失業や物質乱用は，とくに男性の場合によくあるようである（Macfarlane et al., 1987）。自殺企図を持つ人はそうでない人に比べて，自殺によって結果的に亡くなるリスクが有意に高い（Coleman, 1996）。故意の

自傷行為は12歳から徐々に珍しくなくなり，女子のあいだでは増え続ける（Hawton et al., 1996）。性差がある理由には，女子のほうが思春期が早く訪れ，男子よりも早くにより多くの問題に直面するからかもしれない。男子はまた，攻撃行動や非行など，情緒的な問題を表現する別の手段を持っているとも考えられている（Hawton et al., 1996）。

　完遂自殺にかんするかぎり，1980～92年のイングランドおよびウェールズでは，15～24歳の男性が占める割合は80％以上増加した（Hawton et al., 1996）。これは，他の年齢での傾向に反しており（Charlton, 1995），しかもイギリスでの若者の自殺は，他のヨーロッパ諸国よりも高い割合で増加してきている（Pritchard, 1992 ; Seiffge-Krenke, 1998）。増加率は，イングランドやウェールズよりもスコットランドにおいて高く，北アイルランドでもっとも低かった（Coleman, 1997a）。自殺率が全体として上昇していることの説明として考えられるのは，失業，アルコールや薬物の乱用，自殺が確実になったこと，エイズ，結婚の失敗，メディアの影響，そして社会の変化である（Hawton, 1992）。同じ期間で見ると，女性の自殺率にはほとんど変化がなかった。15歳未満の男子では自殺は少ないが，自殺は，事故に次いで若い男性の2番目に多い死亡の原因である。

スポーツと身体的活動

　大人社会の気を引く，青年のライフスタイルのもうひとつの側面は，若者たちが身体的活動やスポーツに熱中することである。これは，少なくとも一部には，大人は一般に心臓血管の障害が高い割合で見られるが，これに対抗するために若者に活動的なライフスタイルを植えつけたいと思うからであり，それが「万人のためのスポーツ」（European Sports Charter, 1975）というスローガンでまとめられるような余暇のスポーツを強く勧めることにつながっている。マッキンタイア（Macintyre, 1989），ヘンドリーら（Hendry et al., 1993），クレイマーら（Kremer et al., 1997）の研究はみな，学童期の子どもがかなり日常的に身体的活動やスポーツに大変熱中していること，ただし年齢や性別によって差が

表7.2 さまざまな活動に費やされる時間（要約統計）

活　　動	平　均	標準偏差	中央値	最小値	最大値
テレビ	5.52	4.10	4.95	0	25.2
スポーツ	3.74	3.98	3.00	0	28.2
その他	3.07	3.32	2.08	0	22.3
宿題	2.85	3.02	2.00	0	19.7
仕事	2.41	4.43	0.00	0	23.0
コンピュータ	1.02	1.99	0.00	0	14.2
教会	0.74	0.91	0.75	0	8.5
音楽	0.94	1.88	0.00	0	24.0

出典：Trew（1997）

あることを示している。一言で言えば，若年層の青年と男子青年が，身体的活動やスポーツに熱中する傾向がもっとも高いといえる。中等学校の卒業前の数年で熱中が「冷め」，とくに若者が学校から職場や訓練，高等教育に移行するときに冷める。学校卒業後は，若者は自らの職業地位に由来する社会階層上の地位によって，健康状態の水準に明確な差が生まれる（Hendry et al., 1993）。これらたくさんの国家的研究が，就学期の子どもがかなり日常的な身体的活動に大変熱中していることを示している。トルー（Trew, 1997）は，スポーツがいかに他の余暇活動よりも熱中の対象となっているかを示した。表7.2には，北アイルランドの若者が，余暇活動に費やす時間を示した。

「危なっかしい」と思われる若者の職場では，スポーツや屋外での冒険が，自尊感情を高め，スキルを磨き，若者と大人の人間関係を育むためのしかけとして，しばしば用いられてきた（Jeffs and Smith, 1990）。若者は適度なレベルに目標を設定して成し遂げることで，スキルを磨き，自己を鍛錬し，適切な決定ができる力を育てられ，責任感とリーダーシップの感覚を高められる。そしてつぎには，これらのことが生活の他の領域で，若者の助けとなる。屋外での冒険，たとえば丘を歩くこと，山登り，カヌー，スキーといったことは，長いあいだ，このために使われてきた（Cotterell, 1996）。マウンテン（Mountain, 1990）は，リスクを抱える女子青年とかかわるために別のアプローチを考えており，それは彼女ならではの欲求を満たしながら，気晴らしに導いていくというものであった。これは，長い時間をかけてあらかじめ，集団の成員になる人

とさまざまな場面で接触を始め，つぎに個人的な会合を立ち上げ，さらに実際の活動と議論を混ぜた事業を共同で行うというものであった。

　かくして，スポーツは社会的に認められた活動となり，自己コントロールや刺激を求めたり，友達から認められることにつながる。しかし，もしスポーツが友達から受け入れられたり大人から認められるための唯一の手段となるならば，青年はスポーツに時間や努力を投入しすぎて，勉強のための努力など他にすべきことをしなかったり，あるいはだましたり違法な手段によって「成功」を追求し，スポーツにおける「隠れたカリキュラム」がつくり出されるかもしれない（たとえばHendry, 1992）。もしスポーツが「スリル」を経験できる唯一の道ならば，若者たちはより高い危険を冒し，たくさんのスポーツの活動があわせもつ「否定的な」要素，すなわち高いスキルへの要求，親からの圧力，「鈍感な」コーチや体育教師が才能のある選手にだけに手をかけること，に影響されてしまうかもしれない（Hendry, 1992）。

　さらには，身体的活動が若者の肉体的健康に結びついているという確かな証拠はない。ブレアら（Blair *et al.,* 1989）は，子どもに運動を奨励するのは，健康という結果のためではないと言う。それよりも，人生をとおして長続きする，日常的な運動習慣を確立することであると言う。成人期になるまで何年ものあいだ，規則正しい運動を続けなければ，長期間にわたる効果は期待できない（Rowland, 1991）。ウォルドとヘンドリー（Wold and Hendry, 1998）が言うように，両親，きょうだい，仲間などが身体を活発に動かす役割モデルとなっていることは，マスメディアで流されていることと同様に，若者を身体的活動に参加させるのに役立っている。文化的な規範や価値観が身体的活動における性差を生み出すので，男女がきわめて平等な国のほうが，あまり平等でない国々においてよりも，女子が身体的活動に参加する割合は高い。この研究者が重視するのは，より低い社会・経済状態のもとで育った若者は，生涯，身体的活動に接することが少なく，それゆえ身体的活動が社会的な不平等を生むことにつながり，したがって健康における社会的な不平等にもつながっていることである。黒人の若者がスポーツに熱中することは，「不利な状況から抜け出して上昇すること」の手段であると言われるが，このことが彼らの人生の他の側面とどの

ように関連しているかはあまり洞察されていない。たとえばウィリス（Willis, 1990）は，スポーツ活動には民族差があるという事実はほとんどないとしていた。

　心臓血管の健康に良いからという長期的な目標は，若者が身体的活動に参加することを後押しするものとしては，あまり十分な力とはならないように思える。たとえば，以前にヘンドリーとシンガー（Hendry and Singer, 1981）が見いだしたことだが，青年期の女性では，健康のために身体的活動をすることを高く肯定したとしても，実際に活動することの優先順位は低かった。それは，身体的活動と「競合する」関心だったり，もっと大切なこと—たいていは友達を訪ねたり，外出するといった社会的なことだが—があるからだった。しかし，軽い楽しみ目的のスポーツで，競うことより交流や楽しみ，自信をつけることに主眼が置かれれば，とくに若い女性のあいだでは人気が得られる。たとえばクループ（Kloep, 1998）によれば，女子のあいだで参加者が増えている唯一のスポーツ活動はジャズダンスである。したがって，競争的な活動としてよりも「レジャーとしてのスポーツ」という考えを強調することは大切かもしれない。とくに女子にとっては，社会的な交わりや楽しみをもたらしてくれるものだからである。

結　　論

　若者の健康における発達的な探求は，幾分かは象徴的なものであり，それはある危険な行動を「使う」ことで大人のライフ・スタイルと同一化するためのものなのである。大人と同じように，10代の若者も，たとえば楽しみたいとか友達の支持を得たいといった何らかの望みを達成できると考えて，ある行動をとるというのがふつうである。その場合，ある特定の行動が自分に潜在的な脅威をもたらすかもしれないとわかっても，それを無視したり軽視したりする傾向がある。したがって，本章で述べたように，若者は健康を，大人が自分の健康状態を認識するほどには重要な人生の関心事として見ていない。大人の個人的な関心事は，一般的な幸福感や健康を良好に保つことである。それゆえ健康

は，生涯にわたるさまざまな社会・文化的要因によって影響される（Backett and Davinson, 1992）。私たちが見てきたように，若者の関心の中心は，たとえば一人ひとりの容姿，ダイエットやスリムな体型を維持することに集中している。とはいえ，彼らはまた，飲酒や喫煙，薬物の使用やその他の問題を決断することにも関心を持っている。

知っておくべき大切なことは，若者がしばしば，表向きは不幸な，あるいは否定的な経験に見えることから学んでいるということである。そのような経験を同じやり方で繰り返さないように解決することで，若者は心理社会的なスキルを向上させたり（Kloep and Hendry, 1999），もしいくらかでもその状況が自分に役立つものを持っていれば，いわゆる「経験を盗む」と呼ばれることから何物かを得ている。ラターとスミス（Rutter and Smith, 1995）は，そうした経験を「盗む」ことが，青年期後期において，回復や将来のための対処行動のメカニズムを向上させることに役立っていると言う。仲間集団の圧力があっても，自分のために選択ができるためには，かなり否定的な経験から肯定的な社会的スキルを学び，さらには，意思決定や行動において成熟し，自立できるようにならなければならず，その結果，大人になってからの人生に重要な影響をもたらすのである。

たくさんのことがらが，ここでは関係してくるように思う。第1に，実験してみることは，健康やその他の人生の出来事において自らの行動に責任を持ち，自立するために大切なプロセスである。それは，より成熟し，大人らしくなるための一歩であり，選び決定するということを学ぶための一歩である。自分「自身の」経験から学ぶことが大切である。第2に，大人の社会はしばしば青年に，健康にかんして矛盾したメッセージや一致しない期待を与える。したがって若者は，健康について一貫しないことがたくさんあり，成熟への社会的「道しるべ」がほとんどなく，変則的なことがたくさんある社会で，しかも青年には禁じられているのに，大人たちには不健康であることが許されている社会で，独立と自己の主導権を得ようともがいているのである。第3に，リスクと健康上の危険な行動にかんしては大人は，「破滅」が起こったときに青年期にある子の身に何が起こるかに非常に関心を持ち，そして心配しすぎることが

ある。ゴアとエッケンロード（Gore and Eckenrode, 1994）は，若者の生活で起こるいかなる出来事も，さらなる心理社会的な発達を促す課題となるか，あるいは動かしがたい障壁となりうると言う。うまくいくかいかないかを決める重要な要素は，ゴアらによれば，その問題に対抗できるために問題を知覚し，計画を立て，意思決定を行う有能感や，学習能力と対人的なスキルがあるかどうか，またその課題の鍵となる面を優先するかどうか，同時に起こっている他のストレスに満ちた出来事があるかないかである。これらの特質は，大人にとっても同じように重要であることはつけ加えておきたい。したがって，おそらく学校を含めて若者が相談するさまざまな健康機関の役割は，若者にそのような有能感をつけさせられるように，もっと努力を結集すべきであろう。受容とともに相互に敬うこと，正直や関心の共有が求められており，力による「ゲーム」，すなわち「健康」が抑圧のための論拠として使われたり，「不健康な振舞い」が大人社会の特権として考えられるようではいけない。

実践への示唆

1. 第1に，若者がリスクを冒す行動の背景を理解することは，健康にどんな介入をするうえでも役に立つと思われる。リスクを冒すことは，大人にとってはふつうは「悪い」ことのように映るが，青年にとってはリスク行動はたくさんの見返りをもたらしてくれるものである。とくに，リスクを冒すことで，仲間集団のなかで認められるようになったり，若者が大人との境界を揺るがすことが可能になるかもしれないし，それによって，アイデンティティの発達を促すかもしれない。
2. ある意味では，青年という層は他の年齢層に比べて健康な集団である。それはひとつには，児童期の病気がもうそれほどは若者に影響を与えないからであるが，若者が健康であると見られるのは，他の年齢層ほどは若者が通常の医療サービスを使わないという事実のためでもある。しかし私たちは，これがどこか誤った見方であることがわかるように

なったし，健康が重要な問題となる若者がいることも疑いない。これは第1に，不遇な環境に暮らしている人たちは実際問題として，深刻な健康問題に悩まされているからであり，第2に，調査によると若者たちはみんな，健康に関心を持っているからである。これらは，性的行動，体重と身体イメージ，肌の問題，そして情緒にかんする悩みと関係しているようである。

3．成人の健康の専門家が知っておくべきことは，青年の持つ健康および健康上のリスクという概念が，年輩の人たちが理解するものと同じではないということである。若者は将来のことを心配していないかもしれないし，全てのリスクを回避するとはかぎらないかもしれない。しかしそのことは，彼らが健康に関心がないことを意味するのではない。健康への介入を効果的にするためには，大人の心に響くかどうかよりも，若者に影響を与える要因を重視することである。

4．若者が健康に関心を持つ領域のひとつは，精神的・情緒的な健康である。かなり多くの青年が，この領域で悩みを感じていることは明らかであるが，それらの問題を扱うことのできる援助が少なすぎる。とくに，いじめ，家庭や親しい友達とのもめごと，抑うつ感や自殺念慮などをめぐる問題は，青年期においてはふつうである。健康の専門家ならば，この領域で若者の欲求に応えてやることができるであろう。

5．最後に，若者向けの健康のサービスや介入はこれまで大人たちが計画してきたが，若者がもっとも関心を持つ欲求はほとんど省みられることがなかった。若者と一緒になって計画してきたところでは，成功する割合は常にずっと高い。この章で見てきたように，健康という領域は，あまりにしばしば大人の関心が優先されるために，若者の現実の欲求が見えにくくなっているものなのである。

第 8 章
友情と仲間集団

仲間集団は青年期に特有のものではなく，10代に初めて現れるわけでもない。それにもかかわらず，仲間集団は青年期に特別な役割をもち，人生のこの時期の仲間集団は大人社会から大きな関心を集める。本章では，友情と仲間集団のさまざまな側面について概観し，青年が出会い，交流する，他の社会的なネットワークや環境についても言及する。全体として，今日の西洋社会で育つ若者の友情と仲間関係について何がわかっているのかを検討するつもりである。具体的には，つぎのことを見ていく。

1　青年期の社会的関係の始まり
2　友情と仲間集団のダイナミックス
3　家族と友達
4　大きなクラウド
5　拒絶と孤立

　27年前に，ダンフィー（Dunphey, 1972）はつぎのように指摘した。家族や親戚集団——つまり加入について選択の余地のない集団——が，青年がより大きな社会環境のなかでうまくやっていくために必要な技能や役割を提供できない社会では，若者集団が形成される。そして，若者集団への参加は，自己を制御するようになることや，大人としてのアイデンティティを構築するうえで必要であると主張した。このようにして，青年は，親友，親密な友人，知り合い，仲間集団，そして恋愛関係へと連続しまとまった複雑な関係のネットワークに埋め込まれている。これらの集団はすべて，若者が参加するかどうかを，ある程度選択することを認めている。ダンフィー（1972）は，オーストラリアの若者にかんする自身の研究に基づき，青年を3つの集団に分けた。それらは，クリーク（徒党），クラウド（大きな集団），ギャング（遊び仲間）である。これですべてではない。若者はもっと幅広い社会的ネットワークのなかでの一員なのであって，そのネットワークは家族の成員から始まって，きょうだいの友達，地域の大人，クラブや活動を率いる大人から成人の相談相手などにまで広がっている。さらに，青年は，自分の関心に応じてすべての年齢段階の人が参加する集

団に入ったり，また，たとえば宗教や政治の集団に参加したり，インターネットをとおしたネットワークに入ったりもする。仲間集団が青年期に重要なのは，若者が対人関係のスキルを習得し，社会が複雑に変化し続けるなかで生活するうえで役立てることが必要だからである。これらのスキルが重要なのは，青年が児童期から成人期に至る成長の過程で発展させる対人関係を「社会的に操縦」できるためである。

　ここでは，友達集団と仲間集団に絞って考える。友達は固く結合した小規模の集団で，援助や親しい交わり，自己アイデンティティの再確認を可能にする。これをダンフィーは「クリーク」と呼んだ。友情の段階の「クリーク」よりも大きい場合は，仲間集団は（少なくとも）2つの形態を考えることができる。ひとつは，もっとも大きく分類した場合で，同年齢で同性の仲間集団のことをいう。このなかには，さらに大ざっぱに分類できるタイプ（あるいは下位文化）があり，たとえば「パンク」「クスリをやっている」「宗教的」「スポーツ好き」があげられる。これらの仲間集団は，「少し離れたところで」価値を同一化することに魅力を感ずる若者に対して，行動の一般的な規範を提示する。若者がそれらの基準を認める―かつ受け取る―のに，必ずしも対面する必要があるわけではなく，おそらくメディアの「イメージ」をとおしてである。地方のレベルでは，ダンフィー（1972）の「クラウド」により近い仲間集団がある。これらの集団は，もっと幅広い仲間の規範をその内部にもっている。やはり，それらは接触のしかたはきわめて「没個性的」であるが，その地域の「風景」のなかでは目に見えるものである。両方のタイプの集団ともに，青年が選択する価値を提供し，もし青年がそれを選択すれば，同一化のしるしと象徴を身につけるように要求する。集団は，その規範に従うように圧力をかけるが，それは集団に入るのに必要な入場券を意味するので，若者は受け入れる。

　このしくみは，青年だけでなく大人にもあてはまる。たとえば，地元のゴルフクラブやロータリークラブに加入することを決意する―あるいはそのメンバーとして受け入れられることを望む―ことにもあてはまる。スコットランドの氏族制度になぞらえるなら，氏族制度（つまりここでは年齢や性別の規範）のしっかりした境界の内では，それぞれの氏族（つまり下位文化）が地元の「族」

（つまりクラウド）をもっており，そのなかに，さまざまな友達集団が位置づけられる。これらはすべて，さまざまなしかたで，若者に行動の規範や重要性の異なる価値の枠組みを提供する。もう少しきちんと言うなら，マッフェソリ（Maffesoli, 1996）は，今日の社会では大人と青年は幅広い種々の集団に入ったり試したりしており，定期的に集まるものの，皆が異なる価値観や行動を示すようになっていると指摘した。本章では，友達集団と「地元」の仲間集団（つまりクラウド）を中心として仲間について比較的簡明な検討を行い，仲間の規範というさらに大きな文脈についてはときどきふれるにとどめる。

青年期の社会的関係の始まり

　子どもは成長するにつれて，大人との関係が本質的に垂直的なものであることを学ぶ。そこでは，大人は権力の保持者であり，若者はたとえば両親の望みに従い，合わせることを学ばねばならない。仲間と一緒のときには，彼らはもっと平等で，上下関係が少ない水平的な関係を学ぶ。さらに，前青年期には，小学校の校庭で見られるように，男子と女子は同性で集団をつくって離れていく。このような同性の集団では，それぞれ違った性役割ややりとりが演じられる。かなり前にエルキン（Elkin, 1960）が書いたように，仲間による社会化は，家族や学校の努力を支持し，大人の世界の価値を媒介し，より平等な対人関係のタイプを子どもにもたらし，より大きな社会の現在の動向やさらには流行も伝え，視野を広げ，大人の権威から独立してふるまう能力を伸ばすのに役立つ。たとえば，その極端な形として，児童期中期の仲間集団は，同性であるとともにどこか順応的である。このときこそ，男子と女子が，かなり伝統的で紋切り型の性役割を練習するために，それぞれの道に進んでいくのである。これは，それに続く思春期と青年期の対人関係の準備となる。

　このように社会化のパターンが異なる結果，仲間関係は，若い男女にとってそれぞれ異なる意味をもつ。ゴロンボクとフィバッシュ（Golombok and Fivush, 1994）は，男子と女子の仲間関係のその後の発達についてつぎのように指摘した。小学校の最初の1年間，男子と女子は別々に遊ぶ。女子は，たくさん話を

し、小さな秘密を共有する子と親友になる。一緒に遊ぶが、ゲームなどは彼女らにとってそれほど重要ではない。もしいさかいが生じれば、関係の調和を取り戻すためにゲームをやめる。男子は逆に、集団で遊び、ひとりの親友に絞ることはあまりない。男子は、明確なルールのある競争的なゲームをする。もしいさかいが生じればそれを解決しようとするものの、それはゲームを続けるためである。男子は、仲間と長いおしゃべりはしない。もし話すなら、ゲームかそのルールについてである。このように男子は、交渉することや、集団と協力すること、競争することを学ぶ。逆に女子は、通じ合うことや、聴くこと、関係を続けることを学ぶ。このような性別による対人関係の違いは、その後の人生においても見ることができる。女子は、情緒的で、個人的でより深い関係をもち、男子は、活動中心でより手段的な関係をもつ (Griffin, 1993 ; Shucksmith and Hendry, 1998)。もし男子あるいは男性がより深い会話に関心があるなら——彼らは話し相手に女性を求める。

親密な友情は、10代のならわしである。ほとんどすべての若者は、友達と一緒に活動に参加したり、考えや意見を交換したいと強く願う (Youniss and Smollar, 1985)。このことは、非常に安定した集団を形成し維持することや、お互いの類似性を高めることにつながる（たとえば、Savin-Williams and Berndt, 1990）。青年が友達集団とのあいだで確立する関係の質は重要である。個人がある集団に同一視し、一緒になる程度に応じて、情緒的なサポートや、手助け、社会的な学習にかんして利益がもたらされ、さらに、このことが彼らの自尊感情を高める (Kirchler et al., 1995)。おそらく、10代の青年の対人関係でもっともきわだった特徴は、児童期中期に非常に一般的な、性ごとに分かれていたことの解消である。初めはかなり悩ましくぎこちない接近から異性と友達関係が始まるが、青年期のあいだに、性別を超えた友情や恋愛を確立する方向へ進んでいく。ただし、それまでの対人関係の原型が影響するため、この変化は、必ずしも青年の心理社会的な発達のなかで平静に進むわけではない。

青年期前期から中期のあいだはたいてい、個人の欲求と社会からの圧力によって、青年は少なくともひとつの友達集団に向かう。というのは、そうでなければ孤立してしまい孤独になるからである。友達は、一般的に同じ地域に住ん

でいたり，同じ民族的，社会経済的背景をもつが，友情はしばしば性別，人種，年齢，階級を超える。友情はたいてい学校で始まり，学校の外で一緒に時間を過ごすことで結びつきが強まる。若者のなかには，自信がなかったり，必要な社会的スキルが欠けているために，学校の外で友情を確立することに困難を感じる人もいる。若者が友達とうまくやっていけるかどうかは，いくぶんかは家庭のなかで親密な関係について学んできたかどうかにもよる。毎日の家族生活は，自己開示や，信頼，忠誠，葛藤，妥協，尊重にかんして，多くの学ぶべきことがらを子どもに与える（たとえば，Collins and Repinski, 1994）。人種や性の違いと同様に，乗り物がないことも，学校の外での友情の妨げになることがある（DuBois and Hirsch, 1993）。そして，友情のネットワークは，年齢が上がるにつれて，より排他的になる（Urberg et al., 1995）。一般に流動的で自意識の少ない幼い子どもと比較すると，多くの青年は，すでに出来上がった集団に出会ったり加わるのが下手である（たとえば，Vernberg, 1990）。これはいくぶんかは，青年期に若者は，たとえば学校に基盤をもつ集団，地域を基盤とする集団，スポーツクラブのような余暇にかかわる集団というように，さまざまな集団とかかわっているからかもしれない。これらのさまざまな集団は異なる役割を要求し，異なる規則をもつので，新参者として入り込むことが難しい若者もいるかもしれない。ブラウン（Brown, 1990）は，自分で選択した友達からなる友情のクリークと，スポーツチームのように活動を基盤とするクリークとを区別した。彼はまた，若者は実際には所属していないような準拠集団に同一化することもあると指摘した。

　青年期は男子とくらべて，女子は，たったひとりまたは数人の「親友」とのあいだに，情緒的で親密な関係を形成することに関心をもつ。それにもかかわらず，実際の友達の人数は男子と変わらないようである。青年期の女子にとって，大きな仲間集団やクラウドは，まず親密な友情のネットワークであり，友達を見つけるところであり，サポートと自信の源であると見られている。男子とくらべて女子は，情緒，親密さ，気が合うこと，満足度の点で，友情を高く評価している（Jones and Costin, 1995）。女子は男子より頻繁に連絡を取り，自分の親しい友達にかんする詳細な知識をもっている（Belle, 1989）。そして，女

子はしだいに、交渉したり、第三の道を考えて合意をつくったりして問題の建設的な解決を探求する能力を高めていく (Leyva and Furth, 1986)。

友情と仲間集団のダイナミックス

友達集団の成員は、たいてい、まず第一に似た者同士であり、そしてさらに類似性を高めるように互いに影響を及ぼす (Mounts and Steinberg, 1995)。そうした集団の一員になることで個人は得するが、それが集団の規則への同調圧力にもなる。10代における仲間の影響は、普通は肯定的で建設的であるが、仲間からの圧力という考え方は、大人たちにとっては、反社会的な行動を説明するのに（非常に単純な言い方をすれば）便利なものとなっている。たしかに非行や反社会的行動を支持する青年集団もあるが、大半の青年については、その影響が過大評価されており、とくに両親が心配する場合に顕著である。しかし、性的な行動や薬物の使用といった、大人が関心をもつ多くの領域において、一般に信じられている理解とは反対に、集団からの規範的な圧力はとりたてて大きなものではなく、（大人が）「望む」ような方向になりうるものである。実際、少なくとも青年期前期においては、集団からの圧力は、しばしばそのような問題行動を抑える方向にあり、否定的というより肯定的なものである (Berndt and Zook, 1993)。青年期に、喫煙、飲酒、性行動や薬物とかかわるような誘いが現れるとき、それは大部分は10代の反抗や実験というより、大人の価値と規範を受け入れたということなのかもしれない。

多くの研究者が、青年期中期に仲間から受容されたいという欲求があることを強調している。とくに、ジャックスミスとヘンドリー (Shucksmith and Hendry, 1998) による仲間からの圧力についての見解は注目に値する。彼らによると、「仲間からの圧力」という言葉は、不適切で「危険な」行為を説明するために用いられていた。したがってある意味では、友達集団がつくられるような仲間のネットワークが、危険な役回りをすることがある。すなわち、仲間のネットワークが、不正確な、あるいは実際に間違った情報を伝えたり、また、正しくない行動の期待をもたせることによって、好ましくない規範をつくること

がある。しかし、ジャックスミスらが言うように、多くの若者は実験的な段階を通過しているのであり、しかも、これは若者が成熟し、自身の独立性と主体性に自信をもつようになるにつれて終わるものなのである（Shucksmith and Hendry, 1998）。友達集団に対する青年の同調は、青年期中期に高まり、その後しだいに減少するようである。このパターンは、恋愛への関心が高まった結果として生じると説明されてきた。すなわち、青年の社会的な関心の焦点が、集団の外へ移ったということである。しかし、これは同調の要求される水準が青年期後期では低いことでも説明できる（Durkin, 1995；Hendry et al., 1993）。あるいは、年長の青年では、自分自身のアイデンティティの感覚や、社会的役割、社会的地位が明確なので、仲間から認められたりサポートされることにそれほど頼らなくてもよくなるといえる。青年期が進むにつれて、クリークへの同調は減少し、「クラウド」の外での二者関係や小規模な友情でもたらされるような社会的機会が得られ始める。ジャーフィ（Jaffe, 1988）によると、友達同士の類似性は、以下のような過程と条件のなかで生じる。

1　子ども同士を接近させる、社会的・人口統計学的な条件
2　自分に似ている友達を見つける、弁別的な選択
3　仲間が相互作用することによって友達と似てくる、互恵的（相互的）な社会化
4　非常に凝集性の高い集団では、しばしば自分ではしないような行動をする、伝染の効果
5　同調しない成員が集団を離れるよう強制されたり、自分から集団を離れる、選択的な排除

これらの過程は、集団が存在するあいだに、同時期あるいは異なる時点で作用しており、青年期の友情の性質が流動的であることを示唆する（Hogue and Steinberg, 1995；Hartup, 1996）。
　すべての若者が等しく仲間に影響されやすいと仮定するのは間違いであろう。大半の若者は、特定の仲間の影響を、特定の時期に、特定の状況で受ける。加

えて青年は，集団の価値や基準に同調する潜在的な圧力（「おだやかな説得」）のほうを，それらを制御したり操作するあからさまな試みよりもよく経験する（Shucksmith and Hendry, 1998 ; Hendry et al., 1998）。さらに，親密な友達の小集団は，一人ひとりの友達よりも，青年の行動により大きな影響を及ぼすようである（McIntosh, 1996）。若者自身は，友達集団とクラウドが同じものではないとわかっている。とくに女子にとって，友達集団は，より大きな仲間集団から生じる攻撃的な「力」が知覚されると，それに対抗して支持的で保護的な環境を提供することができる。これまでクリークは，自分を困難に陥れるような集団規範を生み出す，逃げられない勢力として描かれてきたが，今や，若者の自主性や，興味を共有する気の合った友人を選択する能力に力点を置く方向へと変わる（Coggans and McKellar, 1994）。若者は，異なる社会的ネットワークに参加することが異なる特定の行動をとるということを知っており，明確な選択を行うということを，ジャックスミスとヘンドリー（1998）の知見は支持している。

　親密な友達集団は，性格や共同行動に対する選択やお互いの好みによって発展する。そして，ある意味で，青年期中期に若者が選択したアイデンティティを再確認することを可能にする。さらに，自分が選んだ集団の価値を認知し，理解し，受け入れることを可能にする。このことは今度は，青年が，他の集団の流行や行動，全般的な社会的行為を強く批判したり，傷つけることさえ可能にする。ここには，ライフスタイルやアイデンティティの選択をさらに強めたり確認するような，「内集団・外集団」の区別があるという事実がある（Shucksmith and Hendry, 1998）。一群の行動と態度をめぐる社会的な強化は，趣味や服装，余暇の興味，学校に対する態度，ポップミュージック，集団への忠誠などの好みや類似性によって，集団の凝集性が強まったり友人が選ばれたりすることを促す。友達集団は，適切な行動の形態を学んだり，行動を規制したり，抵抗の方略を工夫したり，社会的支持を与えたり受け取ったりする重要な場として現れる（Phoenix, 1991 ; Lees, 1993）。仲間集団や，友情および社会的な施設である学校での相互作用は，意味，評判，アイデンティティが複雑に組み合わされたものである（Lees, 1993）。友情にかんする研究は，青年期から老年期ま

でのライフコースをとおした連続体であることを示している（たとえば，Ginn and Arber, 1995）。

　青年期には，人気者であることが高い価値をもつ。友情は，2人かそれ以上のあいだの親密な結びつきを示すが，人気は，ある個人がより幅広い仲間構造のなかでどのように見られているかということや，その人がクラウドにどのように扱われているかを表している。人気者は，一般に友好的で，感受性が豊かで，ユーモアのセンスがある。また，競争や勝つことに価値を置く社会では，運動ができることも名声を非常に高める（たとえば，Lerner et al., 1991；Wentzel and Erdley, 1993）。青年の人気にとって重要なその他の属性としては，たとえば，「賢い」こと，おしゃれな服を着ていること，特定の人気のある音楽のスタイルをまねしていることである。身体的に魅力があることは，人気において重要である。魅力的な個人は「光背効果」によって得をする。なぜなら，身体的に魅力があると愛嬌のある性格だと思われるからである。しかし，光背効果のひとつの欠点は，人気のある青年は，能力と自信があると思われ，援助が必要なときに，しばしば仲間からの助けを得るのが難しいことである（Munsch and Kinchen, 1995）。

　体格と身体のイメージは，多くの青年にとって大きな関心事である。太りすぎややせすぎは，青年の自己イメージに相当な衝撃を与え，彼らが人とかかわる機会に影響を与える（Seiffge-Krenke, 1998）。身体的な魅力の重要性は，男子よりも女子にとって大きいかもしれない。というのは，このことは多くの文化において，女性役割や自己概念の重要な部分をなしているからである（Freedman, 1984）。女子はより親密な対人関係をつくっていることもあって，たとえば身体的な魅力のような属性について，自分たちの相対的な位置づけをより詳しく分析し評価することが可能である（Felson, 1985）。一部の女子青年では，魅力的な容姿ということが，自分自身の性役割のあまりに中心にあるために，否定的な身体イメージ，摂食障害，過剰な自意識，自尊感情の低さや引きこもりといった，深刻な適応の問題を引き起こす場合もある（Freedman, 1984）。逆説的であるが，これらの適応の問題は，魅力ある青年ほど少ないのではなく，むしろ多い。というのは，彼らの容姿は，しばしば自分の自尊感情のより重要

な要素になっているからである (Zakin *et al*., 1984)。

　一般に，友達の選択は類似した青年同士でなされる (Clark and Ayers, 1992)。魅力が同じ水準であれば，態度と価値も同じだろうというように，魅力の水準は手がかりとして用いられる (Erwin and Calev, 1984)。そのような関係が進展すると，他の心理社会的な側面が重要になってくる。これらの側面は，たとえば，学校での興味，音楽，ファッション，喫煙，薬物の使用，個人的な欲求や人格といった，重要な個人的な特徴や行動を含む (Gavin and Furman, 1996)。しかし，自分とは正反対であることも魅力になることもある。一方が技能—美ではなく—をもっているとき，あるいは他方を援助し利益をもたらすときに，つり合わない関係が生まれる。このようにして，今度は，人気のあるクラウドに近づくことができる。人気のある友人と友情をもつと，自分の人気が高まる (Perry, 1987)。たとえば，エイダー (Eder, 1985) は，人気のある女子と友達になることで，その女子が「格好いい」クラウドに近づけるようになると指摘した。しかし，非常に人気のある女子は嫉妬されると，「うぬぼれている」とか気取っていると非難されることがある。このように，青年は，人気者になると同時に孤独にもなりうるのであり，仲間と頻繁に接触しているからといって，必ずしも満足な対人関係が保証されるものではない (Savin-Williams and Berndt, 1990)。

家族との関係と友情

　ユーニスとスモーラー (Youniss and Smollar, 1985) が指摘したように，友情は，両親との関係とはまったく異なる関係のしくみを基盤とする。友情のほうがつり合いがとれて互恵的であり，青年期をとおして発展する。友情は，幼い子どもにとっても重要であるが，青年期の初めに変化が起こる。つまり排他的な気持ちが強まり，自己開示をするようになり，問題とアドバイスを共有するような親密性へ移行する。ユーニスとスモーラー (1985) は，友達同士がお互いの生活で起こっているまさにあらゆることについて話し合い，知り合うことが，友情の核心であると述べている。友達同士で考え合い，経験を組織化し，

自分たちはどのような人間かを定義する。

　青年期には，対人関係のパターンと社会的文脈に明確な変化が起こる。仲間は，気の合う人として，アドバイス，サポート，フィードバックの提供者として，行動のモデルとして，個人の特質とスキルの比較をするための情報源として，より重要になる。両親との関係は，より対等で互恵的な方向へ変化し (Hendry et al., 1993)，両親の権威は，それ自体，議論や交渉が可能な領域として見られるようになり (Youniss and Smollar, 1985)，その領域のなかで両親との区別をつけるようになる (Coleman and Coleman, 1984)。両親との交渉事は，たとえば，片づけとか，外出の時間や帰宅時間，音楽の音の大きさなど，しだいに日常生活の側面にかんするものとなり (Smetana and Asquith, 1994)，10代の若者は両親との対等な関係を望み始めるので，両親の統制にますます異議を唱えるようになる。

　しかし，現在の出来事や流行，余暇活動では仲間の影響が大きくなるが，移行の時期や，教育やキャリアなど将来に向けた領域では，両親との関係は重要であり続ける (Hendry et al., 1993)。注目すべきこととして，青年は，対人関係や個人にかんする問題については両親と仲間の両方に相談するが (Meeus, 1989)，人生における重要な価値については両親から取り入れているとオーチルツリー (Ochiltree, 1990) は指摘した。時とともに，多くの10代の若者は，家族より仲間との交わりを好むようになる (Blyth et al., 1982 ; Larson et al., 1996)。友達は，両親ほど強制したり，非難したり，説教したりしないし，よろこんでお互いの個人的な正当性や，社会的地位，ともに興味がもてるものを与えてくれる。さらに，仲間との関係は，大人と子どもの関係より平等であり（たとえば Hartup, 1996），説明と理解はより完璧に行われる (Hunter, 1985)。家族との接触が減ることは，必ずしも親密度や関係の質の低下を意味しない (Hendry et al., 1993 ; O'Koon, 1997)。そして，家族と一緒の時間がずっと減った代わりに家でひとりで過ごすことが増え，たいていは自室で音楽を聴いたりコンピューターゲームをする (Larson, 1997 ; Smith, 1997)。それゆえ多くの青年は，もっとも親しい関係は両親，きょうだい，祖父母までの家族成員にもあると認識している (Hendry et al., 1992 ; Bo, 1996 ; Philip and Hendry, 1997)。仲間は，日々

のことがらの主要なサポート源であるが，両親からの援助は，緊急事態で重要である。それにもかかわらずほとんどの青年にとって，仲間集団の魅力や外の世界への興味（アルバイト，スポーツ，恋愛）は，家族と過ごすことよりも強い（Hendry et al., 1993 ; Larson et al., 1996）。しかし，どちらの関係も，発達課題にうまく対処するために重要である。このことは，パルモナリら（Palmonari et al., 1989）の調査によって支持される。この研究では，青年が出会うさまざまな種類の問題を解決するために，さまざまな対人関係をどのように利用しているかも検討した。伝統的な（疾風怒濤の）モデルでは，青年期の進展に伴い，「両親にたよる」ことから「仲間にたよる」ことへ直線的に変化すると予測される。しかしパルモナリらは，若者は選択的に行動することを見いだした。問題の種類によって，両親，仲間，あるいはその両方にたよっていたのである。

　同様の結果は，ミウス（Meeus, 1989）とヘンドリーら（Hendry et al., 1993）の研究でも示されている。比較文化研究においてクラース（Claes, 1998）は，イタリアの青年の対人関係の世界では家族が大きな役割を果たしているが，カナダの若者では友達のほうが重要であること，そしてベルギーの青年は，この両端の中間にあることを見いだした。この研究はまた，これら3カ国の10代の生活において友達が重要であること，そして家族生活のなかでは母親が重要であることを示した。この結果は，文化の多様性や習慣は，青年がどの対人関係を重視するかに影響を与えるうえで重要であると解釈された。ほとんどの国では，一般に家族のなかで母親が，男子にとっても女子にとっても支持的な機能を果たすものとして記述されている（Williamson and Butler, 1995 ; Philip and Hendry, 1997）。しかし，アドバイスを行う人は母親から友達へ移行すると，トレボウとブッシュ・ロスナーゲル（Treboux and Busch-Rossnagel, 1995）が若い女性の性行動を検討して示している。トレボウらは，性行動にかんして母親と議論し両親から認められることは，性に対する態度をとおして間接的に性行動に作用し，しかも，母親との議論の影響は15歳ごろにもっとも強いのに対して，性行動に対する友達からの是認は，性に対する態度をとおして，17歳ごろにもっとも強い影響をもつことを見いだした。ウィリアムソンとバトラーは，彼らの研究の4分の1を超える協力者が，だれにも話さないと断言していると述べた。

> 他の多くの子どもや若者が，自分の個人的な環境について他者と非常にいやいやながらしか話さないと言っていた…しかし，「お母さん」は，家族のなかで信頼を共有し，不安のなかで話す相手として，もっともよく報告された…はっきりした理由で，他のだれも信頼されていなかった…全体として若者は，彼らが認められていると感じるようなしかたで大人が自分たちを理解してくれるとは思っていなかった。
>
> (Williamson and Butler, 1995, p. 303)

この見方は，フィリップとヘンドリー (Philip and Hendry, 1997) が行った青年と大人の相談相手にかんする研究で若者が報告したことからも強く支持されている。それにもかかわらず，一般的に見れば，両親と仲間の影響は相補って，青年が将来の人生でより成熟した対人関係がもてるように作用していると言える。児童期の家族関係は，青年期の仲間関係に情緒的に強固な基礎をもたらす。仲間同士はたいてい，両親から学んだ行動と価値を互いに手本にし合ったり，強化し合う (Fuligni and Eccles, 1993 ; Gavin and Furman, 1996 ; Dekovic and Meeus, 1997)。これとの関連で，ダービンら (Durbin *et al.*, 1993) が3,407人のヨーロッパ系アメリカ人の青年に行った質問紙調査は興味深い。ダービンらは，両親のことを「権威がある」と特徴づける10代の若者は，大人と仲間の両方が支持する基準（「聡明な」「人気のある」）を高く評価する仲間集団（クラウド）に向かう傾向があることを見いだした。両親のことを「あまり関心をもってくれない」と特徴づける女子と一部の男子は，大人の価値観からみて奨励されない集団（「クスリをやっている」）に向かう傾向があった。両親を「甘やかしている」と特徴づける男子は，「享楽文化」的なクラウド（「パーティ好き」）に向かう傾向があった。これらの結果は，ジャックスミスら (Shucksmith *et al.*, 1995) の研究でも，ある程度確かめられている。

しかし，両親はときに，青年期の子どもがどんな友達を選択するかに関心をもつことがある。というのは，若者は，興味，特徴，行動の類似性に基づいて友達を積極的に選ぶからである。これは，青年期には，友達や仲間とは家庭の外で出会うので，両親に「知られていない」友達もいるからでもある。青年期に若者は，両親の管理を逃れて自分のしかたで，対人関係において交渉し要求するようになる。そのため，たとえば，喫煙や飲酒といった友達同士の類似性

は，仲間の影響というよりも，友達の選択によって起こるのである（Berndt and Zook, 1993）。

大きなクラウド

仲間関係は，二者関係や小さな友達同士のクリークを越えて，学校や家の近所で定期的にかかわる複数のクリークから構成される，より大きく，より結びつきの緩やかな集団（これを「クラウド」と呼ぶ：Dunphy, 1972）へと広がり始める（Urgerg et al., 1995）。これはしばしば，男女の成員が混じっており，青年期中期にもっとも広く見られる。ダンフィーによると，クラウドのおもな機能は，男子と女子がかかわり合うことを促進するので，異性の行動を学んだり練習できることである。クラウドは，2～4つのクリークが一緒になって形成される。つまり，クリークはしばしば，クラウドの成員になるための入り口となるのである。他方で，ある青年たち――とりわけ孤立した青年たち――は，友情が形成されるような集団（たとえば宗教の集団や乗馬クラブ）に所属するための活動や趣味を始める。一般的にクリークが活動に基づくのに対して，クラウドは「評判」に基づく。クラウドの成員であることは，その成員としての特定の態度や活動があることを意味する。クリークの規範が，友達集団それ自体の内部から発展するのに対して，クラウドの規範はときに，クラウドを決めつけたように見る「部外者」から課せられることがある（Brown et al., 1994）。図8.1に示すように，青年期中期になると，デートをするカップルの緩く結びついたネットワークができ始める。つまり，中学や高校の青年はたいてい，親密に結びついたクリークを離れ，より大きく多様な男女のクラウドの成員となる。それによって，いっそう帰属意識が強くなる（たとえばBrown et al., 1994）。青年期中期から後期にかけて，かかわる相手として異性の仲間が重要と考えられるようになるにつれて，こうした男女混合のクリークが同性のクリークに取って代わり始める（Buhrmester and Furman, 1987）。

アメリカの研究では，クラウドは一般的な性分や興味の共有――すなわち服装，音楽や活動の好み，成績への関心などによって特徴づけられている。しかし，

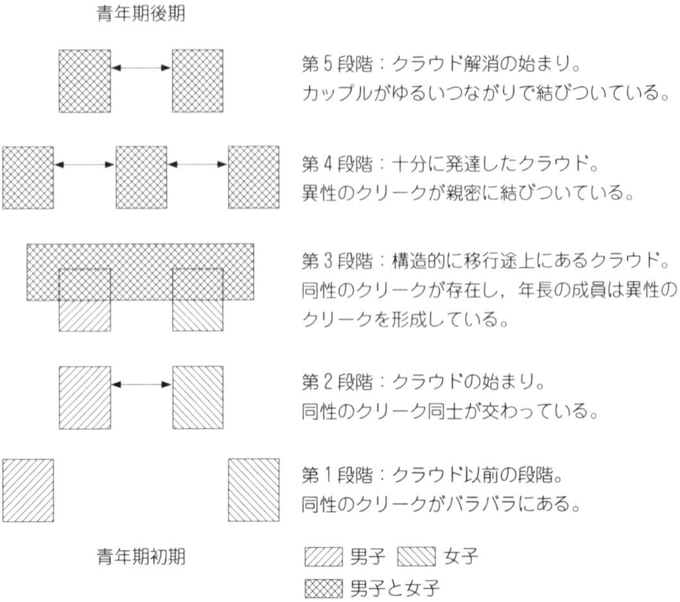

青年期後期

第5段階：クラウド解消の始まり。
カップルがゆるいつながりで結びついている。

第4段階：十分に発達したクラウド。
異性のクリークが親密に結びついている。

第3段階：構造的に移行途上にあるクラウド。
同性のクリークが存在し、年長の成員は異性の
クリークを形成している。

第2段階：クラウドの始まり。
同性のクリーク同士が交わっている。

第1段階：クラウド以前の段階。
同性のクリークがバラバラにある。

青年期初期　　　▨ 男子　　▨ 女子
　　　　　　　　▨ 男子と女子

図8.1　青年期における集団の発達段階
出典：Dunphy（1972）

生徒は,「自分たちの性格,出身,興味や仲間のなかでの評判によって一体化するほどまで」(Brown, 1990, p. 183) クラウドに参加するのではないという。それぞれのクラウドには,中心的な成員,周辺的な成員,そしてあるクラウドから別のクラウドへ「流れている」者がいる (Brown, 1996)。自分が所属するクラウドにだれもが喜んで同一化しているというわけではなく,とりわけより高く評価されるクラウドに所属したいと熱望する人ほどそうである。ブラウンとマウンツ (Brown and Mounts, 1989) による多様な民族集団をかかえる高校の研究では,少数民族の生徒の3分の1から2分の1が民族的なクラウド—「ラッパー」(黒人),アジア人,スペイン系など—に所属していたが,残りは「人気がある」とか「クスリをやっている」といった評判に基づく集団に所属していると分類された。なぜ,ある少数民族の生徒にとっては民族が仲間から見て明らかな特徴であるのに,他の生徒にとっては活動や興味,社会的地位が目を引くのかを説明することは難しい。ブラウンの研究は,多くの高校生が,

複数のクラウド―いくつかの同性・異性の集団―に所属していると報告しており，印象深いこととして，核となる集団には多くの異なる高校の生徒が所属していた。

　高校になると，クラウドの成員が高等教育や進路に向けて新しい視点をもち始めたり，ある成員たちが学校を離れて職に就き始めるにつれて，個々の異なるクラウドの境界が解消し始める（たとえばBrown, 1990；Youniss *et al.*, 1994；Hendry *et al.*, 1998）。青年期のこの段階では，若者が自分たちを「大人」と見るようになり，また他人からも大人として受け入れられるようになるにつれて，個人主義やカップルが現れてくる（Hendry *et al.*, 1993）。

　クラウドは，中高生に，集団に所属する感覚を維持しているあいだに，彼ら自身のアイデンティティを実験する豊富な機会を与えている（Pombeni *et al.*, 1990；McIntosh, 1996）。たとえば，ある集団は，穏やかな，しかし特色のある服装やヘアスタイル（それはクラウドの「制服」である）を呈示し，それは彼らが特定のクラウドの成員であり，他のクラウドとは「違うこと」を示す（Eicher *et al.*, 1991）（なかには，化粧をしたり，親に叱られないように家庭と学校で仲間うちの「制服」を着替える人さえいる）。大規模な高校のなかでは，生徒はすべての仲間を一人ひとり知ることはできないが，クラウドが，同性や異性の仲間に「参加するためのルール」を明らかにさせる（たとえばBrown, 1996）。多くの学校において，優勢なクラウドは，社会的に，また学業成績にかんして有能であるとみなされている。学校の活動にほとんど参加しない集団，たとえば「クスリをやっている集団」などは，他の集団から否定的に見られる（Downs and Rose, 1991；Brown *et al.*, 1993）。これは郊外の学校でも同じである。ヘンドリーら（1998）は，学校は，たとえば集団が形成される場となることを示した。仲間の地位の認知や，ときにはその仲間集団内の序列と関連した，若者の集団化があるという。「人気のある」集団は「格好いい」とみなされ，消費や，若者文化，高価なデザイナーの洋服と結びつけられていた。

　「格好いい」グループがあるんだけど，やっぱり格好いいと思われているんだ。あの子たちが本当にいい暮らしをしてるのか，お金もちなのか知らないけれど，すご

く高価な服をもっているように見えるよ。デザイナーの服を着たやつらさ。それから「中くらいの」グループもたくさんあるんだ。それから「みじめな」グループもある。ださいんだ。あいつらはそんな風にしかできないんだ。外へ出歩かないグループもある。そいつらは本当に子どもっぽくって…。

(Hendry et al., 1998, p. 42)

異なる集団を構成することは，学校生活のさまざまな側面—学校の公的な組織および課外活動の両方に影響を与える。

生徒会…あれに参加する理由なんてないわ。あれはたんなる人気コンテストよ。人気のあるグループならだれでも選ばれる。そんな風だから，他の人がチャンスを得るなんてことがある？　あの子たちは地位を得るためにやっているのであって，何かをするためにやっているんじゃないわ。たんなる有名人よ。みんな「格好いい」グループの人たちなのよ。

(Hendry et al., 1998, p. 64)

　余暇での集団の分かれ方も，若者の報告ではっきりと目に見えるものになった。特定の行動，たとえば「悪い」とか，ときには脅威とみなされる行動でもって分かれるような集団もあった。しかも，この研究の面接協力者は，自分たちを普通であると見ており，他の集団を「逸脱している」と分類する傾向もあった。

酒を飲んだりするグループや，クスリをやったりするのや，たくさんグループがあるんだ。通りでうろついていたり，ベンチに座ったり，車が通り過ぎるのを待って，それに飛び乗って暴走しているのもいるね。何人もが一台の車に乗ったり，別のに乗り移ったり…家に帰るまで一晩中やっているんだ。

(Hendry et al., 1998, p. 114)

若者はさまざまな余暇の場に集うとき，同じ趣味をもつ同輩の参加者と一緒であることや，他の集団を自分たちとは違うものとして区別することには気づいている。

あいつは，あのグループをクスリ仲間だと思っているよ。もしあのグループにいても，あいつらは自分たちのことをするし，僕たちは自分たちのことをする。ウロついているやつや酔っぱらっているやつ，それからアブない仕事をしているやつもたくさんいる。たむろしてタバコを吸っているんだ。そんなのがたくさんいる。僕たちは駅の裏にたむろしていて，パブに行くんだ。普通のことさ。僕たちだけがこのあたりでは健全だよ。それから，クスリをやっているヒッピーもたくさんいるよ。それから，ただ家にいてテレビを見ているだけのもいる。クスリをやっているやつらとウロついているやつらがたくさんいて，すごいけんかをするんだ。あいつらはお互いを嫌っているからね。

(Hendry et al., 1998, p. 96)

社会的な活動やそうした場も，若者はお互いを区別していた。踊りに行ったり，ナイトクラブに行ったり，あるいは夜遅くに地域の特定の場所に集まって外でうろうろするなどである。こうした社会的活動や余暇活動の背景に反して，「低い地位」，すなわち社会的に孤立したり未熟な者としてグループ分けされた若者もおり，しばしばその仲間集団では他の成員を区別するときの基準となっていた。しかし，一般的にいえば，ヘンドリーら（1998）の研究に参加した友達集団は，他の「騒がしい」，「悪い」あるいは「みじめだ」と思われていると彼らが言うような集団とくらべて，自分たちの興味や活動を「普通だ」と見ていた。

　仲間集団ではほかに，青年期の膨大な自由時間がクリークやクラウドで費やされ，そこでは主要な興味，たとえばグループの他の成員の活動や，人気のある文化や，最新の流行や最近出た音楽や映画，テレビ番組について語り合うということがある。青年は，どのような他の活動よりも，仲間と話すことに多くの時間を費やすと報告している。部外者には目的も意味もないように見える「他愛のない行動」や笑いは，青年自身には，もっとも満ち足りた活動として認識されている（Csikszentmihalyi et al., 1977）。友達の顔を見ないときには，話を続けるために電話がよく利用される。これはとりわけ郊外に住む若者にあてはまる（Hendry et al., 1998）。

　多くの場所が，青年が集う場所として役に立っている。都会で人気のある場所は，ショッピングセンターやゲームセンターで，街角や駐車場，その他の便

利な集合場所さえも，こうしたことに役立つ (Fisher, 1995)。たとえば，青年のクラウドは，多くの通り，駐車場，その他の公共の場所でよく見られる光景であり，男女の出会いのための重要な場である。年長の青年やデートの相手を求めている青年は，こうした出会いの場をより多く利用する。逆に，恋愛に希望がもてなかったり欲求不満を感じる人は，そのような自分を人目にさらす場所からは退却するかもしれない (Silbereisen et al., 1992)。また，郊外の若者が問題を抱えていることを指摘しておきたい。つまり，出会いのための街角がなかったり，友達が広い地域に散らばっているために，たとえ青年から見ると学校は理想的な場ではないかもしれないとしても，学校が重要な社会的場であり，出会いの場となっていることである (Kloep and Hendry, 1999)。また，興味深いこととして，発達的な観点から見ると，「クラウドの段階」はしばしば，女子よりも男子のほうが遅く現れる。これは，女子青年のほうが早く社会的に成熟し，年長の気の合う男性とかかわりをもつという特徴として現れる。

拒絶と孤立

　青年の社会的生活は仲間が中心を占めるため，青年期は孤独感が共通の経験となる。どのような行動が不快であるかを感じることは，仲間からの拒絶を避けるために重要である。若者は，誠実であることや気にかけることが友情を成功させると信じている (たとえば Jarvinen and Nicholls, 1996)。そのような社会的な方略には，他者の欲求を認識したり，他者の言語的・非言語的な手がかりを解釈する能力が必要である。仲間から積極的に嫌われたり拒絶される青年は，そのような社会的スキルを欠いているかもしれず，そのため仲間とうまくやっていくことが難しかったり，仲間とはどこか「違う」存在として見られるのかもしれない (Merten, 1996)。拒絶される青年には，近所や学校にほとんど友達がいない。仲間と恐る恐るかかわろうとするため，社会的スキルの欠けた10代の若者は，しばしば引きこもったり，「あまりに不躾に近づいてくる」。なかには攻撃的でもなく，疎まれていない青年もいる。彼らはたんに人気がなく，無視されているだけである——そして，恥ずかしがり屋なのである (Parkhurst and

Asher, 1992 ; George and Hartmann, 1996)。こうした青年は社会的な出会いを避けるので,彼らにとって社会的な場面でのスキルの獲得に必要な,まさに心理社会的な経験を逃してしまう。彼らが仲間とかかわろうとしても,関係の質はどちらの側にも満足のいくものではない (Roscoe and Skomski, 1989 ; Hansen *et al.*, 1995)。彼らはあまりに「しがみつき」がちである。さらに,彼らはしばしばいじめの犠牲者になりがちである。拒絶される青年や恥ずかしがり屋の青年に,自己主張することなどの社会的スキルを教え,練習する機会を与えることによって,彼らは仲間と再び交わることができ,重要な一定の生活スキルを得ることができるかもしれない (たとえば Christopher *et al.*, 1993)。支えてくれる友達をもたない10代の青年は,たんに彼らが友情を形成するように励ましてくれる仲間や大人とかかわる必要があるだけなのかもしれない。しかし,友情を形成し維持するためのスキルを訓練する必要のある青年もいる (Savin-Williams and Berndt, 1990)。

　他人と協力的で友好的な関係を維持することができず,攻撃的な行動を繰り返してしまう青年がおり,これが彼らと仲間との「違い」を強化してしまっている (Coie and Dodge, 1983 ; Asher and Coie, 1990)。こうした青年の対人関係上の問題はしばしば,情緒的に剥奪され,社会的なスキルの欠けた家族関係から生じており,そうした家族のために,青年は社会的な手がかりを「読む」ことや,彼らの行動を適合させることができないままになっている。支えてくれる仲間との関係をもたないがために,これらの子どもは,ますます孤立し疎まれる (Buhrmester, 1990 ; Savin-Williams and Berndt, 1990 ; East *et al.*, 1992 ; Levitt *et al.*, 1993)。拒絶される子どものなかには,敵意に満ちていたり,引きこもったり,仲間を支配しようとしたり,適切に行動してもなお拒絶されているひともいる (たとえば Merten, 1996)。仲間からはじき飛ばされる青年は,社会に適応できないリスクを抱えており,その深刻度は拒絶の強さと頻度に依存する (DeRoiser *et al.*, 1994)。

　「不人気」という連続体の極端にいるのが,排除され拒絶された青年である。彼らはほとんど友達がおらず,引きこもっているとか,敵意に満ちているとか,攻撃的であると見られている。彼らは,拒絶,嫌がらせ,攻撃の連鎖のなかに

おり，これは，しばしば児童期に始まっている。これらの若者は，肯定的な性質が欠けているために，しばしばうぬぼれやいじめのような反社会的行動をとおして注意や称賛を引くことに一生懸命になってしまう。仲間が彼らを拒絶すると，怒ったり過剰に反応する人がいる。彼らが確立しようとする対人関係は対立的なものであり，健康な対人関係をもつ青年とは違って，親密な友人関係を発展させるのに必要な社会的スキルを習得する機会はほとんどない（Bierman et al., 1993 ; Savin-Williams and Berndt, 1990）。いったんラベルを貼られると，学校を変わったり一からやり直さないかぎり，拒絶された子どもが自分の状況を改善することはほとんど不可能である（Evans and Eder, 1993 ; Kinney, 1993）。拒絶され無視される青年が，苦しい時期に仲間に近づこうとする試みは，ときに成功するが（Munsch and Kinchen, 1995），自分の行動を変えて仲間を喜ばせようとしても，たいていは失敗する。

　このことのひとつの重要な側面はいじめである。面接調査によると，いじめる側は，それがなぜ仲間を苦しめるのかわからないと主張する（Merten, 1996）。そして，彼らの多くが以前に，自分の家族や仲間集団のなかで，そのような嫌がらせの犠牲者となってきた可能性がある。数千人のノルウェーの青年を対象にしたオルウス（Olweus, 1984）の研究によると，いじめる側の子どもは，不安が高く，受動的で，不安定な傾向が見られた。彼らは，友達がなく，恥ずかしく感じ，魅力がないとか，捨てられていると感じている。このように，いじめっ子の人気はしばしば「表面的」にすぎず，その追従者は恐いからやっているだけである。犠牲者といじめる側は両方とも孤独で，ともに抑うつ感が強い。しかし一方で，犠牲者の自尊感情は低く，いじめる側の自尊感情はときに高い（Kloep, 1998）。

　ブロンフェンブレンナー（Bronfenbrenner, 1979, 1989）は，青年の社会的ネットワークの崩壊は，彼らの精神的健康や，社会的行動，学業成績を損なうと主張した。若者の社会的適応にかんして，また，そのスキルが，大人になったときの生活と対人関係においても重要であるにもかかわらず，青年期の社会的発達は，若者の教育経験において価値をもつと位置づけられていない（ただし，たとえばDornbusch et al., 1996 ; Kloep and Hendry, 1999を参照）。興味深いことに，

対人的・社会的なスキルを発達させるプログラムが，学業に対して効果をもつという指摘がある（たとえばNisbet and Shucksmith, 1984 ; Kloep and Hendry, 1999）。学習を共同のものにすることは，仲間が潜在的な教育資源であるという考えに基づいている。カウィとラドック（Cowie and Ruddock, 1990）は，教師と仲間に一定の経験と援助があれば，「生徒は，問題を解決し，課題を遂行し，他者と効果的にかかわることの助けとなるような性質を高めることができる」と考えた。ヘンドリー（1993）は，急速に変化する技術社会に若者が参入する準備として，同様のアプローチを提案している。

結　論

　本章を要約すると，青年期は，若者が成熟した対人関係を形成する能力が高まるにつれて，友達集団の役割が大きくなる（Crokett *et al.*, 1984）。友達は，サポートの源としての役割を果たし，相互的な活動にかかわる場を提供し，影響を与える。この年代の友情は，同じ年齢で，同じ教育的背景や興味を有する，そのときの生活経験の似た者のあいだで生じるのが特徴である（たとえばGrunebaum and Solomon, 1987 ; Reisman, 1985）。青年は，大人やそのときどきの知り合いよりも，友達との活動のほうが楽しいと報告している。友達との活動への参加は，大部分は余暇の場で行われる（たとえばCsikszentmihalyi and Larson, 1984 ; Hendry *et al.*, 1993）。とくにヘヴン（Heaven, 1994）は，男子の友情は相互的な活動をとおして形成されるが，女子の友情では，親密な対人的コミュニケーションがより中心的であると指摘した。青年が時間をかけるのは，自分自身のことや人生の出来事について友達と話したり，つながっていると実感できる親しい交わりを確立することだと報告されている。こうした共有は，友情における忠誠と親密性をつくり出す（たとえばSavin-Williams and Berndt, 1990）。青年期に仲間から受け入れられるのか拒絶されるのかは，精神的な健康状態の予測因になりうることが指摘されている（たとえばParler and Asher, 1987）。たとえばハータップ（Hartup, 1996）は，友達の影響は多様であり，社会的スキルに長けた若者同士の関係は有利だが，対立的な関係は脅威になりう

るという。それゆえ青年期の友情，そしてより大きなクラウドのしくみのなかでの経験は，一般に，心理社会的な発達において重要な役割を果たすと考えられている。

　変化しつつある西洋社会で成長する若者にかんして，本章からいくつかのポイントを指摘することができる。第1に，親密な対人関係は青年期に欠くことができないということである。友達は，お互いに理解すること，率直であること，信頼し受容することを求める。加えて，情緒的，社会的な欲求が充足され，問題は解決される。その過程では平等なやりとりが要求されるので，アイディア，感情，考えを交換し，意見や評価を出し合うことをとおして，社交的な世界を理解するうえで友達が重要である。発達の最終的な目標は個性的であると感じられることであるが，他者と結びついていると感じられることでもある。したがって，第3章でセルマンの研究にかんして考察したように，友情を高めるスキルの発達にいっそうの注意を払うべきである。

　第2のポイントは，現在のところ，こうしたスキルは，生涯にわたる職業生活や対人関係における意義が認識されていないことである。急速に変化する社会的環境では，これらのスキルはきわめて重要になるかもしれない。こうした社会的スキルは，民主的な社会での生活にとって重要であり，若者の発達的な経験においてより重要な位置を占めるべきである。もしマーフェソリ (1996) が言うように，現代と将来の社会では集団の範囲が広がるというのなら，青年期の仲間集団への参加は，別の見方で意義づけなければならないかもしれない。たとえば，本章から出てくるひとつの主要なポイントは，青年期の仲間集団は，両親の望みや欲求に反しているのではないということである。さらに，大人は青年の集団が変わっているとか逸脱していると見ることがあるが，大人の集団と比較してみると，目に見える服装や行動が違うのは別として，両者の相違点よりも類似点のほうが見いだしやすい。たとえば，ビジネスでの習慣では，人気歌手のコンサートで見られる若者の集団と同じくらい同調的である。しかし，重要なことは，青年は，現代社会で生活するために必要な対人的・社会的スキルを十分早くに学ぶことができていないという点にある。

　結局，私たちはそのような「学び」の社会に向かって，どのように出発すれ

ばよいのだろうか。私たちは，若者とより平等な関係をつくるために，社会の多くの領域で見られるような年齢による区別をなくすべく，いっそう努力する必要がある。そうすれば，大人は，教師や指導者としてではなく，役割モデルや相談相手としてかかわることができる。また，大人から離れて働き，遊び，結びつき，若者が社会的なスキルを練習できる場所をたくさんつくることを真剣に考える必要がある。現代社会のひとつの側面として，社会的な隔たりが不平等をつくり出し，それが犯罪や社会的な排除の危険を高めるだろうという将来のシナリオが描ける。本当に民主的な社会にするためには，大人が誠実で率直になって若者を集団の過程に参加させ，社会の利益のために協力し合う場をつくり出すことが必要であり，そこからいずれは若者が受け継いで自治をすることになるだろう。

実践への示唆

1. 両親やその他の大人がつねに認識しているわけではないが，青年期の友達および仲間集団は，発達にとってとくに重要な役割を果たしている。友達は児童期でも重要であるが，青年期では若者が家族の外に社会的支持を求めるようになるので，いっそう重要になる。加えて友達集団は，別の価値観や意見をもたらし，流行や趣味の有益な指標を与える。仲間はまた，社会的スキルの発達の場となり，アイデンティティ形成を中心的な側面で促す。

2. 仲間集団における人気と地位の問題は，青年期という発達段階では重要となる。その結果，若者は，服装，音楽や余暇活動の選択，意見について同調主義者であるかのように見える。この同調性は，そのときどきの重要な社会集団のなかで受け入れられたいと思う気持ちに基づいている。若者が自分自身に対する自信と確信を発達させるにつれて，だれか他の人と同じでありたいという欲求は減少し，より個人主義的であるような行動が現れる。

3. 青年期を通じて，仲間集団がもっとも影響のある準拠集団となり，両親はもはや何の役割も果たさないとしばしば思われている。しかし，研究によるとこれは間違いである。両親と仲間は，必ずしも正反対のものではなく，この２つの影響は領域が異なる。たとえば，若者は，流行や社会的慣習に疑問を感じるようになったときは友達の意見を聞くであろうが，学校の問題やキャリア，道徳などの問題については両親に意見を求めるであろう。また，友達は，しばしば両親とものの見方が似た人を選ぶということに目を向けることが重要である。もちろん，若者がそうした類似性を否定することも大切である。
4. 友情と仲間集団での受容は青年期において非常に重要なので，孤立したり拒絶されている若者は，とりわけ不利である。孤独感はどうしようもできないことであるが，とくに，他の皆が集団と一体になっているように見えるときに扱いにくい。そこで実践家は，こうした集団に特別の注意を払う必要がある。すでに述べたように，青年期に友達関係で問題を抱える人を援助するためにできることはたくさんある。

第 9 章
働くこと，失業，そして余暇

多くの若者は今日，社会的にも雇用や余暇の面においても変わってきているが，それは西洋の消費文化が急速に変化しているためであり，しかも西洋の消費文化の特徴は個人が欲求や願望をさまざまな品物の購入で満足させられると考えることにある。社会がますます消費志向になっているので，商業が若者の生活に大きな影響を及ぼすようになり，これが青年期や若者の移行に昔も今も深い影響を与えている。つまり，若者の生活経験は現代の産業社会のなかで過去20年間にわたってかなり変化してきたのである。こうした社会変化の観点から，本章は学校教育，労働市場への移行，労働と雇用，失業と幸福感，若者のライフスタイルと余暇について検証する。

　青年にかんして，若者のサブカルチャーは1970年代から1980年代にかけて社会階層や民族，ジェンダーに応じて分化したため，多様性が恒久化し「目に見える」ようになったとブレイク（Brake, 1985）ほかが指摘しているが，この多様性はほかの社会的群衆の形態にとってかわってしまったとマッフェソリ（Maffesoli, 1996）は，述べている。若者にとってみれば，サッカーチームの応援やディスコ，パブ，ナイトクラブ，さまざまなタイプの若者組織，どんちゃん騒ぎなどといったものが，実は若者連中の社会的ネットワークなのかもしれないのである。ただし，若者によっては，ライフスタイルに「合わせる」ための機会やお金の持ち合わせがないために，こうした連中のネットワークにかかわることが難しくなる者もいるかもしれない。コールズはつぎのように言う。

> 若者の移行は…相当に意地の悪いヘビと梯子のゲームと似ていると言える。主な移行は，若者がしだいに大人の状態へと移動していくための梯子にあたる。出身の社会階層によって不利になる人たち，労働市場での雇用機会が少ない地方で育った人たち，介護されて育った人たち，健康や障害の問題に苦しむ人たち，犯罪司法のシステムに引き込まれた人たち，彼らは皆，移行のゲームに「ヘビ」が入り込み，大人の状態，より独立し自律する状態へと移行しようとする際に，逆戻りする苦しみを味わう。というのは，もし青年期がここ四半世紀のあいだに構造を変えてきたというなら，それらの変化のために，移行に対処するのにもっとも苦しんできたのは，その傷つきやすい人たちだからである。これらの若者に対する政策の領域に十分な手当てをするとすると，かなりのコストがかかる。しかし，そうしないことでかかるコストもまた，莫大になるのである。　　　　　　　　　　（Coles, 1995, pp. 24-5）

学校教育と労働市場への移行

　学校教育と高等教育のあり方がひと世代で急速に変わってきた。あらゆる社会階層からの若者が，年長になるまで全日制の教育を受け続ける傾向が生まれ，高等教育は比較的少数のエリートのためというよりもたくさんの人が受けるものになってきている（Egerton and Hasley, 1993）。教育制度における経路が多様になってきたのは，若者が経験する教育や職業のコースが多様になってきたからである（Chitty, 1989）。しかし教育の経験が多様になる一方で，あいかわらず社会階層やジェンダーが教育の道筋や到達点の重要な決定因のままである。ジョーンズとウォリス（Jones and Wallace, 1990, p. 137）は，「イギリスと西ドイツでは，大人になる道筋は個別化されているというより，いまだにかなりの程度，出身の社会階層から予測できるものである」と述べている。他方ブルーデュー（Bourdieu, 1977）は，能力主義的な教育政策が広がるにつれて，中流階級の子どもたちが持つ社会的・文化的な優位性が達成水準に与える影響はより大きくなると予測し，「文化的な資本」が事実上，社会的な優位性の再生産に対してますます中心的な位置を占めるだろうと言う。ズィンカー（Zinneker, 1990）の考えもこの理論を支持している。ボールら（Ball *et al.*, 1996）は，親による選択と学校間の競争を導入することで，社会階層と民族による分裂が大きくなると述べた（たとえばBrown and Lauder, 1996）。さらには，教育は消費者向けの品物として「勝ち負け表」で「包装」され，親という「顧客」が，自分の子どもにもっともふさわしい学校を求めて梯子をするように仕向けられている（たとえば，Furlong and Cartmel, 1997）。

　青年と学校教育を考えるうえで，たとえばドイツとスウェーデン，イギリスのデータをみると，すべて同じ実態が浮かびあがる。教育水準はどんな人たちにおいても上昇し，「教育機会の不平等は高等教育水準でのみ大きくなっている」（Apel, 1992, p. 368）。スウェーデンのデータでは，肉体労働者の子どもは，そうでない労働者の子どもよりも，有意に低い割合しか大学に行っていないことも，また彼らは，中等学校を卒業することも，職業と関連した高等教育を受

けることも少ない。さらには，宿題を親に見てもらっていないし，親の学業成績への期待も低い（SOU, 1994）。教育と仕事からみた世代間の階層の移動は，ヘンドリーら（Hendry *et al.*, 1993）がスコットランドの17～22歳の多数の若者に調査した結果，現代の若者において，調査時点の教育と経済の状態は，出身階層によって強力な影響を受けていることが明らかになった。アーペル（Apel, 1992）が13～29歳のドイツの若者3,142人に面接し，親の教育水準にかんして同じ結果を得ている。高等学校（ギムナジウム）に在籍する生徒の70％以上が，高等学校を卒業した両親である。他方，もっとも低い教育水準（基幹学校）を希望している生徒の80％以上は，同じ教育を受けた両親であり，このタイプの学校には，両親が高等学校を卒業した子どもが6％しかいないことがわかった。

　教育における不平等は，人生の早期から始まっているようである。たとえばジョンソンとアーンマン（Jonsson and Arnman, 1991）は，スウェーデンの3,600人の子どもたちが教育制度をどのように通過するかを追跡調査した。その結果，学校という経歴のスタート地点から，社会階層による明確な分離が始まっていることが明らかになった。非常に知的な雰囲気がある学級には上流階層の子どもが大多数を占め（75％が持家に住んでいる），移民の割合は極端に低かった（1％）。それとは対照的に，まったく知的でない雰囲気の学級には，労働者階級の子どもが大多数を占め（持家に住んでいるのはわずか10％），移民の子どもの割合も高い（25％）。小学校での不平等の影響が残るため，後の大学での学習にもっとも役立つタイプの中等学校は，中流および上流の社会階層からは，男子で59％，女子で48％が「選んで」いるが，労働者階級では男子で16％，女子で15％しか「選んで」いない。

　ヘンドリーら（Hendry *et al.*, 1993）は，イギリスにおける長期の縦断的な研究を行い，社会制度に対する若者の態度を検討した。若者が周囲の社会的な環境とかかわる際，基本的な要素は，学校への不満，仲間集団に溶け込むこと，両親との関係，大人の権威への態度にあることがわかった。青年期中期には，これらの要素が異なった組み合わせとなり，その結果，3つの異なったタイプの若者が現れるようである。すなわち，学校や家族を志向する慣習的な若者と，

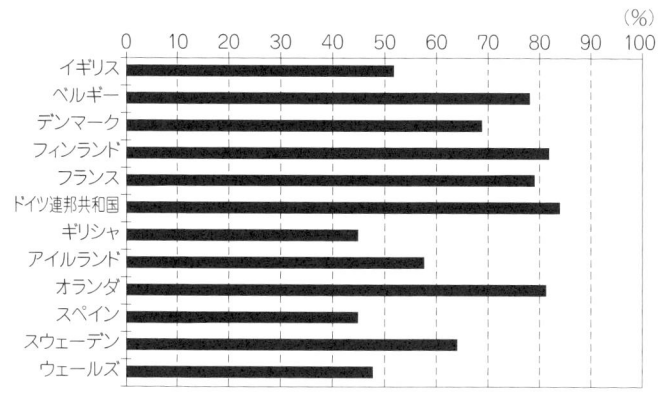

図 9.1 1991—92年におけるヨーロッパ諸国の18歳が教育および訓練を受けている割合

出典：Coleman (1997a)

仲間志向の若者，そして不満を持つ，仲間志向の若者である。ヘンドリーら (Hendry et al., 1993) の結果からは，若者の大多数が「慣習的」であると読み取れるが，若者のなかには「不満を持つ者」といえる少数派の若者が明らかに存在する。そうした若者の背景を検討してみると，ヘンドリーらによれば，若者の「タイプ」は，その家族の社会経済的な状態と結びついている。たとえば，「不満を持つ」タイプの若者は，「肉体労働者」の家庭出身の場合が多く，ほとんど教育の成果があがらないまま退学していく傾向があり，青年期後期は経済的にうまくいかない傾向が見られた。

「早期に」退学すると雇用機会が減少するので，たいていは義務教育後の教育コースに進まなければならなくなる。義務教育後の教育を受ける人の割合は実質的に増加してきたが，他の多くの先進国と比べると，イギリスはかなり低いままである。1990年代初頭には，多くのヨーロッパ諸国で，若者の80〜90%が在学したり訓練を受けたりしているのだが，イギリスでは50%あまりの比率にすぎなかった。数字の比較を図9.1に示してある。

イギリスは教育を受ける比率を高めようとして，一連の職業コース（技術・職業教育事業〈TVEI〉や全国一般職業資格〈GNVQ〉といったもの）を継続教育のための学校や大学に組み入れた。職業にかんする選択科目は，生徒のあいだで

人気があるという事実もある（たとえばLowden, 1989）。しかし，職業教育は低くみられる傾向があるので，差異化という新しい形態は階層やジェンダー，人種による不平等を助長するだろうと言われてきた（たとえばBlackman, 1987；Brown, 1987）。学校での職業にかんする選択科目は，成績の低い人たちのなかでも，おもに労働者階級の生徒が選択してきたし，伝統的な普通科のカリキュラムは中流階級の生徒が選択する傾向も続いた。

民族による違いでは，ドルーら（Drew et al., 1992）によれば，16歳の白人の若者の学校の成績は，アフリカ系カリブ人の約2倍高く，アジア人の成績は多数派の白人とかなり近かったという。性差があることに着目した研究もある。たとえばクロスら（Cross et al., 1990）によれば，アフリカ系カリブ人は，白人と同じように，女子が男子よりも成績が良い。一般的に言えば，若い女性は近年の教育の変化の恩恵を被っているようである。1990年代の中頃までに，青年期の若い女性は次のような状況になってきた。

> 小学校時代に良い成績をとって男子よりリードし，中等教育を経て，高等教育まで持ち続ける。女子たちは今日，男子に比べて中等教育修了一般資格試験（GCSE）で良い成績をあげ，Aレベル資格試験でより良い成績を残し，高等教育に進む傾向もある。女子はまた，伝統的に男子の科目だったものまで選択し始めた。彼女らは今や，中等教育修了一般資格試験の数学で男子よりも良い成績をあげ，科学や医学の高等教育や第6形態（大学入学資格上級試験準備教育）に進む学生の割合も増えつつある。今日では男性よりも若い女性のほうが多く，医学校で医者になるための訓練を受けている。
>
> (Roberts, 1995, p. 47)

社会的な「転換」や教育の変化も，高等教育に影響を与えた。きちんと教育を受けて学校を卒業する人が増え続け，高等教育に進む者が多くなり，学位を得るコースに入学する者が増えてきた（たとえばSmithers and Robinson, 1995；Surridge and Raffe, 1995）。ほとんどの先進国で同時に大学教育が増加したが，イギリスでは，1980年代の後半から急速に増加した。こうした変化にもかかわらず，高等教育を受けられるか否かの社会階層による違いは，いまなおそのま

まである (Halsey, 1992 ; Blackman and Jarman, 1993)。卒業生のなかで有望な人がますます選別されるようになってきており，イギリスにおける「新しい」大学の初期の学生は，労働市場でかなり大きな問題に直面している (Brown and Scase, 1994)。ブラウン (Brown, 1995) が述べるように，オックスフォードやアメリカのアイビー・リーグの大学で得た学位は，一般的には知名度の低い大学から授与された学位よりも「資本となる」価値が大きい。この点で，大学が増えても，雇用機会の均等化にはつながらないといえる。

家を出ること：身分の変化

　学校から仕事への移行が遅くなるにつれて，若者が自分の家族に依存したままの期間が長くなり，無事に自活に至ることが難しくなった (たとえば Jones, 1995 ; Coles, 1995)。義務教育が拡張され，若者の労働市場が崩壊し，家庭のあり方や家族組織の形態が変わり，家族や若者に対する福祉や社会政策が変わったことが重なって，多くのヨーロッパ諸国ではここ数十年にわたって，若者にかんする責任や権利の概念が変わってきた。こうした構造的な視点だけでは，単独で現代の若者をとりまく状況を説明できないので，発達の視点から問題を分析することとつなげる必要がある (Jones and Wallace, 1992)。たとえばジョーンズ (Jones, 1995) は，若者が家を出るパターンのなかに，どのように成人期への移行のジレンマが現れているかを検討した。

> イギリスの国外では，国内と同様に，ほとんどの若者が家族のもとを離れるタイミングのうち，個人の選択によるものはほんの少しにすぎない。機会のありようによっては，ある人たちは家に居続けることが許され，ある人たちは出ることを余儀なくされるのである。
> 　　　　　　　　　　　　　　　　　　　　　　　　　　(Jones and Wallace, 1992, p. 28)

　ジョーンズらは，ヨーロッパ全体で，若者が家を出ることが配偶者を得ることとつながらなくなっていると結論づけた。もっとも南ヨーロッパの若者は，いまだに結婚のために家を出ることは比較的多いようである。

大人という身分へ移行する過程では、両親の影響から解放されることになる。このプロセスは、イギリスのほとんどの若者の場合、ゆっくりと進行する。ヘンドリーら（Hendry et al., 1993）によれば、17～18歳のわずか6％しか親の家を出ていない。この年齢のあとでは、性によって異なってくる。女子は男子に比べて、「巣立つ」準備がずっとできている。23～24歳においてさえ、男性の半数は両親とまだ一緒に住んでいるが、女性では3分の1である。両親が自分を家から出したがっていると感じている若者はほんのわずかしかいなかった。そしてその人たちは、ほとんどが若年層（17～18歳）だったり、肉体労働者の家庭出身である。他の研究によれば、両親の家から出た若者の大多数はその土地に住み続け、しばしば幅広い親戚のつながりから援助されている（Harris, 1993）。ホームレスになる危険性のある人たちは、家族からの援助を好まない。失業の影響が広がって、ホームレスになる人々が増え、彼らはロンドン中心部やその他の都市の通りの「段ボール街」に居住してきた。ボランティア組織の推計によると、イギリスでは毎年20万人の若者が、ホームレスを経験しているという（Killeen, 1992）。

州が成人期への移行を支援しないできたので、若者が市民として成長することに道筋をつける家族の責任は強調され、拡張されてきた。ジョーンズとウォリス（Jones and Wallace, 1992）が述べているように、若者が雇用されて収入を得たり、社会保障により州のセイフティ・ネットを利用したり、家族の援助を頼ったり、独立した住居を持つことすべてが、若者の「個人的な資源」と相互に関係して、独立への移行に影響する。結局、家族のいざこざのなかにいる若者、貧しい地域で暮らす若者、「特殊なニーズ」のある若者、早期に退学し学力の低い若者、介護されている若者は、独立した生活に進むうえでとくに不利である。

労働と失業

今日の社会では、手工業分野の縮小とサービス分野の台頭が特徴であり、そして脱工業化時代では、非熟練労働の需要が劇的に減ってきている。現代の労

働市場では，雇用のかたちはますます分化し，職に就くための競争が激しくなっている。学業成績は，経済面での生存競争で生き残るのに欠かすことのできないものとなった。過去20年にわたって，労働市場に入ることは難しくなり，失業は，大学を出た者も含めて多くの若者にとってありふれた移行のひとつとなった。1970年代には，ほとんどの若者は学校の卒業と同時にフルタイムの雇用に移行していた。1980年代中頃から1990年代終わりにかけて，学校から仕事への移行は長期化し，断片化し，予測が難しくなった（たとえばRoberts and Parsell, 1992a）。

不況によってあらゆる年齢で失業が増えてくると，最低限の年齢で退学した人はますます仕事を確保することが難しくなり，1980年代中盤までは，16歳で退学する人は政府が出資した訓練施設で時間を過ごしていた（たとえばFurlong and Raffe, 1989）。これらの産業上の変化は，若者の労働市場に根本的な構造の変化をもたらし（Ashton et al., 1990），学校から仕事への移行に急激な影響をもたらした。その結果，16歳で退学して労働市場に入る若者の数は，著しく減少した。1988年には，在学年齢のコホートの52％程度が最低限の年齢で労働市場に入っていたが，90年にはそれが42％となり，91年には34％になった（Payne, 1995）。16歳を過ぎて全日制の教育を受け続ける若者の数が増加していく様子を，図9.2に示した。

マクドナルド（MacDonald, 1997）によると，退学して労働者の仲間入りをしたたくさんの若者は，「ぎりぎりの」経済状態で「やっかいな仕事」にしか就けない。それは一般的な職の機会が不足しているからであり，失業給付では，経済的に生活がたいへんだからである。若者のあいだで自営業を営む人が出てきているものの，ほとんどが資格を持たないため，ビジネスは失敗する確率が高い（Park, 1994；MacDonald, 1997を参照）。このように，ヨーロッパ全体で，若者が雇用を見つけられるか，そしてどんな種類の雇用かということは，どんなタイプの教育をどのくらい長く受けたかによって大きく変わる。たとえばドイツでは，失業した人のわずか6％しか高等学校（ギムナジウム）を卒業しておらず，他方74％がもっとも低い水準の教育（基幹学校）しか修了していない。しかも失業者の3分の2は労働者階級の家族出身なのである（Kruger, 1990）。

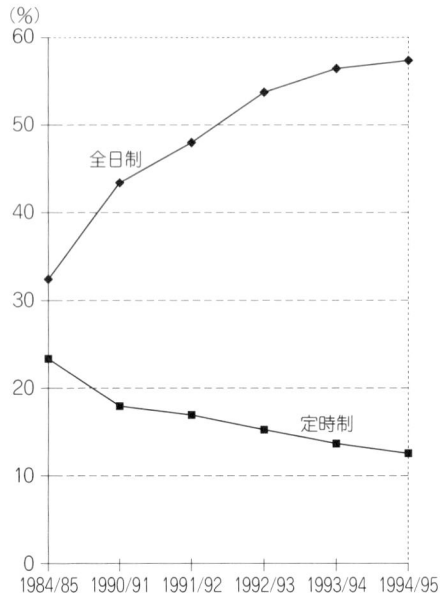

図 9.2 1984/85年から1994/95年のイギリスで義務教育後に教育を受けている16―18歳の割合（全日制の教育と定時制の教育を別々に示した）
出典：Coleman（1997a）

　この不利益は，生涯，尾を引く。1992年から1994年までのあいだに，低い資格しか持たない労働者の失業率はドイツで顕著に上昇したが，十分な学歴を持つ人たちの失業率の上昇はもっとも低かった（Bundesanstalt für Arbeit, 1994）。イギリスでは，ヘンドリーら（Hendry et al., 1993）が学歴と労働市場での地位には強い相関があることを見いだした。17～18歳で，全日制の教育を受け続けていた人はもっとも高い学歴を持ち，訓練施設にいたり肉体労働に雇用されていた人たちは学歴が低く，失業していた若者がもっとも貧弱な教育しか受けていなかった。19～20歳では，この差別はいっそう顕著になっていた。さらに，家族の長が仕事をしていない家の若者は，自らも失業している確率が2倍にのぼり，いっぽう肉体労働ではない家族出身の若者は，失業する傾向がもっとも低かった。スウェーデンでも同じように，若い肉体労働者はそうでない人に比べて，過去5年間に失業を経験し，研究当時にフルタイムの雇用をされていない

と報告した割合が高かった (Vogel et al., 1987)。結局, 労働者階級出身の若者は, 中流階級の若者に比べて, 失業を心配しているのである (16～29歳では中流階級の若者55.9%に対して68.5%；SOU, 1994)。若者にとって, 失業や失業のおそれは, 労働市場での経験に大きな影響を持つ。ミズン (Mizen, 1995) が書いているように,「1990年代の今日では, 学校を出てからすぐに就ける職を見つけることは簡単どころではなく, しかもあたりまえどころか例外的なことになってきた。そしてたくさんの若い就労者は今や, 20年前に想像さえできなかった形で, 冷淡な労働市場の現実に直面することを余儀なくされている」(Mizen, 1995, p. 2)。若者の労働市場が崩壊し, しかも社会保障と失業給付から手が引かれてしまったため, 16歳の若者はさらに全日制の継続教育を受けるか, 訓練施設に居場所を見つけるかという選択に直面している人が多い。いくつかの地域では訓練の機会が限られており, 若者はその訓練プログラムの価値に懐疑的になり, 提供されたものの自由度が低いことに不満を持ってきている。職を保障するという話になると, その地方の労働市場や非公式な人材発掘のネットワークとコンタクトをとることも含めて, 若者を訓練する「場」が, どんな技能や能力が身につけられるかといった訓練の「内容」よりも, ずっと重要な問題なのである (たとえばRaffe, 1990)。ロバーツとパーセル (Roberts and Parsell, 1992b) が述べているように, 若者の訓練が差別化されているため, そこで経験することは多様であり, ある種の若者 (主としてほとんど教育を受けていない労働者階級の訓練生や民族マイノリティの人たち) は, 実質的には雇用されるチャンスがない環境で, 訓練を受けてきた。すべての若者が失業の影響を受けやすくなってきているが, 近年では男性の失業が不つり合いに増加してきており, ヨーロッパ諸国で注目されてきている (たとえばHammer, 1996)。

　黒人は, 失業率が白人よりも高い傾向にあり (たとえばOhri and Faruqi, 1988), しかも雇用されていても黒人は給与の低い職業に目立って多い (Skellington and Morris, 1992)。民族による失業の程度の違いは, 年齢が高い若者集団では, さらに大きくなる。イギリスの16～24歳のヤングアダルトで見ると, アフリカ系カリブ人 (40%) とパキスタン人, バングラデシュ人 (35%) の失業率が顕著に高く, インド人の失業率は白人のものと類似している (20%)。

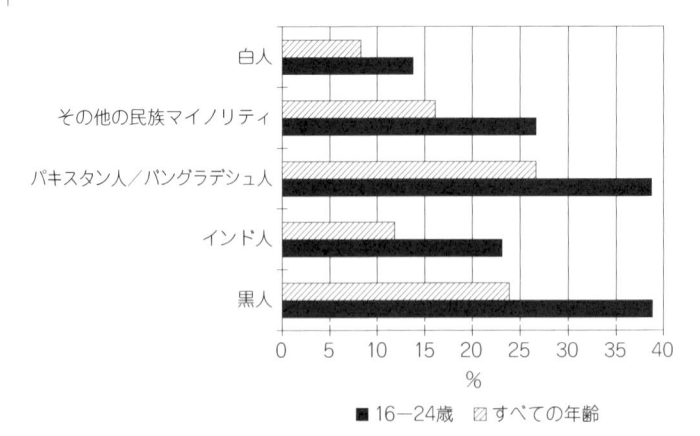

図 9.3 イギリスにおける出身民族別の失業率
出典:『民族マイノリティについて』(1996) クラウン・コピーライト。イギリス印刷局と国家統計局の管理者の許可を得て転載。

これらの数字は，図9.3に示した。

若者がいったん職探しの希望を諦めてしまうと，労働市場から撤退することは恩恵を受ける選択のひとつという意味あいを持つかもしれない。とくに結婚していたり子どもがいる若い女性にとっては，撤退は長期的な失業であっても社会的に受け入れられる選択肢だと言えるかもしれない。ファーロングとカートメル (Furlong and Cartmel, 1997) が述べているように，教育や訓練を終えたあとで失業を経験した若者のなかには，その後労働市場から撤退していく人もいる。撤退した人のほとんどは失業した経験をかなり持っており，このうち若い女性の撤退率は男性の2倍である。

失業と幸福感

心の病，摂食障害，自殺，そして自殺企図の発生率は，若者が「将来はない」との感覚を強く持つようになるにつれて，増加すると言われてきた (West and Sweeting, 1996)。この傾向はまた，大人の世界から若者がいっそう隔たってきていることによって助長されている。ワインフィールド (Winefield, 1997) が述べているように，若い失業者が経験した心理的な圧迫感は，同じく失業し

た年長者と比べて、それほど深刻ではないと思われている（Rowley and Feather, 1987 ; Broomhall and Winefield, 1990）。しかしいくつもの理由から、若者の失業率が高い水準で続くことは、大きな社会問題だと考えられている。第1に、もっとも明らかなことは、若者の失業率が大人よりも高いことである。第2に、生涯発達の理論によると、青年期の失業は健康な心理社会的発達を遅らせるかもしれないと考えられる（Hendry *et al.*, 1993を参照）。第3に、若者の失業が広がれば、犯罪行為など反社会的行動が増えるという社会からの疎外がもたらされたり（Thornberry and Christenson, 1984）、自傷や自殺が増えるおそれがあることである（Platt, 1984）。第4に、失業は仕事の価値観に有害な影響を及ぼし、失業した若者は勤労の義務を拒否し、雇用されている人が払う手当てで保護される自堕落な生活を選ぶのではないか、という心配が大人社会の一部にあることである（Carle, 1987）。しかしながら将来に向けては、人々が市民生活で余暇を楽しむスキルの向上を考慮することは、全員が勤労の倫理を持ち続けることと同じくらい、社会には必要だということは考えておかなければならない。

　今日、失業している人々は働いている人たちに比べて、自尊感情が低く、感情が抑うつ的であると、ワインフィールド（Winefield, 1997）が述べている。この関連を説明する2つの説がある。ひとつは、失業は幸福感を衰退させるというものだ。この仮説は、「暴露」（または「社会的因果」）仮説として知られている。第2に、幸福感が低い人たちは、職を得にくい（かつ／またはクビになりやすい）というものである。この仮説は「選抜」（または「漂流」）仮説として知られている。しかしどちらの理論も共存可能であり、ひとつの研究のなかではどちらも正しいと言える（たとえばNasstrom and Kloep, 1994）。

　ワインフィールド（Winefield, 1997）が指摘するように、このように解釈が複雑になってしまうのは、同じ国で同時に行われた研究でさえ、食い違う知見が得られるということからもわかる。たとえば、学校を退学した人についていくつかの先見性のある縦断研究がオーストラリアで1980年ごろに実施された（Tiggemann and Winefield, 1984 ; Patton and Noller, 1984 ; Feather and O'Brien, 1986）。どの研究でも、失業している人に比べて雇用されている人のほうが幸福感を持っていることを見いだしたが、その差異がどのように生じたかは別々

の事実が得られている。ティガマンとワインフィールドの研究は，退学後，職を得た人では幸福感が高まったが，失業した人は変化がなかったと報告している。他方，フェザーとオーブリエン (Feather and O'Brien, 1986)，およびパットンとノラー (Patton and Noller, 1984) の研究では，職を得た人は変化がなかったが，失業した人は低下した。ワインフィールドら (Winefield et al., 1993) は，職務満足の低い仕事に就いている若者は，失業している仲間と同じくらい，精神的健康状態が良くないことを，初めて説得的に示した。プローズとデューリー (Prause and Dooley, 1997) は，この考えを，概念的にも実証的にも押し広げて「雇用状態の連続性」と呼び，継続的な失業，断続的な失業，非自発的パートタイム雇用と，フルタイム雇用を含めた。フライヤー (Fryer, 1995) は次のように述べている。

> 多くの人たちは労働市場での経歴が不利なものになっている。それは学校からだったり，二次的労働市場での不安定で職務満足が低くストレスの多い仕事だったりするものから，訓練施設を経て，さらに失業だったり，あるいは不安定で満足できない雇用か，精神的健康をおびやかす雇用だったり，または病気になるなど，労働市場での嫌な経験をひとまわりすることである。このことはすべて，多くの場合，生活の場である共同社会が崩壊するなかで起こる。しかも，利益や賃金，労働条件の実際の価値が低下している国では，家族や友人が同じく失業していたり，やりがいに欠ける仕事に携わっていたりといったことが極端に高い。そういうところでは，労働市場はますます当てにならなくなり，パートタイムで，短期契約の，不安定な雇用が増え，フルタイムで安定した雇用は減少し，相対的に貧しい人と相対的に幸福な人とのギャップが広がっている。
>
> (Fryer, 1995, p. 269)

しかし，失業率が低い地方では，失業したという経験はより大きな苦悩となりやすい (Jackson and Warr, 1987)。そのために，精神衛生上の問題で失業する人たち（個人的に漂流）は，自分の問題が，社会的因果によって（積み重なり，または多数重なったりすることで）悪化させられたり複雑化させられたりするという危険性がある (Fryer, 1997)。さらに，おそらく失業する前と失業した後の労働市場のなかで，たいていの人は苦しみ，しかもこれからもっと苦しむだ

ろうと思われる。失業すると思うときが、とくに苦しみが大きかったのである。ウラーとブラザートン (Ullah and Brotherton, 1989) は、イギリスの中等学校の生徒の悩みは、失業者と同じくらい大きいという。彼らは、この苦しみは失業率が高いことへの不安のためと述べた。ウィルキンソン (Wilkinson, 1990, p. 405) は、「環境と生活規準が、私たちの態度や知覚がどうであれ、もはや直接的で物理的なものが原因となって、私たちの健康に直接影響を与えるということではなくなった。しかし環境と生活の規準は、主として社会的および認知的な媒介過程をとおして影響を与えるようになってきた」と記した。社会的および認知的な媒介過程をとおして、失業が精神の健康を害するという理解は重要である。

これらの問題に対するいくつかのシンプルな解決方法は、ヘンドリー (Hendry, 1987) が提案した早期の理論モデルに立ち返ることで得られる。そこでは、失業の結果は、第1章で述べた焦点モデルと同じように考えられている。焦点モデルは、青年期における心理社会的な問題に対して、若者の大多数はうまく対処できるのに、どうして一部の者がストレスに満ちた10代となるのかを説明した。アイデンティティの危機や役割の変化といった複数のストレス源は、めったに同時には起こらない。それらはたいていは別々に扱えるので、青年はほとんど、あるいはまったく悩むことはない。しかし時には、複数のストレス源が同時にひとりの青年に影響を及ぼすために、その圧力に対処することがますます困難になってしまう。同じように、若者は失業を、たいていは肯定的なものと否定的なものとをいっしょに経験している。数多くの否定的な要因が同時に個人に直撃したり、あるいは積み重なって直撃したときにのみ、失業が青年期の他の危機と同じように試練となる。しかし、たいていの場合は肯定的な要因の影響もあるので、若者が失業に比較的たやすく対処できる。たとえば、家族が支えてくれていたり、楽しみになる趣味をもっていたり、きちんとした生活を送っていれば、それが力となってかなり長期にわたって仕事がなかった場合でも、後の失業に対処できる。

このように一見逆説に思えることを、若者の失業経験を肯定的なものと否定的なものの「交替」によって解釈することで読み解けるかもしれないといわれ

ている。しかし焦点モデルは，実際の失業の過程では，異なった一連の心理的・社会的な問題が順に個人を襲っているとみなしている。いくつかの問題が重なったときに課題が生まれる。要因が組み合わさって，対処のための方略が生まれることもあるが，失業が続くと苦しみが大きくなることもある。それでも若者が，失業が長い間続いたあとでさえ，雇用のためのかなりの努力を続けることがあると断言できる。ただしこのことは，彼らにとって不利なことかもしれない。というのは，雇用への関与レベルが高ければ，それだけ失業している人々にとって苦悩のレベルも高くなることにつながるからである。このことは，若者が就業可能な数少ない仕事を求めて競い続けることにつながり，若い労働力の予備軍として機能することにつながる。

若者，余暇，そしてライフスタイル

ヨーロッパにおける「裕福な10代」はもともと，戦後のブームの現象だった（Davis, 1990）。若者の雇用が安定し，そしてほとんど全員が雇用されていた時代があったおかげで，若者の収入も高額になり，消費財の新たな市場が生まれた。しかし，デイビスが指摘したように，この描き方は若者の異なった集団間の違いを覆い隠してしまいがちである。たとえば，全日制の教育を受けている人とフルタイムの雇用下にある人と失業している人，あるいは若い白人の男性と若い黒人の男性と若い女性では異なっている。ただしもっと最近では，スチュワート（Stewart, 1992）が言うように，青年全体の消費額は，その他の消費者に比べて，それほど変わらなくなってきた。ただ，「自由裁量」という点においては違いがあり，若者の購買活動が「生活必需品でないもの」あるいは余暇の市場に集中している。さらに，コールマンとウォーレン・アダムソン（Coleman and Warren-Adamson, 1992）がイギリスの場合にかんして指摘したように，市民の権利は一貫していない。すなわち，ある権利は16歳（結婚に同意する年齢）で主張しうるし，他方26歳になるまでできないこともある（成人として住居の手当てが認められる）。

ズィーへ（Ziehe, 1994）は，家族背景や社会階層やもともとの宗教が個人の

将来のライフスタイルにとってそれほど重要でなくなってきたこと，そして現代社会では若者にライフスタイルの選択肢があると同時に，選択しなければならない圧力もあると指摘している。言い換えれば，社会のなかで個人主義が発展していると言えるかもしれない。人々はある幅をもった「スタイル」を思い描けるようになっている。というのは，人々が同一視できたり，そのなかで日々の社会的なネットワークとつながる役割を演じることができるような，部分的に重なり合う集団がいろいろ生まれてきたからである。マッフェソリ（Maffesoli, 1996）はこのように述べて，今日の社会での「新しい種族」を論じている。しかし新しい種族の「スタイル」は，流動的で比較的一過性のものであるが，スタイルの内部に「埋め込まれた」価値を内包し，発達途上の青年のライフスタイルに影響を与えていると言うこともできるだろう。

　ヘンドリーら（Hendry et al., 1993）は，イギリスでは社会階層が若者の余暇の興味に強い影響を与えていることを見いだした。中流階級の青年たちは大人の組織化された余暇活動やクラブに熱中しやすく，仲間志向のくだけた余暇にはあまりかかわらないという。加えて青年期後期の18〜20歳ごろは，経済状態が若者の余暇に特別な影響を与えており，失業した若者はお金のかかる余暇にはあまりかかわらず，若者のクラブや「街角でぶらぶらする」ことに多くかかわっていた。失業している青年の多くは，就業している仲間と同じ娯楽を楽しむゆとりがなく，このことを恨めしく思っていた。彼らは，自分たちが巣立った若者のクラブと，今は高すぎる「大人の余暇」に備えることのあいだでどっちつかずになっていると感じていた。他のヨーロッパ諸国も余暇のパターンは，同じように階層による偏りが見られる。たとえばスウェーデンでは，両親が肉体労働に従事していない若者は，両親が労働者階級の子どもに比べて，あらゆる種類の余暇活動（魚釣りとガーデニングは除くが）にかなりの程度まで参加している（SOU, 1994）。たとえばスポーツクラブへの参加，地元の図書館の利用，あるいは日々の新聞を読むといった，組織化された活動には，このことがとくにあてはまる。労働者階級の若者は旅行もしないし，外国には一度も行ったことがない人が多い（Vogel et al., 1987）。ドイツの基幹学校に通っている若者や教育水準が低い両親を持つ青年は，高い水準の中等学校出身の人，あるいは両

親の学歴が高い若者に比べて,組織化された余暇活動には参加しない傾向がある。

ヘンドリー(Hendry, 1993)が一般化したように,男子も女子も,余暇のパターンは3つの年齢段階をたどる。それは,「組織化された余暇」,「くだけた余暇」,「お金のかかる余暇」であり,男子は女子に比べてわずかずつ遅れてつぎの段階に移行する。組織化された余暇は,スポーツへの参加や大人主導の活動であり,13～14歳にかけて少なくなる傾向がある。くだけた余暇は,友達と「ぶらぶら」したりすることで,16歳を過ぎるとあまりしなくなる。お金のかかる余暇は16歳から盛んになり,映画を見に行ったりディスコに行ったり,クラブやパブに出入りしたりということである。平均すると,たとえば16～24歳の75%が週に4回はパブに訪れている(Willis, 1990)。

ヘンドリーら(Hendry et al., 1993)は,コールマン(Coleman, 1974)とは異なった実証的なアプローチを用いて,スコットランドの青年を対象に,関連する問題について一般的な年齢傾向を見いだしたが,これは焦点モデルをつくるうえでもとになった研究で見いだされたものと同じだった。このことは,最初の理論の発表が何年も前のことであり,しかもそれ以来,社会に数多くの変化があったことを考えれば,驚くべきことかもしれない。その研究結果は,ヘンドリー(Hendry, 1983)が提唱した青年期の余暇の移行における,年齢による傾向を実証した。たとえば「近所で友達とぶらぶらする」といった家の外で行われるくだけた個人的な余暇は青年期中期にピークを迎え,その後急速に衰退し,一方,映画やディスコ,クラブやパブに行くといったお金のかかる余暇は青年期後期にピークに達するまで,青年期をとおして重要性が着実に高まっていく。これらの余暇の変化は性差が顕著であり,若い女性は近所の仲間と過ごさなくなり,若い男性はパブに出かけるのが増える。研究結果は,若者の余暇参加が出身の社会階層と結びついている(社会階層による違いは,お金のかかる余暇よりはくだけた余暇への参加で見られる)ことを確かめているが,より重要な知見は,余暇参加の年齢傾向がすべての社会集団でほとんど同じだということである。

若者がたどる移行経路とは関係なく,男性と女性のあいだには大きな差異が

厳然として存在する（Furlong et al., 1990）。女性の余暇への参加はすべての年齢段階において，ジェンダー関係によって制約されてきた（Griffin, 1993；Lees, 1993）。最近20年間，若い女性の余暇のパターンに変化が起きているが，依然としてジェンダーで「積極的」な活動に参加するかどうかが予測できる（たとえばGlyptis, 1989；Wold and Hendry, 1998を参照）。とくに余暇の機会は，それぞれの「空間」をどう使うかというしきたりによって制限されている。コークリーとホワイト（Coakley and White, 1992）は，若い女性がひとりではスヌーカー（玉突き）ホールに入りにくいが，ボーイフレンドや兄を見物人として同伴すれば受け入れてもらいやすいというしきたりをあげている。それとは対照的に，若い男性の活動を制限するしきたりは少ない。ヘンドリーら（Hendry et al., 1993）は，多くの余暇設備が男性の領分であり，女子は余暇の「空間」に入ることが難しいために，しばしば家での活動に押し込められている，と言う。女性の文化が「最良の友人」と小集団グループでの親密な関係を強調しがちなため，みんなで何かをする場面では「精神的に」不安になるとしている。しかし，将来の余暇参加のパターンは，ジェンダーによる偏りが少なくなるかもしれない。

　コークリーとホワイト（Coakley and White, 1992）は，若い男性がスポーツ活動を男らしさに合うものとみなし，競い合うことで称賛されると考えていると述べた。一方，若い女性はスポーツ活動が一人前になることと関係づけられることはあまりなく，しかも女らしさが脅かされると感じた余暇活動には参加しないと思われる。ヘンドリーら（Hendry and colleagues, 1993）はスポーツの参加に注目し，13～20歳のあいだでは，毎週スポーツに参加するのは男性で約4分の3であるのに対して，女性では半分にも満たないという。コークリーとホワイト（Coakley and White, 1992, p. 32）は「自分自身をどう考え，また社会とどう結びついているかによって，スポーツに参加しようとするかどうかが決まっていた」とした。青年期をとおして，若者はスポーツ活動に熱中しなくなるが，若い女性は男性に比べてより早い時期に「離脱」してしまう（Hendry et al., 1993）。

　テレビやビデオの視聴，ラジオやポピュラー音楽を聴くことを除けば，家の

なかで行われる多くの余暇の活動に参加することにもまた性差が見られる (Furnham and Gunter, 1989)。イギリスの一般的家庭調査 (OPCS, 1995) の結果によれば，若い男性のほうは日曜大工やガーデニングに時間を費やしがちであり，女性のほうは洋服作りや編み物に時間を使っている。余暇活動への参加パターンの性差は，過去10年間にほとんど変化していない。フィッツジェラルドら (Fitzgerald et al., 1995) は余暇の活動についてアイルランドの青年たちに面接調査を行った。男子でも女子でももっとも人気のある活動は，アメリカやイギリスと一致していた。すなわちテレビを視ることやラジオを聴くこと，友だちを訪ねること，音楽を聴くこと，友だちを呼ぶこと，新聞や雑誌を読むことである (Trew, 1997)。

　最後に，余暇についてもっと一般的に考えてみたい。ジャフィ (Jaffe, 1998) によれば，アメリカの青年は起きている時間の40％をくだけた，何を目的とするでもない余暇に費やしていて，29％を「生産的な」時間に，31％を食事のかたづけといった「生活維持」活動に費やしている (Csikszentmihalyi and Larson, 1984 ; Larson and Richards, 1989)。ジャフィは，他の国の10代はアメリカの10代よりもはるかに多く学校の勉強や家事に時間を費やしていると言う。青年がどのように自分の時間を使うかは，家庭状況によっても違う。たとえば，単親の家族で暮らす若い女性は，パートタイムの仕事をしている割合が多いし，したがって余暇の時間も少ない (Zick and Allen, 1996)。多くの若者は子どもよりも，大人と同じように，読書や睡眠，音楽鑑賞など，ひとりで時間を過ごすことで満足している。若い男性は若い女性よりも，外出することが多く (Woodroffe et al., 1993)，スポーツをしたり観戦したり，テレビゲームをしたりする。そしてひとりで時間を過ごすことが多い。若い女性は若い男性よりも，一緒に買い物に出かけたり友達と喋ったり，本や雑誌を読むことが多い (Bruno, 1996)。そして食事や映画，観劇やコンサート，教会に出かけたり，友達や親類のところを訪れることが多い。しかも男性より余暇活動に参加することが少なく，自由時間は家の手伝いを期待されており，夕方にはしばしば男性よりも早い時間に帰宅することが要求される。さらに，彼女たちは賃金が安く，小遣いも少ないうえに，「自分を維持するためのコスト」がより多くかかる (Roberts et al., 1989 ; Furlong et al., 1990)。ヴァン・ロズメールンとクラーン（Van Roosmalen and Krahn, 1996）は，カナダの若者文化が家事，パートタイムの仕事，スポーツ参加にかんして大きな性差があることを見いだした。

「困難な時代」の快楽主義？

　パーカーら（Parker et al., 1998）は，児童期から青年期を経て，成人期に，そして一人前の市民に移行していくことが今や長期化し，より不確実な道のりになってきたと述べている。「失敗」してしまう危険性は今でも人種，ジェンダー，裕福さ，両親の背景，学歴，地域性によって客観的には明らかに異なるとはいえ，主観的にはほとんどすべての若者がこの移行を「リスク社会」（Beck, 1992）での長期にわたる不確実な時期だと感じている。そのような社会状況では，発達の過程と「道しるべ」が問題となり，若者がときおり楽しめる—それがたとえ危険なものであっても—変異体験を求め，日常生活の過酷な現実から逃避しようとしても驚くべきことではない。それは，心理社会的に困難な時代の快楽主義的な合間とも言えるものなのである。明らかに，成長する過程がより複雑化してきており，社会が急速に移り変わる状況のもとで，青年はリスクを冒し，危険や落とし穴がどれだけあるかと見比べながら，さまざまな社会習慣の楽しめるところや有利な点を推しはかっている。パーカーら（Parker et al., 1998）はこれを「リスクの対価と利益」を査定することと名づけた。この精巧な心理社会的過程をとおして，青年はこの「騒ぎ」にどれだけ入り込むのか，あるいはアルコールやドラッグを使うのであっても，そこからどれだけ「足を洗う」かを決めている。

　状況の不確実性とリスクにかんしていえば，パーカーら（Parker et al., 1998）によれば，リスク管理が多くの若者に習慣化してきた。ドラッグを楽しむことが「ふつうに」なってきており，それに加えて，ゴフトン（Gofton, 1990）は飲酒している若者の実際を調べ，若者の飲み方を否定する年長の飲酒者と比較した。双方で飲酒量はあまり違いがなかったが，双方のしきたりやパターンは違っていた。年少者グループは，主として週末に「逃避」し，はめを

外すために飲んだ。セックスは，それによってありうる重大な結果であり，「自然にそうなってしまった」とか「調子に乗りすぎた」と，危険な行動の言い訳にされた。しかもこうなるために，アルコール度数の高いデザイナーブランドのビールを好み，パブからパブへ休みなく渡り歩き，できるだけ早く酔っぱらってしまおうとした。そして，現実からの「上機嫌」で「魔術的」な変異を追い求めた。

　若者のなかには，没入したいとか，現実を変えたいとか，あるいは何らかの社会集団への帰属感を持ちたいと強く願う人たちがいて，しばしば大人が酒を飲む際の合理化に例えられる（たとえば Klee, 1991；McKenna, 1993）。どんちゃん騒ぎやクラブの文化は，この「困難な時代の快楽主義」の縮図になっているように見える。そこでは，最優先の課題は没入先を探すことであり，逃避主義である。さらに，マッケイ（Mackay, 1996）はどんちゃん騒ぎの文化の起源を，1960年代の良いところだけに戻ることと，「パンク調」の気風を拒否することにあると考えている。快楽主義は，「極端な回帰」であり，イビサ，すなわち1960年代のヒッピーが伝統的にたまり場としていたところに憧れを持ち，ドラッグなどの対抗文化に歴史を超えて共鳴をしたいのだとした。

> 太陽の下で過ごす2週間の休日が，1回の週末に詰め込まれた。そして次の週末も，その次も。日に焼けた若者が，ものさびしいロンドンの街路で並んで順番を待ち，クラブに出たり入ったりする。冬のイギリスで，ダンスフロアを浜辺に見立て，ナイトクラブで着るものをビーチウェアの代わりにして…何が悪い？　イギリス人は，パック旅行で海外に行く自分たちを風刺する―それなら先鋭的な若者が，国にいながら海外旅行に行くまねをして何が悪い？　イビサではバレアレス諸島のビートがダンスのリズムを刻み，それがいろんな曲とまじりあって，そそるようなフレッシュなサウンドがダンスフロアに流れている。それをイギリスのDJと聴衆が，すぐに目をつけて自分の土地に持ち帰る。
>
> 　　　　　　　　　　　　　　　　　　　　　　　　（Mackay, 1996, p. 105）

　マッケイは，たとえばリバプールにおける「スカリーデリア」やマンチェスターにおける「マッドチェスター」のように，地域的な運動が，ロンドンが中心だという考え方に対抗してどのようにしてその地域に特別なスタイルを「ま

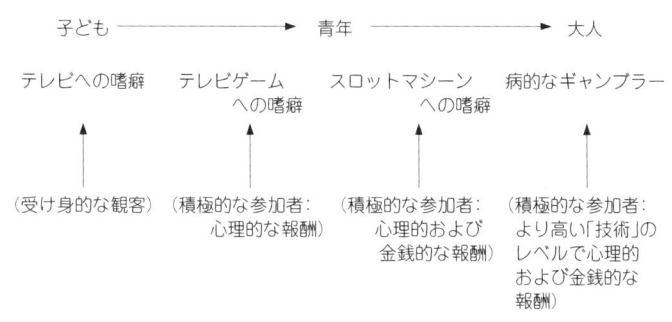

```
子ども ────────→ 青年 ────────→ 大人

テレビへの嗜癖    テレビゲーム     スロットマシーン    病的なギャンブラー
                  への嗜癖         への嗜癖
    ↑               ↑                ↑                  ↑
(受け身的な観客) (積極的な参加者： (積極的な参加者： (積極的な参加者：
                  心理的な報酬)   心理的および       より高い「技術」の
                                  金銭的な報酬)     レベルで心理的
                                                    および金銭的な
                                                    報酬)
```

図 9.4 テレビ視聴者から病的なギャンブラーに至る経路の可能性にかんする発達モデル
出典：Griffiths（1995）

とう」ことや「センスの良さ」を打ち出してきたかについて，検討を続けている。さらに明らかなことに，他の多くの若者的「雰囲気」とは違って，クラブの文化はさまざまな年齢，社会的出身，人種の若者をひとつ屋根の下に同居させている（たとえば Rietveld, 1994；Thornton, 1997）。ドラッグがクラブの雰囲気の発展に中心的な役割を果たしており，まとまりをつくり続け，変容感をもたらしていた。

若者の科学技術社会へのかかわりについては，グリフィス（Griffiths, 1995）が研究してきた。青年期にギャンブルやスロットマシンで遊ぶことは，細かくみると逃避主義や興奮，不確実さ，変容への没入が生じるものであり，「科学技術的な」ものへの嗜癖となって人間と機械の相互作用に現れると指摘している。彼はギャンブルをすることの発達モデルを提案していて，それは受け身的な観客（テレビへの嗜癖）から積極的な参加者（病的なギャンブラー）へと，時が経つにつれて移り変わっていくというものである。これは将来，電話でのおしゃべり，インターネット，テレビゲームが発達していくことに，重要な示唆を与えるかもしれない。ある青年期初期の調査によれば，男子は週に4時間以上，女子は週に約2時間，テレビゲームをするという（Funk, 1993）。家やゲームセンターで，週に15時間以上もテレビゲームに費やす10代の子もいる。ほとんどのテレビゲームは，主たるテーマが暴力である。したがって，かなり多くの子どもと10代が毎日，暴力行為を象徴的に楽しんでいるが，そこではおもに女性

が犠牲者なのである（Strasburger, 1995）。暴力的なゲームはときにプレイヤーの敵意や不安，攻撃性を高めるといわれてきた（たとえばAnderson and Ford, 1987）。

　青年は，映画やテレビ番組，CD，テープ，レコード，コンピュータ・ゲーム，コミック，雑誌，新聞，そしてインターネットといったメディア製品の大衆消費者となった（Palladino, 1996）。アーネット（Arnett, 1995）は文化環境におけるこれらの変化を，青年の社会化のための新たな，そして大切な源であると見ていた。というのは，青年は自分自身が使うメディアの製品や番組を，かなりの程度まで選択しているからである。アーネットによれば，青年はメディアで楽しんだり，アイデンティティを形成したり，自分を励ましたり，問題に対処したりするだけでなく，若者文化と同一化する手段として，メディアを使っている。ロー（Roe, 1995）はこれに，「時間をつぶすこと」，雰囲気をつくり出すこと，気分を制御することも含めた。テレビを見ることは，「自分自身のスイッチを切る機会になり…テレビをつけることで青年は，自分が学校にいる長いあいだに，また友だちとのやりとりのあいだに経験したストレスに満ちた感情のスイッチを切ることができるのであり…子どもと比べると青年は，テレビを見ることで否定的な感情状態に対応しはじめている」（Roe, 1995, p. 544）。これらの使い方はすべて，楽しむことを除いて，青年にとってとくに発達的な重要性がある，とアーネットは主張した。彼らが選んだメディアの製品は，「人生の可能性について彼らが情報を求めるうえで，彼ら自身と彼らの世界観のなかでは何が重要かを反映している」（Arnett *et al.*, 1995, p. 514）。

　ここで示唆されることを一般的に言えば，つぎのようになる。若者が「リスク社会」（Beck, 1992）で予想ができないことに対応するために，しかも余暇の世界が花開いたために挑戦と興奮を味わいながら，青年は日常の世界の不確実感から「余暇空間」の世界へと「変容する」ことができる。それによってリスク管理が個人の力で——ときとして代理的に——できるように思える。たとえ本人の意図は，ある場合には気分を変えることのほうだとしてもである。以上のことは，たくさんのさまざまな人が性や階層の違いを超えてさまざまな社会集団に信奉し，仮に一過性のものであっても忠誠を誓うものであるというマッフェ

ソリ（Maffesoli, 1966）の考えに通じている。ただ，そのような一見個人が行ったように見える選択も，いまだに性や社会階層，教育や裕福さによって影響を受けているように思われる。しかし今日の社会がかなり違うのは，これらすべての要因は社会の科学技術と消費者志向の社会のなかで，その影響のしかたにフィルターがかかっているということである。

結　論

　この章では，社会・経済面での急速な変化がどのように若者の大人社会への移行に影響を及ぼすのかを検討しようとしてきた。社会変化のさまざまな側面が青年の発達に影響することにかんしては，教育制度を検討し，性，社会階層，人種による「伝統的な」不平等が形を変えながらどのように存在し続けているかを示した。労働者階級やある種の民族集団出身の若者が不利を被っている一方，若い女性は近年，比較的成功を収めてきた。次に，10代をとおして独立を手に入れたり自己責任を発達させるという問題は，家を出ることと関係づけて検討した。青年期には独立心とアイデンティティが発達の重要な問題だと言われているのに，労働市場や政府の政策が組み合わさって，若者に自分の家族にもっと依存するように「強いて」いることがわかった。若者の訓練施設や雇用や失業へ至るルートを検討することで，再び根底にある不平等を浮き彫りにした。そこから，失業が青年の心理社会的な発達と心の健康に及ぼしうる影響を検証することになった。若者の余暇活動は，ジェンダーや社会階層との関連で検討すると同時に，余暇が「組織化されたもの」から「くだけたもの」そして「お金のかかる」活動へと移行していく際に，青年期の友人関係の発達とどうかかわるかも見てきた。本章では，青年が現代の科学技術社会の風潮への反応として，なぜ「危険な」余暇活動を求めるのかを検討して，結論を得た（Beck, 1992）。すなわち，若者の成人期への移行に大人が手をさしのべるためにできることのひとつは，心理社会的な生き方のスキルのレパートリーをきちんと広げていけるように励まし，実際にできるようにさせることだろう。このレパートリーは，私たちと同じような社会で生きていくための基本的なスキル

を含むものであり，それはたとえば計算する，読み書きする，個人的なお金の管理をする，人生の方向や段取りを知る，家事能力を身につける，対人的な社会的スキルを獲得するといったことである。青年はまた，生涯にわたって雇用され続けないかもしれないという状況下では，余暇の時間と職業生活を満足できるものにするために，さらにさまざまなスキルを身につけなければならない。クローセン（Clausen, 1991）が強調するには，「有能感がもたらされる社会化」のためには，知識，能力，そして自制する力を高めなければならない。すなわち，自分の知的能力や社会的スキル，またそれらをいかに限界まで出し，また高めるかや，現実的な選択肢について知ること，さらには他人のすることや反応を正確に評価する能力も大切である。もっとも大切なのは，それらの「有能感」を毎日の生活に活かすことができるようになることである。

　私たちは，生活上のスキルをすべて教えるということはできない。そこで，若者が「学び方を学ぶ」方法を向上させることを提案したい。それは，若者が自分の学習活動を自分でつくり上げることで，若者が必要とすることならなんでも学べるようになるメタ・スキルである（たとえば Hendry, 1993）。ふつう，青年はスキルの使い方やスキルがどんな文脈で使われているのかをふりかえっておくことは教えられない。だから青年は，そのスキルを新たな状況で自分から使おうとすると，うまくいかないのである。ニスベットとジャックスミス（Nisbet and Shucksmith, 1984）は階層的（教室）学習モデルを提案し，課題志向で，きわめて特殊なスキルを学習ストラテジーから区別した。ストラテジーは上位のスキルからなり，セルフ・モニタリングや振り返り，自己評価といった活動の一般化された手続きまたは連鎖からなる。これらのストラテジーの多くは，メタ認知的な性質を持っている。すなわち，個々人が自分の学習スタイルや思考スタイルの好みを自覚したり，学習の場面へと方向づけたり，他のストラテジーに気づいたりといったことを意味していて，したがって「学ぶことを学ぶ」という枠組みのなかでそれぞれの人が選ぶ立場に置かれるということである。ファーントラットとモラー（Furntratt and Mollar, 1982）は，それらは「課題解決を助ける」スキルであると述べている。

　このことは，ガードナー（Gardner, 1984）が，知能は認知的な領域だけでな

く，精神運動，芸術，音楽，余暇，社会の領域，そして人生という他の側面での，問題の探求および解決にかんする「適切なスキル」の組み合わせであると広く定義したことと一致する。したがって，私たちは対人的な社会的スキルに，その他の「学ぶことを学ぶ」ストラテジーを加えるべきであろう。それはたとえば，自己管理（計画を立て，時間管理をして，目的を設定し，自己強化をする）や一般的な問題解決のスキル（たとえば目標を操作的に決めること，情報を探索すること，意思決定をすること）といったことである。こうしてこれらのメタ・スキルは，過程を十分に自覚することと一緒になって，日常生活や余暇と仕事において必要な，より特殊なスキルを獲得する力を高めてくれるにちがいない（Kloep and Hendry, 1999）。それらが身についていれば，現代社会で大人になる途上で出会ういかなる困難にも立ち向かえる道具が揃うことになる。

実践への示唆

1. 今日の，若者の雇用状況を考えるためには，1980年代から1990年代のあいだに起こった大きな変化を考慮しなければならない。労働市場に入るのが遅れたことは，教育や訓練に大きな影響を与え，また青年期後期および成人期初期に若者が収入を得る雇用機会をどうとらえているかにも大きな影響を与えてきた。こうした状況は，出身において不利を持つ人たちが，とくに強烈な影響を被ってきた。
2. 調査によれば，若者にとっての失業は，大人に比べてそれほど有害な影響を及ぼさないようである。これは，失業が短期間だと若者に思われているためかもしれないし，支援してくれるところや人が比較的多いからかもしれない。はっきりしていることは，この年齢層では，社会的なサポートが，失業に対して心理的に適応できるかどうかを左右する中心的な役割を果たすということである。同様に注意すべき大切なことは，青年やヤングアダルトは働くことの価値にかなりのこだわりを持ち続けていて，ひどい逆境のもとでさえも雇用機会を求め続け

ていることである。
3. 明らかに余暇のパターンには発達の筋道があり，典型的なパターンは家庭や学校に基づく活動からより広い社会場面のなかで行われるものへとしだいに進化していく。余暇のパターンはジェンダーならびに出身社会の双方によって規定されているが，さらには20世紀後半に起きた雇用のパターンや機会が変わってきたことによっても大きく影響されてきた。個人にとって仕事への見通しが限られれば限られるほど，余暇が目立って大きくなってきている。雇用から得られる満足が少なくなると，余暇の快楽主義的なパターンが見られるようになる，と言われてきた。若者は，困難な時代には「今，ここで」できる楽しみを追い求めるようになるかもしれない。というのは将来にはほとんど希望が持てないように思えるからである。

第 10 章
若者と反社会的行動

世間では、犯罪や器物損壊、自動車泥棒、フーリガンなどといった反社会的行動と聞くと、すぐに若者を連想する。そのため、反社会的行動の流行や、犯罪など問題行動にかかわる人物の特徴、予防や矯正の成果について一瞥しておくことがとくに重要となっている。今は概観に最適なときだと、ラターら（Rutter et al., 1998）が指摘している。なぜなら、過去10年間に、次の2点で進歩したからである。第1に、反社会的行動にかんする多くの重要な縦断研究の結果が出るようになり、この問題に新しい発達的視点を与えてくれている。第2に、矯正のあり方にきちんとしたメタ分析がなされたため、どんな矯正が非行をした少年に有効なのかについての理解が進んだ。これらの知見を本章で検討したい。

まずは用語の使い方にふれておきたい。多くの異なった言い方がされており、しかもその意味が必ずしも明確でないためである。「反社会的行動」や「心理社会障害」「問題行動」「行動障害」が区別しておきたい用語である。本章でまず検討したいのは「反社会的行動」である。「反社会的行動」という用語は、一般に犯罪にあたる行動を指すときに使われるが、起訴がない場合でも使われる。「犯罪行動」あるいは「非行」という用語も使われる。これらは児童や刑事責任年齢以下の若年者の反社会的行動のことを言い、出廷がなくても使われることに注意したい。「心理社会障害」という言い方は多様な行動を述べるときに使うもので、犯罪行動だけでなく、うつや自殺行動など第7章で検討した行動も含んでいる。ラターとスミス（Rutter, M. and Smith, D.）の重要な著作『若者の心理社会障害』（1995年）では、犯罪や物質乱用、うつ、自殺、摂食障害を取り上げている。

つぎに「問題行動」という用語は、ジェサー（Jessor, R.）と共同研究者が使っている。ジェサーは、容易に逸脱する人やリスクを冒す行動がかなり多いような人を記述するのに、この用語を使ってきた。これらの行動は犯罪行動にかかわることもあるが、乱交癖など必ずしも犯罪にかかわらないものもある（Jessor and Jessor, 1977）。この概念は、ファリングトン（Farrington, D.）と共同研究者の言う「反社会的傾向」の考え方に近い。ファリングトンらはこの傾向を測定する尺度を開発した経緯から（Farrington, 1995を参照）、犯罪行動はほかの

リスクを冒す行動とくくれると考えている。また,「青年期行動障害」という言い方も使われるが,これは臨床の文脈で多く見られる（概観はGaoni et al., 1998を参照）。この症候群は,注意欠陥障害や行為障害,反抗挑戦性障害というようなものを扱っている。ただし,正確な定義が難しいうえに,攻撃性や孤独感,孤立,虚言,いじめ,さらには通常は反社会的行動の定義にまったく入れないような行動も含んでしまっている。

反社会的行動の流行

　反社会的行動について概観した論文（Smith, 1995；Steinberg, 1996；Rutter et al., 1998）はいずれも,反社会的行動がヨーロッパでも北米でもここ数十年間に増加したと報告している。たとえば,ラターら（1998）は,イギリスの正式な犯罪件数は1950年から1990年のあいだに5倍に増加したと示し,犯罪の大多数は25歳以下によるものだったようだと指摘している。同様に,スタインバーグ（Steinberg, L.）は,アメリカでは,18歳以下の犯罪が一貫して上昇し続けているとし,この年齢では暴力犯罪が劇的に増加していると言う。スミス（Smith, 1995）は同じ傾向がヨーロッパ諸国にもあると報告している。しかしながら,説明を要することも多くある。第1に,ほとんどの分析が長期の歴史的な視点からのもので,たいてい30年から40年にわたることである。そのために,最近で見ると,事情がまったく同じとは言えない。たとえば,イギリスでは,1980年から1990年にかけて有罪とされたり刑事訴追の警告がなされたりした未成年者数はわずかだが減少した。これに加えて,実際に記録された犯罪の水準は,警察の処置によってもデータ収集の方法によってもさまざまである。公式統計は若者の反社会的行動の一部でしかないという指摘は当たっていると思われる。
　多くの研究者は反社会的行動に関心をもつと,自己報告による方法を使って,若者の犯罪行動の実際の水準を査定してきた。初めて自己報告の方法を使ってみたとき,その結果に驚かされたのだった。なぜなら,ケンブリッジ研究（West and Farrington, 1977）では,ロンドンの若者の96％が10個のありふれた犯罪（盗罪,暴力,不法目的侵入,器物損壊,薬物乱用）のうち少なくともひとつ

を犯したと認めたからである。ところが，これらの犯罪のいずれかのうち有罪となったのは，33％にすぎなかったのである（Farrington, 1989）。ほかの研究（たとえば，Huizinga and Elliott, 1986）でも非常に高い水準の犯罪行動が報告されており，どんな人たちを調査協力者にするかによって違うものの，たいていは60％から80％までのあいだの水準に達した。イギリスでは，グラハムとボーリング（Graham and Bowling, 1995）がこの手の最新の研究計画を実施した。それによると14歳から25歳までの男性は55％，女性は31％が刑事犯にあたる犯罪を日常生活で少なくともひとつは犯したと認知したが，調査した年の犯罪は男性は28％，女性は12％にすぎなかったのである。

　以上から犯罪行為は公式統計に基づく推測を上回る水準にあるが，しかし，ファリングトン（1995）が言うように，重いほうの犯罪を取り上げてみると，自己報告と公式記録のあいだには高い相関がみられる。ケンブリッジ研究で（重罪性と頻度からみた）凶悪犯罪を取り上げると，重罪行為を報告した者の62％がその犯罪で法廷から有罪を宣告されてもいる（West and Farrington, 1977）。自己報告の研究は，ほかにも重要な知見を見いだしている。公式統計によると，民族的マイノリティ出身者は主流文化の白人出身者よりも犯罪が目立って多いが，自己報告のデータによると，民族的マイノリティ出身者のほうが反社会的であるとは言えないのである。実際のところ，アメリカでも（Krisberg et al., 1986），イギリスでも（Graham and Bowling, 1995），犯罪率の文化差は明らかにわずかである。そこで，公式統計と自己報告のデータの不一致をもっとも確実に説明するうえで，マイノリティ社会出身の青年に対する警察の処置のしかたに注目するとよいかもしれない。すべての自己報告研究が，警察は白人社会出身の若者に比べて民族的マイノリティ出身の若者に容赦がなく，厳しい処置を宣告し，逮捕に踏み切る傾向が高いとしている。財産犯を民族集団ごとに比較したデータを図10.1に示す。

　つぎに反社会的行動のほかの特徴を見ると，反社会的行動は年齢分布が同じでないこともわかる。最新の統計によれば，犯罪行動のピークとなる年齢は，男性は18歳だが，女性は15歳である。年齢分布を図10.2に示す。年齢差があるという現象は，反社会的行動の原因にかんする多くの論争を巻き起こした。

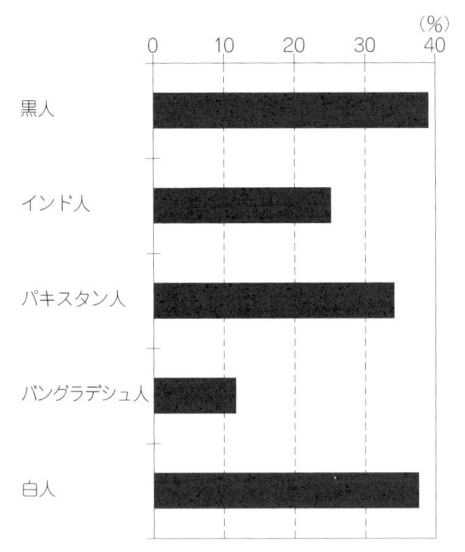

図10.1 出身民族ごとのイングランドとウェールズの14—25歳の財産犯（1993年）

出典：Focus on Ethnic Minorities (1996). イギリス印刷局（HMSO）および国家統計局の管理者の許可を得て転載。

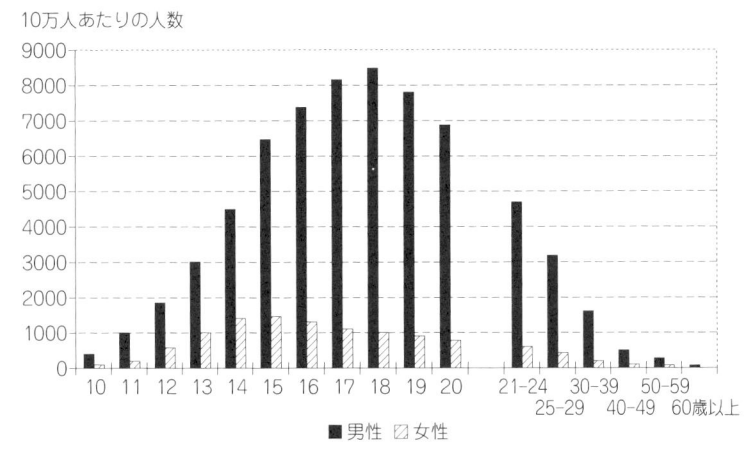

図10.2 年齢ごとのイングランドとウェールズの有罪とされたり刑事訴追が通告されたりした者の10万人あたりの人数（1995年）

出典：HMSO (1996). ロンドン。

なぜ青年期という時期と密接に関係するのか。なぜ若者が成人期に達すると劇的に減少するのか。この問いに対して明確な答えはないものの，さまざまなものが出されてきた。たとえば，法律の遵守行動を促すための社会的絆が青年期はほかの時期に比べて弱くなると言われたり（Gottfredson and Hirshi, 1990），仲間集団のなかでの行きがかり上だったり権威に反発しがちだったりすることが，青年期の反社会的行動の底流にあると言われたりする（Emler and Reicher, 1995）。衆目の一致することは，もっと研究してみないと納得できる答えは見つけられないということである。「犯罪の年齢曲線は生物学的発達や成熟をおおむね反映しているように見えるが，そうだとしても，関係する過程は特定されていないし，またなぜ突然消えてしまうパターンとなるのかわかっていないのである」(Smith, 1995, p. 173) と，スミスが指摘している。

　また，反社会的行動の流行を考えるうえで，問題視される行動のタイプが多様であることも念頭に置くべき重要なことである。この点にかんしてはラターと共同研究者（1998）がこの分野の最近の展望のなかで強調している。ラターらによると，反社会的行動は縦断研究の結果から大きく3つのタイプに区別できる。第1に，多動と重複するような反社会的行動である。これはたいてい児童期のある時点で始まり，認知的・社会的問題を示し，成人期まで持続するようであり，少なくとも短期的には薬が効く。第2のタイプは，非常に早期に起こる反社会的行動である。「問題」行動が学齢以前でも起こることを示す研究もある。このタイプの反社会的行動も青年期や成人期まで持続するらしいことから，「ライフコース持続」と呼ばれるようになった。第3は，青年期に起こり，概してこの発達段階だけに限られる反社会的行動である。これが3つのうちではるかに多い。第1と第2のものは重複しており，たとえば，両者とも認知的欠陥が多かったり社会的問題の割合が高かったりすると多くの研究が指摘している。ラターと共同研究者は，「反社会的行動の不均質性がわかって，研究や対処のしかたがはっきりと変わってきた。それぞれのタイプには多様な因果関係のみちすじがあることがわかり，そして反社会的行動に陥ったり脱出したりする別のすじみちがあることがわかったため，多様な介入が適切にできるようになってきている」(1998, p. 377) と指摘している。

表10.1 発達時にわたる犯罪活動の流れ（男性709人）[a]

児童期 (0—14)	青年期 (15—20)	成人期前期 (21—29)	実測値 人	割合 %	期待値 人
1. 犯罪	犯罪	犯罪	38[t]	5.4	4
2. 犯罪	犯罪	無犯	17	2.4	16
3. 犯罪	無犯	犯罪	8	1.1	13
4. 犯罪	無犯	無犯	18[at]	2.5	48
5. 無犯	犯罪	犯罪	41	5.8	33
6. 無犯	犯罪	無犯	81[at]	11.4	123
7. 無犯	無犯	犯罪	64[at]	9.0	100
8. 無犯	無犯	無犯	442[t]	62.3	371
11.4%[b]	25.0%[b]	21.3%[b]			

注：a　それぞれのセルの有意検定は繰り返しの検定のために調整されている。
b　何らかの犯罪が記録された被験者の割合。
t　危険率5％水準で期待値より有意に多いとされたもの。
at　危険率5％水準で期待値より有意に少ないとされたもの。
出典：Stattin and Magnusson（1996）

　この分野でもっとも価値ある縦断研究のひとつはマグナッソンとスタティンと共同研究者によってストックホルムで行われたものである（Magnusson and Bergman, 1990 ; Stattin and Magnusson, 1996）。この研究は700人の男性を児童期から30歳まで追跡し，犯罪行動のパターンをほぼラターら（1998）の記述にならって記述した。考えられうる8つの種類の犯罪行動のパターンと調査協力者のなかでのそれぞれの割合を表10.1に示す。特筆すべきことは，すべての段階で反社会的だと分類されるのは5％なのに対して，青年期だけ反社会的だと分類されるのは11％もあるということである。調査協力者の約38％が3つの発達段階のうち少なくともひとつの段階で何らかの反社会的行動にかかわっている。とくに興味深い結果として，第1列目の（つまり，すべての段階で反社会的な）男性は，どこかの時点で犯罪行動をしたことのある人の14％を占める。ところが，彼らは調査協力者全体が起こした犯罪全体の約60％を占めるのである。すなわち，疑いもなくこの集団が，ラターの言葉を借りれば「ライフコース持続型」であり，もっとも重い犯罪者なのである。

反社会的行動のリスク因子

　反社会的行動は多くの変数と関連することが研究で示されている。これらの

変数には，ジェンダー，家族背景，住居，学校や地域，そして仲間集団が反社会的かどうかがある。ただし，反社会的行動のリスク因子と原因の議論を区別しておくことが重要である。反社会的行動の正確な理由は，今のところまだわかっていないし，実際のところ，前節で述べたように，違うタイプの反社会的行動には実にまったく違う原因があるからである。それゆえ現時点では原因は議論せず，反社会的行動に関係するリスク因子に着目しておくほうが無難だと考える。そこでリスク因子を取り上げることとし，順に検討していく。

図10.2が示す傾向からすると，反社会的行動には2つの重要な特徴がある。ひとつは年齢がひとつの要因となって反社会的行動の流行にはっきりと影響を与えているということと，もうひとつは男性が女性よりもずっと多くの犯罪を犯しているということである。実際に，ジェンダーは反社会的行動に関連する重要な変数のひとつであると考えられている (Lyon, 1997)。大多数の犯罪が男性によるということは，反社会的行動の性質に疑問を投げかけている。つまり，なぜ反社会的行動は男性が女性よりもこれほどまでに多いのだろうか，という疑問である。この現象を説明するために，実にさまざまなことが提案されてきた。たとえば，男子と女子の仲間集団では意味が違って，男子では危険を冒して競争し，とくに力強い行動をとるために反権威や非行行動を促すと考えられている (Maccoby, 1990, 1998)。これとは別の見解をエムラーとライカー (Emler and Reicher, 1995) が提案し，ジェンダーによる偏りを4つの理由から，とくにジェンダー・アイデンティティの観点から説明している。男子に比べて，第1に，女子はあまり犯罪の場となるような街頭で遊ぶことがないと思われる。第2に，女子はあまり日常生活で人目にさらされることはしないので，非行アイデンティティを身につけてまで安全でない環境で身を守りたいと思うようなことがない。第3に，女子はあまり権威に対決することがないので，権威に挑む能力を証明してみせたいとも思わない。第4に，女子は多くの時間を家庭で過ごすので，両親との結びつきが強く，両親が友人を知り仲間集団を監視する機会が多いためである。

しかし，まったく別の説明もある。つまり，男性は女性より攻撃的であり，そのために犯罪性と深く関係するというものである（概観は，Smith, 1995を参

照)。さらに,ラターら(1998)が指摘するように,男子は多動と行為障害が多く,そのうえ,その両者とも反社会的行動の少なくともひとつのタイプと結びつくような特徴をもっている。ほかに,若い男性と女性では青少年司法局の措置が違うために,男性に有罪率が高くなるのだと言う人もいる。注目すべきことに自己報告による研究結果の性差が公式統計の事実の性差より小さいことから(たとえば,Junger-Tas et al., 1994),治安判事や警察の態度の影響を念頭に置いて,男性と女性の違いの大きさを説明しなければならないかもしれない。グラハムとボーリング(1995)も性差を検討したが,その際,犯罪からの立ち直りのほうに注目した。その結果,若い女性は早期に家を出たり家族をつくったりと若い年齢で大人役割に移行するので,女性は犯罪をあまり犯さないだけでなく,早期の発達段階で犯罪行動から立ち直ると説明している。

　最後にジェンダーで問題にしておきたいことは,近年,男女差が減少してきたと思われていることである。というのも,以前よりも,女子が徒党を組んだり,若い女性が街頭で言い争ったり,けんかなど人前での騒動にかかわりやすくなったりしていると言われているからである。確かな証拠はきちんとは出せないが,イギリスの公式統計によると,有罪となったり警告されたりする人数が若い女性で増加していることは,男性が過去10年間にほとんど変化していないことと対照的である。この実態は図10.3 に示す。

　つぎに家族の役割についてであるが,反社会的行動を研究するたびに家族の要因が大変重要であることが確認されてきた。ローバーとスタウトハマー–ローバー(Loeber and Stouthamer-Loeber, 1986)は,イギリスとアメリカ,スカンジナビアで行われた多くの研究をメタ分析にかけて,反社会的行動と家族の関係を4つにまとめた。第1は,ネグレクトの役割を正確に指摘したことである。ネグレクトでは,両親は子どもと一緒に過ごす時間があまりにも少ないため,子どもが何をしているのか,だれとかかわっているのかについて知らない。ここではネグレクトの2つの要素が重要である。ひとつは両親が子どもをうまく監督できていない結果としてのネグレクトであり,もうひとつは単に息子や娘の世話をしないことである。たとえば,マコード(McCord, 1979)は,ボストンのケンブリッジ・サマヴィル研究のデータを使って,子どもが暴力犯や財

図10.3 有罪となったり刑事訴追が通告されたりした年齢集団ごとの10万人あたりの女性の人数（1985―95年）
出典：HMSO（1996）.

産犯になることは両親の監督の少なさという要因がもっとも的確に予測したと報告した。ロビンズ（Robins, 1978）も，セント・ルーイスで長期に行った追跡研究から，監督の少なさがつねに後の犯罪となって現れることを見いだした。

　第2に，ローバーとスタウトハマー―ローバーは，家庭内の対立が重要な要因のようであり，直接の攻撃や不協和音，そして暴力によるか，あるいはしつけで情け容赦がなかったり気まぐれだったり一貫していなかったりすることによるとしている。この見解は多くの研究が裏付けており，たとえば，ウエストとファリングトン（West and Farrington, 1977）のケンブリッジ研究，コルヴィンら（Kolvin et al., 1990）のニューキャッスルの1,000家族研究ほか，多くのものがある。第3に検討すべき要因は，両親自身の逸脱行動や価値観である。たとえば，ハーゲルとニューバン（Hagell and Newburn, 1996）は常習犯を研究し，若いときに犯罪歴をもつかどうかをもっとも的確に予測する要因のひとつとして，親が受刑者であったこととした。第4に検討すべきこととして，ローバーとスタウトハマー―ローバーが「家族崩壊パラダイム」と呼ぶものがある。「家族崩壊パラダイム」とは家庭内でネグレクトや対立が起こることをいうが，そ

の原因は夫婦の不仲あるいは別居や親の病気や親の片方の不在にある。このパラダイムを支持する証拠は多いが，それをふまえて，反社会的行動と関連するのは別居とか病気とかいう出来事それ自体ではないと指摘されるのがつねである。むしろ，出来事がもたらす結果が重要なのであり，たとえば，ネグレクトや不適切な子育て，慢性化した対立などがその結果にあたる。

メタ分析によると，以上の4つの要因すべてが若者の反社会的行動と関係したが，第1の要因であるネグレクトがもっとも関連が強かった。さらに累積効果が見られ，家族に不利の数が多ければ多いほど，反社会的行動が顕著になった。しかも興味深いことに，家族は犯罪の開始を予測するうえでかなり重要な要因であるだけでなく，犯罪の終了を予測するうえでも重要である。つまり，親との関係の改善は反社会的行動に決定的な影響を与えうるのであり，実際に結婚が犯罪行動の減少と関係することを示唆する研究がある。ウエスト（1982）は，ケンブリッジ研究で，22歳までに結婚した若者はそれまでに結婚しなかった者に比べて，再犯が少ないようだとした。

また仲間集団に少しふれるにとどめるが，第8章でややくわしく検討しておいたからである。まず，つねに反社会的な仲間集団との接触という要因が犯罪行為を説明するうえで重要だと指摘されていることを取り上げたい。実は，これはそれほどわかっていないのであり，若者がお互いを誘い込んでいるのか，それとも単に犯罪が単独ではなく集団で行われているだけなのかはわからない。しかも，第3の説明も可能である。つまり，逸脱態度のある若者が集まっていることから，同じ性癖や関心をもつ若者同士が惹かれ合っているにすぎず，だれかがほかのだれかに反社会的な影響を及ぼしているのではないとも考えられるのである。いずれにせよ，以上から，若者と友人の非行活動が密接に関連していることは，ほとんど疑いのないことのように見える。実際に，全米青年調査（Elliott *et al.*, 1985）によると，非行仲間をもつという要因が各自の自己報告による犯罪行動をそれ自体でもっとも的確に予測する要因だったのである。さらに同じデータから，アグニュー（Agnew, 1991）は，それをもっともはっきり示したのは，仲間ともっとも密着していたり，仲間からの圧力をもっとも感じている若者であるとした。しかしながら，ファリントン（1995）が述べ

るように，ここでもまだ解釈に難点がある。犯罪行動が集団活動であるなら，非行少年は非行の友人をもたざるをえないということになる。ということは，仲間集団がだれかを犯罪に導くということではないのである。結局，非行の友人をもつことは非行の原因だというより，非行の指標と考えておくのが無難であろう。

　つぎに社会・環境の要因と反社会的行動との関連に入ろう。これまでは社会階層と犯罪の関係に目が行きがちだったが，今日では不利な環境での生活に関連する要因も言及されている。たとえば，社会階層よりも貧困が若者の行動と体験に重要な影響を与えると考えられている。第1に，家族が貧困地域で生活している場合，親はあまり上手に子どもの行動を援助したり監視したりすることができない (Sampson and Lamb, 1994)。第2に，貧困が近隣地域の枠組みを損なうので，若者が大人になるのに必要な役割モデルや遊び，方法を大人が与えにくくなる (Bolger *et al.*, 1995)。第3に，貧困と失業は密接に関連しているが，失業は若者にふさわしい役割をもちにくくするとともに，それに代わる地位や力を地域社会で示すのに攻撃行動を行使するようしむける (Fergusson *et al.*, 1995)。第4に，窮乏地域では暴力の発生率が高く，この暴力に若者が家庭や近隣地域で接することで行動に影響を与える。

　社会的不利が若者の反社会的行動と関連することはほとんど疑いえないが，どのように関連するかについては，最近10年あまりの研究で明らかにされている。コンガーら (Conger *et al.*, 1994) は，アメリカのアイオワ州の農村の378組の家族を縦断研究し，経済的な圧力が親と青年にどのような影響を与えるのかを検討した。その結果，経済的な圧力は影響があるが，間接的であることがわかった。親のうつや夫婦の対立や憎しみとなって影響するのである。コンガーら (1995) は，さらにオレゴン州の研究で家族のストレス (これは収入の低下，重病や重傷が指標となる) を検討し，親のストレスがうつやしつけの悪さとなって影響することを再度示した。研究結果は，図10.4に示す。以上から，社会的不利を考えるうえでは，家族内の要因が近隣地域や貧困をかかえる地域社会の影響と同じくらい重要だと思われるのである。

急性ストレス —.46(.40)→ 親のうつ —.40(.42)→ 親のしつけの乏しさ —.84(.79)→ 男子の逸脱

図10.4　家族のストレスと関連要因の相関係数
注：上の数字は父親測度の相関係数，下の括弧内は母親測度の相関係数を示す。
出典：Conger *et al.*（1995），オレゴン研究のデータから作成。

反社会的行動への介入

　以上のリスク要因から，反社会的行動にかかわらないようにさせる効果的な介入方法がわかるだろう。とくに家族や仲間集団，近隣地域の役割が介入のための文脈として重要なことがわかってきた。しかし，それに入る前に，別に2つの要因が処遇プログラムで考慮されるので，検討しておきたい。それは衝動性と知能の低さであり，この2つがリスク因子となって反社会的行動を増大させることが重要な研究からわかっているので（Rutter *et al.*, 1988を参照），この領域の介入プログラムで考慮する必要がある。第1に，衝動性にかんして，反社会的行動にかかわる若者は認知的・社会的スキルに欠陥があることがここ数年で明らかになった。ロスと共同研究者は，非行をした少年が犯罪回避のための社会的スキルを教えられると，再犯のリスクが減少するとしている（Ross *et al.*, 1988）。プログラムの目的は，非行をした少年に特有な衝動的で自己中心的な考え方を修正し，行動する前に立ち止まって考える能力を身につけさせ，問題解決にあたって別の手段をとることを奨励し，道徳的推論を高めることである。このプログラムはカナダで開発され，「推論と社会復帰」と名づけられたが，今やイギリスなどの国でも使用され，「思考スキル向上プログラム」と呼ばれたりする。このプログラムは効果が実証されているので期待できるが，すべての若い犯罪者に効果があるとはかぎらないようである（McGuire, 1995）。

　第2に，知的発達にかんしては，犯罪へのリスクをもっとも減少させた介入のひとつとして，ミシガン州のペリー幼稚園で実施されたプロジェクトがあり，シュヴァインハルトとワイカルト（Schweinhart and Weikart, 1980）がその様子を記録した。これはもともとヘッドスタート計画で始まったものであり，日々

の豊かな就学前プログラムに参加している，恵まれない黒人の幼児を対象にしたものである。知能は短期間では上昇したものの学齢期まで続くようには見えなかったが，長期的な効果が動機づけや社会的行動，そして犯罪に対してあった。子どもはさらに20歳まで追跡調査がなされ，実験群が統制群よりも反社会的行動が少なく，雇用が多いようであり，青年期でも効果が見られた（Scweinhart et al., 1993）。ペリープロジェクトは就学前の向上にかんする小さいが唯一の研究であり，ヘッドスタート計画のほかの10のプログラムでも効果がある，つまり，学業成績が高く，雇用の見通しがよく，特殊教育に振り分けられることが少なかったと，縦断研究協会（Farrington, 1995を参照）が評価したことは特筆すべきことである。就学前の経験と青年期は時期的にかなり離れているが，このやり方が恵まれない家族に実際に恩恵を与えることができるというのは魅力的な事実である。本書の執筆の時点で，イギリス政府が「確実なスタート」と題して同様の計画を導入すると発表した。この進展を見守りたい。

　つぎに，家族の文脈への介入を検討したい。もっとも有望な研究はオレゴン社会的学習センターのパターソン（Patterson, G.）と共同研究者によるものである。とくに危機にある子どもの母親と父親の子育てに着目し，監視や監督，しつけの一貫性，罰の行使の適切さによって違ってくるとした。パターソンら（Dishion et al., 1992 ; Patterson et al., 1992）は，効果的な子育てのための両親の訓練プログラムを開発し，短期間で窃盗や薬物乱用などの反社会的行動を効果的に減少させることができた。パターソンと共同研究者の考えを別の人たちがこの領域でさらに発展させた。たとえば，ウェブスター-ストラトン（Webster-Stratton, 1996）は，ビデオも使って両親を支援しスキルを改善させるだけでなく，両親が宿題をみたり，反社会的行動にかかわった若者に社会的スキルを教えたり，教師に学級経営や学校と家庭との連携を促してもらうなど，両親がプログラムを拡張するよう援助した。その結果，両親と若者の両方に働きかける介入は，片方に働きかけるプログラムよりも反社会的行動への効果が大きいことが示された（Webster-Stratton and Herbert, 1994）。モントリオールでは，トランブリーと共同研究者（Tremblay et al., 1992）も実験群と統制群の両方を設けて親子に働きかけた。処遇プログラムは２年間にわたった。プログラムの終

了から3年後,統制群の44％が反社会的行動に関係し学校で問題を起こしたと教師から報告されたのに対して,介入対象群では22％にすぎなかった。この結果には希望がもてる。ただし,さらに3年後に追跡調査したところ（Tremblay and Craig, 1995）,改善点の多くは元に戻ってしまっていた。

　介入には,ほかに仲間集団やさらに広い社会的環境も対象となる。仲間集団については,ボトヴィン（Botvin, 1990）が,仲間集団の圧力を払いのけさせたり社会的スキルを発達させるプログラムの成果を要約している。それによると,このプログラムでは大人である教師はまれにしか効果を上げないが,同年齢同士のほうがうまくいくとされた。先を行く仲間が役割モデルとなり,すでに述べたように認知的に見直されるからかもしれない。ただし,トブラー（Tobler, 1986）は,このやり方は薬物乱用を減少させるにはよいが,犯罪行動にはあまり効果がないと見る。ほかに犯罪を少なくするには,家屋の明かりを増やすとか有線テレビを使うかというように環境を変えることや,給与を現金ではなくチェックで払って犯罪の機会を与えないという手もある。クラーク（Clarke, 1992）はこのやり方を概観し,成功することもあるが,多くの犯罪者は単にコントロールが及ばない環境に移るだけかもしれないと,その限界を指摘している。

　この分野を鳥瞰してわかることは,反社会的行動は単一の行動ではなく,原因が多様であり展開の筋道もさまざまだということである。そのため,介入がもっとも効果的になるのは,複合的な介入か,ある特定の行動に狙いを定めるかのどちらかであろう。複合的なやり方の具体例としては,ヘンゲラーら（Hengeller et al, 1996）が,家庭と学校,それを取り巻く地域社会にかかわる複合的で系統的なプログラムを紹介している。このモデルは,非行行動を支えるシステムはすべて介入にも役立つはずだという考えに基づく。ヘンゲラーらは,こう考えることでのみ,反社会的行動に大きな影響を与えられると言う。ヘンゲラーらの主張が正しいことは,若者の犯罪者のために設計した400ものプログラムの処遇効果をリプシー（Lipsey, 1995）が概観して確認している。概観によると,もっとも効果的な介入は明らかに雇用であるが,つぎに効果的なのは,複合的であったり行動に絞ったりするやり方である。リプシーの知見を図

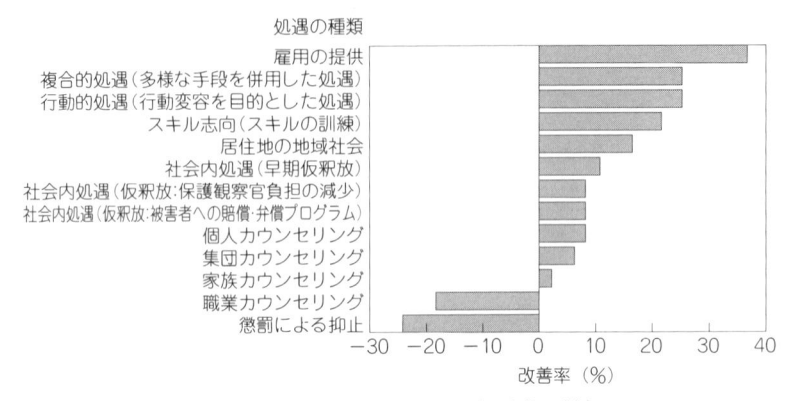

図10.5　少年の処遇：統制群と比べたときの種類別の改善の割合
出典：Lipsey（1995）．著作権者ジョンウイリー社の許可を得て転載．

10.5に示す．

　以上から，反社会的行動はかなり多くの若い男性の特徴と言える．種類はさまざまだが，明らかに少なくとも3分の1以上の男性が30歳になる前に何らかの犯罪にかかわっている．反社会的行動は若い女性ではあまり広まっていかないが，発生率の性差が減少しているのも事実である．ライアン（Lyon, 1996）が指摘するように，介入も政策も良質の研究に基づくものでなければならないが，犯罪行動の分野で過去数年間に新しい重要な知見が数多く出版されていることは注目したい．とくに注目すべきことは，ケンブリッジやストックホルム，ニュージーランドのダニーディン，そしてアメリカで行われたおもな縦断研究に報告が基づいていることである．多くの疑問が残されており，とくに介入についてはあまりわかっていないにしても，最近になって反社会的行動の性質の理解が進んだと言ってもよいのである．

実践への示唆

1. 最近10年間の研究で得られた知見でもっとも確かなこととして，まず，反社会的行動にはさまざまなタイプがあり，さまざまな筋道がある．

とくに，反社会的行動のライフコース持続型と青年期限定型を区別することが大切である。双方の元となる要因は同じではないので，当のそれぞれの反社会的行動のタイプに合うように介入を調整する必要がある。
2. 反社会的行動に関連するリスク要因はかなり多いことが研究の結果わかった。それは多岐にわたるが，本書で結果をまとめてみた。若い男性では若い女性よりも反社会的行動が目立つようであり，また家族の成員に犯罪経験があるなど，特定の家族の経験が若者の犯罪と強く関連している。親のネグレクトも強力なリスク因子であるが，周囲の環境が貧困だったり社会的不利を抱えていたりするためである。
3. 人種にかんしては，通常の犯罪統計によると，民族的マイノリティ出身の若者は主流文化出身の若者よりも犯罪が多いように見える。ところが，自己報告で犯罪行動を調べると両者に差がなくなってしまうことは，注意すべき要点である。これに対するもっとも確かだと思われる説明は，警察や少年司法当局がマイノリティの民族出身の青年を厳しく処置していることにある。人種の問題は深刻であり，人種間の関係にとっても，とくに民族的マイノリティ出身の若い男性の発達にとって深い示唆を与えてくれる。
4. 反社会的行動にかかわった人たちに対する効果的で実行可能な介入について多くのことがわかってきた。介入には，社会的スキルや認知的スキルの開発，子育て能力の向上，不利な環境の改善，健全な仲間集団への援助があげられる。介入の研究は雇用機会の提供がもっとも効果的な選択肢であるとしているが，それにつけ加えて，ひとつの時期にひとつの側面に介入を集中するよりも，複合的な介入がよいとしている。

第 11 章
政治，愛他性，社会的行為

この章のテーマ，すなわち政治，愛他性，社会的行為に対する関心が高まってきたのには背景がある。まず，たとえば共産主義の崩壊のような政治的な出来事は，社会科学者に，政治的変化が青年の発達に与える影響をより詳細に観察させるように促した。さらに，ほかの章でふれたように，政治的統合体としてのヨーロッパへの関心が高まり，国々が新たに連携して若者を支援したり理解するようになった。つぎに，労働市場への参入が遅くなってきていることなど，若者が抱える大きな困難が，青年期の移行への関心を高め，社会参加やシティズンシップといった領域において革新的な研究を促進することとなった。たとえばイギリスでは，1998年に創設された経済社会研究会議が，「若者，シティズンシップ，社会変動」という5カ年研究計画を立ち上げた。これは，若者，とくに深刻な貧困や不利に苦しむ若者が社会的に排除され，民主政治のプロセスから切り離されてしまう懸念が増してきたことにもよる。最後に，愛他性の概念自体が新たな研究の主題となった。これにかんしては，思いやりの発達の研究（Chase-Lansdale *et al.*, 1995）や愛他的行動の研究（Roker *et al.*, 1999）など重要な研究が現れてきている。

　この章は，2つの節に分かれている。まず政治的および向社会的推論にかんする認知を検討する。政治的および向社会的推論での思考の発達を考察し，政治的行動や愛他的行動には一定の水準の推論が必要なのかどうかを問う。つぎに，広い意味での社会的行為を論じる。ここでいう社会的行為には，団体や課外活動への参加，ボランティア活動，地域社会での奉仕活動，市民活動，政治活動への参加などとならんで，ほかのさまざまな向社会的行動が含まれる。念のために言うと，これはさまざまな活動をあえて区別すればということにすぎず，さまざまな領域への参加にはかなりの重複が出てきてしまうことは避けられない。最後に本章を締めくくるにあたって，思考と行為の関係について振り返り，また青年期の行動のなかでも政治的にデリケートなこの領域の研究がもつ特質について再考しておきたい。

政治的思考と政治的推論

　この領域で思考の発達に関心を持つ人々は，まずピアジェ（Piaget, J.）やコールバーグ（Kohlberg, L.）やセルマン（Selman, R. L.）の理論を参考にして，青年期の認知の性質を概観してきたが，それもゆえなきことではない。第3章での記述を思い出してみると，これら3人の理論家はみなそれぞれ，一連の発達段階を提唱している。ひとりは思考一般にかんする発達段階を，ひとりは道徳的推論にかんする発達段階を，もうひとりは社会的状況における視点取得にかんする発達段階を説いたのである。このうちのひとつの種類の推論，たとえばコールバーグの道徳的推論が必要条件となって，ほかの種類の思考を成り立たせているとは言えないようだ。トーネイ-パルタ（Torney-Purta, 1990）は，この領域での研究を概観して，異なった領域の思考は互いに明瞭に区別されているが，関連し合ってもいると述べている。アイゼンバーグ（Eisenberg, 1990）は，コールバーグの研究は，ある特定の道徳判断にかかわっているだけだと考えている。すなわち，規則や法律や形式的義務が中心となる道徳的ジレンマについての判断だけである。そこで，アイゼンバーグ自身は，形式的な指針や義務ではなく，自分の欲求がほかの人の欲求と対立するような道徳的ジレンマに関心を向けた。彼女はこれを向社会的道徳推論と呼び，2つのタイプの推論は，互いに関連し合っているとしても，別々のものであると考えた。しかしセルマンが略述しているように，アイゼンバーグは，向社会的道徳思考と社会的視点取得とのあいだに相関があると報告している。青年期における政治的推論についての研究は，大方の見るところ，ほかの理論的諸立場とほとんど重複していないので，まず政治的思考を検討し，次にアイゼンバーグなど向社会的推論の発達にかんする研究を見ていくことにしよう。

　政治的推論の領域でこれまで行われたもっとも想像力に富んだ研究のひとつに，アデルソンとその共同研究者が行ったものがある（Adelson and O'Neill, 1966 ; Adelson *et al.*, 1969）。彼らは，異なる年齢の若者たちに次のような問いを与えることで，政治的観念の発達というテーマに迫った。「次のような状況

を想像してください。ここにある1,000人の男女が,自国で行われている政策のやり方に不満を抱き,太平洋の島を買って,そこに移住することに決めました。さてその島に着くと,彼らは法律をつくり,統治のやり方を決めなければならなくなりました。」アデルソンたちは,このようなやり方で,一連の重要な事柄にたいする青年のアプローチのしかたを究明した。アデルソンたちは,どのように政府をつくるべきか,その目的は何か,法律や政党をつくる必要はあるか,少数派の人々をどのように保護するか,などの質問をした。調査者は,さまざまな法律を提案し,公共政策の典型的な問題を究明した。主たる結果は,2つの点にまとめられるだろう。すなわち,年齢とともに思考様式が変化すること,権威主義的態度が減少することである。まず思考様式にかんしては,具体的思考から抽象的思考への移行が顕著に認められた。これはピアジェとその後継者の研究とも一致する知見である。たとえば「法律の目的は何か」と聞かれたときに,ひとりの12歳児はこう答えた。「もし法律がなかったら,人々はお互いに殺し合うようになってしまうから。」これに対して,16歳の青年はこう答えた。「安全を守り,政府に強制力を与えるためです。」また別の青年はこう述べている。「法律は基本的に人々の指針です。これは間違いだとかこれは正しいということを決め,人々にそれを理解させるためです。」(Adelson, 1971)。

　ここで観察されたもうひとつの重要な移行は,政治的問題に対する権威主義的な解決法の減少である。12〜13歳の典型的な年少の青年は,こうした問題にはひとつの解決法しかないわけではないこと,個人の行動や政治的行為は必ずしも絶対的に正しいとか間違い,あるいは善とか悪と言えないことが,まだ理解できないようであった。この段階では,政治的判断を行う際に,道徳的相対主義の概念はまだ使うことができなかった。法律違反や,たとえ軽微なものであっても社会的逸脱に直面したときに,年少の青年が典型的に用いる解決法は以下のとおりである。

　　…単純に犯罪や逸脱を行う者に負担金を引き上げることである。つまり,警察を増
　　強し,罰金を厳しくし,懲役期間を長くし,もし必要なら処刑を行う,ということ

である。犯罪や罰にかんする一連の質問に，彼らは一貫してただひとつの解決法，すなわち罰を提案し，もしそれが十分でないときは，罰を厳しくすることを提案した。この年齢の子どもは，悪い行いというものは何かより深いことがらから出てくる徴候なのかもしれず，間接的方法によって抑えられることもあるのだということを，まだきちんと認めることができない。人道的方法による矯正や社会復帰といった観念は，青年期前期の段階にあっては，ほんの少数の者によって言及されるにすぎないのである。

(Adelson, 1971, p. 1023)

これに対して，14～15歳になると，どのような問題にかんするさまざまな側面についてでも，より意識できるようになり，通常は相対的なものの見方をすることができるようになる。思考はより仮説的で，批判的で，実際的になり始める。

法律を提案する，あるいは社会政策を変更するという問題にかんして，彼は，見えるもの以上のものがそこにあるかどうかを吟味する。誰の利益が尊重され，誰の利益が損なわれるのか？　今や彼は，法律や政策というものは，対立するさまざまな利害や価値を調整しなければならず，目的と手段とはバランスが取れていなくてはならず，短期的な善は潜在的で長期的で間接的な結果を考慮に入れて査定されなければならないことを理解するようになる。

(Adelson, 1971, p. 1026)

アデルソンと共同研究者は政治的思考の成長にかんする発達段階理論を打ち立てはしなかったが，上述したことから明らかなように，具体的思考から抽象的思考へ，また絶対的推論から相対的推論への変化は第3章で述べた研究結果とも一致している。ところが，アデルソンの研究以降，このテーマにかんしては少数の研究が散発的に行われただけであり，とくに1970年代，80年代に現れてきた関心事についてはほとんど研究が行われてこなかった。この点はトーネイ-パルタ (Torney-Purta, 1990) の展望論文でも強調されている。しかしながら，共産主義の崩壊やドイツの再統一といったヨーロッパでの政治的出来事は，1990年代の社会科学者に新たな刺激を与えることとなった。こうした事情はい

くつかの重要な共同研究や異文化比較研究を生み出し，この領域を再活性化することになったのである。

　研究者が扱った問いには，東西ドイツの若者が社会変動をどう受け取っているかについての比較（Noack et al., 1995），右翼イデオロギーや外国人排斥態度の起源についての関心（Kracke et al., 1998），さまざまな国における向社会的および反社会的態度の研究（Trommsdorff and Kornadt, 1995），ドイツとアメリカにおける権威主義的態度の調査（Rippl and Boehnke, 1995）などがある。概して，これらの研究結果は，国や政治的文脈の違いよりも，世代間の相違や男女の違いのほうが大きいことを示している。たとえばノアクら（Noack et al., 1995）は，社会変動に対する態度についての青年と親との違いは，家族が東西ドイツのどちらの出身かということよりも大きいと結論づけている。若者は，再統合の過程について，親たちよりも楽観的であった。同様に，リップルとボーンケ（1995）は，アメリカ，東ドイツ，西ドイツのあいだでは権威主義的態度にかんしてほとんど違いがないことを見いだしている。彼らは次のように結論づけている。

> 本研究の中心的な結果は以下の通りである。権威主義的性格は，本研究で扱った3つの文化のどれにも存在すると思われる。社会主義体制が西欧民主主義よりも明らかにより多く権威主義的性格を生み出すというはっきりした証拠は得られなかった。性役割にかんする社会化は，政治体制の意図的な教育よりも影響力がある。そして青年期は，権威主義的態度のレヴェルの変化をもたらす「熱い時期」であると思われる。
>
> 　　　　　　　　　　　　　　　　　　　　　　　　　　　　　　　（p. 66）

　これらの結果は，男子は女子よりもより権威主義的であること，またアデルソンが指摘したように，権威主義的思考は青年期をつうじて減少していくことを示している。東西ドイツについての多くの研究は，政治的変化に関連する社会化の担い手として，家族の役割に焦点を当てた。たとえば，興味深いことに，ドイツ再統一において若者の健康に影響を与えた要因のひとつは，若者の両親がこの出来事に対してどの程度の不確実感をもっていたかであった（Noack and Kracke, 1997)。もちろん家族は社会化のもっとも重要な担い手のひとつであるが，この領域での態度や価値が直接に伝達されるわけではない。ジェニングスとニエミ（Jennings and Niemi, 1971）によれば，両親と若者は政治的所属が類似しているが，この種の類似性はある文化においてほかの文化よりも強かったりする（Jennings and Niemi, 1981）。しかし，上に引用したヨーロッパの研究から明らかなように，世代間の違いというものがあり，またジェンダーなどほかの要因のほうが親の影響よりも影響力をもつことがあるのである。

　社会化の担い手としてはほかに，メディアと学校のカリキュラムをあげることができる。研究者は，この両者の影響力に関心を向けてきたが，その調査結果はさまざまである。コネル（Connell, 1971）は，メディアの影響力はそれが地域の出来事にかかわるとき最大になることを示した。若者は国家の出来事よりも地域情報にいっそう大きな興味を示したのである。これに対し，シーゲルとホスキン（Sigel and Hoskin, 1981）は，社会科の学習が政治的知識におよぼす影響はさまざまであり，それは生徒の過去の経験やこの学科への興味によって決まることを報告している。ほかの国においてと同様，イギリスにおいても，研究が示すところによると，政治的知識を決めるおもな要因は年齢である。生徒の年齢が上がるほど，政治的知識も増える。もっとも，政治的知識を問うテストをすると，若い男性のほうが若い女性よりも成績がよい傾向があるのも事実である（展望は，Fraser, 1999を参照）。考慮されるべきもうひとつの要因は，学業成績である。学業成績が良好なほど，それだけ政治に対する知識や興味や参加の度合いも高くなるからである（Banks *et al.*, 1992）。最後に，若者の政治に対する知識は非常に玉石混淆であるようだ。青年は政治についてはほとんど何も知らないとする見解がある一方で，ニエミとジャン（Niemi and Junn, 1996）によるアメリカでの最近の研究は，生徒は，政党や政治史については疎いが，公民権や刑法や地方自治体について尋ねられるとよく答えられることを示している。つまり，予想されるように，人はその本人にとって個人的にかかわりの深い事象についてはより多くの知識をもつものである。

　政治的知識および政治的思考について見てきたので，ここで向社会的推論について少し考えてみることにしよう。すでに記したように，アイゼンバーグと

共同研究者（Eisenberg, 1990 ; Eisenberg et al., 1995）は，形式的構造や指針のない文脈における向社会的推論を探究した。たとえばある物語では，ひとりの女の子は，パーティーにとても行きたがっているが，マリーというほかの少女の助けなしには行けない。回答者は，マリーは助けを必要としている女の子を助けるべきなのか，あるいは助けるべきではないのか，その理由を言うように求められる。回答は以下の5つのカテゴリーにしたがって評定される。

1　快楽主義。「それは，マリーがパーティーをどのくらい楽しみにしているかによります。」
2　必要志向。「それは，その少女が本当に助けを必要としているかどうかによります。」
3　承認志向。「それは，マリーの両親や友達がマリーは正しいことをしたと考えるかどうかにかかっています。」
4　ステレオタイプの反応。「それは，マリーがそのことを親切なことと考えるかどうかによります。」
5　共感的視点取得。「それは，マリーが助けたか助けなかったかで，自分のことをどう感じるかによります。」

　アイゼンバーグと共同研究者は，青年期から成人期前期に至る縦断的研究を報告しているが，そこでは年齢段階によって推論のタイプに明瞭な違いが見られることを示している。要約すると，快楽主義的推論は青年期のあいだに減少していくが，成人期前期にわずかに増加することが示された。必要志向とステレオタイプ反応は年齢とともに減少したが，視点取得のような高次の推論の何種類かは，青年期から成人期前期にかけて増加した。推論の全般的な水準は，女性のほうが男性よりも高かった。そして向社会的推論のいくつかの測度と視点取得とのあいだにある程度の相関が認められた。
　これと類似のアプローチであるが，異なった手だてを使ったものに，ボーンケら（1989）およびシルバーライゼンら（Silbereisen et al., 1991）の異文化間比較研究がある。シルバーライゼンら（1986）によって開発された向社会的動機

質問紙（Prosocial Motivation Questionnaire）は，次のような物語を使っている。「天気のよい日です。放課後，あなたは外出して友達を訪ねます。友達は両親が家の掃除をするのを手伝っています。まだしばらく時間がかかりそうなので，あなたは友達が掃除するのを手伝うことを決心します。あなたがそう決めた理由はなんでしょうか？」回答は，アイゼンバーグの方法論と同様のやり方で評定された。すなわち，快楽主義と自己利益，同調性，課題志向性と他者の欲求への志向性に分けられた。11歳から18歳までの若者が，ポーランド，西ドイツ，イタリア，アメリカの4カ国で調査された。その結果，いわゆる「外発的」動機（快楽主義と自己利益）はもっとも少なく，内発的動機（課題志向性および他者志向性）がもっとも好まれた。同調性はちょうど両者の中間であった。快楽主義，同調性ともに年齢とともに減少し，課題志向だけが発達とともに増加した。

性差は，12歳以降，明瞭になった。すなわち，女子のほうがより高い内発的動機づけを示したが，これはアイゼンバーグの結果と軌を一にしている。最後に，4カ国のあいだには，発達のパターンや，さまざまな年齢段階での反応のタイプにかんして，強い類似性が見られた。著者は，向社会的推論における通文化的一貫性（訳者註：国や文化の違いを超えて一貫して認められる共通性）は，発達傾向が政治的，社会的文脈に依存しているというよりも，むしろ規範的であることを支持しているように見えると指摘している。東西ドイツの若者の政治的思考を比較した場合も，同様に考えられた。

　この節の最後に，思考や推論の水準は向社会的行動への関与と関係しているかどうかという問題を考察しておこう。アイゼンバーグら（1995）は，ボランティア活動，援助活動，慈善団体への募金といった行動が，向社会的道徳推論とどうかかわっているかを調べた。結果は，これらの援助行動と推論課題における共感的視点取得反応の得点とのあいだには，全体として相関が見られた。しかしながら，ある年齢における相関はほかの年齢での相関よりも弱く，アイゼンバーグもすでに認めているように，この領域においては明らかにまだ研究すべきことがたくさんある。イェーツとユーニス（Yates and Youniss, 1999）が指摘するように，このテーマについてはほかにも研究が行われてきている。しかしながら，その大部分は青年というよりも大学の学部生に焦点を当てており，

そしてどの研究も非常に異なった方法論を用いている。思考と行動との関連は，疑いもなくさらなる研究を必要とするテーマである。若者に想像上の物語場面で反応を求めるのは比較的容易であるけれども，こうした反応が現実の行動と関係するかどうかを示すのは明らかにもっと難しいのである。社会的行動に参加したり従事したりする若者についていろいろなことを教えてくれる研究は増えつつある。しかし，発達心理学者によって研究されている思考が，このような行動と結びついているかどうかは依然として未解決の問題である。

社会的行為

　社会的行為や政治的活動への青年の関与は，感情がからんでくるテーマである。一方では，大人は若者の無気力や若者のあいだにおける疎外について心配している。これらの現象が，民主主義制度の不健全さを反映していると信じているからである。ある種の向社会的行動に従事することは，いかなる総合教育プログラムにおいても欠かせない要素であると信じている人々もいる。最初に私たちは，恵まれない若者のグループが社会的排斥の対象となることへの不安が広がっていることを指摘したが，政策責任者のなかには，この問題への取り組みを決意している人々もたしかにいる。加えて，今日の若者はこれまでの若者に比べてより人種差別主義的であり，反権威的であり，自己中心的であるので，社会奉仕や政治的活動への参加を促すことで，こうした社会的に不和を生むような若者の態度を緩和できるのではないかと考えている人たちもいる。他方，政治活動，抗議運動，キャンペーン運動に携わる若者に焦点を当て，こうした活動への関与は政治的安定を脅かすものだと見る人もいる。これらの意見はどれも，この領域で若者が演じうる役割を考えるうえで重要なものであるが，私たちはここではこれまでに行われてきた研究のいくつかを集中的に考察し，また地域社会への若者の参加を増やそうと努めている人々の見解を見ていくことにしよう。

　私たちは最初に，社会奉仕について証拠となる事実，すなわち，アメリカやほかの国々で「奉仕学習」として知られているものについて考察しよう。この

領域の研究者によって，3つの問いが提起されてきた。第1の問いは，こうした奉仕活動の参加者の性格や動機についてである。第2の問いは，参加することの効果についてである。第3の問いは，ある種の奉仕活動への関与の過程についてである。これらの問いの各々を，この順序で見ていくことにしよう。参加者の性格にかんしては，もっとも一貫した知見は，家族の態度と若者の行動とに関連があるということである。フラナガンら（Flanagan et al., 1999）は，7カ国にわたってボランティアの研究を行い，ボランティア活動の水準にかんしては国のあいだの違いはほとんどないこと，しかしボランティアと非ボランティアとを区別する変数として，家族の倫理観があることを示した。両親が他者への奉仕に対する強い信念を持っていればいるほど，その子どもが向社会的活動に参加する率は高かったのである。さらに，何人かの著者（たとえば Yates and Youniss, 1999）は，向社会的行動に従事する若者は，そうでない若者よりも，同じく向社会的行動に打ち込む両親をもつ率が高いことを示した。

　ハートとフェグリー（Hart and Fegley, 1995）は，このテーマをさらに追求し，「社会奉仕の模範生」とみなされたアフリカ系アメリカ人およびラテン系アメリカ人の若者を調査して，興味深い研究を行っている。これらの若者は，地域社会，とくに通常は貧困に苦しむ近隣地域に対する非常に献身的な奉仕活動のゆえに調査協力者として選ばれた。その結果，社会奉仕の模範生とそのほかの若者とのあいだに，道徳判断のレベルにかんしては違いは見られなかったものの，自分自身についてどう考えているかについては大きな違いが見られた。模範生は自分の個人的な信念や哲学についてよりはっきりとした考えをもち，自分の理想や両親の役割モデルを自己イメージのなかに具現化しようとする傾向が強かった。

　社会参加の効果についての問いに目を転じると，ケース（Keith, 1994）がこのテーマについて行った展望が大変役に立つ。この展望論文は，校区での社会奉仕の効果を調べた研究を紹介している。たとえば，バチェルダーとルート（Batchelder and Root, 1994）は，奉仕学習プログラムを体験した生徒は，意思決定や向社会的推論，アイデンティティ発達において勝っていることを報告した。ジルとアイラー（Giles and Eyler, 1994）は，奉仕プログラムの参加者には，

主体的行為者の感覚が強まることを示している。ブリル（Brill, 1994）は，こうした社会参加が，障害をもった青年の孤独感を減少させることを示した。またこのほかいくつかの研究が，個人的有能感，学業成績，社会的つながりにおける改善を報告している（展望論文としては，Conrad and Hedin, 1982；Johnson et al., 1998；Yates and Youniss, 1999を参照）。このように，さまざまなタイプの奉仕プログラムに参加する経験をもつことが，若者の社会的，心理的スキルに対して影響力をもつことは明らかである。また研究結果によれば，参加の過程も青年の発達のしかたに影響を与える。青年は奉仕活動に従事するなかで，新たな挑戦の体験，責任感の上昇，達成感などを報告することを多くの研究者が指摘している（たとえばHart et al., 1996）。ジョンソンらが行った研究（1998）は数少ない縦断的研究のひとつであるが，ボランティア活動に参加した青年は参加後しばらくして面接したところ，地域社会を重視し，自分の個人的なキャリアの追求を重視しなくなることが示された。

イェーツ（1995, 1999）は，ワシントンで貧困に苦しんでいる人のための給食サービス施設で働く経験が若者にあたえる影響についての研究を行った。量的ならびに質的方法によって，彼女は，若者のアイデンティティ発達および世界観の両方に生じた大きな変化を伝えている。この経験は，疑いなく高度に教育的意味をもつだけでなく，個人のなかに，社会の本質についての重要な問いを，そして社会における自分の位置についての重要な問いを呼びおこすうえでも大きな影響力をもつ。このことは，次の引用がありありと伝えている。

> 私がサンドイッチを給仕していたとき，Gという気のいい仲間が来て，私のクラスメートや私が時間を割いてホームレスの人々の面倒を見ていることに本当に感心していると言ってくれたとき，私は喜びで心がきらめくのを感じました。私がサンドイッチを運んでいって私が給仕している人々からお礼の言葉をもらうたびに，私は自分が尊重されていると感じましたし，自分があのホームレスの人々と同じ人間として，この世界で居場所があると感じたのでした。私はクリスのような人のことを言っているのです。彼は多くの能力をもち，快適さや援助への願望をもっていますが，でもそこ（施設）にいるのです。（中略）給食施設は私にとって貴重な体験でした。なぜなら私ははるかに幸福であると感じさせてくれたからです。
>
> （Yates, 1995, p. 68）

どんなタイプの人であっても，給食施設に行かなければならなくなることはあります。老人であろうと若者であろうと，黒人であろうと白人であろうと，肌の色の濃い人も薄い人も，きれいな顔の人も汚い顔の人も，ひげを生やしている人もいない人も，とにかくあらゆる種類の人々がそうです。給食施設で私が自問した問いは「なぜ」ということでした。どうして背広を着てネクタイを締めた人が給食施設に来るのだろう。会社のため？　それとも必要に迫られて？　いずれにしても，私は誰かが給食施設にいなければならないとは思いません。給食施設など必要ないにこしたことはないのです。しかしリストラや希望のもてない状況のなかで，人々は自分が欲していないことをするように強いられています。今日，私は以前に会ったことのある男の人を見ました。彼は私に話しかけず，ただ手を振っただけでした。それが，彼が私のことを覚えていてくれたということを意味するかどうかはわかりません。しかしもし覚えていてくれたとしたら，これはひとつのサインです。つまり，私が誰かほかの人の生活にふれたというサインです。悲しいのは，彼がいまだに施設にいて給食を受けているということでした。(中略) 私は自分が見た人々とその顔について，いろいろ考えました。私は新たに入ってくる人に，より注意を向けるようになりました。私たちのうちのもっともすばらしい人々にこういうことが起こりうるという事実が，私を打ちのめしました。

(Yates, 1995, p. 72)

　社会参加の効果について，クイン (Quinn, 1995) は有益な展望を行っているが，そのなかでクインは，地域社会活動への参加，とくに貧困地域での活動は，高リスク行動の水準を下げる効果がありうるということを強調している。ラーソン (Larson, 1994) によってアメリカで行われた研究は，こうした効果について実証的な証拠を提供している。ラーソンは，ありうる参加の形態として，スポーツ活動への従事，芸術や趣味への没頭，学校外組織やクラブの会員となって活動することの3つをあげている。この研究で著者が示しているもっとも注目に値する結果は，組織への参加活動と非行とのあいだに負の相関が見られたことである。これはとくに年長者において顕著であった。この相関関係は，図11.1に示してあるが，図11.1を見ると，非行への関与と組織活動への参加はそれぞれ年齢間で比較的安定しているが，両者の関係では負の相関は16～17歳（アメリカの学校では11～12学年）のころがもっとも強いことがわかる。類似の結果はスポーツ活動についても見られたが，相関はこれより弱かった。この調査

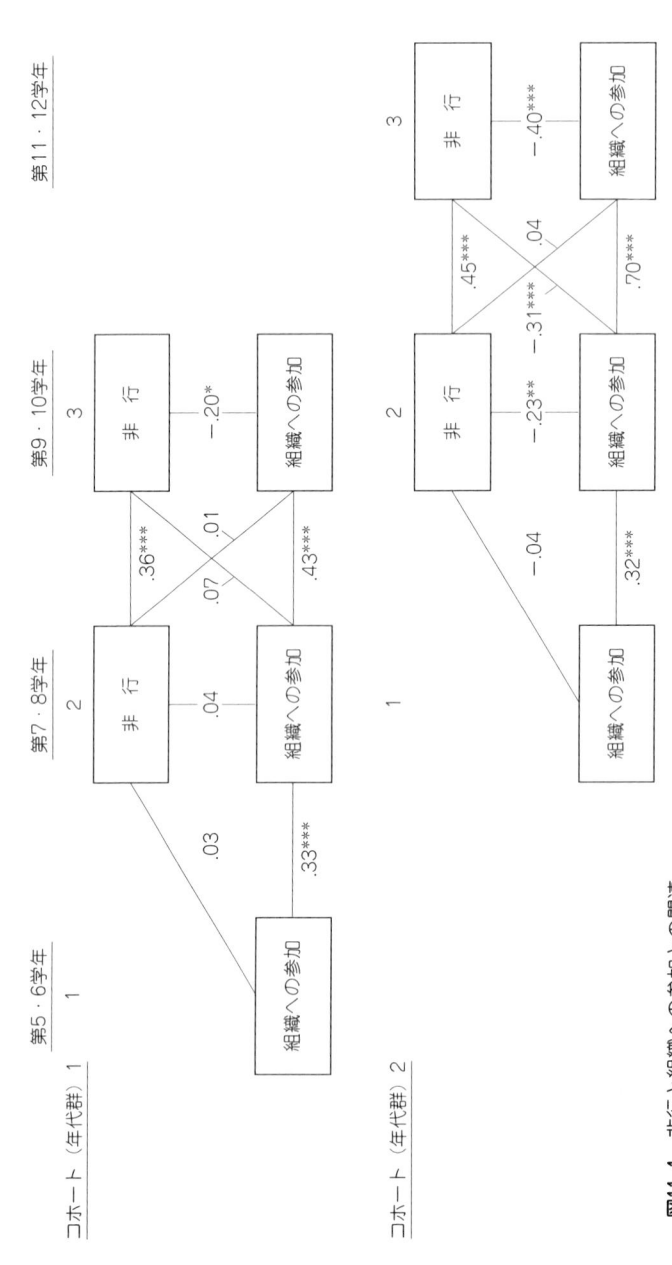

図11.1 非行と組織への参加との関連
注：* $p < .05$; ** $p < .01$; *** $p < .001$
出典：Larson (1994)

から，社会参加は若者に好ましい影響を及ぼすことがうかがえる。これはおそらく，社会活動が，反社会的行動に陥るのを防ぐ緩衝効果をもつからであろう。

さてここで，政治的活動への参加へとテーマを移そう。この領域での参加のひとつの指標は投票行動である。そしてこれは，今日の若者に「無気力」のレッテルを貼らせるもっとも有力な証拠となっている。イギリスで最近行われた研究は，1992年の選挙では25歳以下の45％が投票に行かず（Wilkinson, 1996），1997年の選挙では同じく25歳以下の50％が投票しなかった（British Youth Council, 1998）ことを示している。しかしながら，多くの研究者が指摘しているように，伝統的な政党政治への関心は，政治問題への一般的な関心と同じではない。バイナーら（Bynner *et al.*, 1997）とローカーら（Roker *et al.*, 1999）はともに，今日の若者は環境，福祉，人権といった問題に関心をもち積極的に関与しているが，政府の政策が彼らの生活にとってとくに重要だとは見ていないという事実を強調している。多くの報告では，若者は政治に関心がない（Banks *et al.*, 1992）とか，政治テーマについて自信をもって語るだけの十分な知識がない（Bhavnani, 1991）と言われているが，事実は，以下で見るように，青年は政治問題ひとつについても，高い理想主義と積極的関与をもっているのである。

若者の政治参加について，ハケット（Hackett, 1997）は重要な指摘を行っている。第1に，政治参加は，政治の行われるしくみについての知識や意識のレベルと必然的に関連していることを指摘している。ハケットによれば，若者が関心をもつ重要な政治問題についての知識を増やすためになすべきことは多くある。この点については，あとで愛他心についてのローカーの研究を見る際に，もう一度ふれるつもりである。ハケットが指摘する第2のポイントは，教育や雇用制度の近年の変化は，若者が地域社会に関与する時間を奪ってしまっているということである。多くの若者は，職業訓練や教育を受けるほかにアルバイトをしており，時間と金銭両方の制約が，自由な活動の機会を制限してしまっている。第3に，大人の視点から見た場合に若者の政治参加が問題となる点のひとつは，それが力のバランスの変化をもたらすということである。もし大人が若者にこうした重要な事柄に参加するのを許すとすれば，それは大人が若者

に対してもっていたコントロールをある程度譲り渡すことになるため，多くの大人にとって受け容れがたいことである。しかしながら，そのことによるメリットは，大人と10代の両方にとって甚大なものである。それは，青年の人権グループに参加したひとりの若者が次のように語っていることからも明らかである。

> そうしてそれは僕のところにやってきた。それはグループが方向づけたことだった。グループが始まる前は，自分が方向づけるということは単に頭のなかのことでしかなかった。このグループがそれを実践に移してはじめて僕たちは，このグループの運命は僕たち自身の手中にあるのだということ，労働者や児童救援基金や児童権利同盟などではなく，ほかならぬ僕たち自身の手に握られているのだということを悟った。それは僕にとっては，畏れを呼びおこすような感情だった。弱冠17歳で，僕は大人の影響をほとんど受けずに決断を下したのだ。僕は責任を感じたが，それは何という快い感情だったことだろう！
>
> (Hackett, 1997, p. 86)

　種類の異なる社会参加や社会活動を横断して行われた重要な研究のひとつに，ローカーと共同研究者によるものがある（Roker *et al.*, 1997, 1999）。この研究には，イギリスの地理的および社会的に異なる3つの学校に通っている14歳から16歳までの若者が参加した。1,000人以上の10代がこの研究に参加したが，結果は，何らかの形での向社会的活動への参加は高いレベルにあることを示している。表11.1は，過去1年間のあいだに，40％以上の若者が請願書に署名し，70％が慈善募金を行い，30％以上が慈善活動に援助を行っている。この活動のなかには学校によって組織化され支援されたものもあったが，多くは学校の関与なしに行われた。参加の水準にかんしては，3つの学校のあいだにほとんど違いは見られなかった。

　155人の若者は調査協力者全体の約13％を占めるにすぎなかったが，キャンペーン組織のメンバーであり，小さいが重要なグループであった。これらの組織は多種多様であったが，そのなかには，残虐スポーツ反対連盟，アムネスティ・インターナショナル，鳥類保護王立協会，ワールド・ビジョンなどが含ま

表11.1 過去1年間に行ったボランティア活動およびキャンペーン活動の頻度

(活動ごとの%)

活動内容	1度以上した		1度した		しなかった	
	人数	%	人数	%	人数	%
請願書への署名	476	41.1	332	28.7	349	30.2
慈善活動の手伝い	383	33.1	386	33.3	388	33.5
公共の集会への出席	112	9.7	212	18.3	833	72.0
慈善募金	813	70.3	221	19.1	122	10.6
パンフレットの配布	214	18.5	227	19.7	714	61.8
レッド・ノーズ・デイ(慈善の日)への参加	338	29.2	407	35.2	410	35.4
決起集会や行進への参加	66	5.7	128	11.1	961	83.2
国会議員に手紙を書く	53	4.6	133	11.5	971	83.9
環境団体の活動への参加	77	6.6	180	15.5	901	77.8
第三世界のための慈善行事への参加	166	14.4	339	29.3	651	56.4
年少の子どもへの援助	239	20.7	276	23.8	641	55.4
ボイコット運動	408	35.3	278	24.0	471	40.7
学校でのキャンペーン活動	249	21.6	443	38.4	463	40.0
地域でのキャンペーン活動	155	13.4	397	34.3	605	52.3

出典: Roker *et al.* (1997)

れていた。146人の若者は，定期的な毎週のボランティア活動に参加していた。こうした活動には，ボランティア青年ワーカーとしての仕事，オックスファムへの援助，自然保護活動，年少の子どもの世話などが含まれていた。このグループの約4分の1が，親やきょうだいが参加しているので自分も参加するようになったと答え，17%は友達が参加するようになったのがおもな理由だと答え，20%は教会や青少年クラブなどの団体の会員である関係でこうした活動に参加するようになったと答えている。結果が示すところでは，女子は男子よりも活動的であるという性差は見られたが，少年のなかにも高い関与をする者がいた。さらに，イメージの問題は男子にとってより顕著であった。男子は女子よりも，仲間からの批判やからかいによって，やる気を失いやすかったのである。民族的マイノリティの出身者は，家族の反対とか人種的ハラスメントや虐待の有無などによって，特別の困難を経験していた。最後に，場所の問題も重要であることがわかった。田舎の出身者は，移動や距離の問題からこうした活動に参加するのに，より大きな困難を感じていた。

　この研究の結果は，向社会的行動というものは，たんに個人的変数によって

決まるものではなく，文化的，社会的，実際的変数によっても影響を受けるということを示している。青年における地域社会への奉仕や社会活動を十分に理解しようとするなら，今後の研究は，こうした要因を考慮に入れておく必要がある。上で概略を述べた研究で報告されているように，ここから明らかなのは，向社会的活動への関与は，個人の自己概念にも甚大な影響を及ぼすということである。以下の２人の若者が，この点をうまく明らかにしている。

> 僕にとって，それはとても気持ちがいいことなんだ。僕はそんなに…その…僕はそんなに学校の成績が良くない。でもクラブ（年少の子どもたちにスポーツを教える活動）では，僕は専門家だ。僕はものを知っている人間なんだ。年下の子どもたちは僕を尊敬してくれるけど，それは僕を本当にいい気持ちにしてくれる。そして，わかるでしょう，僕は子どもたちを組織し，援助し，勇気づけてあげなくてはならないんだ。これは本当に専門的技術なんだよ。
> 　　　　　　　　　　　　　　　　　（15歳の男子。Roker *et al.*, 1997, p. 199）

> そうだわ。アムネスティでの活動は私に大きな影響を与えたわ。同じことのために働き，お互いに相手を心配して気をつかい合っている仲間たちと一緒にいるのは，とても気持ちがよかった。同時に私は自分が重要だということも感じることができた。私たちの年齢でインドネシアの王様に手紙を書き，政治犯についてたずねることのできる人なんてどれほどいるかしら？
> 　　　　　　　　　　　　　　　　　（15歳の女子。Roker *et al.*, 1997, p. 199）

　こうした形態の活動に従事することは，すべての若者にとって重要であるが，とくに何らかの意味で社会から疎外されている若者たちにとっては重要である。ローカーら（1998）は，その研究を障害をもった青年のグループにも広げ，彼らにとって可能な社会活動の機会を探究し，こうした活動がほぼ同じ効果をもつことを確かめた。障害者の権利擁護団体のためにキャンペーン活動をしているひとりの障害をもった女子は次のように言っている。

> 私は自分が大きくなったように感じるわ。だって，以前には決してしたことのなかったようなことを，したり試したりできるんですもの。あなた（面接者）にこれま

で話したことがなかったように,自分についてこんなふうに語ったことはこれまで決してなかったわ…

(Roker *et al.*, 1998, p. 737)

　この章の初めで,思考と行為の関係にふれて締めくくると言っておいた。認知過程,つまり青年期における道徳的ならびに向社会的推論の発達を探究しようとしている人たちと,社会的行為に関心がある人たちとのあいだには,たしかに興味のズレがある。両方の研究は近年それぞれ大きな進歩を見せたが,この2つの領域を結びつけようとする試みはこれまでほとんどなされてこなかった。その結果,私たちは推論と行為との関連性についてまだあまりわかっていない。ひとつはっきりしているギャップは,社会参加が向社会的推論に与える効果についてである。社会参加の経験は,認知発達を促進するだろうか。個人的主体性,有能感,アイデンティティそして自尊感情が社会行為への関与によって影響を受けることは明らかである。しかし,向社会的推論についてはどうだろうか。同様に,自発的活動者と非自発的活動者での知的発達にかんする比較もほとんどなされてない。この研究領域は,社会に焦点を当てる研究者と個人に焦点を当てる研究者とがより密接に協力することによって益を受けるだろう。思考と行為とが密接に関連し合っていることは疑いない。研究に求められている課題は,この両者の関連性をより体系的に明らかにしていくことである。

実践への示唆

1. 最近の研究は,一般に考えられているよりも多くの若者が向社会的活動に従事していることを明らかにした。実際に,特定の環境のもとでは,10代は個人的あるいは理想主義的理由からこうした活動に参加する。その際,必ずしも親や学校の教師に伝えたりはしない。かなりの数の若者が,他者の利益や地域社会のための活動にかかわるようになっているという事実はもっと広く知られてしかるべきである。この年齢に愛他的ないし向社会的行動が多く見られることは,とかく青年の

特徴とされがちな否定的な固定観念を緩和するものと考えられる。
2. 愛他的ないし向社会的な活動に関与することが若者にとって大きなメリットがあることは明白である。短期的には，それは自尊感情を高め，アイデンティティの発達を助け，教育と仕事の両方において新たな可能性を開くものである。研究が示すところによれば，ボランティア活動に従事することは青年にとって長期的にもメリットがある。それはとくに，より地域社会志向的で，脱自己中心的な価値観を形成するという点においてメリットがある。
3. この領域の研究が示すところによると，ボランティア活動やキャンペーン活動への関与を促進するうえで，家族が決定的な役割を果たす。しかしながら，若者がこうした活動に関与するための機会を提供するうえで，学校や地域社会の果たす役割も無視できない。学校や地域社会がこうした活動の機会の提供やその広報に積極的なところでは，若者の向社会的活動への関与の度合いも高いのである。
4. ボランティア活動やキャンペーン活動に従事することは，その境遇や能力にかかわりなく，すべての若者にとって有益である。障害があってなおかつ向社会的活動に参与している若者についての研究が示すところでは，自分自身が社会から疎外されていると感じている若者にとっても，こうした活動によって同じくらいのメリットが得られることがわかっている。青年に他者へ奉仕する機会が多く与えられているほど，青年の人格的，社会的発達へのメリットは大きいのである。

第 12 章
ストレスと対処，適応

ある人々にとって，青年期はストレスに満ちた時期だと思われているようだ。このような人々は，試験のストレス，ドラッグやセックスに関連する仲間からの圧力，仕事や資格についての不安など，今日の若者にとって生活を困難にする多様な要因を取り上げる。しかしながら，地域社会やとなり近所を見回してみれば，多くの青年が生活とじょうずに折り合いをつけ，大人がひるむような問題にもうまく対処し，余暇を楽しみ，試験の準備をしたり受験したりし，情熱をもって労働の世界に入っている。不利な環境に育った青年は不利になるように仕組まれているにもかかわらず，回復したり，対処できることが多い。一見すると，これはパラドクスのようにも見える。青年期という人生の段階は多くのストレスを抱える一方で，若者の資源や能力があることを示す証拠も十分すぎるほどある。この最終章で私たちが解明しようとするのは，まさにこのパラドクスである。

　私たちは若者の順応能力を強調することは非常に重要であると考えるが，しかしそうだからといって，ストレスの影響を過少評価したり，あるいは，青年が成人期に移行していくときに困難や障壁に直面することがあることを軽視したりしようとは思わない。以下で示すように，ストレスといっても，比較的軽微な日常的な悩みから，親を失うといった急性のストレス，さらには持続的ないじめや困窮生活といった慢性的なストレスまで，さまざまなタイプのストレスがある。これらのストレッサーは，種々の人々にさまざまなしかたで影響を与える。ある者はうまく対処できるが，ある者は対処できず，そしてストレスの結果として，さまざまな程度の情動的，あるいは身体的障害を引き起こすこともある。

　他方で，若者の対処スキルについての知見の蓄積が，青年期についての新たな考え方を可能にした。青年期は，もはや「問題の段階」とはみなされない。今日では私たちの関心は，リスクやストレッサーを特定し，青年が日常生活のなかで使う対処の過程を理解するほうに向けられている。こうしたアプローチはとくに重要である。なぜなら，これは障害よりも順応を強調するという別の視点によるからである。このアプローチは，第1章で概略を述べた焦点モデルによく適合しており，また発達的文脈主義を強調する考え方とも一致している。

第 **12** 章　ストレスと対処，適応 | 273

　これらの概念は，これからこの章でストレスや対処過程を解明していくうえで非常に重要になる。私たちは最初に青年期における移行を考察し，この移行自体がどの程度ストレスをもたらすのかを考えてみたい。つぎに，ストレスの性質について議論し，青年期においてこれと関連する要因のいくつかを見ていく。これに続いて，私たちは対処過程を解明し，リスクと回復の問題を考察する。そして最後に，青年期におけるうまい対処とはどのようなものかをもう一度概観して，本章を締めくくることにしようと思う。

青年期におけるストレスと移行

　青年期は伝統的な考え方ではしばしばストレスというものと関連づけられてきた。それは何よりも，「疾風怒濤」の概念で捉えられた。「疾風怒濤」という概念の源流は，シラー（Schiller, F.）やゲーテ（Goethe, J. W. v.）などドイツ19世紀の文学者たちにある。しかしこれを青年期に体系的に適用した最初の人は，G. スタンレー・ホール（Hall, G. Stanley）であり，1904年の古典ともいえるテキストのなかであった。このテキストのなかでホールは，相互に矛盾する傾向のあいだを揺れ動き続ける時期であるため，若者は情動と人間関係の両面にわたって動揺を経験していると説いた。ホールはとくに，どのようにして青年期でいきいきとした快活さが見る間に惰性と無気力にとってかわられるか，どのようにして愛他心と利己主義とが共存しているか，そしてどのようにして同調の欲求と既成の価値観や行動様式に挑戦しようとする願望とが同時に存在するかを説明している。ホールの理論の全体像は，ムース（Muuss, 1996）にまとめられている。

　ホールの著作が出版されて以来，ほかの多くの理論家たちも，この疾風怒濤の概念を用いるようになった。そしてこのことばが青年期の経験を正確に要約しているのだという信念は，私たちの文化に深く根を下ろしているものなのである。しかしながら，1950年代に始まった青年期についての実証的な研究の結果は，疾風怒濤という概念には重大な限界があることを明らかにした。そして研究者たちは多くの時間と努力を割いて，この概念を適切な文脈に置こうと試

みた。バンデューラ（Bandura）の有名な論文「嵐の10年―事実かフィクションか？」(1964) やドーヴァンとアデルソン（Douvan and Adelson, 1966）の主著は，とくに強い影響力があった。もちろん，この同じテーマを扱ったほかの研究の成果も過小評価することはできない（たとえば，Offer, 1969 ; Rutter *et al.*, 1976 ; Coleman, 1978 ; Feldman and Elliott, 1990 ; Jackson and Bosma, 1992 ; Rutter and Smith, 1995）。

　結論においては，これらの研究はみな，おおむね同じことを示した。そこで示されたのは，たしかに少数の若者はストレスに満ち混乱した青年期を体験するかもしれないが，青年の多くは比較的よく適応している，ということである。青年の多くは，家族から疎外されたりせず，重大な精神病理的な障害ももたず，両親とのコミュニケーションが完全に途絶えてしまうということもなく，深刻なアイデンティティの危機を経験することもないということを研究は示したのである。この全般的な結論を反映している研究のよい例が，この年齢集団のストレスと幸福感を検討したシディックとダーシー（Siddique and D'Arcy, 1984）の研究である。彼らは研究結果をつぎのようにまとめている。

> この研究で，調査の対象となった青年の33.5％は，心理的苦悩の症状をひとつももたず，39％は5つ以下の症状（軽微な程度の心理的苦悩）を訴えたにすぎない。他方で，強い心理的苦悩を訴えたのは27.5％であった。つまり多数の人にとって，青年期の移行は比較的スムーズであるが，少数の青年にとっては，それはまさに嵐と動揺の時期であるらしいということである。（中略）多数の青年は，大人とうまくやっており，学校や仲間集団の要求にもうまく対応できている。彼らは自分のさまざまな資源を用いて環境ストレッサーに適応しているが，その際，心理的苦悩の形跡はほとんど見られないのである。
>
> 　　　　　　　　　　　　　　　　　　　　　　　　　　　　(1984, p. 471)

　このように，実証的研究によって，多くの青年について，より広汎な実像を得ることができるようになったわけである。このような証拠に基づいていえば，G. スタンレー・ホールが青年期は疾風怒濤の時代だとした考え方は，誤解を与えるものだと結論づけられるだろう。深刻な動揺は少数の若者によって経験

されているにすぎないからである。人生の一段階としての青年期は，それ自体が本来的にストレスに満ちているわけではない。たしかにストレスに満ちた青年期を過ごす人たちもいる。だから私たちは，青年期がなぜある人たちにとってストレスの時期になるのかを，もう少し詳細に見ていく必要があるのである。

　まず注意すべきことは，青年期を経過するにしたがって，ひとりの個人は非常に多様な出来事や変化や移行を経験するということであり，それらのあるものは，それ自体としてストレスとなるのだということである。これらの潜在的ストレッサーを区別するひとつの有効な手だては，それらを3つのカテゴリーのどれかに分類することである（Hauser and Bowlds, 1990；Rice et al., 1993）。そのカテゴリーとは，規範的出来事，非規範的出来事，日常的な悩みの3つである。規範的出来事というカテゴリーは，すべての若者が経験する出来事のことをいい，たとえば思春期の発達とか，11〜13歳に経験する学校の変化とか，仲間からの圧力などのことである。ここで大事なことは，これらの出来事はすべての若者が直面しなければならないものであるが，通常は比較的予測可能な時期の範囲内で起こるということである。これらの出来事がストレスとして経験されるかどうかは，この後で考察する一連の要因によっている。つぎに，非規範的出来事は，それが個々の若者とかかわり，しかもいつでも起こりうるという点で，規範的出来事とは異なっている。非規範的出来事には，病気やケガ，友人関係の破綻，両親の不和や離婚，親の職業にかかわる困難などが含まれる。最後に，日常的な悩みは，ささいな出来事であるが，それが積もり積もったり，または規範的ないし非規範的出来事のストレッサーと結びついた場合には，かなりの影響を与えることがある。

　この3タイプの出来事を考察するにあたって，それが個々人にとってどの程度ストレスになるかを決めるいくつかの次元について考えてみたい。ライスら（Rice et al., 1993）はその有用な論文のなかで，出来事の数，出来事が起こるタイミング，そして出来事が同時に重なって起こるかどうかなどはすべて，ある個人の経験を決定する鍵になると説いている。まず第1に，ある若者がどのくらい多くの変化を経験するのかということである。変化の数というのはそれだけで，個人のその時点の対処方法に影響を与える。すべての身体的，心理的な

規範的変化に加えて，両親の離婚，転校，友人を失うことなどに適応しなければならない若者は，これらの追加された出来事に対処しなくてもよい若者と比べて，明らかにより不利な状況にあるのである。

　第2に，タイミングの問題がある。これが適応に影響を与えることが明らかな例は，思春期の発達にかんする多様性である。第2章で示したように，若者が思春期に入る時期は個人によってさまざまである。たしかに多数の若者はほかの若者に歩調を合わせて，いわゆる「しかるべき時期」に思春期に入るだろうが，なかには非常に早く，あるいは仲間たちと比べて非常に遅く思春期に入る少数の若者もいる。こうして，「早熟」あるいは「晩熟」の青年は，まだ準備ができていないうちか，あるいは取り残されてしまったという感覚を抱く時点で思春期を経験しなければならないのである。このように，思春期のような規範的出来事のタイミングは，その個人の適応全般に違いをもたらすことになる。タイミングの問題は，同時性の問題ともつながっている。規範的出来事と非規範的出来事とが同時に発生するかどうかは，つねにその個人の対処能力を決定する重要な要因であると見られてきた。潜在的ストレッサーをもたらす出来事が同時期により多く起これば起こるほど，その個人にとって，これらの出来事に対処する資源を見つけることがより困難になる。

　第1章で，グレーバーとブルックス−ガン（Graber and Brooks-Gunn, 1996）の論文にふれ，移行と転換点についての彼らの議論を紹介したことをここで思い出してみよう。要するに，彼らはライスら（1993）と同じことを指摘している。変化の数と，変化のタイミングと，変化の同時性が対処過程を理解するうえできわめて重要であるということは，彼らが同意する観点である。それらはまた，第1章で概要を示した焦点モデルの背後にある考え方にも近い。ライスら（1993）は，青年期前期の発達モデルを提案しているが，このモデルはこれまで述べてきたことを要約している。図12.1に提示したのがそのモデルである。このモデルから，これら個々の変数はどれも対処過程に寄与していることがわかるが，しかしこれらの要因に加えて，個々人の対処反応や，有効なサポートや緩衝効果をも考慮する必要がある。私たちは，ストレスについてのほかのモデルを検討した後で，またこれらの要因に立ち戻るつもりである。

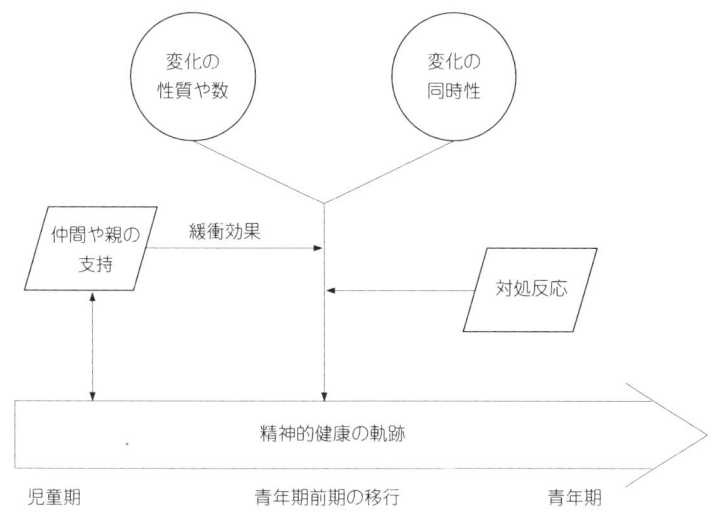

図12.1 青年期前期における発達的移行モデル
出典：Rice et al. (1993)

　ほかの著者たちが潜在的ストレッサーについて多少違った分類のしかたをしていることは注意しておく必要がある。そのよく知られた例は，コンパスの著作のなかに見つけることができる（Compas et al., 1993; Compas, 1995）。彼が述べているように，ストレスとは，それが規範的か非典型的か，強さが大きいか小さいか，慢性か急性か，などといったいくつかの次元に関連して変化するものである。私たちがとくに精神衛生の観点から青年期におけるこれらの出来事の意味を考えたいのであれば，ストレッサーを大きく3つのカテゴリーに分けて考えるのがもっとも役に立つと，彼は論じている。その3つのカテゴリーとは，彼の呼び方を用いれば，一般的ないし規範的ストレス，激しい急性ストレス，重い慢性的ストレスの3つである。

　コンパスが指摘するように，すべての青年は，人生のこの時期を通過するうえで，ある水準の一般的ストレスにさらされているとされるが，これは，規範的出来事を議論した際に，私たちがすでに究明した見解である。しかしながら，コンパスはさらに一歩進めて，急性ストレスと慢性ストレスとを区別する。急性ストレスの例として，親や愛している人の死，ケガや事故などをあげている。

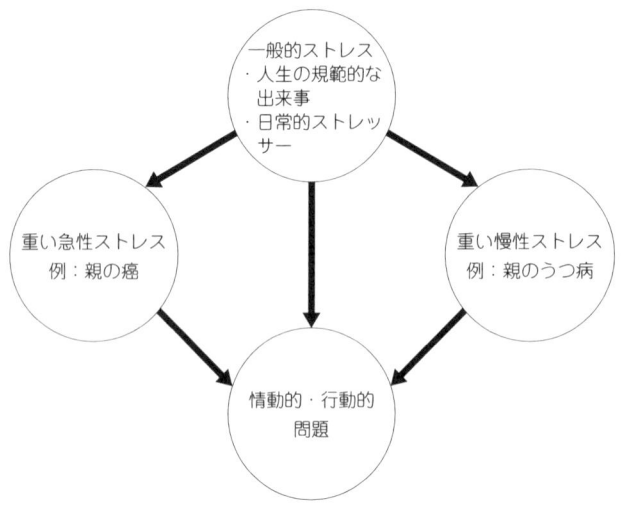

図12.2 ストレスの下位類型：一般的ストレス，重い急性ストレス，重い慢性ストレス
出典：Compas（1995）

慢性的ストレスにかんしては，彼は，貧困や経済的苦境におかれること，人種差別，親の精神病，そのほか長期にわたるストレッサーをあげている。ここで鍵となるのは，コンパスが，異なったタイプのストレスは若者の精神衛生に異なった影響を与えるとしたことである。さらに，もし効果的な介入をしようとするなら，介入はその特定のストレッサーないしストレッサーの組み合わせに適合したものでなければならない，ということである。コンパスによって区別されたストレスのタイプは，図12.2 に図示してある。

　これまで私たちは，若者が経験するようなストレッサーの例をいくつか略述し，タイミングなど，適応に影響を与える要因を考察してきた。強調しておかなければならないのは，青年期の移行は必ずしもストレスに満ちた出来事ではない，ということである。もし適切なサポートが与えられ，また潜在的ストレッサーが重ならないようにうまく調整されていれば，若者は変化に比較的うまく順応すると，つねに言えるのである。ここで重要になるのは，タイミング，同時性，変化の数といった問題であり，焦点モデルが注目するのもまさにこれらの問題なのである。ほかの要因が等しい場合，もし出来事がうまく配置され，

またあまりに多くの出来事が同時に生じるということがなければ，対処はずっと容易になろう。私たちが多数の青年のもつ順応能力を理解できるのは，まさにこのようなモデルによってなのである。

ストレスの原因と関連要因

　これまで見てきたように，ストレスにはいろいろなタイプがあり，前の節で私たちは，若者に影響を与えるストレッサーの範囲を探求し始めたところである。私たちはここでさらに，青年期にさまざまな出来事がどのように経験されるのかを規定する際に役立つ，付加的な要因をいくつか詳しく見ていきたいと思う。その第1は，出来事の媒介変数として知られているものである。ストレスについての文献では，潜在的にストレスをもたらすような生活上の出来事にかんし，それに対する個人の反応を決定するさまざまな媒介変数についてこれまで多くの研究が行われてきた（Lazarus and Folkman, 1991）。もっとも一般に言われている4つの媒介変数は，頻度，予測可能性，不確実性そしてコントロール感である。ここで論じられていることは，どんな出来事でもこれらの媒介変数に応じてさまざまであり，この多様性が，ストレッサーに反応する個人がそのストレッサーをどのように知覚するかを決定するうえで中心的な役割を果たす，ということである。この点を明らかにするために，一例としていじめの被害者になることを考えてみよう。ここでは，この出来事はかなり予測不可能であり，当事者は出来事に対してほとんどコントロール不能であると感じるであろうし，出来事がどのくらいの頻度で起こりうるかにかんしては不確実であろう。そのために，このような出来事は，強いストレスをもたらすと考えることができる。

　ザイフゲ-クレンケ（Seiffge-Krenke, 1995）は，ストレスの決定因として，出来事の予測可能性がとくに重要であることを強調している。彼女の見方では，ある出来事が予測不能であればあるほど，その出来事はより高い潜在的ストレスになる。そのおもな理由は，こうした状況下では予期的な対処ができないからである。ストレスのもっとも高い出来事は，たとえば突然死のように，準備

がまったく不可能であるような出来事である。しかしながら，もう一度いじめの話に戻れば，その個人がかつていじめの被害を受けたことがあるならば，内的にか，あるいは外部からの助けによってか，とにかく何らかの対処をしておくことは可能である。それでも，つぎにいじめが起こるタイミングを予測できないという事実に変わりはなく，それゆえ，準備した対処を実施するのは困難なのである。

　多くの実証的研究の結果から，年齢，ジェンダー，民族といった重要な変数が，個人の経験するストレスのタイプに影響を与えていることが明らかとなっている。年齢にかんして，ラーソンとアスムッセン（Larson and Asmussen, 1991）の興味深い研究が示すところによると，年齢の高い青年は，異性の友人や学校外の活動（仕事，自然環境，余暇）の領域で否定的な感情をもちやすいのに対し，家族や学校の領域では，年齢の低い青年のほうが否定的感情のレヴェルが高かった。ジェンダーにかんしては，多くの研究者が，若い男性と若い女性とではストレスの経験に違いがあることを指摘している。たとえば，コンパスとワグナー（Compas and Wagner, 1991）は，青年期においては女性のほうが男性よりも家族や友人関係や性的関係により多くストレスを感じていると報告している。こうした結果が出るのは，女性のほうがより正直で洞察力があるからではないかという意見がある。しかしまた，女性のほうが男性よりも対人的ネットワークにおける緊張に対してより敏感なのではないかと指摘する研究者もいる（たとえば，Heaven, 1996）。私たちは，対処行動に関連するジェンダーの問題を，次の節でより詳細に見ていくつもりである。

　ストレスに関係したもうひとつの性差は，第7章で述べたように，青年期の若い女性におけるうつの発生率の高さである。ブルックス-ガン（1991）やペーターセンら（Petersen *et al.*, 1991）の研究結果によれば，うつは女性のほうが高い水準にあるが，これはおそらく思春期のあいだ，ないし思春期のあとにおけるホルモンの変化による可能性があるという結論が支持されている。しかしながら，ブルックス-ガン（1991）の研究では，否定的なライフ・イベントも，うつの水準の性差を説明するのに少なくとも同じくらい重要な役割を果たすとされていることも注目しておく必要がある。さらに，青年期の始まりにい

る女子においては，身長や体重やその他の身体的特徴への関心が高まり，それに伴って自分の身体像に対する不満も高まることが，こうした結果を部分的に説明するのではないかとも考えられる（Davies and Furnham, 1986）。民族というのも，ストレス経験に影響を与える変数のひとつである。ムンシュとワンプラー（Munsch and Wampler, 1993）は，アメリカではアフリカ系アメリカ人の青年は，学校からの停学処分や教師とのトラブルを起こすことに対して，ほかの民族出身の青年よりも，より多くストレスを感じることを示した。ヨーロッパ系アメリカ人は，学校場面で課題の遂行のために自分が選ばれることにもっともストレスを感じ，メキシコ系アメリカ人にとってはテストや試験で失敗することがストレスのもっとも高い学校経験とされた。

若者がもちうる一連のストレッサーを指摘したこととかかわって，おそらく，私たちはこのほかにあと2つのことにふれておくべきだろう。それは退屈と孤独感である。これらはいずれも，青年期における困難を引き起こすものとして経験されているだろうからである。最初に退屈を考えてみよう。フライデンバーグ（Frydenberg, 1997）は，オーストラリアで行った10代の青年とのインタヴューのなかで，彼らにストレスをもたらすものとして，しばしば退屈が取り上げられたことを報告している。ある人々にとっては退屈というのは，文字通り何もすることがないという状態から生じているが，ほかの人々にとっては退屈は刺激や興奮への欲求を反映しているのである。それはおそらく内なる空虚感に対する防衛反応なのであるが，こうした内なる空虚感は，この年齢の青年たちには珍しいことではない。フライデンバーグ（1997, p. 23）は，これについて，何人かの若者を紹介している。

「僕の唯一の問題は，退屈だ。まだ次の日があるという考えに僕は耐えることができない。僕はただその日を精一杯努力して最善を尽くすだけだ。そして逃げ出すんだ。僕はある日逃げ出して，本当に自分がしたいひとつのことだけをするんだ。」
(15歳の男子)

「私はすぐに退屈しちゃうの。たとえば私，誰かと電話で話をしながら，同時にケーキを焼いたりするんだわ。ただじっと坐ってなんにもしないでいるなんて，無理

よ。クラスでは私はいつも生意気なことばかり言っているのよ。」

(15歳の女子)

　孤独感にかんしては，何人かの研究者がこれをストレッサーになりうるとしている。さまざまな年齢での人間関係に対する態度についての研究で，コールマン（Coleman, 1974）は，ひとりぼっちになることに対する不安がもっとも高い水準にあるのは，11歳から13歳にかけてであり，それ以後は明らかに減少すると報告している。これに続く研究では，ひとりでいることの経験のもつ多様な側面が探求された。その際明らかとなったひとつの問題は，自発的にひとりぼっちになることと，家族や友人と無理に引き離されてひとりぼっちになることとを区別しておかねばならないということである。いくつかの研究，たとえばインダービッツェン-ピサルクら（Inderbitzen-Pisaruk et al., 1992）は，孤独感の関連要因を考察したが，そこでは孤独感は自発的であるよりは強制されたものであると考えられている。これらの研究では，青年期中期における孤独感は，自尊感情の低さや社会的スキルの乏しさの自覚などと関連していた。これについて性差も見いだされた。男性の場合は対人的コントロール感が低い水準になる傾向が見られたのに対し，女性の場合には社会的不安が高い水準になる傾向が見られた。

　ラーソン（1997）は，ひとりぼっちになることの建設的な次元を探求し，若者は児童期から青年期へ移行するにつれ，自分ひとりでいることの利点をよりよく活用できるようになると論じている。彼はとくに，年齢が上がるとひとりでいる時間をより自発的にもつようになり，青年期前期および中期において適度にひとりぼっちでいることは，適応にも好ましい結果をもたらしやすいことを示している。彼はこう述べている。「ひとりぼっちになることとは，ひとりでいる時間であることに変わりはないが，青年期前期になると，ひとりぼっちになることは日常生活のなかで，社会的経験を補う戦略的な退却として，より建設的な意味を持ち始める」（1997, p. 80）。これに対し，ゴーセンスと彼の共同研究者たち（Goossens et al., 1998 ; Goossens and Marcoen, 1999b）はこれとは異なるアプローチを用い，孤独感を愛着のスタイルといった個人のパーソナリ

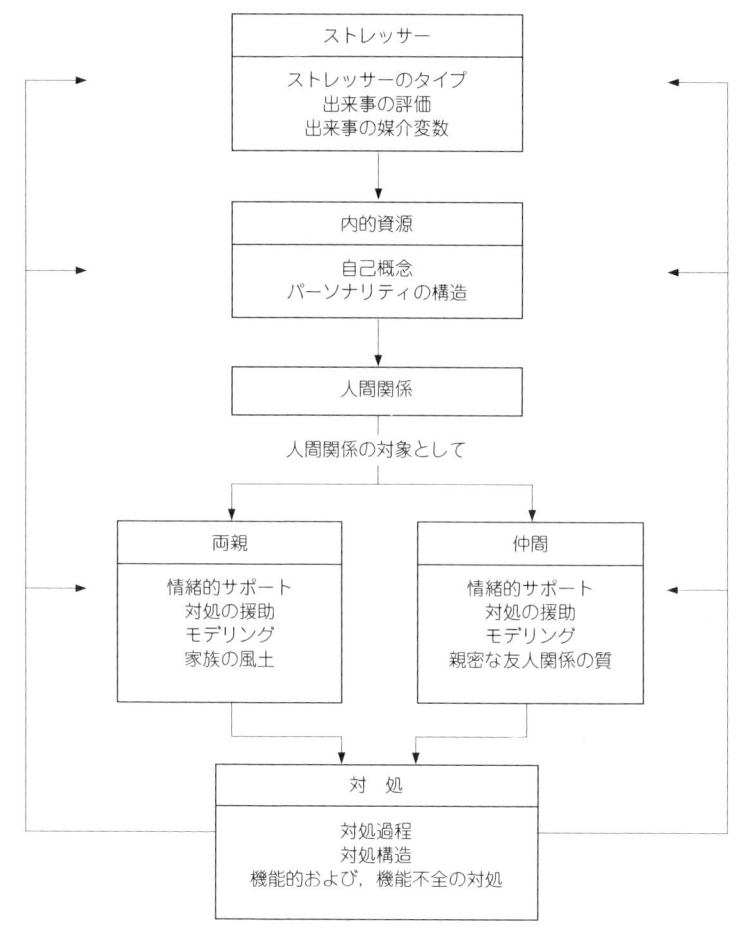

```
┌─────────────────────┐
│     ストレッサー      │
│  ストレッサーのタイプ  │
│    出来事の評価       │
│   出来事の媒介変数     │
└─────────────────────┘
          ↓
┌─────────────────────┐
│      内的資源         │
│      自己概念         │
│  パーソナリティの構造  │
└─────────────────────┘
          ↓
┌─────────────────────┐
│      人間関係         │
└─────────────────────┘
     人間関係の対象として
      ↓            ↓
┌──────────┐  ┌──────────┐
│   両親    │  │   仲間    │
│情緒的サポート│  │情緒的サポート│
│ 対処の援助  │  │ 対処の援助  │
│  モデリング │  │  モデリング │
│ 家族の風土  │  │親密な友人関係の質│
└──────────┘  └──────────┘
          ↓
┌─────────────────────┐
│       対　処          │
│      対処過程         │
│      対処構造         │
│機能的および，機能不全の対処│
└─────────────────────┘
```

図12.3 ストレスと対処にかんする考え方の概念的な論点と主な問い
出典：Seiffge-Krenke (1995)

ティ特性と関連づけた。彼らは，安定した愛着を経験したと評定された青年は孤独感に対してより肯定的であるのに対し，依存的に愛着を経験したと評定された青年は孤独感に対処するのがより困難であることを示した。この研究は，いくつかの要因が，年齢，自己像，知覚された社会的スキルに加えて，青年期における孤独感の経験と関連していることを明らかにした点で重要である。

　以上の議論から，ストレスというのは複合的な概念であることは明白であろ

う。青年期におけるストレス経験への対処過程との関連について明瞭な理解を得ようと思うなら，一連のカテゴリーや媒介変数を考慮に入れる必要があるのである。ザイフゲ-クレンケ（1995）は，このテーマについての著書のなかで，ひとつの有効な図式を提案している。私たちがもしこの領域に適切な注意を向けようとするなら，4つの主要領域を区別し，それぞれを吟味する必要があると彼女は提案する。それはストレッサーの性質，個人の内的資源，有効なソーシャル・サポートのタイプ，そして対処過程それ自体である。ザイフゲ-クレンケは，これらの4つの要因は，順番に関連し合うと考えている。すなわち，私たちはまず最初にストレッサーに注意を払い，そのつぎに個人の内的資源に注目し，といったぐあいで進んでいくわけである。その図式は図12.3に示してある。この種のダイアグラムが問題全体を正確に反映しているということに全員が同意するとはかぎらないだろうが，何より著者自身が，状況を図解することに伴う限界を自覚していることは，一言ふれておきたい。それにもかかわらず，青年期のストレスを複雑にしている主要な問題を解明するうえで，このダイアグラムは大変有用であると思われるのである。

青年期における対処

　ストレスにかんする問題を検討した結果，ザイフゲ-クレンケの図式を心にとめながら，ここで対処という主題に戻ろう。最初に注意すべき重要なことは，対処を分類する試みが多数なされてきたことである。そして詳細な議論がなされる前に，この分野のおもな研究者を概説する必要がある。まず，先述のコンパスの見解から始めよう。

　コンパス（1987）は，ラザラス（Lazarus, 1966）によってはじめて提唱された，情動中心の対処と問題中心の対処という区分を，この年齢集団に適用している。両タイプの対処ともストレッサーと個人の関係を修正する機能をもつ。問題中心の対処の場合，人はストレスを変え，弱め，または取り除こうとする。一方，情動中心の対処の場合，人はストレッサーによって生じる情動状態を変えようとする。ふたつのタイプの対処にかんする膨大な研究の有益なレヴュー（Compasら，1993）によると，加齢に伴い情動中心の対処が増えるというはっきりとした証拠があるが（たとえば，Band and Weisz, 1988 ; Altschuler and Ruble, 1989を参照），児童期と青年期をとおして問題中心の対処は増えないことが示されている。加えて，ふたつの対処のタイプが異なる機能をもつことが示唆されている（Compas, 1995参照）。情動中心の対処は，脅威や強い不安の喚起が知覚された状況においてより多く用いられるようであり，一方，問題中心の対処は，ストレッサーをコントロールまたは変化させられると思われる環境で用いられるようである。

　対処のアプローチには別の分類が可能であることは，ザイフゲ-クレンケ（1993, 1995）が概説している。この分類は，コンパスによって使用されたものと似ているわけではないが，ストレス回避の可能性に道を開く第3のカテゴリーを含んでいる。ザイフゲ-クレンケの用語によれば，対処には3つのタイプがある。能動的対処，内的対処，および退却である。最初の2つは，情動中心の対処と問題中心の対処に相当し，機能を発揮すると考えられるが，第3番目は，ストレッサーからの逃避行動となってしまい，機能不全となるように考えられる。ザイフゲ-クレンケは，状況横断的対処質問紙（CASQ）を開発し，想定できる20のストレス対処戦略を含めた。これらの戦略には，友人に頼る，両親に頼る，妥協する，心配をたち切る，最悪の状況を想定する，問題を忘れるためにアルコールまたは薬物を用いる，などがある。

　非常によく似たアプローチがフライデンバーグとその共同研究者（Frydenberg and Lewis, 1993 ; Frydenberg, 1997）によってなされた。フライデンバーグらは，対処は幅広い行動のレパートリーを使用できることによると考える。彼女らによると，対処行動は無数にあるため，いかなる個人の対処スキルからも有効なものを得ようとするならば，一連の選択の幅の設定が必要になるという。この点に留意して，フライデンバーグらは，状況横断的対処質問紙と類似した尺度を開発，青年期対処尺度（ACS）と名づけたが，これは18の異なる対処戦略から構成されている。彼女らの研究は青年期対処尺度などの尺度の開発に基づいている（Patterson and McCubbin, 1987）。青年期対処尺度の18のカテゴリーは，社会的サポートを求める，心配する，親友に投資する，緊張を低減する，

問題を無視する,自己を非難する,専門家の助けを求める,肯定面に焦点を当てるなどである。こうした方法は,個人の対応に選択の幅を与えるので,対処反応を特定の分類にあてはめることよりも,たしかに望ましい。それでも,対処はそのように多種多様な行動を含みうると考えられているため,方法論上の問題が生じている。

　ここで,私たちは対処戦略の使用における発達的傾向の考察にもどりたい。すでにコンパスらによるレヴューを紹介したが,それによると,問題中心の対処の使用には年齢に伴う変化がないが,情動中心の対処の使用については明らかに増加が認められることが示唆されている。フライデンバーグの青年期対処尺度を用いた多くの研究が,オーストラリアの青年のあいだでの対処戦略の発達的な変化を検討している (Frydenberg, 1997)。その結論は,コンパスのものとはいくぶん対照的である。年齢に伴う情動中心の対処の増加がみとめられないわけではないが,フライデンバーグの研究はまた,機能不全となる対処が青年期後期の年齢でより多く使われることにも注目している。とくに,ここでは,より年長のグループにおいては自己非難の増加と同様に,薬物やアルコールの使用のような緊張低減戦略がより多く使用されるとの報告がなされている。

　ザイフゲークレンケ (1995) によって行われた研究では,一定の対処戦略の使用にかんして,15歳が転換点らしいという結果が強調されている。同じような問題を経験したと思われる他者に頼る傾向が増加するのと同様に,ストレスの源となる人に直接話しかける若者も顕著に増加していたという報告がある。彼女は次のように言う。

> 私たちの観察によれば,15歳を過ぎると,重要な他者の視点がしだいに取り入れられ,これが妥協や譲歩の増加につながる。また,できそうな解決策について考える頻度も増え,必ずしもさらなる行動につながるわけではないが,対処の選択肢のイメージもより豊かになることにつながる。社会の慣習と強い衝動コントロールを知っていることとは,行動を制御する要因の一部である。さらに,自分自身の限界をしだいに受け入れることが,より強く現実を志向するよう促す。
>
> (1995, p. 221)

性差もまた，対処にかんする文献において，大きな関心の的であった（レヴューとして，Hauser and Bowlds, 1990 ; Seiffge-Krenke, 1993 ; Frydenberg, 1997を参照）。このテーマについての論争の中心的な問いが，フライデンバーグとルーウィスの論文（Frydenberg and Lewis, 1993）のタイトルでうまく表現されている。つまり，「少年はスポーツを楽しみ，少女は人を求める」。事実，対処戦略を選択するうえでステレオタイプの性差があるのは明らかであるが，状況は当然のことながら多少これより複雑である。大ざっぱに言って，男性のほうが，積極的な対処を使ってさらに外に働きかけ，真っ向から問題に立ち向かい，問題解決の一助となる情報をより多く探索し，攻撃的あるいは対決によるテクニックを使って対人関係上の困難に対処することが多いようである。さらに，多くの研究が，女性と比べて男性は否認をより多く使うことを示した。

反対に，少女は，少年よりストレスの影響を受けたり，生活のなかでストレスに満ちた出来事を開示することが多いことが，一貫して報告されている。少女は少年より，失敗や困難な事柄を脅威とみなし，ストレスの多い状況で最悪の事態をより多く予想する傾向がある。ザイフゲ-クレンケ（1995）の研究では，少女は，少年と比較して，同じストレッサーを4倍もの脅威とみなしていた。ストレスに対処するうえで，女性は男性以上に社会的サポートを用いる。少女や若い女性は，両親やほかの大人により多く依存する傾向があり，他者の期待にいっそう敏感である。シェーネルト-ライヒルおよびミューラー（Schonert-Reichl and Muller, 1996）の研究によると，助けを求める行動について男性と女性を比較した結果，若い女性は両親，友人および専門家からの援助を求める傾向が，若い男性より有意に高かった。図12.4の2つのグラフで，他者から励ましを求めることおよび妥協することという，2つの対処におけるジェンダーと年齢の効果の組み合わせを示した。結果はサイフゲ-クレンケ（1995）からのものである。

若い男性と若い女性の比較は，さまざまな点であまりに大ざっぱすぎて役に立たないかもしれないし，同性内でも明らかに幅広い多様性があるとしても，以上のおもな差異を知ることは疑いもなく大切なことである。この多様性が何を意味するのか考えることもまた重要である。サイフゲ-クレンケは女性が男

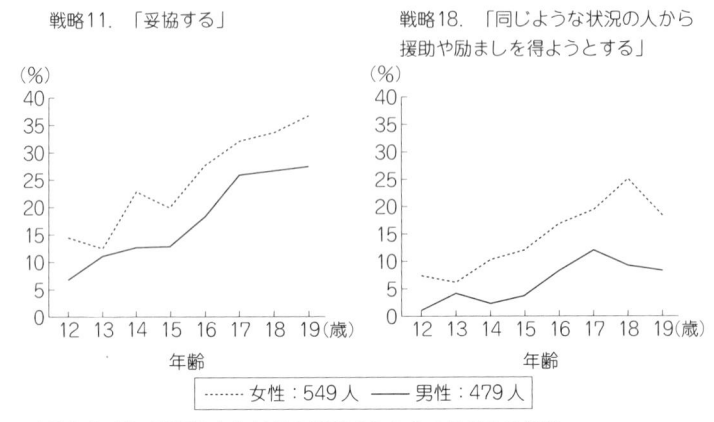

戦略11.「妥協する」　　　　　戦略18.「同じような状況の人から
　　　　　　　　　　　　　　　　　援助や励ましを得ようとする」

……… 女性：549人　　―― 男性：479人

図12.4　20の評価された対処の戦略のうち6つにおける性差
出典：Seiffge-Krenke（1995）

性よりもリスクが高い状態であるかどうかを問題にしている。彼女はつぎのように言う。

> 女性は特別のジレンマにとらわれているように見える。一方において，女性は男性より，同じ出来事に起因していても―重要な他者との対人関係のいざこざを伴うとき―強いストレスを感じるように見える。他方，女性は同じ社会的関係を用いて，必要とされる対処戦略をより頻繁に活用している。女性のこの社会的および心理的依存により，自分たちでは解決できないジレンマが生じていると，私たちは言いたい。おそらく，青年期の女性のより強い依存性は，彼女らのストレスを知覚する際の性質とその症状との関連を説明できる，ひとつの要因であろう。
> （1995, p. 223）

　対処は，年齢やジェンダーのみならず，個人が入手できる社会的サポートによっても影響される。これが図12.3の図式によって説明された点であった。ここで，いくつかの関連する証拠について考えてみよう。最初に家庭内からのサポートについて見てみると，高いレベルのこの種のサポートが，対処過程に助けとなることが広く認められている（Hauser and Bowlds, 1990；Heaven, 1996）。もし両親が批判的でない態度で，情報と援助を提供できるなら，それ自体がサポートになり，より一般的にも社会的サポートを使うことを勇気づける関係の

表12.1　家族風土と対処行動との関連

家族風土	対処行動
1．構造化されていない葛藤志向 例：葛藤的交流がよく起こる，家族内のサポートの欠如，個人の成長に対するサポートの欠如	退却や受動性で特徴づけられる機能不全となる対処を多く使用する
2．コントロール志向 例：構造化された家族の諸活動，明示された家族のルール，達成の協調，感情をおもてに表わさないが指示的な家族	家族の決定に依存しており，つまり受動的になりがちである
3．構造化されていない表出，独立志向 例：凝集的・斉一的な，感情の表出，個人の独立を支持，達成への圧力がない	他者に助言や情報を求め，青年が行動の方向を計画する
4．構造化された表出，知的志向 例：家族の人間関係を協調，明白なルール，独立を勇気づける	他者に助言や情報を求め，青年が行動の方向を計画する

出典：Shulman（1993）

モデルになる。両親からの支援が限られている場合，人はより機能不全となる対処戦略を使用すると予想できるかもしれない。この主題にかんする重要な研究で，シュルマン（Shulman, 1993）は4つのタイプの家族風土に注目し，この風土が異なった対処のスタイルの使用にどのように関連しているかを示した。家族が構造化されておらず，争いの多い家庭で育つ若者は，対処スキルが低く，とくに消極的で引っ込み思案であった。きちんと構造化された家庭の若者は，依存的なスタイルの対処をする傾向があった。一方，独立志向で，または感情を表に出す家庭の若者は，計画を立てたり，社会的サポートを得るために他者を利用したりするなどの対処スキルを示した。研究結果は表12.1に要約されている。

　これらの知見は，マックインタイレとデュセック（MacIntyre and Dusek, 1995）によるこの分野の発展的な研究によって支持されている。彼らは，子育てスタイルをマッコウビィとマーティン（Maccoby and Martin, 1983）の研究に基づくパラダイムにしたがって分類をしているが，これについては第6章で述べた。4つの型は権威的，独裁的，怠慢的，および寛容（放任）的である。結果は，両親が権威的である（すなわち，子どもの近くでの監督，年齢相応の要求を伴う思いやり，慈しみなど）とみなされた人は，社会的サポートを利用し，問題

中心の対処をとる傾向がもっとも強いことを示した。彼らは，子育てのスタイルと対処行動とのあいだにある中心的な媒介要因は，個人的なコントロール感と関連があることを示唆している。権威的な親の子育ては，有能感を伸ばし，そしてストレスの多い状況のなかでの個人的なコントロール感を高める。コンパスら（1991）のような研究が，問題中心の対処と高いレヴェルの個人的なコントロール感との関連を証明していることも注目に値する。マックインタイレとデュセックは次のようにいう。

> 親の養育実践と対処傾向との関係は，したがって，間接的らしい。親の養育実践はコントロールの信念に影響し，そしてこのコントロール信念は対処傾向に影響を与える。研究者はしだいに，青年期の年月のあいだ子どもに与える親の影響は，児童期におけるそれよりも間接的であることを見いだしている。
> (1995, p. 507)

　同年齢の仲間もまた，ストレスが懸念される場面で社会的なサポートを提供するうえで，重要な役割を担う。第 8 章で述べられているように，若者は成長し年長になるにつれ，しだいに同年代の人に頼るようになる。そして，ザイフゲークレンケ（1995）などの研究が裏づけたように，「友人の助けを借りて問題を解決しようとする」という戦略が，両親と一緒に問題を議論することとともに，もっとも一般的な 2 つの対処法のうちのひとつになっている。事実，ザイフゲークレンケ（1995）の研究は，青年期では友人への依存がはっきりと増加していて，15〜16歳では両親の重要性と同じであるが，17〜19歳では明らかに両親よりも重要になることを示している。

　さらにヒルシュら（Hirsch et al., 1990）の研究は，親友，とくに学校の文脈以外で出会う親友が，ストレスの多い状況に対処するうえでいかに重要であるかを示した。青年期初期および中期の若者は，学校以外の友人を，進行中の喧嘩や問題について支援してくれる中心人物であるとみなすと述べた。結果は，55％の者が毎日友人に会うが，さらに27％の者は 1 週に 1 回以上友人に会うことを示した。別の研究において，ヒルシュとデュボワ（Hirsch and Dubois, 1989）は，どのようなものが学校以外の場面で仲間のサポートの使用を妨げる

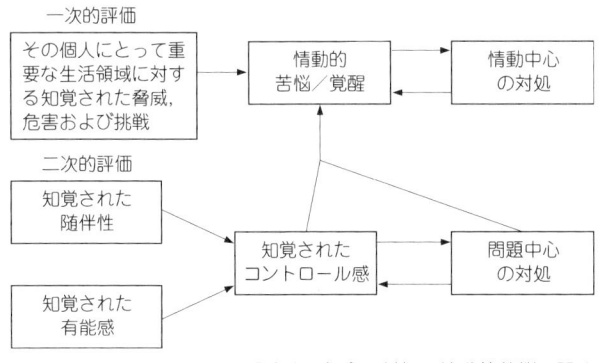

図12.5 コントロールに関連する信念，対処，情動的苦悩に関するモデル
出典：Compas（1995）

のかを明らかにしようとした。彼らは，その妨げるものが状況によるものなのか，あるいは，人によるものかを検討した。その結果，妨げるものが，社会的スキルの欠如，競争活動，家庭内対立および道徳的な問題であることを見いだした。フライデンバーグ（1997）が指摘するように，もし青年期にうまくやれる人が社会的サポートを利用できる人であるならば，これらを妨げるものについてより多く知ることが重要である。このように，社会的スキルの欠如した人は，「何を頼めばよいのかわからない」とか「どのように頼めばよいのかわからない」などというような感情を報告していた。社会的スキルの訓練は，このグループに該当する人にとっては適切で有用な助けになるだろう。クールらは，興味深い研究（1997）において，援助を求める行動を阻む障壁を測る道具の開発について報告したが，これは多くの社会科学者がこの問題の重要性を認識しつつあるということの証拠である。

今まで私たちは評価のもつ重要性にあまり注意を払ってこなかったが，ここでこの問題をさらに詳しく見るべきときがきた。ラザラス，コンパス，フライデンバーグたちの著述のなかで，個人がいかなるストレッサーに対処するしかたにおいても，評価の過程が重要な役割を担っていることが述べられている。事実，ラザラス（Lazarus and Folkman, 1991）によって，図12.5に示すように，一次的評価と二次的評価とを区別する必要があるということが，提唱された。

このモデルによれば，一次的評価はストレスの多い出来事または挑戦による情動的な影響と関係しており，他方，二次的評価は脅威とそれに対処する個人の有能感の適合性についての認知的な査定とより多く関連している。成功する対処は評価の過程と密接に結びついていると，一般的に考えられている。人が2人いれば，2人の人はまったく同じストレッサーでもまったく違って見る可能性がある。逆に，同じ人間でも同一のストレッサーを2つの異なった状況ではまったく異なるものに見ることがある。それは，多分，気分とか，その日に経験した以前のストレスとか，その時点で利用できる対処資源の認知などの結果であろう。個人がストレッサーに対処し続けられるかどうかは，何よりもまず評価の過程の結果に依存している。

　評価の役割にかんするすぐれた例は，ビアドスリーとポドフレスキー (Beardslee and Podorefsky, 1988) の研究で与えられている。彼らは，親のうつ病に直面した青年の回復について研究した。彼らは，回復した青年は，親のうつ病と関連したストレスを現実的に評価し，この評価に合致したやりかたで行動した人たちだった，と述べた。

　著者の観察によれば，これらの若者は最初，親のうつ病を変化させたり治したいと望んだが，時間の経過とともにこれが現実的な目標でないとわかるようになった。それから，その若者は，自分のできるかぎりの方法でうつ病の親やほかの家族をサポートすることに注意を向けなおした。この対応は状況の客観的な性質とよりよく一致していて，青年たちが親の状況は自分たちではコントロールできないことを認めることができたと述べられている。反対に，親の病状は変化しないかもしれないという可能性を評価しようとしない人たちは，家族の継続するストレス状況に対する回復がより少ないことがわかった。

　成功する対処のもうひとつの重要な特徴は，個人のコントロールと関係がある。図12.5に示された図式で明らかなように，個人のコントロールは二次的評価の過程と結びついていて，知覚された随伴性と知覚された有能感との組み合わせから生じている。フライデンバーグは，「ストレッサーがコントロール可能であるかどうかが，人がどのように対処するかを規定するようだ」(1997, p. 35) と述べている。これを支持するものとして彼女は，青年にとっての一連

のストレッサーにかんする相対的なコントロールの可能性を検討したコンパスら（1988）の研究を引用している。コンパスらは，学業にかんするストレッサーは対人関係にかんするストレッサーよりコントロール可能なものとして知覚され，その結果，学業のストレッサーでは問題中心の対処が多く用いられ，一方，対人関係のストレッサーでは情動中心の対処が多く用いられることを見いだした。また，コンパスらは，知覚されたセルフコントロールが大きくなればなるほど，個人は問題中心の対処を利用する可能性が高まることを示した。この点については，図12.5のダイアグラムのなかで示した。コンパスは自分の考えをつぎのように概説している。

> コントロールの信念と問題中心の対処は相補的な関連をもっている。個人のコントロール感が高いと，問題中心の対処をより多く使用するようになり，もしそれが環境を変えるのに効果的である場合は，問題中心の対処をしようとする努力がコントロール感を高めるであろう。情動中心の対処の努力はコントロールの信念とは関連していないが，そのかわり，情動的な苦悩や覚醒の水準に対応してそれぞれ異なった程度で使用される。
>
> (p. 259)

　要約すると，もし問題中心の対処と情動中心の対処の区別が対処の成功とどのように関連しているのかを問うとすれば，コンパスらは次のように答える。問題中心の対処の戦略は，変化しうると知覚された環境の側面に方向づけられた場合には，より適合的である。これに対し，情動中心の対処の戦略は，状況がコントロール不能であると認められた場合により適合的である。このことから，中心的な発達課題は，変化可能な状況とそうでない状況との区別を学ぶことである，と結論づけられるかもしれない。ストレスを引き起こすすべての出来事や環境の変化可能性は，出来事の性質のみならず，ストレスの多い出来事に直面した個人の資源および能力によっても影響されるので，コントロールの知覚がここでは中心的な役割を果たすと言えるだろう。上記で引用したフライデンバーグの説に戻ると，成功する対処はコントロール感を伴わないことには不可能なのである。

本節で見たように，対処はいくつかの異なる方法に分類できる。もっとも一般的な分類は，情動中心の対処と問題中心の対処に区別することである。多数の要因により使用する対処戦略が決定されるが，年齢，ジェンダー，家族風土によって左右される側面について述べてきた。また，評価と個人的なコントロールの役割も検討した。つぎに多少異なった観点から類似の問題を検討した文献の内容に目を向けよう。この研究分野では，ストレスと対処よりも，「リスク」と「回復」という用語が使用されてきた。しかし，つぎに明らかになるように，提示される問題は密接に関連している。

リスクと回復

　リスクと対処ではなくリスクと回復と言う研究者は，大ざっぱに言って臨床出身の傾向があり，そのために言葉遣いが違うとも言える。この分野の重要なテキストには，ガメジーとラター（Garmezy and Rutter, 1983）やハガティーら（Haggerty et. al., 1994），ラター（1995）がある。リスクと回復という考え方を基礎づけた実証的かつ理論的な研究は，明らかにおもな関心が重い慢性ストレッサーにある。たとえば，この領域で最初の重要な研究のひとつとしてウェルナーら（Werner and Smith, 1982）は，ハワイで成長し初期の人生経験のせいで心理社会的な障害のリスクを抱えていると思われる若者たちを研究した。彼らは貧困のなかに生まれ，両親がわずかな教育しか受けていなかったり，アルコール依存症か精神障害の問題を抱えていたりした。このようなリスク因子は，本章の初めで述べ，コンパスが重い慢性的ストレスとして引用したものと同様である。

　リスクと回復にかんする研究の中心には，2つの基本的な問いがあった。まず，のちの行動や情動の問題と結びつくような児童期の変数を見つけだしたいという願いである。しかし他方で，多くの不利な経験を人生の初期にしたにもかかわらず，どんな深刻な危害からも免れた人もいる。彼らはどのようにして免れたのかにも関心がもたれてきた。これが回復という考え方とかかわる問いである。まず初めの問いについて考えると，ある種の要因がのちの人生の不適

応のリスクの増加に結びつくのだが,それらの要因には,貧困や経済的困難,親の離婚や障害,損なわれた子育て,虐待,家族内のいざこざ,家族の崩壊がある。しかしながら,研究によれば,特定のリスク因子と結果との結びつきはかなり弱く,したがって単一のリスク因子では個人の多様性をあまり説明できない。おもな縦断的研究,たとえばハワイやニュージーランドのクライストチャーチで行われた研究 (Fergusson *et al.*, 1994 ; Fergusson and Lynskey, 1996) によると,若者の好ましくない結果にはリスク因子が重複しているようだった。たとえば,ファーガソンらは,リスクの長期的研究の一部として,あるコホートのなかでもっとも不利な状態にある5%の人たちの児童期を検討した。この5%の人たちは,サンプルの50%を占めるもっとも有利な人たちのなかからよりも,複合的な問題を抱えた10代になるリスクが100倍も高かったのである。

すでに述べたように,初期の不利の影響を防いだり軽減したりする要因が研究論文に書かれてきた。その結果,少なくとも5つの要因が回復に寄与することが示唆された。

1 知能と問題解決スキル。より高い知的能力であることが回復と関係することを多くの研究が示した。たとえば,ファーガソンとリンスキー (1996) はクライストチャーチ研究で,回復する10代は平均かそれ以上の知能指数であることが,回復しない10代よりも有意に多いことを示した。ヘリンコールら (1994) も,同様の結果だった。少なくとも平均的な知能をもつことは,青年の回復の十分条件でないにしても必要条件であると言える。
2 家庭の外への関心や愛着。家庭の外への関心を高めたり直接の家族以外の大人との愛着をつくれる人が,家族の不都合に直面しても,回復が大きいことを多くの研究が示してきた。ジェンキンズとスミス (1990) とウェルナー (1989) の研究結果はともに,外の要因が回復に貢献することを強調した。
3 親の愛着と絆。少なくとも片方の親と温かく支持的な関係があれば,子どもや若者は単一の親をもつこと以外の不利を被らなかったり,被ったとしてもそれが重大な経済的な困難といった不利の影響を減少させると言われ

てきた。ヘリンコールら (1994) やジェンキンズとスミス (1990) と同様に，ハワイ研究 (Werner, 1989) もこれが言えることを示した。

4　初期の気質。児童期の気質の測度の妥当性に疑問はあるものの，多くの研究は，気安い気質をもつとされる人のほうが，10代で回復しやすいことを指摘してきた。この結論はハワイ研究でも支持され，ワイマンら (1991) の報告のなかにも見られる。

5　仲間要因。あまり関心がもたれてこなかったが，ファーガソンとリンスキー (1996) は，彼らの調査協力者のうち回復する青年は，非行仲間とはあまり親しくないと指摘している。これは肯定的な仲間関係が好ましくない家族の影響を中和できることを示し，ウェルナーはハワイの調査協力者でこれがあてはまることを報告している。

　興味深いことに環境によってはリスクそのものが肯定的な影響をもちうる。最後にこのことを取り上げて，リスクと回復にかんする本節を締めくくりたい。ゴアとエッケンロード (1994) は，好ましくないと思われるような経験でも，状況によっては反対の意味をもちうると指摘している。彼らが指摘するその可能性とは，親の離婚によって青年の家庭における責任が大きくなり，その結果，情動的・社会的成熟が高められるというものである。エルダー (1974) によるアメリカの大恐慌にかんする古典的研究のなかでも，少なくとも年長の10代にとっては，家族の困難は若者を働き手の役割へと，したがって社会的独立へと駆り立てたことを示した。エルダーが研究した家族のなかの少なくともある者にとっては，自律や責任の加速が肯定的な結果をもたらしたのである。

　エルダーとキャスピ (1988) は，あらかじめ環境かパーソナリティのなかにある潜在的に健康な傾向はストレッサーが促進するという「引き立て過程」についてふれている。その例として，ゴアとエケンローデ (1994) は，慢性的にストレス状態の家族のなかで暮らしている青年が軌道を修正し，家族から離れたり仲間集団に戻ったりするならば，よりよく行動することができ，またうつが少なくなるとした研究を報告している。初めは機能不全とも見える行動—家族を拒否する—が，実際にはより順応的な結果に導いたのである。つまり，マ

ステンら (1990) が指摘するように，青年は年長になると，ストレスのある状況に対して，コントロールの増大や，対処の選択肢について増えた知識，ほかが失敗しても予防的な関係を探す能力といったもので立ち向かえるようになる。能動的対処という考え方は，第1章で概観した理論的立場と同じものであり，そこで述べた焦点モデルとも十分に関連する。

結　論

　本書が扱った話題を振り返ってみると，多くのテーマが示されていることに気づく。第1に，明らかに西洋社会に影響を与えた社会変動を考慮することなしに青年期を理解することはできない。労働市場や家族の働き，政治や世論における変化はすべて1980年代から1990年代のあいだに体験してきたものであり，これらの時代に成長してきた人に深い影響をもたらした。さらに，青年の移行がはるかに長期の過程となって変化してしまったことを認める必要がある。9，10歳から青年期の始まりが体験されうるが，他方で19歳から21歳というヤングアダルトでも経済的には依存したままであり，青年期を卒業するにはなお長い時間を要する。

　以上の要因は，青年期の発達段階のいかなる本格的研究にとっても背景となるものである。青年期は，長期にわたる段階であり，おもな一連の情動的・身体的・社会的変容が生じる時期である。したがって，対処と適応という話題が本書の最終章の主題となるのは当然である。私たちは，青年期は，その定義からして，トラウマや障害の段階ではないという見解を出した。青年期がトラウマの時期だとする理論は，実証的な証拠とは相容れないものである。若者の多数は青年期の移行に伴う規範的なストレスにかなり十分に対処しているように思われるからである。しかしながら，もちろん困難を経験する若者もいるので，何が対処をつまずかせているのかを理解することも重要であり，多くの者が十分にうまく適応していることを知ることも同様である。

　研究者（たとえば，Feldman and Elliott, 1990；Rice et al., 1993；Graber and Brooks-Gunn, 1996）のあいだで共通認識となっていることは，ストレスのタイ

ミング, 若い人によって体験される変化の程度と数, そして変化の同時性がすべて, 個人がうまく対処できるかどうかに影響するということである。また, 社会的サポートの役割が大変重要であり, それは環境要因の影響と同じくらい重要である。若者は貧困や不利のなかで成長したり, 家族生活で機能不全の親を抱えたり, 暴力や虐待, 人種ハラスメントを体験したりすると, 若者の対処が, 支持的で, 落ち着いた, そして経済的に安定した環境のもとでの対処とはまったく違っていることは言うまでもないと思われる。ここには, 第1章で概観した発達文脈主義の理論的見解の明らかな貢献を見て取ることができる。

以上の問いに加えて, 私たちは, 焦点モデルが主体性というもうひとつの要因をつけ加えていると考えている。私たちの意見では, 若者自身が対処過程に貢献している。今まで取り上げてきた問題の多くは個人のコントロール外にあったけれども, 環境に適応するうえで若者自身が果たす役割を無視することはできない。本章で言及した著者 (たとえば, コンパスやサイフゲ-クレンケ, フライデンバーグ) はすべて, 個人のコントロール感が対処過程において決定的であることを指摘しているが, 私たちはさらに一歩を進めたい。つまり若者は, 青年期の移行時に経験する変化をどう取り扱うかについて個人的な貢献をする。フェルドマンとエリオット (1990, p. 495) が言うように, 若者は「彼らが操作する文脈を形成する」のである。ひとつの時期にひとつの変化やストレスなら扱うことができる。言い換えると, 出来事の間隔を開けることで, ひとつの時期にひとつの問題に挑戦できる。青年は自分の発達の能動的な担い手となって対処し行動するのだと, 私たちは考える。

実践への示唆

これから本章の概観に基づき実践への示唆を考えたい。
1. ストレスのさまざまなタイプを区別することが重要である。規範的なストレスと非規範的なストレスおよび日常的な悩みの区別が一般的である。この区別はコンパスによってなされたが, さらに, 慢性ストレ

スと急性ストレスを区別することも必要だとされている。慢性ストレスは貧困やほかの継続的な環境要因に関連し，急性ストレスは親の病気や離婚，ほかのタイプのトラウマによって生じると思われている。

2. サイフゲ-クレンケは，ストレスを考える際，おもな4つの構成要素を考慮するべきだとしている。つまり，ストレッサーの性質，個人の内的資源，有効な社会的サポート，対処過程そのものである。この区別は，実践家が若者の環境を評価したり適切な介入の範囲を査定するうえで参考になるだろう。

3. 対処過程にかんしては，問題中心の対処と情動中心の対処の区別に関心が多く向けられてきた。要するに，問題中心の対処はストレスやストレス源をコントロールするときにとられる行為であり，情動中心の対処はストレッサーによって生じた感情を変えることである。サイフゲ-クレンケは，これらの2つの対処を能動的対処と内的対処と呼んでいる。そして，彼女はさらにストレスへの第3の対処として，退却をつけ加えている。退却を彼女はおもな機能不全のひとつに入れているが，しかし退却したりストレスを避けたりすることが，もっとも機能的であり，望まれるような環境があることも明らかである。情動中心の対処は年齢とともに増加するが，問題中心の対処は年齢でほぼ一定水準にある。

4. 青年期の対処には明らかな性差がある。男子は能動的対処を使うが，問題を否認したり，ストレスから引き下がってしまう傾向も強い。女子は社会的サポートを対処の手段として使いがちであり，情動中心の対処のストラテジーを活用しがちである。さらに，女性は，男性よりもストレスによって影響を受け出来事をストレスと感じやすい。

5. 最後に，問題中心の対処と情動中心の対処の区別は，中心となる発達課題を区別するのに役立つ。研究によれば，問題中心の戦略は，ストレッサーがコントロール可能な状況でより適応的である。情動中心の戦略は，ストレッサーが変えられない状況でより大きな助けとなる。そこで，若者の対処スキルを発達させるには，ストレッサーが変えら

れるかどうかを学習させるべきである。若者にストレス源を分類させ，対処のタイプについて考えさせ，出来事の評価スキルを発達させることがすべて，青年期の健康な情動の発達に貢献しうるのである。

参考文献

Abell, S and Richards, M (1996) The relationship between body shape satisfaction and self-esteem: an investigation of gender and class differences. *Journal of Youth and Adolescence*. 25. 691–703.

Adams, G and Fitch, S (1982) Ego stage and identity status development: a cross-sequential analysis. *Journal of Personality and Social Psychology*. 43. 574–583.

Adams, G and Jones, R (1983) Female adolescents' identity development: age comparisons and perceived child-rearing experience. *Developmental Psychology*. 19. 249–256.

Adams, G, Gullotta, T and Montemayor, R (Eds) (1992) *Adolescent identity formation*. Sage. London.

Adams, G, Montemayor, R and Gullotta, T (Eds) (1996) *Psychosocial development during adolescence: progress in developmental contextualism*. Sage. London.

Adelson, J (1971) The political imagination of the young adolescent. *Daedalus*. Fall. 1013–1050.

Adelson, J, Green, B and O'Neill, R (1969) Growth of the idea of law in adolescence. *Developmental Psychology*. 1. 327–332.

Adelson, J and O'Neill, R (1966) The development of political thought in adolescence. *Journal of Personality and Social Psychology*. 4. 295–308.

Aggleton, P, Hart, G and Davies, P (1991) *AIDS: responses, interventions and care*. Falmer Press. London.

Aggleton, P, Whitty, G, Knight, A, Prayle, D and Warwick, I (1996) *Management summary of promoting young people's health: the health concerns and needs of young people*. Health Education Authority. London.

Agnew, R (1991) The interactive effects of peer variables on delinquency. *Criminology*. 29. 47–72.

Alexander, C, Somerfield, M, Ensminger, M, Johnson, K and Kim, Y (1993) Consistency of adolescents' self-report of sexual behaviour in a longitudinal study. *Journal of Youth and Adolescence.* 22. 455–472.

Allison, P and Furstenberg, F (1989) How marital dissolution affects children: variations by age and sex. *Developmental Psychology.* 25. 540–549.

Alsaker, F (1992) Pubertal timing, overweight, and psychological adjustment. *Journal of Early Adolescence.* 12. 396–419.

Alsaker, F (1995) Timing of puberty and reactions to pubertal changes. In Rutter, M (Ed.) *Psychosocial disturbances in young people: challenges for prevention.* Cambridge University Press. Cambridge.

Alsaker, F (1996) The impact of puberty. *Journal of Child Psychology and Psychiatry.* 37. 249–258.

Alsaker, F and Flammer, A (1998) *The adolescent experience: European and American adolescents in the 1990s.* Lawrence Erlbaum Associates. London.

Alsaker, F and Olweus, D (1992) Stability and global self-evaluations in early adolescence: a cohort longitudinal study. *Journal of Reseach in Adolescence.* 47. 123–145.

Altschuler, J and Ruble, D (1989) Developmental changes in children's awareness of strategies for coping with uncontrollable stress. *Child Development.* 60. 1337–1349.

Amato, P and Keith, B (1991) Parental divorce and the well-being of children: a meta-analysis. *Psychological Bulletin.* 110. 26–46.

Anderson, C and Ford, C (1987) Affect of the game player: short-term effects of highly and mildly aggressive video games. *Personality and Social Psychology Bulletin.* 12. 390–402.

Apel, H (1992) Intergenerative Bildungsmobilitat in den alten und neuen Bundeslandern. In Jugendwerk der Deutschen Shell (Ed.) *Jugend '92.* Vol. 2, pp. 353–370. Leske & Budrich. Opladen.

Archer, S (1982) The lower age boundaries of identity development. *Child Development.* 53. 1551–1556.

Archer, S (1993) Identity in relational contexts. In Kroger, J (Ed.) *Discussions on ego identity.* Lawrence Erlbaum. Hillsdale, NJ.

Archer, S and Waterman, A (1990) Varieties of identity diffusions and foreclosures: an exploration of subcategories of the identity statuses. *Journal of Adolescent Research.* 5. 96–111.

Arnett, J (1995) Adolescents' use of the media for self-socialisation. *Journal of Youth and Adolescence.* 24. 519–534.

Arnett, J (1998) The young and the reckless. In Messer, D and Dockrell, J (Eds) *Developmental psychology: a reader.* Arnold. London.

Arnett, J and Taber, S (1994) Adolescence terminable and interminable: when does adolescence end? *Journal of Youth and Adolescence.* 23. 517–538.

Arnett, J, Larson, R and Offer, D (1995) Beyond effects: adolescents as active media users. *Journal of Youth and Adolescence.* 25. 511–518.

Asher, S and Coie, J (1990) *Peer rejection in childhood.* Cambridge University Press. Cambridge.

Ashton, D, Maguire, M and Spilsbury, M (1990) *Restructuring the labour market: the implications for youth.* Macmillan. Basingstoke.

Babb, P (1993) Teenage conceptions and fertility in England and Wales: 1971–1991. *Population Trends.* 74. 12–22.

Babb, P and Bethune, A (1995) Trends in births outside marriage. *Population Trends.* 81. HMSO. London.

Back, L (1997) 'Pale shadows': racisms, masculinity and multiculture. In Roche, J and Tucker, S (Eds) *Youth in society.* Sage. London.

Backett, K and Davison, C (1992) Rational or reasonable? Perceptions of health at different stages of life. *Health Education Journal.* 51. 55–59.

Balding, J (1992) *Young people in 1991.* Schools Health Education Unit. Exeter.

Balding, J (1997) *Young people in 1996.* Schools Health Education Unit. Exeter.

Ball, S, Bowe, R and Gerwirtz, S (1996) School choice, social class and distinction: the realisation of social advantage in education. *Journal of Education Policy*. 11. 89–113.
Bancroft, J and Reinisch, J (1990) *Adolescence and puberty*. Oxford University Press. Oxford.
Band, E and Weisz, J (1988) How to feel better when it feels bad: children's perspectives on coping with everyday stress. *Developmental Psychology*. 24. 247–253.
Bandura, A (1964) The stormy decade: fact or fiction? *Psychology in the Schools*. 1. 224–231.
Banks, M, Breakwell, G, Bynner, J, Emler, N, Jamieson, L and Roberts, K (1992) *Careers and identities*. Open University Press. Milton Keynes.
Barber, B and Eccles, J (1992) Long-term influence of divorce and single parenting on adolescent family and work-related values, behaviours and aspirations. *Psychological Bulletin*. 111. 108–126.
Barenboim, C (1981) The development of person perception in childhood and adolescence. *Child Development*. 52. 129–144.
Bartley, M (1994) Unemployment and ill health: understanding the relationship. *Journal of Epidemiology and Community Health*. 48. 33–37.
Batchelder, T and Root, S (1994) Effects of an undergraduate program to integrate academic learning and service: cognitive, prosocial cognitive, and identity outcomes. *Journal of Adolescence*. 17. 341–356.
Bhattacharyya, G and Gabriel, J (1997) Racial formations of youth in late twentieth century England. In Roche, J and Tucker, S (Eds) *Youth in society*. Sage. London.
Baumrind, D (1971) Current patterns of parental authority. *Developmental Psychology Monographs*. 4. 1–102.
Baumrind, D (1991) The influence of parenting style on adolescent competence and substance misuse. *Journal of Early Adolescence*. 11. 56–95.
Beardslee, W and Podorefsky, D (1988) Resilient adolescents whose parents have serious affective and other psychiatric disorders: importance of self-understanding and relationships. *American Journal of Psychiatry*. 145. 63–69.
Beck, U (1992) *Risk society: towards a new modernity*. Sage. London.
Belle, D (1989) Gender differences in children's social networks and social supports. In D Belle (Ed.) *Children's social networks and social supports*. John Wiley. New York.
Berndt, T J and Zook, J M (1993) Effects of friendship on adolescent development. *Bulletin of the Hong Kong Psychological Society*. 30–31. 15–34.
Berry, J (1990) Psychology of acculturation. In Berman, J (Ed.) *Cross-cultural perspectives*: *Nebraska Symposium on Motivation*. University of Nebraska Press. Lincoln, NB.
Berzonsky, M (1992) A process perspective on identity and stress management. In Adams, G, Gullotta, T and Montemayor, R (Eds) *Adolescent identity formation*. Sage. London.
Bewley, B, Higgs, R and Jones, A (1984) Adolescent patients in an inner London general practice: their attitudes to illness and health care. *Journal of the Royal College of General Practitioners*. 34. 543–546.
Bhavnani, K-K (1991) *Talking politics: a psychological framing for views from youth in Britain*. Cambridge University Press. Cambridge.
Bierman, K L, Smoot, D L and Aumiller, K (1993) Characteristics of aggressive-rejected, aggressive (non-rejected), and rejected (non-aggressive) boys. *Child Development*. 64. 139–151.
Blackman, R and Jarman, J (1993) Changing inequalities in access to British universities. *Oxford Review of Education*. 9. 197–215.
Blackman, S (1987) The labour market in school: new vocationalism and issues of socially ascribed discrimination. In Brown, P and Ashton, D (Eds) *Education, unemployment and labour markets*. Falmer. London.
Blair, S, Clark, D, Cureton, K and Powell, K (1989) Exercise and fitness in childhood: implications for a lifetime of health. In Gisolfi, C and Lamb, D (Eds) *Perspectives in exercise science and sports medicine*. Benchmark Press. Indianapolis, IN.
Block, J and Robins, R (1993) A longitudinal study of consistency and change in self-esteem from early adolescence to early adulthood. *Child Development*. 64. 909–923.

Blyth, D, Hill, J and Thiel, K (1982) Early adolescents' significant others. *Journal of Youth and Adolescence*. 11. 425–450.

Blyth, D, Simmons, R and Zakin, D (1985) Satisfaction with body image for early adolescent females: the impact of pubertal timing within different school environments. *Journal of Youth and Adolescence*. 14. 207–226.

Bo, I (1996) The significant people in the social networks of adolescents. In Hurrelman, K and Hamilton, S (Eds) *Social problems and social contexts in adolescence*. Aldine De Gruyter. New York.

Boehnke, K, Silbereisen, R, Eisenberg, N and Palmonari, A (1989) Developmental patterns of prosocial motivation. *Journal of Cross-Cultural Psychology*. 20. 219–243.

Bogenshneider, K and Stone, M (1997) Delivering parent education to low and high risk parents of adolescents via age-paced newsletters. *Family Relations*. 42. 26–30.

Bolger, K, Patterson, C, Thompson, W and Kupersmidt, J (1995) Psychosocial adjustment among children experiencing persistent and intermittent family economic hardship. *Child Development*. 66. 1107–1129.

Bosma, H (1992) Identity in adolescence: managing commitments. In Adams, G, Gullotta, T and Montemayor, R (Eds) *Adolescent identity formation*. Sage. London.

Botvin, G (1990) Substance abuse prevention: theory, practice and effectiveness. In Tonry, M and Wilson, J (Eds) *Drugs and crime*. University of Chicago Press. Chicago.

Bourdieu, P (1977) Cultural reproduction and social reproduction. In Karabel, J and Halsey, A (Eds) *Power and ideology in education*. Oxford University Press. Oxford.

Brake, M (1985) *Comparative youth culture*. Routledge. London.

Breakwell, G and Fife-Shaw, C (1992) Sexual activities and preferences in a United Kingdom sample of 16–20 year olds. *Archives of Sexual Behaviour*. 21. 271–293.

Breakwell, G and Millward, L (1997) Sexual self-concept and sexual risk-taking. *Journal of Adolescence*. 20. 29–42.

Bridget, J (1995) *Lesbian and gay youth and suicide*. Paper presented at the National Children's Bureau, London. Quoted in Coyle (1998).

Brill, C (1994) The effects of participation in service-learning on adolescents with disabilities. *Journal of Adolescence*. 17. 369–380.

British Youth Council (1998) *State of the young nation*. British Youth Council. London.

Brody, G, Moore, K and Glei, D (1994) Family processes during adolescence as predictors of parent-young adult attitude similarity: a six-year longitudinal analysis. *Family Relations*. 43. 369–373.

Bronfenbrenner, U (1979) *The ecology of human development: experiments by nature and design*. Harvard University Press. Cambridge, MA.

Bronfenbrenner, U (1989) Ecological system theories. *Annals of Child Development*. 6. 187–249.

Brooks-Gunn, J (1991) How stressful is the transition to adolescence for girls? In Colten, M and Gore, S (Eds) *Adolescent stress: causes and consequences*. Aldine De Gruyter. New York.

Brooks-Gunn, J and Chase-Lansdale, L (1995) Adolescent parenthood. In Bornstein, M (Ed.) *Handbook of parenting: Vol. 3*. Lawrence Erlbaum Associates. Hillsdale, NJ.

Brooks-Gunn, J and Warren, M (1985) The effects of delayed menarche in different contexts: dance and non-dance students. *Journal of Youth and Adolescence*. 14. 285–300.

Brooks-Gunn, J, Petersen, A and Eichorn, D (Eds) (1985) The time of maturation and psycho-social functioning in adolescence: Parts 1 and 2. *Journal of Youth and Adolescence*. 14(3). 149–264 and 14(4). 265–372.

Brooks-Gunn, J, Attie, H, Burrow, C, Rosso, J and Warren, M (1989) The impact of puberty on body and eating concerns in athletic and non-athletic contexts. *Journal of Early Adolescence*. 9. 269–290.

Broomhall, H and Winefield, A (1990) A comparison of the affective well-being of young and middle-aged unemployed men matched for length of unemployment. *British Journal of Medical Psychology*. 63. 43–52.

Brown, B (1990) Peer groups and peer culture. In Feldman, S and Elliott, G (Eds) *At the threshold: the developing adolescent*. Harvard University Press. Cambridge, MA.

Brown, B (1996) Visibility, vulnerability, development, and context: ingredients for fuller understanding of peer rejection in adolescence. *Journal of Early Adolescence*, 16. 27–36.

Brown, B and Mounts, N (1989) *Peer group structure in single vs multi-ethnic high schools*. Paper presented at the Society for Research in Child Development conference. Kansas. April.

Brown, B, Mory, M and Kinney, D (1994) Casting adolescent crowds in a relational perspective: caricature, channel and context. In Montemayor, R, Adams, G and Gullotta, T (Eds) *Personal relationships during adolescence*. Sage. London.

Brown, B, Mounts, N, Lambert, S and Steinberg, L (1993) Parenting practices and peer group affiliation in adolescence. *Child Development*. 64. 467–482.

Brown, P (1987) *Schooling ordinary kids*. Tavistock. London.

Brown, P (1995) Cultural capital and social exclusion: some observations on recent trends in education, employment and the labour market. *Work, Employment, and Society*. 91. 29–51.

Brown, P and Lauder, H (1996) Education, globalisation and economic development. *Journal of Education Policy*. 11. 1–27.

Brown, P and Scase, R (1994) *Higher education and corporate realities*. UCL Press. London.

Bruno, J (1996) Time perceptions and time allocation preferences among adolescent boys and girls. *Adolescence*. 31. 109–126.

Buchanan, C (1991) Pubertal development, assessment of. In Lerner, R, Petersen, A and Brooks-Gunn, J (Eds) *Encyclopedia of adolescence*. Garland Publishing. New York.

Buchanan, C, Maccoby, E and Dornbusch, S (1996) *Adolescents after divorce*. Harvard University Press. London.

Bugenthal, D et al. (1989) Perceived control over care-giving outcomes. *Developmental Psychology*. 25. 532–539.

Buhrmester, D (1990) Intimacy of friendship, interpersonal competence, and adjustment during pre-adolescence and adolescence. *Child Development*. 61. 1101–1111.

Buhrmester, D and Furman, W (1987) The development of companionship and intimacy. *Child Development*. 58. 1101–1113.

Bulcroft, R (1991) The value of physical change in adolescence. *Journal of Youth and Adolescence*. 20. 89–106.

Bundesanstalt für Arbeit (1994) *Arbeitsmarkt: 1994*. Amtliche Nachrichten der Bundesanstalt für Albeit, 43, Sondernummer. Nurnberg: BfA.

Bynner, J, Chisholm, L and Furlong, A (Eds) (1997) *Youth, citizenship and social change in a European context*. Ashgate Publishing. Aldershot.

Capaldi, D and Patterson, G (1991) Relation of parental transitions to boys' adjustment problems. *Developmental Psychology*. 27. 489–504.

Carle, J (1987) Youth unemployment – individual and societal consequences, and new research approaches. *Social Science and Medicine*. 25.

Cass, V (1984) Homosexual identity: a concept in need of definition. *Journal of Homosexuality*. 9. 105–126.

Chao, R (1994) Beyond parental control and authoritarian parenting style: understanding Chinese parenting through the cultural notions of training. *Child Development*. 65. 1111–1119.

Charlton, J (1995) Trends and patterns in suicide in England and Wales. *International Journal of Epidemiology*. 24. 45–52.

Chase-Lansdale, L, Brooks-Gunn, J and Paikoff, B (1991) Research and programmes for adolescent mothers: missing links and future promises. *Family Relations*. 40. 396–404.

Chase-Lansdale, L, Brooks-Gunn, J and Zamsky, E (1994) Young African-American multi-generational families in poverty: quality of mothering and grand-mothering. *Child Development*. 65. 373–393.

Chase-Lansdale, L, Wakschlag, L and Brooks-Gunn, J (1995) A psychological perspective on the development of caring in children and youth: the role of the family. *Journal of Adolescence*. 18. 515–556.

Chisholm, L and Hurrelmann, K (1995) Adolescents in modern Europe: pluralized transition patterns and their implications for personal and social risks. *Journal of Adolescence*. 18. 129–158.

Chitty, C (1989) *Towards a new educational system: a victory for the new right?* Falmer. London.

Christopher, J, Nangle, D and Hansen, D (1993) Social-skills interventions with adolescents: current issues and procedures. *Behaviour Modification*. 17. 314–338.

Churchill, R, Allen, J, Denman, S, Fielding, K, Williams, D, Hollis, C, Williams, J, von Fragstein, M and Pringle, M (1997) *Factors influencing the use of general practice based health services by teenagers*. School of Medicine, University of Nottingham. Nottingham.

Claes, M (1998) Adolescents' closeness with parents, siblings, and friends in three countries: Canada, Belgium and Italy. *Journal of Youth and Adolescence*. 27. 165–184.

Clark, M, and Ayers, M (1992) Friendship similarity during early adolescence. *Journal of Psychology*. 126. 393–405.

Clarke, R (Ed.) (1992) *Situational crime prevention*. Harrow & Heston. New York.

Clausen, J (1975) The social meaning of differential physical and sexual maturation. In Dragastin, S and Elder, G (Eds) *Adolescence in the life cycle*. John Wiley. New York.

Clausen, J (1991) Adolescent competence and the shaping of the life course. *American Journal of Sociology*. 96. 805–842.

Coakley, J and White, A (1992) Making decisions: gender and sport participation among British adolescents. *Sociology of Sport Journal*. 9. 20–35.

Cockett, M and Tripp, J (1994) *The Exeter family study*. University of Exeter. Exeter.

Coggans, N and McKellar, P (1994) Drug use among peers: peer pressure or peer preference? *Drugs: Education, Prevention and Policy*. 1. 15–26.

Coggans, N, Shewan, D, Henderson, M, Davies, J and O'Hagan, F (1990) *National evaluation of drug education in Scotland: final report*. Scottish Education Department. Edinburgh.

Coie, J and Dodge, K (1983) Continuities and changes in children's social status: a five year long longitudinal study. *Merrill-Palmer Quarterly*. 29. 261–282.

Coleman, J (1974) *Relationships in adolescence*. Routledge & Kegan Paul. London.

Coleman, J (1978) Current contradictions in adolescent theory. *Journal of Youth and Adolescence*. 7. 1–11.

Coleman, J (1990) *Teenagers and divorce*. Trust for the Study of Adolescence. Brighton, Sussex.

Coleman, J (1995) *Teenagers and sexuality*. Hodder & Stoughton. London.

Coleman, J (1996) Adolescents and suicide. In Williams, R and Morgan, G (Eds) *Suicide prevention: the challenge confronted*. HMSO. London.

Coleman, J (1997a) *Key data on adolescence*. Trust for the Study of Adolescence. Brighton, Sussex.

Coleman, J (1997b) The parenting of adolescents in Britain today. *Children and Society*. 11. 45–52.

Coleman, J and Coleman, E (1984) Adolescent attitudes to authority. *Journal of Adolescence*. 7. 131–141.

Coleman, J and Dennison, C (1998) Teenage parenthood: a review. *Children and Society*. 12. 306–314.

Coleman, J and Roker, D (Eds) (1998) *Teenage sexuality: health, risk and education*. Harwood Academic Press. London.

Coleman, J and Warren-Adamson, C (Eds) (1992) *Youth policy for the 1990s*. Routledge. London.

Coles, B (1995) *Youth and social policy*. UCL Press. London.

Coles, B (1997) Vulnerable youth and processes of social exclusion. In Bynner, J, Chisholm, L and Furlong, A (Eds) *Youth, citizenship and social change in a European context.* Ashgate Publishing. Aldershot.

Coley, R and Chase-Lansdale, L (1998) Adolescent pregnancy and parenthood: recent evidence and future directions. *American Psychologist.* 53. 152–166.

Collins, W and Repinski, D (1994) Relationships during adolescence: continuity and change in interpersonal perspective. In Montemayor, R, Adams, G and Gullotta, T (Eds) *Personal relationships during adolescence.* Sage. London.

Compas, B (1987) Coping with stress during childhood and adolescence. *Psychological Bulletin.* 101. 393–403.

Compas, B (1995) Promoting successful coping during adolescence. In Rutter, M (Ed.) *Psychosocial disturbances in young people.* Cambridge University Press. Cambridge, UK.

Compas, B and Wagner, B (1991) Psychosocial stress during adolescence: intrapersonal and interpersonal processes. In Colten, M and Gore, S (Eds) *Adolescent stress: causes and consequences.* Aldine De Gruyter. New York.

Compas, B, Malcarne, V and Fondacaro, K (1988) Coping with stressful events in older children and young adolescents. *Journal of Consulting and Clinical Psychology.* 56. 405–411.

Compas, B, Orosan, P and Grant, K (1993) Adolescent stress and coping: implications for psychopathology in adolescence. *Journal of Adolescence.* 16. 331–349.

Compas, B, Banez, G, Malcarne, V and Worsham, N (1991) Perceived control and coping with stress: a developmental perspective. *Journal of Social Issues.* 47. 23–34.

Conger, R, Patterson, G and Ge, X (1995) It takes two to replicate: a mediational model for the impact of parents' stress on adolescent adjustment. *Child Development.* 66. 80–97.

Conger, R, Ge, X, Elder, G and Simmons, R (1994) Economic stress, coercive family process, and developmental problems of adolescents. *Child Development.* 65. 541–561.

Connell, R (1971) *The child's construction of politics.* Melbourne University Press. Carleton, Virginia.

Conrad, D and Hedin, D (1982) The impact of experiential education on adolescent development. In Conrad, D and Hedin, D (Eds) *Youth participation and experiential education.* Haworth Press. New York.

Cooper, C (1994) Cultural perspectives on continuity and change in adolescent relationships. In Montemayor, R, Adams, G and Gullotta, T (Eds) *Personal relationships during adolescence.* Sage. London.

Corlyon, J and McGuire, C (1997) *Young parents in public care.* National Children's Bureau. London.

Costello, E (1989) Child psychiatric disorders and their correlates: a primary care paediatric sample. *Journal of the American Academy of Child and Adolescent Psychiatry.* 28. 851–855.

Cote, J (1996) Sociological perspectives on identity formation: the culture–identity link and identity capital. *Journal of Adolescence.* 19. 417–428.

Cote, J (1997) An empirical test of the identity capital model. *Journal of Adolescence.* 20. 577–598.

Cotterell, J (1996) *Social networks and social influences in adolescence.* Routledge. London.

Cowie, H and Rudduck, J (1990) Learning from one another: the challenge. In Foot, H, Morgan, M and Shute, R (Eds) *Children helping children.* John Wiley & Sons. Chichester.

Coyle, A (1991) The construction of gay identity. Unpublished PhD. University of Surrey.

Coyle, A (1993) A study of psychological well-being among gay men using the GHQ-30. *British Journal of Clinical Psychology.* 32. 218–220.

Coyle, A (1998) Developing lesbian and gay identity in adolescence. In Coleman, J and Roker, D (Eds) *Teenage sexuality: health, risk and education.* Harwood Academic Press. London.

Crockett, L, Losoff, M and Petersen, A (1984) Perceptions of the peer group and friendship in early adolescence. *Journal of Early Adolescence.* 4. 155–181.

Crockett, L, Bingham, C, Chopak, J and Vicary, J (1996) Timing of first sexual intercourse: the role of social control, social learning and problem behaviour. *Journal of Youth and Adolescence.* 25. 89–112.

Cross, M, Wrench, J and Barnett, S (1990) *Ethnic minorities and the careers service.* Department of Employment. London.

Csikszentmihalyi, M and Larson, R (1984) *Being adolescent: conflict and growth in the teenage years.* Basic Books. New York.

Csikzentmihalyi, M, Larson, R and Prescott, S (1977) The ecology of adolescent activity and experience. *Journal of Youth and Adolescence.* 6. 281–294.

Damon, W and Lerner, R (Eds) (1998) *Handbook of child psychology: Vol. 1.* John Wiley. New York.

D'Augelli, A and Hershberger, S (1993) Lesbian, gay and bisexual youth in community settings. *Americal Journal of Community Psychology.* 21. 421–448.

Davies, E and Furnham, A (1986) The dieting and body shape concerns of adolescent females. *Journal of Child Psychology and Psychiatry.* 27. 417–428.

Davies, J and Coggans, N (1991) *The facts about adolescent drug abuse.* Cassell. London.

Davis, J (1990) *Youth and the condition of Britain: images of adolescent conflict.* Athlone Press. London.

Dekovic, M and Meeus, W (1997) Peer relations in adolescence: effects of parenting and adolescents' self-concept. *Journal of Adolescence.* 20. 163–176.

Dennehy, A, Smith, L and Harker, P (1997) *Not to be ignored: young people, poverty and health.* Child Poverty Action Group. London.

Dennison, C and Coleman, J (1998a) Teenage motherhood: experiences and relationships. In Clement, S (Ed.) *Psychological perspectives on pregnancy and childbirth.* Churchill Livingstone. Edinburgh.

Dennison, C and Coleman, J (1998b) *Adolescent motherhood: the relation betweeen a young mother and her mother.* Research report. Trust for the Study of Adolescence. Brighton.

Department for Education and Employment (DfEE) (1993) International statistical comparisons of the participation in education and training of 16 to 18 year olds. *Statistical Bulletin.* 19–93. London.

Department for Education and Employment (DfEE) (1994) *Employment Gazette.* 102. London.

DeRosier, M, Kupersmidt, J and Patterson, C (1994) Children's academic and behavioural adjustment as a function of the chronicity and proximity of peer rejection. *Child Development.* 65. 1799–1813.

Diamond, A and Goddard, E (1995) *Smoking among secondary school children in 1994.* HMSO. London.

Dishion, T, Patterson, G and Kavanagh, K (1992) An experimental test of the coercion model: linking theory, measurement, and intervention. In McCord, J and Tremblay, R (Eds) *Preventing anti-social behaviour.* Guilford. New York.

Dohrenwend, B and Dohrenwend, B (Eds) (1974) *Stressful life events, their nature and effects.* John Wiley. New York.

Dornbusch, S, Herman, M and Morley, J (1996) Domains of adolescent achievement. In Adams, G, Montemayor, R and Gullotta, T (Eds) *Psychosocial development during adolescence: progress in developmental contextualism.* Sage. London.

Dornbusch, S, Ritter, P, Liederman, P and Fraleigh, M (1987) The relation of parenting style to adolescent school performance. *Child Development.* 58. 1244–1257.

Douvan, E and Adelson, J (1966) *The adolescent experience.* John Wiley. New York.

Downs, W and Rose, S (1991) The relationship of adolescent peer groups to the incidence of psychosocial problems. *Adolescence.* 26. 473–492.

Drew, D, Gray, J and Sime, N (1992) *Against the odds: the education and labour market experiences of black young people.* Employment Department. Sheffield.

Drury, J, Catan, L, Dennison, C and Brody, R (1998) Exploring teenagers' accounts of bad communication: a new basis for intervention. *Journal of Adolescence.* 21. 177–196.

DuBois, D and Hirsch, B (1993) School/non-school friendship patterns in early adolescence. *Journal of Early Adolescence.* 13. 102–122.
Dunne, M, Donald, M, Lucke, J, Nilson, R and Raphael, B (1993) *National HIV/AIDS Evaluation and Survey in Australian secondary schools.* Commonwealth Department of Health. Canberra.
Dunphy, D (1972) Peer group socialisation. In Hunt, F (Ed.) *Socialisation in Australia.* Angus & Robertson. Sydney.
Durbin, D, Darling, N and Steinberg, L (1993) Parenting style and peer group membership. *Journal of Research on Adolescence.* 3. 87–100.
Durkin, K (1995) *Developmental social psychology.* Blackwell. Oxford.
East, P and Felice, M (1996) *Adolescent pregnancy and parenting.* Lawrence Erlbaum. Hillsdale, NJ.
East, P, Lerner, R, Lerner, J, Soni, R and Jacobson, L (1992) Early adolescent–peer group fit, peer relations, and psychological competence: a short-term longitudinal study. *Journal of Early Adolescence.* 12. 132–152.
Eccles, J, Flanagan, C, Lord, S, Midgley, C, Roeser, R and Yee, D (1996) Schools, families and early adolescents: what are we doing wrong and what can we do instead? *Developmental and Behavioural Paediatrics.* 17. 267–276.
Eder, D (1985) The cycle of popularity: interpersonal relations among female adolescents. *Sociology and Education.* 58. 154–165.
Egerton, M and Halsey, A (1993) Trends in social class and gender in access to higher education in Britain. *Oxford Review of Education.* 19. 183–196.
Eicher, J, Baizerman, S and Michelmann, J (1991) Adolescent dress, Part II: a qualitative study of suburban high school students. *Adolescence.* 26. 678–686.
Eisenberg, N (1990) Prosocial development in early and mid-adolescence. In Montemayor, R, Adams, G and Gullotta, T (Eds) *From childhood to adolescence.* Sage. London.
Eisenberg, N, Carlo, G, Murphy, B and Van Court, P (1995) Prosocial development in late adolescence: a longitudinal study. *Child Development.* 66. 1179–1197.
Elder, G (1974) *Children of the Great Depression.* University of Chicago Press. Chicago.
Elder, G and Caspi, A (1988) Human development and social change: an emerging perspective on the life course. In Bolger, N, Caspi, A, Downey, G and Moorehouse, M (Eds) *Persons in context: developmental processes.* Cambridge University Press. Cambridge.
Elkin, F (1960) *The child and society: the process of socialisation.* John Wiley. New York.
Elkind, D (1966) Conceptual orientation shifts in children and adolescents. *Child Development.* 37. 493–498.
Elkind, D (1967) Egocentrism in adolescence. *Child Development.* 38. 1025–1034.
Elkind, D and Bowen, R (1979) Imaginary audience behaviour in children and adolescents. *Developmental Psychology.* 15. 38–44.
Elliott, D, Huizinga, D and Ageton, S (1985) *Explaining delinquency and drug use.* Sage. Beverley Hills, CA.
Emler, N and Reicher, S (1995) *Adolescence and delinquency.* Blackwell. Oxford.
Enright, R, Shukla, D and Lapsley, D (1980) Adolescent egocentrism – sociocentrism and self-consciousness. *Journal of Youth and Adolescence.* 9. 101–116.
Epstein, R, Rice, P and Wallace, P (1989) Teenagers' health concerns: implications for primary health care professionals. *Journal of the Royal College of General Practitioners.* 39. 247–249.
Erikson, E (1968) *Identity, youth and crisis.* Norton. New York.
Erwin, P and Calev, A (1984) Beauty: more than skin deep? *Journal of Social and Personal Relationships.* 1. 359–361.
European Sports Charter (1975) *'Sport for all' charter.* European Sports Ministers' Conference. Brussels.
Evans, C and Eder, D (1993) 'No exit': processes of social isolation in the middle school. *Journal of Contemporary Ethnography.* 22. 139–170.

Eveleth, P and Tanner, J (1977) *Worldwide variation in human growth.* Cambridge University Press. Cambridge.
Eveleth, P and Tanner, J (1990) *Worldwide variation in human growth: 2nd Edition.* Cambridge University Press. Cambridge.
Facio, A and Batistuta, M (1998) Latins, Catholics and from the far south: Argentinian adolescents and their parents. *Journal of Adolescence.* 21. 49–68.
Farrell, C (1978) *My mother said . . . the way young people learn about sex and birth.* Routledge & Kegan Paul. London.
Farrington, D (1989) Self-reported and official offending from adolescence to adulthood. In Klein, M (Ed.) *Cross-national research in self-reported crime and delinquency.* Kluwer. Dordrecht.
Farrington, D (1995) The challenge of teenage antisocial behaviour. In Rutter, M (Ed.) *Psychosocial disturbances in young people: challenges for prevention.* Cambridge University Press. Cambridge.
Feather, N and O'Brien, G (1986) A longitudinal study of the effects of employment and unemployment on school-leavers. *Journal of Occupational Psychology.* 59. 121–144.
Feiring, C (1996) Concepts of romance in 15-year-old adolescents. *Journal of Research on Adolescence.* 6. 181–200.
Feiring, C and Lewis, M (1993) Do mothers know their teenagers' friends? Implications for individuation in early adolescence. *Journal of Youth and Adolescence.* 22. 337–354.
Feldman, S and Elliott, G (1990) *At the threshold: the developing adolescent.* Harvard University Press. Cambridge, MA.
Feldman, S, Rosenthal, D, Brown, N and Canning, R (1995) Predicting sexual experience in adolescent boys from peer rejection and acceptance during childhood. *Journal of Research on Adolescence.* 5. 387–412.
Felson, R (1985) Reflected appraisal and the development of self. *Social Psychology Quarterly.* 48. 71–78.
Fergusson, D and Lynskey, M (1996) Adolescent resiliency to family adversity. *Journal of Child Psychology and Psychiatry.* 37. 281–292.
Fergusson, D, Horwood, L and Lynskey, M (1994) The childhoods of multiple problem adolescents: a 15 year longitudinal study. *Journal of Child Psychology and Psychiatry.* 35. 1123–1140.
Fergusson, D, Lynskey, M and Horwood, J (1997) The effects of unemployment on juvenile offending. *Criminal Behaviour and Mental Health.* 7. 49–68.
Ferri, E (1984) *Step children: a national study.* NFER-Nelson. Windsor.
Fisher, S (1995) The amusement arcade as a social space for adolescents. *Journal of Adolescence.* 18. 71–86.
Fitzgerald, M, Joseph, A, Hayes, M and O'Regan, M (1995) Leisure activities of adolescent schoolchildren. *Journal of Adolescence.* 18. 349–358.
Flanagan, C, Jonsson, B, Botcheva, L, Csapo, B, Bowes, J, Macek, P and Sheblanova, E (1999) Adolescents and the social contract: developmental roots of citizenship in seven countries. In Yates, M and Youniss, J (Eds) *Roots of civic identity.* Cambridge University Press. Cambridge.
Fletcher, A, Darling, N, Steinberg, L and Dornbusch, S (1995) The company they keep: relation of adolescents' adjustment and behaviour to their friends perceptions of authoritative parenting. *Developmental Psychology.* 31. 300–310.
Fogelman, K (1976) *Britain's 16 year olds.* National Children's Bureau. London.
Ford, N and Morgan, K (1989) Heterosexual lifestyles of young people in an English city. *Journal of Population and Social Studies.* 1. 167–185.
Fraser, E (1999) Introduction to Special Issue on Political Education. *Oxford Review of Education.* 25. 5–22.
Freedman, R (1984) Reflections on beauty as it relates to health in adolescent females. *Women and Health.* 9. 29–45.
Frydenberg, E (1997) *Adolescent coping: theoretical and research perspectives.* Routledge. London.

Frydenberg, E and Lewis, R (1993) Boys play sport and girls turn to others: gender and ethnicity as determinants of coping. *Journal of Adolescence*. 16. 253–266.
Fryer, D (1995) Benefit Agency? Labour market disadvantage, deprivation and mental health. *The Psychologist*. 8. 265–272.
Fryer, D (1997) International perspectives on youth unemployment and mental health: some central issues. *Journal of Adolescence*. 20. 333–342.
Fuhrman, T and Holmbeck, G (1995) A contextual-moderator analysis of emotional autonomy and adjustment in adolescence. *Child Development*. 66. 276–285.
Fuligni, A and Eccles, J (1993) Perceived parent–child relationships and early adolescents' orientation towards peers. *Developmental Psychology*. 29. 622–632.
Funk, J (1993) Re-evaluating the impact of video games. *Clinical Pediatrics*. 32. 86–90.
Furlong, A and Cartmel, F (1997) *Young people and social change*. Open University Press. Milton Keynes.
Furlong, A and Raffe, D (1989) *Young people's routes into the labour market*. Industry Department for Scotland. Edinburgh.
Furlong, A, Campbell, R and Roberts, K (1990) The effects of post-16 experiences and social class on the leisure patterns of young adults. *Leisure Studies*. 9. 213–224.
Furnham, A and Gunter, B (1989) *The anatomy of adolescence*. Routledge. London.
Furntratt, E and Moller, C (1982) *Lernprinzip erfolg*. Peter Lang. Frankfurt.
Furstenberg, F, Brooks-Gunn, J and Chase-Lansdale, L (1989) Teenage pregnancy and child-bearing. *American Psychologist*. 44. 313–320.
Gaoni, L, Couper Black, Q and Baldwin, S (1998) Defining adolescent behaviour disorder: an overview. *Journal of Adolescence*. 21. 1–14.
Gardner, H (1984) *Frames of mind*. Heinemann. London.
Garmezy, N and Rutter, M (1983) *Stress, coping and development in childhood*. McGraw-Hill. New York.
Garnefski, N and Diekstra, R (1997) Adolescents from one parent, stepparent, and intact families: emotional problems and suicide attempts. *Journal of Adolescence*. 20. 201–208.
Gavin, L and Furman, W (1996) Adolescent girls' relationships with mothers and best friends. *Child Development*. 67. 375–386.
Gecas, V and Seff, M (1990) Families and adolescents: a review of the 1980s. *Journal of Marriage and the Family*. 52. 941–958.
George, T and Hartmann, D (1996) Friendship networks of unpopular, average, and popular children. *Child Development*. 67. 2301–2316.
Gibson-Kline, J (1996) *Adolescence: from crisis to coping*. Butterworth-Heinemann. Oxford.
Gilani, N (1995) A study of mother–daughter relationships in two cultures. Unpublished PhD dissertation. University of Sussex.
Giles, D and Eyler, J (1994) The impact of a college community service laboratory on students' personal, social and cognitive outcomes. *Journal of Adolescence*. 17. 327–340.
Gilligan, C (1982) *In a different voice*. Harvard University Press. Cambridge, MA.
Gilligan, C and Belenky, M (1980) A naturalistic study of abortion decisions. In Selman, R and Yando, R (Eds) *Clinical-developmental psychology*. Jossey-Bass. San Francisco, CA.
Gilligan, C, Lyons, N and Hanmer, T (1990) *Making connections: the relational worlds of adolescent girls at Emma Willard School*. Harvard University Press. Cambridge, MA.
Ginn, J and Arber, S (1995) Only connect: gender relations and ageing. In Arber, S and Ginn, J (Eds) *Connecting gender and ageing: a sociological approach*. Open University Press. Milton Keynes.
Gjerde, P and Shimizu, H (1995) Family relationships and adolescent development in Japan. *Journal of Research on Adolescence*. 5. 281–318.
Glendinning, A, Love, J, Shucksmith, J and Hendry, L (1992) Adolescence and health inequalities: extensions to McIntyre and West. *Social Science and Medicine*. 35. 679–687.
Glyptis, S (1989) *Leisure and unemployment*. Open University Press. Milton Keynes.

Goddard, E (1989) *Smoking among secondary school children in 1988.* OPCS Social Survey Division. HMSO. London.
Goddard, E (1996) *Teenage drinking in 1994.* HMSO. London.
Gofton, L (1990) On the town: drink and the new lawlessness. *Youth and Policy.* 29. 33–39.
Goggin, M (1995) Gay and lesbian adolescence. In Moore, S and Rosenthal, D (Eds) *Sexuality in adolescence.* Routledge. London.
Golding, J (1987) Smoking. In Cox, B (Ed.) *The health and lifestyle survey.* The Health Promotion Research Trust. Cambridge.
Goldman, R and Goldman, J (1988) *'Show me yours' – understanding children's sexuality.* Penguin. Ringwood, Australia.
Golombok, S, and Fivush, C (1994) *Gender development.* Cambridge University Press. Cambridge.
Goodnow, J and Collins, A (1990) *Development according to parents.* Lawrence Erlbaum. Hillsdale, NJ.
Goodyer, I (1994) Development psychopathology: the impact of recent life events in anxious and depressed school-age children. *Journal of the Royal Society of Medicine.* 87. 327–329.
Goossens, L and Marcoen, A (1999a) Relationships during adolescence: constructive versus negative themes and relational dissatisfaction. *Journal of Adolescence.* 22. 49–64.
Goossens, L and Marcoen, A (1999b) Adolescent loneliness, self-reflection and identity: from individual differences to developmental processes. In Rotenberg, K and Hymel, S (Eds) *Loneliness in childhood and adolescence.* Cambridge University Press. New York.
Goossens, L, Seiffge-Krenke, I and Marcoen, A (1992) The many faces of adolescent egocentrism: a European replication. Paper presented at Society of Research on Adolescence conference, Washington, DC.
Goossens, L, Marcoen, A, Van Hees, S and Van de Woestijne, O (1998) Attachment style and loneliness in adolescence. *European Journal of Psychology of Education.* 13. 529–542.
Gore, S and Eckenrode, J (1994) Context and process in research on risk and resilience. In Haggerty, R, Sherrod, L, Garmezy, N and Rutter, M (Eds) *Stress, risk and resilience in children and adolescents.* Cambridge University Press. Cambridge.
Gottfredson, M and Hirshi, T (1990) *A general theory of crime.* Stanford University Press. Stanford, CA.
Graber, J and Brooks-Gunn, J (1996) Transitions and turning points: navigating the passage from childhood through adolescence. *Developmental Psychology.* 32. 768–776.
Graham, J and Bowling, B (1995) *Young people and crime.* Home Office Research Study No. 145. Home Office. London.
Greenberger, E (1984) Defining psychosocial maturity in adolescence. In Karoly, P and Steffen, J (Eds) *Adolescent behaviour disorders.* Heath. Lexington, MA.
Greenberger, E and O'Neill, R (1990) Parents' concerns about the child's development: implications for fathers' and mothers' well-being and attitudes to work. *Journal of Marriage and the Family.* 56. 621–630.
Griffin, C (1993) *Representations of youth.* Polity Press. London.
Griffiths, M (1995) *Adolescent gambling.* Routledge. London.
Grob, A (1998) Dynamics of perceived control across adolescence and adulthood. In Perrig, W and Grob, A (Eds) *Control of human behaviour: mental processes and awareness.* Lawrence Erlbaum Associates. Hillsdale, NJ.
Grotevant, H and Cooper, C (1985) Patterns of interaction in family relationships and the development of identity exploration in adolescence. *Child Development.* 56. 415–428.
Grotevant, H and Cooper, C (1986) Individuation in family relationships: a perspective on individual differences in the development of identity and role-taking skill in adolescence. *Human Development.* 29. 82–100.
Grotevant, H and Cooper, C (1998) Individuality and connectedness in adolescent development: review and prospects for research on identity, relationships and context. In Skoe, E and von der Lippe, A (Eds) *Personality development in adolescence: a cross-national and lifespan perspective.* Routledge. London.

Grunebaum, H and Solomon, L (1987) Peer relationships, self-esteem and the self. *International Journal of Group Psychotherapy.* 37.475–511.
Gunnell, D, Peters, T, Kammerling, R and Brooks, J (1995) Relation between parasuicide, suicide, psychiatric admissions and socio-economic deprivation. *British Medical Journal.* 311. 226–230.
Hackett, C (1997) Young people and political participation. In Roche, J and Tucker, S (Eds) *Youth in society.* Sage. London.
Hagell, A and Newburn, T (1996) Family and social contexts of adolescent re-offenders. *Journal of Adolescence.* 19. 5–18.
Haggerty, R, Sherrod, L, Garmezy, N and Rutter, M (Eds) (1994) *Stress, risk and resilience in children and adolescents: processes, mechanisms and interventions.* Cambridge University Press. Cambridge.
Hale, S (1990) A global developmental trend in cognitive processing speed. *Child Development.* 61. 653–663.
Halsey, A (1992) *Opening wide the doors of higher education.* Briefing Paper No. 6. National Commission on Education. London.
Hammer, T (1996) History dependence in youth unemployment. *European Sociological Review.* 13. 17–33.
Hansen, D, Giacoletti, A and Nangle, D (1995) Social interactions and adjustment. In Van Hasselt, V and Hersen, M (Eds) *Handbook of adolescent psychopathology: a guide to diagnosis and treatment.* Lexington Books. New York.
Hanson, S (1988) Divorced fathers with custody. In Bronstein, P and Cowan, C (Eds) *Fatherhood today: men's changing role in the family.* Wiley. Chichester.
Harlan, W, Harlan, E and Grillo, C (1980) Secondary sex characteristics of girls 12 to 17 years of age: the US Health Examination Survey. *Journal of Pediatrics.* 96. 1074–1078.
Harrington, R (1995) Depressive disorder in adolescence. *Archives of Disease in Childhood.* 72: 193–195.
Harris, C (1993) *The family and industrial society.* Allen & Unwin. London.
Hart, D and Fegley, S (1995) Prosocial behaviour and caring in adolescence. *Child Development.* 66. 1346–1359.
Hart, D, Yates, M, Fegley, S and Wilson, G (1996) Moral commitment in inner-city adolescents. In Killen, M and Hart, D (Eds) *Morality in everyday life: developmental perspectives.* Cambridge University Press. New York.
Harter, S (1988) The construction and conservation of the self: James and Cooley revisited. In Lapsley, D and Power, F (Eds) *Self, ego and identity.* Springer-Verlag. New York.
Harter, S (1989) Causes, correlates, and the functional role of global self-worth: a life-span perspective. In Kolligian, J and Sternberg, R (Eds) *Perceptions of competence and incompetence across the life-span.* Yale University Press. New Haven, CT.
Harter, S (1990) Self and identity development. In Feldman, S and Elder, G (Eds) *At the threshold: the developing adolescent.* Harvard University Press. Cambridge, MA.
Harter, S and Monsour, A (1992) Developmental analysis of conflict caused by opposing attributes in the adolescent self-portrait. *Developmental Psychology.* 28. 251–260.
Hartup, W (1996) The company they keep: friendships and their developmental significance. *Child Development.* 67. 1–13.
Haskey, J (1996) Population review 6: families and households in Great Britain. *Population Trends.* 85. 7–24.
Hatfield, E and Sprecher, S (1986) Measuring passionate love in intimate relationships. *Journal of Adolescence.* 9. 383–410.
Hauser, S and Bowlds, M (1990) Stress, coping and adaptation. In Feldman, S and Elliott, G (Eds) *At the threshold: the developing adolescent.* Harvard University Press. Cambridge, MA.
Hauser, S, Book, B, Houlihan, J, Powers, S and Noam, G (1987) Sex differences within the family: studies of adolescent and family interaction. *Journal of Youth and Adolescence.* 16. 199–213.

Hawton, K (1992) By their own hand: suicide is increasing rapidly in young men. *British Medical Journal.* 304. 1000.
Hawton, K, Fagg, J and Simkin, S (1996) Deliberate self-poisoning and self-injury in adolescents: a study of characteristics and trends in Oxford: 1976-1989. *British Journal of Psychiatry.* 169. 202-208.
Hawton, K, Fagg, J, Simkin, S and Bale, L (1999) Deliberate self-harm in adolescents in Oxford: 1985-1995. *Journal of Adolescence.* In Press.
Heaven, P (1994) *Contemporary adolescence.* Macmillan. London.
Heaven, P (1996) *Adolescent health: the role of individual differences.* Routledge. London.
Hendry, L (1983) *Growing up and going out.* Pergamon. London.
Hendry, L (1987) Young people: from school to unemployment? In Fineman, S (Ed.) *Unemployment: personal and social consequences.* Tavistock. London.
Hendry, L (1992) Sports and leisure. In Coleman, J and Warren-Adamson, C (Eds) *Youth policy in the 1990s.* Routledge. London.
Hendry, L (1993) Learning the new 3 Rs. *Aberdeen University Review.* 189. 33-51.
Hendry, L and Kloep, M (1996) Is there life beyond 'flow'? Proceedings of 5th Biennial Conference of the EARA, University of Liege, May 1996.
Hendry, L and Singer F (1981) Sport and the adolescent girl: a case study of one comprehensive school. *Scottish Journal of Physical Education.* 9. 19-29.
Hendry, L, Glendinning, A, Reid, M and Wood, S (1998) *Lifestyles, health and health concerns of rural youth: 1996-1998.* Report to Department of Health, Scottish Office. Edinburgh.
Hendry, L, Roberts, W, Glendinning, A and Coleman, J (1992) Adolescents' perceptions of significant individuals in their lives. *Journal of Adolescence.* 15. 255-270,
Hendry, L, Shucksmith, J, Love, J and Glendinning, A (1993) *Young people's leisure and lifestyles.* Routledge. London.
Hengeller, S, Cunningham, P, Pickrel, S and Brondino, M (1996) Multi-systemic therapy: an effective violence prevention approach for serious juvenile offenders. *Journal of Adolescence.* 19. 47-62.
Hermann-Giddens, M, Slora, E and Wasserman, R (1997) Secondary sexual characteristics and menses in young girls seen in office practice. *Paediatrics.* 99. 505-512.
Herrenkohl, E, Herrenkohl, R and Egolf, B (1994) Resilient early school-age children from maltreating homes: outcomes in late adolescence. *American Journal of Orthopsychiatry.* 64. 301-309.
Hetherington, M (1993) An overview of the Virginia longitudinal study of divorce and remarriage with a focus on early adolescence. *Journal of Family Psychology.* 7. 39-56.
Hetherington, M and Clingempeel, W (1992) Coping with marital transitions: a family systems perspective. *Monographs of the Society for Research in Child Development.* 57.
Hickman, P (1997) Is it working? The changing position of young people in the UK labour market. In Roche, J and Tucker, S (Eds) *Youth in society.* Sage. London.
Hill, J (1988) Adapting to menarche: familial control and conflict. In Gunnar, M and Collins, W (Eds) *21st Minnesota Symposium on Child Psychology.* Laurence Erlbaum. Hillsdale, NJ.
Hill, P (1993) Recent advances in selected aspects of adolescent development. *Journal of Child Psychology and Psychiatry.* 34. 69-100.
Hillier, L, Harrison, L and Warr, D (1998) 'When you carry condoms all the boys think you want it': negotiating competing discourses about safe sex. *Journal of Adolescence.* 21. 15-30.
Hirsch, B and DuBois, D (1989) The school-nonschool ecology of early adolescent friendships. In Belle, D (Ed.) *Children's social networks and supports.* John Wiley. New York.
Hirsch, B and DuBois, D (1991) Self-esteem in early adolescence: the identification and prediction of contrasting longitudinal trajectories. *Journal of Youth and Adolescence.* 20. 53-72.

Hirsch, B, Engel-Levy, A, DuBois, D and Hardesty, P (1990) The role of social environments in social support. In Sarason, B, Sarason, I and Pierce, G (Eds) *Social support: an interactional view*. John Wiley. New York.

Hodgson, R and Abbasi, T (1995) *Effective health prevention: literature review*. Health Promotion, Wales. Cardiff.

Hofstede, G (1983) Dimensions of national cultures in 50 countries and 3 regions. In Deregowski, J, Dzurnwiecz, S and Annis, R (Eds) *Explications in cross-cultural psychology*. Swets & Zeitlinger. Lisse, The Netherlands.

Hoge, D, Smit, E and Crist, J (1995) Reciprocal effects of self-concept and academic achievement in sixth and seventh grade. *Journal of Youth and Adolescence*. 24. 295–314.

Hogue, A and Steinberg, L (1995) Homophily of internalised distress in adolescent peer groups. *Developmental Psychology*. 31. 897–906.

Holland, J, Ramanazoglu, C, Sharpe, S and Thomson, R (1998) *The male in the head*. Tufnell Press. London.

Holland, W and Fitzsimons, B (1991) Smoking in children. *Archives of Disease in Childhood*. 66: 1269–1274.

Holmbeck, G, Paikoff, R and Brooks-Gunn, J (1995) Parenting adolescents. In Bornstein, M (Ed.) *Handbook of Parenting: Vol. 1*. Laurence Erlbaum. Mahwah, NJ.

Hope, S, Power, C and Rodgers, B (1998) The relationship between parental separation in childhood and problem drinking in adulthood. *Addiction*. 93. 505–514.

Huizinga, D and Elliott, D (1986) Reassessing the reliability and validity of self-report measures. *Journal of Quantitative Criminology*. 2. 293–327.

Hunter, F (1985) Adolescents' perception of discussions with parents and friends. *Developmental Psychology*. 21. 433–440.

Hunter, J, Higginson, I and Garralda, E (1996) Systematic literature review: outcome measures for child and adolescent mental health services. *Journal of Public Health Medicine*. 18. 197–206.

Hurrelmann, K and Losel, F (1990) *Health hazards in adolescence*. De Gruyter. New York.

Inderbitzen-Pisaruk, H, Clark, M and Solano, C (1992) Correlates of loneliness in midadolescence. *Journal of Youth and Adolescence*. 21. 151–168.

Inhelder, B and Piaget, J (1958) *The growth of logical thinking*. Routledge & Kegan Paul. London.

Ives, R (1990) Sniffing out the solvent users. In Ashton, M (Ed.) *Drug misuse in Britain: national audit of drug misuse statistics*. Institute for the Study of Drug Dependence. London.

Jackson, P and Warr, P (1987) Mental health of unemployed men in different parts of England and Wales. *British Medical Journal*. 295. 525.

Jackson, S and Bosma, H (1992) Developmental research on adolescence: European perspectives for the 1990s and beyond. *British Journal of Developmental Psychology*. 10. 319–338.

Jacobson, L and Wilkinson, C (1994) Review of teenage health: time for a new direction. *British Journal of General Practice*. 44. 420–424.

Jaffe, M (1998) *Adolescence*. John Wiley. New York.

Jahnke, H and Blanchard-Fields, F (1993) A test of two models of adolescent egocentrism. *Journal of Youth and Adolescence*. 22. 313–326.

Jarvinen, D and Nicholls, J (1996) Adolescents' social goals: beliefs about the causes of social success, and satisfaction in peer relations. *Developmental Psychology*. 32. 435–441.

Jeffs, T and Smith, M (1990) *Young people, inequality and youth work*. Macmillan. London.

Jenkins, J and Smith, M (1990) Factors protecting children living in disharmonious homes: maternal reports. *Journal of the American Academy of Child and Adolescent Psychiatry*. 29. 60–69.

Jennings, M and Niemi, R (1971) *The political character of adolescence*. Princeton University Press. Princeton, NJ.

Jennings, M and Niemi, R (1981) *Generations and politics.* Princeton University Press. Princeton, NJ.
Jessor, R and Jessor, S (1977) *Problem behaviour and psychosocial development: a longitudinal study of youth.* Academic Press. New York.
Johnson, A, Wadsworth, K, Wellings, K and Field, J (1994) *Sexual attitudes and lifestyles.* Blackwell. Oxford.
Johnson, M, Beebe, T, Mortimer, J and Snyder, M (1998) Volunteerism in adolescence: a process perspective. *Journal of Research on Adolescence.* 8. 309–332.
Jones, D and Costin, S (1995) Friendship quality during pre-adolescence and adolescence. *Merrill Palmer Quarterly.* 41. 517–535.
Jones, G (1995) *Leaving home.* Open University Press. Milton Keynes.
Jones, G and Wallace, C (1990) Beyond individualisation: what sort of social change. In Chisholm, L, Buchner, P, Kruger, H-H and Brown, P (Eds) *Childhood, youth and social change: a comparative perspective.* Falmer. London.
Jones, G and Wallace, C (1992) *Youth, family and citizenship.* Open University Press. Milton Keynes.
Jonsson, I and Arnman, G (1991) Skolan och klassklyftorna. In Statens Ungdomsrad (Ed.) *Uppvactvilkor,* pp. 27–32. Stockholm. Statens Ungdomsrad.
Juang, L and Silbereisen, R (1998) Parenting in various ecological niches and across time. Presentation at the 6th Biennial Conference of the EARA, Budapest. June.
Junger-Tas, J, Terlouw, G and Klein, M (1994) *Delinquent behaviour among young people in the Western world: first results of the international self-report delinquency study.* Kugler. Amsterdam.
Kaffman, M (1993) Kibbutz youth: recent past and present. *Journal of Youth and Adolescence.* 22. 573–604.
Kail, R (1991) Developmental change in speed of processing during childhood and adolescence. *Psychological Bulletin.* 109. 490–501.
Kalakoski, V and Nurmi, J-E (1998) Identity and educational transitions: age differences in adolescent exploration and commitment. *Journal of Research on Adolescence.* 8. 29–47.
Katchadourian, H (1990) Sexuality. In Feldman, S and Elliott, G (Eds) *At the threshold: the developing adolescent.* Harvard University Press. London.
Keating, D (1990) Adolescent thinking. In Feldman, S and Elder, G (Eds) *At the threshold: the developing adolescent.* Harvard University Press. Cambridge, MA.
Keating, D and Sasse, D (1996) Cognitive socialisation in adolescence: critical period for a critical habit of mind. In Adams, G, Montemayor, R and Gullota, T (Eds) *Psychosocial development during adolescence: progress in developmental contextualism.* Sage. London.
Keith, N (1994) School-based community service. Special Issue of the *Journal of Adolescence.* 17. 311–409.
Kiernan, K (1997) *The legacy of parental divorce: social, economic and demographic experiences in adulthood.* Centre for the Analysis of Social Exclusion. London.
Killeen, D (1992) Leaving home. In Coleman, J and Warren-Adamson, C (Eds) *Youth policy in the 1990s.* Routledge. London.
Kinney, D (1993) From 'nerds' to 'normals': the recovery of identity among adolescents from middle school to high school. *Sociology of Education.* 66. 21–40.
Kirchler, E, Palmonari, A and Pombeni, M (1995) Developmental tasks and adolescents' relationships with their peers and their family. In Jackson, S and Rodriguez-Tome, H (Eds) *Adolescence and its social worlds.* Erlbaum. Hove.
Klee, H (1991) Sexual risk among amphetamime users: prospects for change. Paper presented at the 5th Social Aspects of OADs Conference, London. March.
Kleiber, D and Rickards, W (1985) Leisure and recreation in adolescence: limitation and potential. In Wade, M (Ed.) *Constraints on leisure.* Charles C Thomas. Springfield, IL.
Kloep, M (1998) *Att vara ung I Jamtland.* Uddeholt. Osterasen.
Kloep, M (1999) Love is all you need? Focussing on adolescents' life concerns from an ecological perspective. *Journal of Adolescence.* 22. 49–64.

Kloep, M and Hendry, L (1999) Challenges, risks and coping. In Messer, D and Millar, S (Eds) *Exploring developmental psychology*. Arnold. London.
Kohlberg, L (1970) Moral development and the education of adolescents. In Purnell, R (Ed.) *Adolescents and the American high school*. Holt, Rinehart & Winston. New York.
Kohlberg, L (Ed.) (1981) *The philosophy of moral development: Vol. 1*. Harper & Row. San Francisco, CA.
Kohlberg, L (Ed.) (1984) *The psychology of moral development: Vol. 2*. Harper & Row. San Francisco, CA.
Kohlberg, L and Gilligan, C (1971) Twelve to sixteen: early adolescence. *Daedalus*. 100. No.4. 1068–1072.
Kohlberg, L and Gilligan, C (1972) The adolescent as philosopher; the discovery of the self in a post-conventional world. In Kagan, J and Coles, R (Eds) *Twelve to sixteen: early adolescence*. Norton. New York.
Kohlberg, L and Nisan, M (1984) Cultural universality of moral judgement stages: a longitudinal study in Turkey. In Kohlberg, L (Ed.) *The psychology of moral development: Vol. 2*. Harper & Row. San Francisco, CA.
Kolvin, I, Miller, F, Scott, D and Fleeting, M (1990) *Continuities of deprivation*. Avebury. Aldershot.
Kosky, R (1992) Adolescents in custody: a disciplining or disabling experience. In Kosky, R, Eshkevari, H and Kneebone, G (Eds) *Breaking out: challenges in adolescent mental health in Australia*. Canberra: Australian Government Publishing Service.
Kracke, B and Noack, P (1998) Continuity and change in family interactions across adolescence. In Hofer, M, Youniss, J and Noack, P (Eds) *Verbal interactions and development in families with adolescents*. Ablex Publishing. Norwood.
Kracke, B, Oepke, M, Wild, E and Noack, P (1998) Adolescents, families and German unification: the impact of social change on anti-foreigner and anti-democratic attitudes. In Nurmi, J-E (Ed.) *Adolescents, cultures and conflicts*. Garland. New York.
Kraft, P (1993) Sexual knowledge among Norwegian adolescents. *Journal of Adolescence*. 16. 3–21.
Kremer, J, Trew, K and Ogle, S (Eds) (1997) *Young people's involvement in sport*. Routledge. London.
Krisberg, B, Schwartz, I, Fishman, G and Guttman, E (1986) *The incarceration of minority youth*. Hubert Humphrey Institute of Public Affairs. Minneapolis, MN.
Kroger, J (1985) Relationships during adolescence: a cross-national comparison of New Zealand and United States teenagers. *Journal of Youth and Adolescence*. 8. 47–56.
Kroger, J (Ed.) (1993) *Discussions on ego identity*. Lawrence Erlbaum. Hillsdale, NJ.
Kroger, J (1996) *Identity in adolescence: the balance between self and other*. 2nd Edn. Routledge. London.
Kroger, J and Green, K (1996) Events associated with identity status change. *Journal of Adolescence*. 19. 477–490.
Kruger, H (1990) Zwischen Verallgemeinerung und Zerfaserung: Zum Wandel der Lebensphase Jugend in der Bundesrepublik Deutschland nach 1945. In H H Kruger and L Chisholm (Eds) *Kindheit und jugend im interkulturellen vergleich*, pp. 113–123. Leske & Budrich. Opladen.
Kuhl, J, Jarkon-Horlick, L and Morrissey, R (1997) Measuring barriers to help-seeking behaviour in adolescents. *Journal of Adolescence*. 26. 637–650.
Kurdek, L and Fine, M (1994) Family acceptance and family control as predictors of adjustment in young adolescents: linear, curvilinear, or interactive effects? *Child Development*. 65. 1137–1146.
Lamborn, S and Steinberg, L (1993) Emotional autonomy redux: revisiting Ryan and Lynch. *Child Development*. 64. 483–499.
Lapsley, D (1992) Pluralism, virtues, and the post-Kohlbergian era in moral psychology. In Powers, F and Lapsley, D (Eds) *The challenge of pluralism, education, politics and values*. University of Notre Dame Press. Notre Dame, IN.

Larson, R (1994) Youth organisations, hobbies and sports as developmental contexts. In Silbereisen, R and Todt, E (Eds) *Adolescence in context: the interplay of family, school, peers and work in adjustment*. Springer-Verlag. New York.
Larson, R (1997) The emergence of solitude as a constructive domain of experience in early adolescence. *Child Development*. 68. 80–93.
Larson, R and Asmussen, L (1991) Anger, worry and hurt in early adolescence: an enlarging world of negative emotions. In Colten, M and Gore, S (Eds) *Adolescent stress: causes and consequences*. Aldine De Gruyter. New York.
Larson, R. and Richards, M (1989) The changing life space of early adolescence. *Journal of Youth and Adolescence*. 18. 501–509.
Larson, R, Richards, M, Moneta, G, Holmbeck, G and Duckett, E (1996) Changes in adolescents' daily interactions with their families from ages 10 to 18: disengagement and transformation. *Developmental Psychology*. 32. 744–754.
Lask, J (1994) Parenting in adolescence. *ACPP Review and Newsletter*. 16. 5. 229–236.
Lazarus, R (1966) *Psychological stress and the coping process*. McGraw-Hill. New York.
Lazarus, R and Folkman, S (1991) *Stress, appraisal and coping*. Springer. New York.
Lees, S (1993) *Sugar and spice: sexuality and adolescent girls*. Penguin. London.
Leffert, N and Petersen, A (1995) Patterns of development in adolescence. In Rutter, M and Smith, D (Eds) *Psychosocial disorders in young people*. John Wiley. Chichester.
Lerner, R (1985) Adolescent maturational changes and psychosocial development: a dynamic interactional perspective. *Journal of Youth and Adolescence*. 14. 355–372.
Lerner, R, Lerner, J and Tubman, J (1989) Organismic and contextual bases of development in adolescence. In Adams, G, Montemayor, R and Gullotta, T (Eds) *Biology of adolescent behaviour and development*. Sage. London.
Lerner, R, Lerner, J, Jovanovic, J, Talwar, R and Kucher, J (1991) Physical attractiveness and psychosocial functioning among early adolescents. *Journal of Early Adolescence*. 11. 300–320.
Levesque, R (1993) The romantic experience of adolescents in satisfying love relationships. *Journal of Youth and Adolescence*. 22. 219–252.
Levitt, M, Guacci-Franco, N and Levitt, J (1993) Convoys of social support in childhood and early adolescence: structure and function. *Developmental Psychology*. 29. 811–818.
Lewin, K (1980) Field theory and experiment in social psychology. In Muuss, R (Ed.) *Adolescent behaviour and society: 3rd Edn*. Random House. New York.
Leyva, F and Furth, H (1986) Compromise formation in social conflicts. *Journal of Youth and Adolescence*. 15. 441–451.
Lipsey, M (1995) What do we learn from 400 research studies on the effectiveness of treatment with juvenile delinquents? In McGuire, J (Ed.) *What works? reducing re-offending*. Wiley. Chichester.
Lloyd, B and Lucas, K (1997) *Smoking in adolescence: images and identities*. Routledge. London.
Loeber, R and Stouthamer-Loeber, M (1986) Family factors as correlates and predictors of juvenile conduct problems and delinquency. In Morris, M and Tonry, M (Eds) *Crime and justice: Vol. 7*. University of Chicago Press. Chicago.
Lowden, S (1989) *Three years on: the reaction of young people to Scotland's action plan*. Centre for Educational Sociology, University of Edinburgh. Edinburgh.
Lyon, J (Ed.) (1996) Adolescents who offend. Special Issue of the *Journal of Adolescence*. 19. 1–109.
Lyon, J (1997) Gender and crime. In Kremer, J and Trew, K (Eds) *Gendered psychology*. Arnold. London.
Maccoby, E (1990) Gender and relationships: a developmental account. *American Psychologist*. 45. 513–520.
Maccoby, E (1998) *The two sexes: growing up apart, coming together*. Belknap. Cambridge, MA.
Maccoby, E and Martin, J (1983) Socialisation in the context of the family: parent–child interaction. In Hetherington, E (Ed.) *Handbook of child psychology*. Wiley. New York.

McCord, J (1979) Some child-rearing antecedents of criminal behaviour in adult men. *Journal of Personality and Social Psychology.* 37. 1477–1486.
MacDonald, R (Ed.) (1997) *Youth, the 'underclass' and social exclusion.* Routledge. London.
Macfarlane, A (1993) Health promotion and children and teenagers (editorial). *British Medical Journal.* 306(6870). 81.
Macfarlane, A, McPherson, A, McPherson, K and Ahmed, L (1987) Teenagers and their health. *Archives of Disease in Childhood.* 62. 1125–1129.
McFarlane, A, Bellissimo, A and Norman, G (1995) Family structure, family functioning, and adolescent well-being: the transcendent influence of parenting style. *Journal of Child Psychology and Psychiatry.* 36. 847–864.
McGuire, J (1995) *What works? Reducing reoffending: guidelines from research.* John Wiley. Chichester.
McIntosh, H (1996) Adolescent friends not always a bad influence. *American Psychological Association Monitor.* 16.
McIntyre, J and Dusek, J (1995) Perceived parental rearing practices and styles of coping. *Journal of Youth and Adolescence.* 24. 499–509.
Macintyre, S (1989) West Scotland Twenty-07 Study: health in the community. In Martin, C and MacQueen, D (Eds) *Readings for a new public health.* Edinburgh University Press. Edinburgh.
Mackay, G (1996) *Senseless acts of beauty: cultures of resistance since the 1960s.* Verso. London.
McKenna, C (1993) *Drug use and related needs in East Lothian.* Scottish Drugs Forum. Glasgow.
McLoughlin, D and Whitfield, R (1984) Adolescents and their experiences of divorce. *Journal of Youth and Adolescence.* 7. 155–170.
Maffesoli, M (1996) *The time of the tribes.* Sage. London.
Magnusson, D and Bergman, L (1990) A pattern approach to the study of pathways from childhood to adulthood. In Robins, L and Rutter, M (Eds) *Straight and devious pathways from childhood to adulthood.* Cambridge University Press. Cambridge.
Magnusson, D and Stattin, H (1998) Person–context interaction theories. In Damon, W and Lerner, R (Eds) *Handbook of child psychology: Vol. 1.* John Wiley. New York.
Malmberg, L and Trempala, J (1997) Anticipated transition to adulthood: the effect of educational track, gender, and self-evaluation on Polish and Finnish adolescents. *Journal of Youth and Adolescence.* 26. 517–538.
Marcia, J (1966) Development and validation of ego-identity status. *Journal of Personality and Social Psychology.* 3. 551–558.
Marcia, J (1980) Identity in adolescence. In Adelson, J (Ed.) *Handbook of adolescent psychology.* Wiley. New York.
Marcia, J (1993) The relational roots of identity. In Kroger, J (Ed.) *Discussions on ego identity.* Lawrence Erlbaum. Hillsdale, NJ.
Marsh, H (1987) The big-fish-little-pond effect on academic self-concept. *Journal of Educational Psychology.* 79. 280–295.
Marsh, H (1989) Age and sex effects in multiple dimensions of self-concept. *Journal of Educational Psychology.* 81. 417–430.
Marsh, H, Byrne, B and Shavelson, R (1988) A multi-faceted academic self-concept: its hierarchical structure and its relation to academic achievement. *Journal of Educational Psychology.* 80. 366–380.
Marsh, H, Richards, G and Barnes, J (1986) Multidimensional self-concepts: the effect of participation in an outward bound programme. *Journal of Personality and Social Psychology.* 50. 195–204.
Marshall, S (1995) Ethnic socialization of African-American children: implications for parenting, identity development, and academic achievement. *Journal of Youth and Adolescence.* 24. 377–396.
Marshall, W and Tanner, J (1970) Variations in the pattern of pubertal changes in boys. *Archives of Disease in Childhood.* 45. 13–23.

Martinez, R and Dukes, R (1997) The effects of ethnic identity, ethnicity, and gender on adolescent well-being. *Journal of Youth and Adolescence.* 26. 503–516.

Masten, A, Best, K and Garmezy, N (1990) Resilience and development: contributions from the study of children who overcome adversity. *Development and Psychopathology.* 2. 425–444.

Mazor, A (Ed.) (1993) Kibbutz adolescents. Special Issue of the *Journal of Youth and Adolescence.* 22. 569–714.

Measham, F, Newcombe, R and Parker, H (1994) The normalisation of recreational drug use among young people in north-west England. *British Journal of Sociology.* 45. 287–313.

Meeus, W (1989) Parental and peer support in adolescence. In Hurrelmann, K and Engel, U (Eds) *The social world of adolescents: international perspectives.* De Gruyter. Berlin.

Merten, D (1996) Visibility and vulnerability: responses to rejection by non-aggressive junior high school boys. *Journal of Early Adolescence.* 16. 5–26.

Meschke, L and Silbereisen, R (1997) The influence of puberty, family process, and leisure activities on the timing of the first sexual experience. *Journal of Adolescence.* 20. 403–418.

Miller, B and Bingham, C (1989) Family configuration in relation to the sexual behaviour of female adolescents. *Journal of Marriage and the Family.* 51. 499–506.

Mirzah, H (1992) *Young, female and black.* Routledge. London.

Mitchell, A (1985) *Children in the middle.* Tavistock. London.

Mitchell, A (1998) Accentuating the positive: HIV/AIDS and STDs prevention and education. In Coleman, J and Roker, D (Eds) *Teenage sexuality: health, risk and education.* Harwood Academic Press. London.

Mizen, P (1995) *The state, youth training and young people.* Mansell. London.

Monck, E, Graham, P, Richman, N and Dobbs, R (1994) Self-reported mood disturbance in a community population. *British Journal of Psychiatry.* 165. 760–769.

Montagna, W and Sadler, W (Eds) (1974) *Reproductive Behavior.* Plenum. New York.

Montemayor, R and Brownlee, J (1987) Fathers, mothers and adolescents: gender based differences in parental roles during adolescence. *Journal of Youth and Adolescence.* 16. 281–291.

Montemayor, R, McKenry, C and Julian, P (1993) Men in midlife and the quality of father–adolescent communication. *New Directions in Child Development.* 62. 59–72.

Moore, S (1995) Girls' understanding and social constructions of menarche. *Journal of Adolescence.* 18. 87–104.

Moore, S and Rosenthal, D (1991) Adolescents' perceptions of friends' and parents' attitudes to sex and sexual risk-taking. *Journal of Community and Applied Social Psychology.* 1. 189–200.

Moore, S and Rosenthal, D (1995) *Sexuality in adolescence.* Routledge. London.

Moore, S and Rosenthal, D (1998) Adolescent sexual behaviour. In Coleman, J and Roker, D (Eds) *Teenage sexuality: health, risk and education.* Harwood Academic Press. London.

Moore, S, Rosenthal, D and Mitchell, A (1996) *Youth, AIDS, and sexually transmitted diseases.* Routledge. London.

Mountain, A (1990) *Lifting the limits.* National Youth Bureau. Leicester.

Mounts, N and Steinberg, L (1995) An ecological analysis of peer influence on adolescent grade point average and drug use. *Developmental Psychology.* 31. 915–922.

Munsch, J and Kinchen, K (1995) Adolescent sociometric status and social support. *Journal of Early Adolescence.* 15. 181–202.

Munsch, J and Wampler, R (1993) Ethnic differences in early adolescents' coping with school stress. *American Journal of Orthopsychiatry.* 63. 633–646.

Murphy, J and Gilligan, C (1980) Moral development in late adolescence and adulthood: a critique and reconstruction of Kohlberg's theory. *Human Development.* 23. 77–104.

Murray, F (1990) The conversion of truth into necessity. In Overton, W (Ed.) *Reasoning, necessity and logic: developmental perspectives.* Erlbaum. Hillsdale, NJ.

Muuss, R (1996) *Theories of adolescence: 6th Edn.* McGraw-Hill. New York.

Nakkula, M and Selman, R (1991) How people 'treat' each other: pair therapy as a context for the development of interpersonal ethics. In Kurtines, W and Gewirtz, J (Eds) *Handbook of moral behaviour and development: Vol. 3*. Erlbaum. Hillsdale, NJ.

Nasstrøm, A-C and Kloep, M (1994) The effect of job practicing on the psychological well-being of unemployed youth. *Arbete och Halsa*. 33. 79–88.

Nelson, J, Smith, D and Dodd, J (1990) The moral reaoning of juvenile delinquents: a meta-analysis. *Journal of Abnormal Child Psychology*. 18. 231–239.

Newcomer, S and Udry, J (1985) Oral sex in an adolescent population. *Archives of Sexual Behaviour*. 14. 41–46.

Niemi, R and Junn, J (1996) For a reinforced citizenship in the United States. *Prospects*. 26. 37–46.

Nisbet, J and Shucksmith, J (1984) *Learning strategies*. Routledge & Kegan Paul. London.

Noack, P and Kracke, B (1997) Social change and adolescent well-being: healthy country, healthy teens. In Schulenberg, J, Maggs, J and Hurrelmann, K (Eds) *Health risks and developmental transitions during adolescence*. Cambridge University Press. Cambridge.

Noack, P, Hofer, M, Kracke, B and Klein-Allerman, E (1995) Adolescents and their parents facing social change: families in East and West Germany after unification. In Noack, P, Hofer, M and Youniss, J (Eds) *Psychological responses to social change*. Walter De Gruyter. Berlin.

Noller, P and Callan, V (1991) *The adolescent in the family*. Routledge. London.

Norman, P and Bennett, P (1996) Health locus of control. In Conner, M and Norman, P (Eds) *Predicting health behaviour*. Open University Press. Milton Keynes.

Nucci, L and Webber, E (1991) The domain approach to values education: from theory to practice. In Kurtines, W and Gewirtz, J (Eds) *Handbook of moral behaviour and development: Vol. 3*. Erlbaum. Hillsdale, NJ.

Nurmi, J-E (1997) Self-definition and mental health during adolescence and young adulthood. In Schulenberg, J, Maggs, J and Hurrelmann, K (Eds) *Health risks and developmental transitions during adolescence*. Cambridge University Press. Cambridge.

Nutbeam, D, Macaskill, P and Smith, C (1993) Evaluation of two school smoking education programmes under normal classroom conditions. *British Medical Journal*. 306. 102–107.

O'Bryan, L (1989) Young people and drugs. In MacGregor, S (Ed.) *Drugs and British society: responses to the social problem in the 1980s*. Routledge. London.

Ochiltree, G (1990) *Children in Australian families*. Longman. Melbourne.

Offer, D (1969) *The psychological world of the teenager*. Basic Books. New York.

Offer, D, Ostrov, E, Howard, K and Dolin, S (1992) *The Offer Self-Image Questionnaire for Adolescents – revised*. Western Psychological Services. Los Angeles, CA.

Office of Populations Censuses and Surveys (OPCS) (1995) *General household survey*. HMSO. London.

Ohri, S and Faruqi, S (1988) Racism, employment and unemployment. In Bhat, A, Carr-Hill, R and Ohri, S (Eds) *Britain's black population: a new perspective*. Gower. Aldershot.

Olweus, D. (1984) Aggressors and their victims: bullying at school. In Frude, N and Gault, N (Eds) *Disruptive behaviour in schools*. John Wiley. London.

Osofsky, J, Hann, D and Peebles, C (1993) Adolescent parenthood: risks and opportunities for parents and infants. In Zeannah, C (Ed.) *Handbook of infant mental health*. Guilford. New York.

O'Koon, J (1997) Attachment to parents and peers in late adolescence and their relationship with self-image. *Adolescence*. 32. 471–482.

Paikoff, R, Brooks-Gunn, J and Carlton-Ford, S (1991) Effect of reproductive status changes on family functioning and well-being of mothers and daughters. *Journal of Early Adolescence*. 11. 201–220.

Palladino, G (1996) *Teenagers: an American history*. Basic Books. New York.

Palmonari, A, Pombeni, M and Kirchler, E (1989) Peer groups and the evolution of self esteem in adolescence. *European Journal of Psychology of Education*. 4. 3–15.

Papini, D and Clark, S (1989) Grade, pubertal status, and gender-related variations in conflictual issues among adolescents. *Adolescence.* 24. 977–987.

Papini, D and Sebby, R (1987) Adolescent pubertal status and affective family relationships: a multivariate assessment. *Journal of Youth and Adolescence.* 16. 1–16.

Park, A (1994) *England and Wales youth cohort study 4: young people 18–19 years old in 1991.* Employment Department. London.

Parker, H, Aldridge, J and Measham, F (1998) *Illegal leisure: the normalisaton of adolescent recreational drug use.* Routledge. London.

Parker, J and Asher, S (1987) Peer relations and later personal adjustment: are low-accepted children at risk? *Psychological Bulletin.* 102. 357–389.

Parkhurst, J and Asher, S (1992) Peer rejection in middle school: sub-group differences in behaviour, loneliness, and interpersonal concerns. *Developmental Psychology.* 28. 231–241.

Patterson, G, Reid, J and Dishion, T (1992) *Antisocial boys.* Castalia. Eugene, OR.

Patterson, G and Stouthammer-Loeber, M (1984) The correlation of family management practices and delinquency. *Child Development.* 55. 1299–1307.

Patterson, G, Dishion, T and Chamberlain, P (1993) Outcomes and methodological issues relating to treatment of antisocial children. In Giles, T (Ed.) *Handbook of effective psychotherapy.* Plenum. New York.

Patterson, J and McCubbin, H (1987) Adolescent coping style and behaviours: conceptualization and measurement. *Journal of Adolescence.* 10. 163–186.

Patton, W and Noller, P (1984) Unemployment and youth: a longitudinal study. *Australian Journal of Psychology.* 36. 399–413.

Payne, J (1995) *Routes beyond compulsory schooling.* Youth Cohort Paper No. 31. Employment Department. London.

Perry, T (1987) The relation of adolescents' self-perceptions to their social relationships. Unpublished doctoral dissertation, University of Oklahoma. Norman, OK.

Perschy, M (1997) *Helping teens work through grief.* Taylor & Francis. Washington, DC.

Petersen, A and Crockett, L (1985) Pubertal timing and grade effects on adjustment. *Journal of Youth and Adolescence.* 14. 191–206.

Petersen, A and Hamburg, B (1986) Adolescence: a developmental approach to problems and psychopathology. *Behaviour Therapy.* 13. 480–499.

Petersen, A, Sarigiani, P and Kennedy, R (1991) Adolescent depression: why more girls? *Journal of Youth and Adolescence.* 20. 247–271.

Philip, K and Hendry, L (1997) *Young people, lifestyles and health in the nineties: a literature review.* Centre for Education Research, University of Aberdeen. Aberdeen.

Phinney, J (1992) The multi-group ethnic identity measure: a new scale for use with adolescents and adults from diverse groups. *Journal of Adolescent Research.* 7. 156–176.

Phinney, J (1993) A three-stage model of ethnic identity development. In Bernal, M and Knight, G (Eds) *Ethnic identity: formation and transmission among Hispanics and other minorities.* State University of New York Press. Albany, NY.

Phinney, J and Devich-Navarro, M (1997) Variations in bicultural identification among African-American and Mexican-American adolescents. *Journal of Research on Adolescence.* 7. 3–32.

Phinney, J and Goossens, L (Eds) (1996) Identity development in context. Special issue of the *Journal of Adolescence.* 19. 401–500.

Phinney, J and Rosenthal, D (1992) Ethnic identity in adolescence: process, context and outcome. In Adams, G, Gullotta, T and Montemayor, R (Eds) *Adolescent identity formation.* Sage. London.

Phoenix, A (1991) *Young mothers?* Polity Press. London.

Piaget, J (1932) *The moral judgement of the child.* Routledge & Kegan Paul. London.

Plancherel, B and Bolognini, M (1995) Coping and mental health in early adolescence. *Journal of Adolescence.* 18. 459–474.

Platt, W (1984) Unemployment and suicidal behaviour: review of the literature. *Social Science and Medicine.* 19. 93-115.
Pombeni, M, Kirchler, E and Palmonari, A (1990) Identification with peers as a strategy to muddle through the troubles of the adolescent years. *Journal of Adolescence.* 13. 351-369.
Power, T and Shanks, J (1988) Parents as socializers: maternal and paternal views. *Journal of Youth and Adolescence.* 18. 203-220.
Prause, J and Dooley, D (1997) Effect of underemployment on school-leavers' self-esteem. *Journal of Adolescence.* 20. 243-260.
Pritchard, C (1992) Is there a link between suicide in young men and unemployment? A comparison of the UK with other European countries. *British Journal of Psychiatry.* 160. 750-756.
Pugh, G, De'Ath, E and Smith, C (1994) *Confident parents: confident children.* National Children's Bureau. London.
Quadrel, M, Fishoff, B and Davis, W (1993) Adolescent (in)vulnerability. *American Psychologist.* 48. 102-116.
Quinn, P (1995) Positive effects of participation in youth organisations. In Rutter, M (Ed.) *Psychosocial disturbances in young people.* Cambridge University Press. Cambridge.
Quinton, D and Rutter, M (1988) Parents with children in care: current circumstances and parenting skills. *Journal of Child Psychology and Psychiatry.* 25. 211-230.
Raffe, D (1990) The transition from school to work. Content, context and the external labour market. In Wallace, C and Cross, M (Eds) *Youth in transition.* Falmer. London.
Ramsey, B (1990) Dangerous games: UK solvent deaths 1983-1988. *Druglink.* 5. 8-9.
Rattansi, A and Phoenix, A (1997) Rethinking youth identities: modernist and post-modernist frameworks. In Bynner, J, Chisholm, L and Furlong, A (Eds) *Youth, citizenship and social change in a European context.* Ashgate. Aldershot.
Reisman, J (1985) Friendship and its implications for mental health or social competence. *Journal of Early Adolescence.* 5. 383-391.
Reiss, M (1993) What are the aims of school sex education? *Cambridge Journal of Education.* 23. 125-126.
Resnick, M, Bearman, P, Blum, R, Bauman, K, Harris, K, Jones, J, Tabor, J, Beurhring, T, Sieving, R, Shew, M, Ireland, M, Bearinger, L and Udry, J (1997) Protecting adolescents from harm: findings from the national longitudinal study on adolescent health. *Journal of the American Medical Association.* 278. 823-832.
Rest, J (1973) The hierarchical nature of moral judgement. *Journal of Personality.* 41. 86-109.
Rice, K, Herman, M and Petersen, A (1993) Coping with challenge in adolescence: a conceptual model and psycho-educational intervention. *Journal of Adolescence.* 16. 235-252.
Richards, M (1996) *The interests of children at divorce.* Edition Bruylant. Brussels.
Richards, M (1997) *The socio-legal support for divorcing parents and their children.* In Conference Papers of 'Teenagers and Divorce', a conference sponsored by Relateen, Belfast, 18 April 1997.
Rietveld, H (1994) Living the dream. In Redehead, S (Ed.) *Rave off: politics and deviance in contemporary culture.* Avebury. Aldershot.
Riley, T, Adams, G and Nielsen, E (1984) Adolescent egocentrism: the association among imaginary audience behaviour, cognitive development and parental support and rejection. *Journal of Youth and Adolescence.* 13. 401-438.
Rippl, S and Boehnke, K (1995) Authoritarianism: adolescents from East and West Germany and the United States compared. In Youniss, J (Ed.) *After the wall: family adaptations in East and West Germany.* New Directions for Child Development. No. 70. Winter. Jossey-Bass. San Francisco, CA.

Roberts, H, Dengler, R and Magowan, R (1995) *Trent Health Young People's Survey Results*. Trent Lifestyle Survey 1995 March; 1992–1994, 3. 51.
Roberts, K (1995) *Youth and employment in modern Britain*. Oxford University Press. Oxford.
Roberts, K (1997) Structure and agency: the new youth research. In Bynner, J, Chisholm, L and Furlong, A (Eds) *Youth, citizenship and social change in a European context*. Ashgate. Aldershot.
Roberts, K and Parsell, G (1992a) Entering the labour market in Britain: the survival of traditional opportunity structures. *Sociological Review*. 30. 727–753.
Roberts, K and Parsell, G (1992b) The stratification of youth training. *British Journal of Education and Work*. 5. 65–83.
Roberts, K, Brodie, D, Campbell, R and York, C (1989) *Fit for life*. Health Promotion Research Trust. London.
Robins, L (1978) Sturdy childhood predictors of adult antisocial behaviour: replications from longitudinal studies. *Psychological Medicine*. 8. 611–622.
Robinson, B (1988) *Teenage fathers*. Lexington Books. Lexington, MA.
Robinson, D (1995) *The impact of cognitive skills training on post-release recidivism among Canadian federal offenders*. Correctional Research and Development, Correctional Service of Canada. Ottawa.
Robson, P (1996) Young people and illegal drugs. In Macfarlane, A (Ed.) *Adolescent medicine*, pp. 131–138. Royal College of Physicians. London.
Rodgers, B and Pryor, J (1998) *Divorce and separation: the outcomes for children*. The Joseph Rowntree Foundation. York.
Rodgers, B, Power, C and Hope, S (1997) Parental divorce and adult psychological distress: evidence from a national birth cohort. *Journal of Child Psychology and Psychiatry*. 38. 867–872.
Roe, K (1995) Adolescents' use of socially disvalued media: towards a theory of media delinquency. *Journal of Youth and Adolescence*. 24. 617–631.
Roker, D (1998) *Worth more than this: young people growing up in family poverty*. The Children's Society. London.
Roker, D and Coleman, J (1997) Education and advice about illegal drugs: what do young people want? *Drugs: Education, Prevention and Policy*. 4. 71–81.
Roker, D and Coleman, J (1998) 'Parenting teenagers' programmes: a UK perspective. *Children and Society*. 12. 359–372.
Roker, D and Coleman, J (1999) Supporting parents of teenagers: a school-based intervention and evaluation. *Psychology of Education Review*. 23. 32–35.
Roker, D, Player, K and Coleman, J (1997) *Challenging the image: young people as volunteers and campaigners*. Trust for the Study of Adolescence. Brighton.
Roker, D, Player, K and Coleman, J (1998) Challenging the image: the involvement of young people with disabilities in volunteering and campaigning. *Disability and Society*. 13. 725–741.
Roker, D, Player, K and Coleman, J (1999) Exploring adolescent altruism: British young people's involvement in voluntary work and campaigning. In Yates, M and Youniss, J (Eds) *Roots of civic identity*. Cambridge University Press. Cambridge.
Roscoe, B and Skomski, G (1989) Loneliness among late adolescents. *Adolescence*. 24. 947–955.
Rosenberg, M (1965) *Society and the adolescent self-image*. Princeton University Press. Princeton, NJ.
Rosenberg, M (1979) *Conceiving the self*. Basic Books. New York.
Ross, R, Fabiano, E and Ewles, C (1988) Reasoning and rehabilitation. *International Journal of Offender Therapy and Comparative Criminology*. 32. 29–35.
Rotheram-Borus, M, Hunter, J and Rosario, M (1994) Suicidal behaviour and gay-related stress among gay and bisexual male adolescents. *Journal of Adolescent Research*. 9. 498–508.
Rowland, T (1991) Influence of physical activity and fitness on coronary risk factors in children: how strong an argument? *Paediatric Exercise Science*. 3. 189–191.

Rowley, K and Feather, N (1987) The impact of unemployment in relation to age and length of unemployment. *Journal of Occupational Psychology*. 60. 323–332.
Rutter, M (Ed.) (1995) *Psychosocial disturbances in young people: challenges for prevention*. Cambridge University Press. Cambridge.
Rutter, M and Smith, D (Eds) (1995) *Psychosocial disorders in young people*. John Wiley. Chichester.
Rutter, M, Giller, H and Hagell, A (1998) *Antisocial behaviour by young people*. Cambridge University Press. Cambridge.
Rutter, M, Graham, P, Chadwick, O and Yule, W (1976) Adolescent turmoil: fact or fiction? *Journal of Child Psychology and Psychiatry*. 17. 35–56.
Sampson, R and Lamb, J (1994) Urban poverty and the family context of delinquency: a new look at structure and process. *Child Development*. 65. 523–540.
Savin-Williams, R and Berndt, R (1990) Friendship and peer relations. In Feldman, S and Elliot, G (Eds) *At the threshold: the developing adolescent*. Harvard University Press. Cambridge, MA.
Savin-Williams, R and Rodriguez, R (1993) A developmental, clinical perspective on lesbian, gay and bisexual youths. In Gullotta, T, Adams, G and Montemayor, R (Eds) *Adolescent sexuality*. Sage. London.
Schofield, M (1965) *The sexual behaviour of young people*. Longman. London.
Schonert-Reichl, K and Muller, J (1996) Correlates of help-seeking in adolescence. *Journal of Youth and Adolescence*. 25. 705–732.
Schweinhart, L and Weikart, D (1980) *Young children grow up*. High/Scope. Ypsilanti, MI.
Schweinhart, L, Barnes, H and Weikart, D (1993) *The High/Scope Perry Preschool study through age 27*. Scope Educational Foundation. Ypsilanti, MI.
Seiffge-Krenke, I (1993) Stress and coping in adolescence. Special Issue of the *Journal of Adolescence*. 16. 225–349.
Seiffge-Krenke, I (1995) *Stress, coping, and relationships in adolescence*. Lawrence Erlbaum. Mahwah, NJ.
Seiffge-Krenke, I (1998) *Adolescents' health: a developmental perspective*. Lawrence Erlbaum. London.
Selman, R (1977) A structural-developmental model of social cognition. *Counselling Psychologist*. 6. 3–6.
Selman, R (1980) *The growth of interpersonal understanding: developmental and clinical analyses*. Academic Press. London.
Selman, R and Schultz, L (1990) *Making a friend in youth: developmental theory and pair therapy*. University of Chicago Press. Chicago.
Selman, R, Beardslee, W, Schultz, L, Krupa, M and Podorefsky, D (1986) Assessing adolescent interpersonal negotiation strategies. *Developmental Psychology*. 22. 450–459.
Sharp, D and Lowe, G (1989) Adolescents and alcohol – a review of the recent British research. *Journal of Adolescence*. 12. 295–307.
Shavelson, R, Hubner, J and Stanton, G (1976) Self-concept: validation of construct interpretations. *Review of Educational Research*. 46. 407–441.
Shayer, M (1979) *Science reasoning tasks*. National Foundation for Educational Research. Slough.
Shayer, M and Wylam, H (1978) The distribution of Piagetian stages of thinking in British middle and secondary school children: 2. *British Journal of Educational Psychology*. 48. 62–70.
Shayer, M, Kuchemann, D and Wylam, H (1976) The distribution of Piagetian stages of thinking in British middle and secondary school children. *British Journal of Educational Psychology*. 46. 164–173.
Shorter-Gooden, K and Washington, N (1996) Young, Black and female: the challenge of weaving an identity. *Journal of Adolescence*. 19. 465–476.
Shucksmith, J and Hendry, L (1998) *Health issues and adolescents: growing up and speaking out*. Routledge. London.

Shucksmith, J, Hendry, L and Glendinning, A (1995) Models of parenting: implications for adolescent well-being within different types of family context. *Journal of Adolescence.* 18. 253-270.
Shulman, S (1993) Close relationships and coping in adolescence. *Journal of Adolescence.* 16. 267-284.
Shulman, S and Seiffge-Krenke, I (1997) *Fathers and adolescents.* Routledge. London.
Siddique, C and D'Arcy, C (1984) Adolescence, stress and psychological well-being. *Journal of Youth and Adolescence.* 13. 459-474.
Siegler, R (1988) Individual differences in strategy choices: good students, not-so-good students, and perfectionists. *Child Development.* 59. 833-851.
Sigel, R and Hoskin, M (1981) *The political involvement of adolescents.* Rutgers University Press. New Brunswick, NJ.
Silbereisen, R and Kracke, B (1993) Variation in maturational timing and adjustment in adolescescence. In Jackson, S and Rodriguez-Tome, H (Eds) *The social worlds of adolescence.* Erlbaum. Hove.
Silbereisen, R and Kracke, B (1997) Self-reported maturational timing and adaptation in adolescence. In Schulenberg, J, Maggs, J and Hurrelmann, K (Eds) *Health risks and developmental transitions during adolescence.* Cambridge University Press. Cambridge.
Silbereisen, R, Boenkhe, K and Reykowski, J (1986) Prosocial motives from 12 to 18: a comparison of adolescents from Berlin and Warsaw. In Silbereisen, R, Eyferth, K and Rudinger, G (Eds) *Development as action in context.* Springer-Verlag. Berlin.
Silbereisen, R, Noack, P and von Eye, A (1992) Adolescents' development of romantic friendship and change in favourite leisure contexts. *Journal of Adolescent Research.* 7. 80-93.
Silbereisen, R, Lamsfuss, S, Boehnke, K and Eisenberg, N (1991) Developmental patterns and correlates of prosocial motives in adolescence. In Montada, C and Bierhoff, H (Eds) *Altruism in social systems.* Hogrefe & Huber. New York.
Silverberg, S and Steinberg, L (1990) Psychological well-being with early adolescent children. *Developmental Psychology.* 26. 658-666.
Simmons, R and Blyth, D (1987) *Moving into adolescence: the impact of pubertal change and school context.* Aldine De Gruyter. New York.
Simmons, R and Rosenberg, M (1975) Sex, sex-roles and self-image. *Journal of Youth and Adolescence.* 4. 229-256.
Simms, M and Smith, C (1986) *Teenage mothers and their children.* DHSS Research Report No. 15. HMSO. London.
Simpson, B, McCarthy, P and Walker, J (1995) *Being there: fathers after divorce.* Relate Centre for Family Studies. Newcastle University. Newcastle.
Skellington, R and Morris, P (1992) *Race in Britain today.* Sage. London.
Small, S and Eastman, G (1991) Rearing adolescents in contemporary society. *Family Relations.* 40. 455-462.
Smetana, J (1988) Adolescents' and parents' conceptions of parental authority. *Child Development.* 59. 321-335.
Smetana, J (1989) Adolescents' and parents' reasoning about actual family conflicts. *Child Development.* 60. 1052-1067.
Smetana, J and Asquith, P (1994) Adolescents' and parents' conceptions of parental authority and personal autonomy. *Child Development.* 65. 1147-1162.
Smith, C (1996) *Developing parenting programmes.* National Children's Bureau. London.
Smith, D (1995) Towards explaining patterns and trends in youth crime. In Rutter, M (Ed.) *Psychosocial disturbances in young people: challenges for prevention.* Cambridge University Press. Cambridge.
Smith, R (1985) Occupationless health: I feel really ashamed: how does unemployment lead to poorer mental health? *British Medical Journal.* 291. 1409-1413.
Smith, T (1997) Adolescent gender differences in time alone and time devoted to conversation. *Adolescence.* 32. 483-496.

Smithers, A and Robinson, P (1995) *Post 18 education: growth, change and prospect.* Council for Industry and Higher Education. London.
Speak, S (1997) *Young single fathers: participation in fatherhood.* Joseph Rowntree Foundation. York.
Spencer, M and Dornbusch, S (1990) Challenges in studying minority youth. In Feldman, S and Elliott, G (Eds) *At the threshold: the developing adolescent.* Harvard University Press. London.
Spoth, R, Redmond, C, Hockaday, C and Shin, C (1996) Barriers to participation in family skills preventive interventions and their evaluations. *Family Relations.* 45. 247–254.
Statens offentliga utrednigar (SOU) (1994) *Ungdomars valfard och varderingar.* Rapport No. 73. Civildepartementet. Stockholm.
Stattin, H and Kerr, M (1999) Parental monitoring: how much do we really know? *Child Development.* In press.
Stattin, H and Magnusson, D (1990) *Pubertal maturation in female development.* Erlbaum. Hillsdale, NJ.
Stattin, H and Magnusson, D (1996) Anti-social development: a holistic approach. *Development and Psychopathology.* 8. 617–645.
Stein, J and Reiser, L (1994) A study of white middle-class adolescent boys' responses to 'semenarche' (the first ejaculation). *Journal of Youth and Adolescence.* 23. 373–384.
Stein, M (1997) *Transition from care.* Barnardos. Barkingside, Essex.
Steinberg, D (1987) *Basic adolescent psychiatry.* Blackwell Scientific Publications. Oxford.
Steinberg, L (1987) Impact of puberty on family relations: effects of pubertal status and pubertal timing. *Developmental Psychology.* 23. 451–460.
Steinberg, L (1988) Reciprocal relations between parent–child distance and pubertal maturation. *Developmental Psychology.* 24. 122–128.
Steinberg, L (1990) Autonomy, conflict and harmony in the family relationship. In Feldman, S and Elliott, G (Eds) *At the threshold: the developing adolescent.* Harvard University Press. London.
Steinberg, L (1996) *Adolescence: 4th Edn.* McGraw-Hill. New York.
Steinberg, L and Silverberg, S (1986) The vicissitudes of autonomy in early adolescence. *Child Development.* 57. 841–851.
Steinberg, L, Dornbusch, S and Brown, B (1992) Ethnic differences in adolescent achievement: an ecological perspective. *American Psychologist.* 47. 723–729.
Steinberg, L, Lamborn, S, Darling, N and Dornbusch, S (1994) Over-time changes in adjustment and competence among adolescents from authoritative, authoritarian, indulgent and neglectful families. *Child Development.* 65. 754–770.
Steinberg, L, Mounts, N, Lamborn, S and Dornbusch, S (1991) Authoritative parenting and adolescent adjustment across various ecological niches. *Journal of Research on Adolescence.* 1. 19–36.
Sternberg, R (1988) *The triarchic mind.* Viking Penguin. New York.
Stewart, F (1992) The adolescent as consumer. In Coleman, J and Warren-Adamson, C (Eds) *Youth policy in the 1990s.* Routledge. London.
Stoller, C, Offer, D, Howard, K and Koenig, L (1996) Psychiatrist's concept of the adolescent self-image. *Journal of Youth and Adolescence.* 25. 273–283.
Strasburger, V (1995) *Adolescents and the media: medical and psychological impact.* Sage. London.
Sullivan, T and Thompson, K (1994) *Introduction to social problems: 3rd Edn.* Macmillan. London.
Surridge, P and Raffe, D (1995) The participation of 16–19 year-olds in education and training: recent trends. Centre for Educational Studies Briefing Paper No.1. University of Edinburgh. Edinburgh.
Sutherland, P (1992) *Cognitive development today: Piaget and his critics.* Chapman. London.
Tanner, J (1962) *Growth at adolescence.* Blackwell Scientific Publications. Oxford.
Tanner, J (1973) *Scientific American.* 229.

Tanner, J (1978) *Foetus into man*. Open Books. London.
Tanner, J, Whitehouse, R and Takaishi, M (1966) *Archives of Disease in Childhood*. 41.
Taris, T and Semin, G (1997) Parent–child interaction during adolescence and the adolescent's sexual experience: control, closeness and conflict. *Journal of Youth and Adolescence*. 26. 373–398.
Thomson, R and Holland, J (1998) Sexual relationships, negotiation and decision-making. In Coleman, J and Roker, D (Eds) *Teenage sexuality: health, risk and education*. Harwood Academic Press. London.
Thornberry, T and Christenson, R (1984) Unemployment and criminal involvement: an investigation of reciprocal causal structures. *American Sociological Review*. 49. 398–411.
Thornton, A and Camburn, D (1987) The influence of the family on premarital attitudes and behaviour. *Demography*. 24. 323–340.
Thornton, D and Reid, R (1982) Moral reasoning and type of criminal offence. *British Journal of Social Psychology*. 21. 231–238.
Thornton, M, Chatters, L, Taylor, R and Allen, W (1990) Sociodemographic and environmental correlates of racial socialization by black parents. *Child Development*. 61. 401–409.
Thornton, S (1997) The social logic of subcultural capital. In Thornton, S and Gelder, K (Eds) *The subcultures reader*. Routledge. London.
Tiggemann, M and Winefield, A (1984) The effects of unemployment on the mood, self-esteem, locus of control, and depressive affect of school leavers. *Journal of Occupational Psychology*. 57. 33–42.
Tizard, B and Phoenix, A (1993) *Black, white or mixed race?* Routledge. London.
Tobin-Richards, M, Boxer, A and Petersen, A (1983) The psychological significance of pubertal change: sex differences in perceptions of self during early adolescence. In Brooks-Gunn, J and Petersen, A (Eds) *Girls at puberty: biological and psychological perspectives*. Plenum Press. New York.
Tobler, N (1986) Meta-analysis of 143 drug treatment programmes: quantitative outcome results of programme participants compared to a control group. *Journal of Drug Issues*. 16. 537–567.
Torney-Purta, J (1990) Youth in relation to social institutions. In Feldman, S and Elliott, G (Eds) *At the threshold: the developing adolescent*. Harvard University Press. Cambridge, MA.
Townsend, J, Roderick, P and Cooper, J (1994) Cigarette smoking by socio-economic group, sex and age: effects of price, income and health publicity. *British Medical Journal*. 309. 923–927.
Townsend, J, Wilkes, H, Haines, A and Jarvis, M (1991) Adolescent smokers seen in general practice: health lifestyle, physical measurements, and response to antismoking advice. *British Medical Journal*. 303. 947–950.
Treboux, D and Busch-Rossnagel, N (1995) Age differences in parent and peer influences on female sexual behaviour. *Journal of Research on Adolescence*. 5. 469–488.
Tremblay, R and Craig, W (1995) Developmental crime prevention. In Tonry, M and Farrington, D (Eds) *Building a safer society: strategic approaches to crime prevention*. University of Chicago Press. Chicago.
Tremblay, R, Vitaro, F, Bertrand, L, LeBlanc, M, Boileau, H and David, H (1992) Parent and child training to prevent early onset of delinquency: the Montreal longitudinal study. In McCord, J and Tremblay, R (Eds) *Parenting anti-social behaviour: interventions from birth to adolescence*. Guilford. New York.
Trew, K (1997) Time for sport? Activity diaries of young people. In Kremer, J, Trew, K and Ogle, S (Eds) *Young people's involvement in sport*. Routledge. London.
Tromsdorff, G and Kornadt, H-J (1995) Prosocial and antisocial motivation in adolescents in East and West Germany. In Youniss, J (Ed.) *After the wall: family adaptations in East and West Germany*. New Directions for Child Development, No. 70. Winter. Jossey-Bass. San Francisco, CA.

Turiel, E (1978) The development of coneepts of social structure. In Glick, J and Clarke-Stewart, K (Eds) *The development of social understanding*. Gardner. New York.
Turtle, J, Jones, A and Hickman, M (1997) *Young people and health: the health behaviour of school aged children*. Health Education Authority. London.
Udry, J (1990) Hormonal and social determinants of adolescent sexual initiation. In Bancroft, J and Reinisch, J (Eds) *Adolescence and puberty*. Oxford University Press. Oxford.
Udry, J and Billy, J (1987) Initiation of coitus in early adolescence. *American Sociological Review*. 52. 841–855.
Ullah, P and Brotherton, C (1989) Sex, social class and ethnic differences in the expectations of unemployment and psychological well-being of secondary school pupils in England. *British Journal of Educational Psychology*. 59. 49–58.
Urberg, K, Degirmenicioglu, S, Tolson, J and Halliday-Scher, K (1995) The structure of adolescent peer networks. *Developmental Psychology*. 31. 540–547.
Van Acker, J (1997) The family project approach. *Journal of Adolescence*. 20. 419–430.
Van Roosmalen, E and Krahn, H (1996) Boundaries of youth. *Youth and Society*. 28. 3–39.
Verkuyten, M (1993) Self-esteem among ethnic minorities and three principles of self-esteem formation. *International Journal of Psychology*. 28. 307–321.
Verkuyten, M (1995) Self-esteem, self-concept stability, and aspects of ethnic identity among minority and majority youth in the Netherlands. *Journal of Youth and Adolescence*. 24. 155–176.
Vernberg, M (1990) Psychological adjustment and experiences with peers during early adolescence: reciprocal, incidental, or unidirectional relationships? *Journal of Abnormal Child Psychology*. 18. 187–198.
Vogel, J, Andersson, L, Davidsson, U and Hall, L (1987) *Ojamlikheten I Sverige*. Rapport No. 51. Statistiska Centralbyran. Stockholm.
Voran, M (1991) Grandmother social support to adolescent mothers: correlates of support and satisfaction. Unpublished Masters dissertation. University of Virginia.
Wadsworth, M (1979) *Roots of delinquency: infancy, adolescence and crime*. Martin Robertson. Oxford.
Wakschlag, L, Chase-Lansdale, L and Brooks-Gunn, J (1996) Not just 'Ghosts in the Nursery': contemporaneous intergenerational relationships and parenting in young African-American families. *Child Development*. 67. 2131–2147.
Walker, L (1989) A longitudinal study of moral reasoning. *Child Development*. 60. 157–166.
Wallerstein, J and Blakeslee, S (1989) *Second chances: men, women and children a decade after divorce*. Ticknor & Fields. New York.
Ward, S and Overton, W (1990) Semantic familiarity, relevance, and the development of deductive reasoning. *Developmental Psychology*. 26. 488–493.
Waterman, A (1982) Identity development from adolescence to adulthood: an extension of theory and review of research. *Developmental Psychology*. 18. 341–358.
Waterman, A (1992) Identity as an aspect of optimal psychological functioning. In Adams, G, Gullotta, T and Monteymayor, R (Eds) *Adolescent identity formation*. Sage. London.
Waterman, A and Goldman, J (1976) A longitudinal study of ego identity development at a liberal arts college. *Journal of Youth and Adolescence*. 5. 361–369.
Waterman, A and Waterman, M (1971) A longitudinal study of changes in ego identity status during the freshman years at college. *Developmental Psychology*. 7. 167–173.
Waterman, A, Geary, P and Waterman, M (1974) A longitudinal study of changes in ego identity status from the freshman to the senior year at college. *Developmental Psychology*. 10. 387–392.
Webster-Stratton, C (1996) Early intervention with video-tape modelling: programmes for children with oppositional defiant disorder or conduct disorder. In Gibbs, E and Jensen, P (Eds) *Psychosocial treatments for child and adolescent disorders*. American Psychological Association. Washington, DC.
Webster-Stratton, C and Herbert, M (1994) *Troubled families – problem children*. Wiley. New York.

Wellings, K, Field, J, Johnson, A and Wadsworth, J (1994) *Sexual behaviour in Britain.* Penguin. London.
Wentzel, K and Erdley, C (1993) Strategies for making friends: relations to social behaviour and peer acceptance in early adolescence. *Developmental Psychology.* 29. 819–826.
Werner, E (1989) High risk children in young adulthood: a longitudinal study from birth to 32 years. *American Journal of Orthopsychiatry.* 59. 72–81.
Werner, E and Smith, R (1982) *Vulnerable but invincible.* McGraw-Hill. New York.
West, D (1982) *Delinquency: its roots, careers and prospects.* Heinemann. London.
West, D and Farrington, D (1977) *The delinquent way of life.* Heinemann. London.
West, P and Sweeting, H (1996) Nae job, nae future: young people and health in a context of unemployment. *Health and Social Care in the Community.* 4. 50–62.
Wilkinson, H (1996) But will they vote? The political attitudes of young people. *Children and Society.* 10. 242–244.
Wilkinson, R (1990) Income distribution and mortality: a natural experiment. *Sociology of Health and Illness.* 12. 391–412.
Williams, H (1996) *Health and illness in adolescents: a national overview.* Health of the young nation. Department of Health. London.
Williams, R and Ponton, L (1992) HIV and adolescents: an international perspective. Special Edition of the *Journal of Adolescence.* 15(4).
Williamson, H (1997) Status Zer0 and the 'underclass'. In MacDonald, R (Ed.) *Youth, the 'underclass' and social exclusion.* Routledge. London.
Williamson, H and Butler, I (1995) Children speak: perspectives on their social worlds. In Brannen, J and O'Brien, M (Eds) *Childhood and parenthood.* Proceedings of the International Sociological Association Committee for Family Research Conference, 1994. Institute of Education. London.
Willis, P (1990) *Common culture.* Open University Press. Milton Keynes.
Wilson, P (1995) Working space: a mentally healthy young nation. *Youth and Policy.* 51. 60–63.
Winefield, A (1997) The psychological effects of youth unemployment: international perspectives. Special Issue of the *Journal of Adolescence.* 20. 237–352.
Winefield, A, Tiggemann, M, Winefield, H and Goldney, R (1993) *Growing up with unemployment: a longitudinal study of its impact.* Routledge. London.
Winn, S, Roker, D and Coleman, J (1995) Knowledge about puberty and sexual development in 11–16 year olds: implications for health and sex education in schools. *Educational Studies.* 21. 187–201.
Wold, B and Hendry, L (1998) Social and environmental factors associated with physical activity in young people. In Biddle, S, Sallis, J and Cavill, N (Eds) *Young and active?* Health Education Authority. London.
Woodroffe, C, Glickman, M, Barker, M and Power, C (1993) *Children, teenagers and health: key data.* Open University Press. Milton Keynes.
Wyman, P, Cowen, E, Work, W and Parker, G (1991) Developmental and family milieu correlates of resilience in urban children who have experienced major life stress. *American Journal of Community Psychology.* 19. 405–426.
Wyshak, G and Frisch, R (1982) Evidence for a secular trend in the age of menarche. *New England Journal of Medicine.* 306. 1033–1035.
Yates, M (1995) Community service and identity development in adolescence. Unpublished PhD dissertation. Catholic University of America. Washington, DC.
Yates, M (1999) Community service and political-moral discussions among adolescents: a study of a mandatory school-based program in the United States. In Yates, M and Youniss, J (Eds) *Roots of civic identity: international perspectives on community service and activism in youth.* Cambridge University Press. Cambridge.
Yates, M and Youniss, J (Eds) (1999) *Roots of civic identity: international perspectives on community service and activism in youth.* Cambridge University Press. Cambridge.

Youniss, J and Smollar, J (1985) *Adolescent relations with mothers, fathers and friends.* University of Chicago Press. Chicago.

Youniss, J, McLellan, J, and Strouse, D (1994) 'We're popular, but we're not snobs': adolescents describe their crowds. In Montemayor, R, Adams, G and Gullotta, T (Eds) *Personal relationships during adolescence.* Sage. London.

Zakin, D, Blyth, D and Simmons, R (1984) Physical attractiveness as a mediator of the impact of early pubertal changes in girls. *Journal of Youth and Adolescence.* 13. 439–450.

Zani, B (1993) Dating and interpersonal relationships in adolescence. In Jackson, S and Rodriguez-Tome, H (Eds) *Adolescence and its social worlds.* Lawrence Erlbaum. Hove.

Zaslow, M (1989) Sex differences in children's responses to parental divorce: samples, variables, ages and sources. *Americal Journal of Orthopsychiatry.* 59. 118–141.

Zick, C and Allen, C (1996) The impact of parents' marital status on the time adolescents spend in productive activities. *Family Relations.* 45. 65–71.

Ziehe, T (1994) *Kulturanalyser.* Brutus. Stockholm.

Zimmerman, M, Copeland, L, Shope, J and Dielman, T (1997) A longitudinal study of self-esteem: implications for adolescent development. *Journal of Youth and Adolescence.* 26. 117–142.

Zinneker, J (1990) What does the future hold? Youth and socio-cultural change in the FRG. In Chisholm, L, Buchner, P, Kruger, H-H and Brown, P (Eds) *Childhood, youth and social change: a comparative perspective.* Falmer. London.

邦訳文献一覧

アッシャー, S. R., クーイ, J. D. 編著　山崎晃・中沢潤監訳　1996　子どもと仲間の心理学：友だちを拒否するこころ　北大路書房
ウルリヒ, U.　東廉・伊藤美登里訳　1998　危険社会：新しい近代への道　法政大学出版局
ブロンフェンブレンナー, U.　磯貝芳郎・福富護訳　1996　人間発達の生態学：発達心理学への挑戦　川島書店
エルダー, G. H.　本田時雄ほか訳　1997　大恐慌の子どもたち：社会変動と人間発達　明石書房
エリクソン, E. H.　岩瀬庸理訳　1969　主体性：青年と危機　北望社
ギリガン, C.　岩男寿美子監訳　生田久美子・並木美智子訳　1986　もうひとつの声：男女の道徳観のちがいと女性のアイデンティティ　川島書店
ゴロンボク, S., フィバッシュ, R.　小林芳郎・瀧野揚三訳　1997　ジェンダーの発達心理学　田研出版
ゴットフレッドソン, M. R., ハーシー, T.　松本忠久訳　1996　犯罪の基礎理論　文憲堂
ジョーンズ, S., ウォーレス, C.　宮本みち子監訳　鈴木宏訳　2002　若者はなぜ大人になれないのか：家族・国家・シティズンシップ（第2版）　新評論
ラザルス, R. S.　林峻一郎編・訳　1990　ストレスとコーピング：ラザルス理論への招待　星和書店
ラザルス, R. S., フォルクマン, S.　本明寛・春木豊・織田正美監訳　1991　ストレスの心理学：認知的評価と対処の研究　実務教育出版
マフェゾリ, M.　古田幸男訳　1997　小集団の時代：大衆社会における個人主義の衰退　法政大学出版局
ムース, R. E.　岡路市郎監訳　1976　青年期の理論：その系譜と展望　川島書店
ピアジェ, J.　大伴茂訳　1957　臨床児童心理学　3　児童道徳判断の発達　同文書院
セルマン, R. L., シュルツ, L. H.　大西文行監訳　1996　ペア・セラピィ：どうしたらよい友だち関係がつくれるか　1巻　北大路書房
スタインバーグ, D.　青木省三・古元順子監訳　1992　心理士・ケースワーカー・教師・ナース・精神科医のための思春期青年期の精神医学　二瓶社
タナー, J. M.　林正監訳　1996　成長のしくみをとく：胎児期から成人期までの成長のすすみ方　東山書房

ウォラースタイン，J. S., ブレイクスリー，S. 高橋早苗訳 1997 セカンドチャンス：離婚後の人生 草思社

事項索引

あ行

愛他性　252
愛他的行動　252
愛着　295
アイデンティティ　14, 32, 62, 63, 73, 75, 86, 132, 134, 138, 139, 151, 154, 177, 180, 186, 187, 228, 229, 261, 262, 269, 270
アイデンティティ・スタイル　79
アイデンティティ・ステイタス　76, 78, 79, 80
アイデンティティ拡散　73, 75, 76, 78
アイデンティティ危機　75, 76, 87, 132, 219
アイデンティティ形成　203
アイデンティティ達成　77
アイデンティティ探求　92
アルコール　167
アルコール依存症　294
アルコール摂取　155
家を出ること　8
生き方のスキル　229
生きるためのスキル　150
育児スタイル　119
移行　12, 13, 21
移行期　2, 9, 10, 13
意思決定　58, 97, 104, 115, 137, 176
いじめ　178, 200, 235, 272, 279, 280
異性　18, 21
逸脱仮説　34
イデオロギー　78
居場所　62
飲酒　72, 154, 156, 160, 163, 176, 185
うつ　280
うつ病　170, 171, 292
運動能力　85
エイズ　134, 135, 149, 150
欧州連合　2, 8
応答性　99
大人になる　244
大人の相談相手　192

思いやり　252
親子関係　33, 90, 94, 118
親子間のコミュニケーション　118
親になること　142
親の精神病　278
音楽　9, 85, 96, 189, 203, 224

か行

介入　87, 120, 278
介入プログラム　245
回復　294
科学技術社会　229
学業成績　68, 69, 70, 87, 128, 200, 213, 246, 257, 262
学業不振　101
学際的なアプローチ　16
学童期　172
隠れたカリキュラム　174
家族　2, 6, 14, 15, 16, 33, 91, 93, 94, 122, 138, 141, 169, 180, 189, 245, 249, 256, 261, 282, 295, 297
家族関係　102, 146, 192
家族機能　108
家族構成　99
家族構造　4, 6
家族主義的な革命　103
家族崩壊パラダイム　242
価値観　62, 84, 106, 108, 182, 242, 273
価値教育　59
学校　169
学校から仕事（労働）への移行　11, 213
学校カリキュラム　59, 257
学校環境　13
学校教育　206, 207,
葛藤　52, 58, 84, 94, 97
家庭内でのコミュニケーション　97, 118
家庭の移行　11
カルト　103
監督　101, 114, 115, 128, 242, 246
危機　73, 76

喫煙　154, 155, 156, 157, 167, 176, 185, 189
傷つきやすさ　2
機能不全　289, 296
キブツ　103
基本的信頼感　73
虐待　295
虐待家族　115
キャリア　96, 190, 204, 262
ギャング　180
キャンペーン活動　268, 270
教育　190, 229
教育者　128, 141, 150
共感性　50
教師　20, 32, 39, 62, 167, 203, 247
きょうだい　22, 128, 180, 190
義理の親　113
勤勉さ　68
勤勉性　75
近隣社会　122, 244, 245, 261
具体的操作　42
クラウド　180, 181, 186, 189, 192, 195, 197, 198, 202
クリーク　180, 181, 184, 186, 193, 197
訓練施設　215, 229
訓練プログラム　215
ゲイ　137, 138, 139, 141, 148, 150
経済的独立　4
形式的推論　46, 47, 48
形式的操作　43, 44, 45, 46, 59
形式的排除　42
継続教育　3, 209, 215
月経　31
結合性　92
結婚　6, 211
「欠損」モデル（「欠損」理論）　107, 119, 142, 144, 151, 155
権威主義　99, 119
権威主義的思考　256
権威主義的態度　254, 256
権威主義の子育て　100, 104, 116
権威のある子育て　103, 116
健康　154, 166, 174, 175
健康教育　39, 150, 163, 166

健康上のリスク　178
行為障害　117, 170, 171, 241
攻撃行動　172, 244
攻撃性　228, 235
公式統計と自己報告のデータの不一致　236
向社会的行動　115, 261, 267, 269, 270
向社会的推論　252, 257, 258, 259, 269
向社会的道徳推論　253
構造化された家族　289
高等教育　3, 165, 173, 195, 207, 210
行動障害　234
幸福感　170, 175, 206, 216, 217, 274
心の健康　141, 154, 168, 169, 170
個人差　14, 87
個人主義　104, 157, 221
個人的寓話　49
個人的なコントロール　290
個人と環境の相補的な関係　35
子育て　6, 8, 169, 295
子育て事業　117
子育て能力　249
子育てのスキル　142, 144, 146, 151,
子育てのスタイル　99, 100, 101, 103, 104, 115, 118, 120, 145, 289, 290
孤独感　198, 204, 235, 262, , 281
個別性　92
コミュニケーション　58, 101, 106, 117, 120, 130, 131, 106, 117, 120, 130, 131, 137, 148
コミュニケーション・スキル　42
雇用　3, 4, 6, 12, 206, 220, 229, 246
雇用機会　7, 211
雇用状態の連続性　218
婚外子　108
婚外出産　4
コントロール不能　279
困難な時代の快楽主義　225, 226

さ　行

サブカルチャー　206
サポート　27, 82, 88
参加するためのルール　195
自意識　30, 48, 49, 67, 188
ジェンダー　2, 6, 28, 84, 90, 91, 111, 157, 206, 207, 210, 223, 225, 229, 232, 240, 241,

257, 280, 288, 294
ジェンダー・アイデンティティ　84, 240
自我防衛　76
時間的展望　42, 75
自己意識　48
自己イメージ　18, 188, 261
思考スキル　60
思考スキル向上プログラム　245
自己開示　101, 184
自己概念　268
自己管理　231
自己主張　107, 199
自己中心性　42, 48, 49, 50, 59, 67, 110
自己定義　132, 169
自己評価　230
自殺　141, 170, 171, 216, 217,
自殺率　6, 172
思春期　9, 10, 17, 26, 30, 32, 33, 34, 35, 36, 38, 39, 67, 70, 117, 122, 128, 172, 182, 276, 280
自傷　171, 217
自信　68, 120, 137, 158
自尊感情　21, 23, 32, 35, 63, 67, 68, 69, 70, 71, 72, 83, 87, 100, 115, 118, 120, 154, 155, 158, 167, 173, 183, 188, 200, 217, 269, 270282
失業　3, 170, 171, 206, 216, 217, 220, 229, 231, 244
失業率　3, 214, 217, 218
実践家　151, 204
実践者　119
嫉妬　52, 189
疾風怒濤　14, 191, 273, 274
シティズンシップ　252
視点取得　100, 253, 258
視点取得スキル　92
児童期　2, 16, 17, 48, 76, 77, 170, 192, 282, 285, 294
児童期中期　182, 183
指導者　32, 203
市民の権利　220
社会階層　157, 159, 165, 206, 207, 208, 210, 220, 221, 222, 229, 244
社会参加　252, 261, 263, 265, 266, 269

社会的絆　238
社会的行為　252, 260
社会的サポート　289, 290, 291, 299
社会的視点取得　50, 51, 52, 253
社会的視点取得能力　52
社会的スキル　52, 78, 167, 184, 198, 199, 200, 201, 202, 203, 230, 246, 247, 249, 282, 283, 291
社会的スキルの訓練　291
社会的・政治的変動　2
社会的な排除　12, 203
社会的認知　42, 48, 50, 51, 53, 59
社会的ネットワーク　180, 200, 221
社会的発達　52
社会的不利　4, 249
社会的リスク　169
社会奉仕　260, 261
社会変動　90
社会保障　212, 215
宗教　193
住居の移行　11
10代の子育て　114, 115, 145, 146
縦断研究　30, 33, 35, 111, 234, 238, 244, 248
集団主義　104
縦断的研究　217
重要な他者　70
主体性　23, 62, 298
生涯発達心理学　15
小集団　21
少数民族　143, 194
情緒教育　167
焦点モデル（焦点理論）　2, 18, 19, 20, 21, 23, 24, 219, 220, 222, 272, 276, 278, 297, 298
衝動性　245
情動中心の対処　284, 285, 286, 293, 299
消費文化　206
情報処理　46, 48
職業教育　210
職業訓練　3, 265
職務満足　218
処遇プログラム　245, 246
初経　26, 30

初経年齢　36, 38
自律　78, 90, 91, 94, 97, 98, 100, 102, 110, 118, 119
自立　146
信仰　129
人種　2, 6, 85, 86, 119, 210, 225, 229, 249
身体イメージ　35, 62, 63, 69, 70, 188
身体的活動　154, 172, 173, 174
身体的魅力　32, 133, 188
身長スパート　30
心的外傷　112
親密さ　132
親密性　73, 146, 189, 201
親友　22, 184
心理社会障害　234
心理社会的なスキル　176
心理社会的モラトリアム　75
心理的再適応　13, 14
心理的障害　169
進路成熟　78
推論スキル　46
ステレオタイプ化　141, 142, 151
ストレス　13, 19, 20, 87, 107, 111, 141, 169, 219, 244, 272, 274, 277, 279, 280, 284, 290, 297, 299
ストレッサー　272, 275, 277, 278, 279, 292, 299
スポーツ　70, 154, 172, 173, 174, 175
スポーツ活動　263
性意識　9
生活スキル　199
性教育　8, 31, 32, 122, 134, 137, 148, 149, 150, 151
性教育のカリキュラム　135, 141, 151
性教育プログラム　148, 149
性健康クリニック　131
性行為　100
性行動　62, 122, 124, 125, 126, 127, 134, 138, 150, 155, 178, 185, 191
性差　70, 112, 137, 157, 172, 210, 222, 224, 241, 259, 280, 299
政治　78, 106, 252
政治的活動　260, 265
政治の行動　252

政治的思考　255, 257
政治的推論　253
政治的判断　254
成熟　4, 9, 10, 20, 33, 37, 42, 97, 122
成人期　2, 4, 10, 102, 132
成人期前期　79, 90, 97, 162, 231, 258
成人期への移行　11, 23, 90, 118, 211, 212, 229
精神障害　171, 294
精神的健康　87, 200
精神分析の理論　14
精通　31
性的アイデンティティ　140
性的成熟　26
性的な発達　122
青年期　2, 21, 66, 182, 192, 201, 274
青年期後期　78, 79, 84, 87, 90, 97, 118, 176, 186, 209, 221, 222, 227, 231
青年期初期　69, 70, 150, 290
青年期前期　30, 32, 50, 276, 282
青年期中期　66, 78, 150, 185, 186, 187, 193, 222, 282, 290
性役割　127, 182
セクシュアリティ　38, 134, 137, 140
世代差　96
世代の断絶　90, 95, 98
積極的関与　76, 77
セックス　38, 96, 101, 127, 135, 136, 137, 150, 226, 272
摂食障害　171, 188, 216
セルフ・モニタリング　230
ゼロ状態　12
前思春期　9, 13
前青年期　17, 110, 182
全日制　11, 207, 213, 215
「選抜」（または「漂流」）仮説　217
早期完了　76, 77, 79
相互依存　91
早熟　276
早熟者　30, 33, 34, 39
想像上の観客　49
相談相手　203
ソーシャル・サポート　284
ソーシャル・ワーカー　59

祖父母　　190

た 行

ターニング・ポイント　　12, 13, 14
ダイエット　　176
対処　　284, 294
対処行動　　144
対処スキル　　272, 289, 299
対処のスタイル　　289
対人関係　　20, 21, 68, 73, 79, 86, 167, 170, 189, 190, 193, 201
対人関係のスキル　　181
対人的問題解決　　50
第二次性徴　　26
タイミング　　13, 17, 34, 126, 128, 276, 278, 280, 297
達成動機　　78
多動　　238, 241
多文化社会　　7
男女間のコミュニケーション　　127
単親　　4
単親家族　　5, 108
知覚されたコントロール　　115
父親　　6, 90, 95, 102, 103, 105, 106, 107, 119, 127, 146, 151, 246
知的スキル　　67
知的能力　　230
知的発達　　245
知能　　295
忠誠　　201
中絶　　58, 126, 143
中等学校　　150, 173
中年期　　107
定期の者　　30, 35
定期モデル　　35
デート　　9
適合性　　4, 35
適合度　　13, 17
伝統的な段階理論　　19
同一化　　84, 181, 194, 228
同一視　　76, 77, 183
統合失調症　　170
同性愛嫌悪　　141
統制の所在　　168

同調圧力　　185
道徳　　204
道徳的思考　　42, 53, 57, 58, 59, 60,
道徳的ジレンマ　　54, 57, 58, 253
道徳的推論　　50, 245, 253
道徳的発達　　53, 59
道徳的リアリズム　　53
道徳判断　　78, 253, 261
独立　　90, 107
独立した生活　　212
独立心　　229
友達　　174
友達集団　　187, 201
トラウマ　　14, 19, 297, 299
ドラッグ　　272

な 行

仲間　　20, 33, 71, 78, 87, 98, 137, 189, 190, 198, 199, 203, 204, 247, 290
仲間からの圧力　　72, 185, 243
仲間からの拒絶　　198
仲間関係　　192
仲間集団　　23, 34, 52, 103, 133, 164, 170, 177, 180, 181, 182, 185, 187, 191, 197, 202, 204, 238, 240, 243, 245
仲間集団の圧力　　176, 247
仲間の影響　　193
二重文化　　82
人気　　33, 188, 195, 199, 203
人間の生態学　　15
妊娠　　125, 142, 143, 149
妊娠率　　143, 151
認知された統制　　24
認知的・社会的スキル　　245
認知的スキル　　42, 249
認知的スキルの訓練　　60
認知能力　　50, 67,
認知発達　　42, 59, 67
ネグレイト　　171, 241, 242, 243, 249
ネットワーク　　181
年次推移　　36, 39
年齢　　157, 172, 280, 288, 294
能動的な担い手　　16, 298

は 行

パートタイム　224
パートナー　4, 6
「暴露」(または「社会的因果」)仮説　217
発育スパート　26, 27
発達的文脈主義　14, 15, 16, 17, 18, 22, 24, 79, 272, 298
母親　6, 90, 95, 102, 103, 105, 106, 112, 127, 131, 144, 145, 146, 151, 171, 191, 246
母–祖母関係　146
母娘関係　104
犯罪　60, 101, 203, 243, 247
犯罪率　236
反社会的行動　117, 154, 185, 200, 217, 234, 235, 238, 240, 243, 245, 248, 249, 265
晩熟　276
晩熟者　30, 33, 34, 39
万人のためのスポーツ　172
引きこもり　188
非行　155, 172, 185, 234, 263
非行アイデンティティ　240
非行率　111
避妊　122, 131, 135, 136, 157, 167
貧困　20, 23, 111, 144, 154, 171, 244, 260, 262, 295, 299
ファッション　189
不安　31, 68, 78, 137
不安感　13
不安障害　170
複合家族　5
複合的な介入　249
服装　9, 49, 96, 203
不人気　199
不平等　6, 174, 208
不利　119, 151
文化的価値　102
文脈　17, 79, 88, 126
ペア療法　52
別居　6, 98, 111, 119, 128, 243
変容体験　162, 165
防衛　79
奉仕学習　260
奉仕学習プログラム　261
奉仕活動　252
奉仕プログラム　262
暴力　227
ホームレス　125, 136, 212
ホモセクシュアル　138
ボランティア　252
ボランティア活動　261, 262, 267, 270

ま 行

マージナル　12
マイノリティ　4, 7, 8, 12, 148
マスメディア　174
学び方を学ぶ　230, 231
学び　203
慢性ストレッサー　294
民主的な社会　203
民族　39, 206, 207, 210, 280
民族アイデンティティ　8, 63, 69, 80, 83, 84, 85, 86, 87
民族差　175
民族差別主義　7, 8
民族集団　194
民族性　102, 119,
民族的マイノリティ　104, 236, 249
民族ハラスメント　7
無気力　260, 265
無力感　116, 168
メタ・スキル　230
メディア　32, 98, 134, 135, 164, 181, 228, 257
モニタリング　101, 114, 115, 128
モラトリアム　76, 78
問題解決スキル　231, 295
問題解決能力　45
問題解決方略　53
問題行動　136, 144, 234,
問題中心の対処　284, 285, 286, 289, 290, 293, 299

や 行

薬物　96, 100, 154, 155, 163, 167, 176, 185, 189
薬物教育　159, 166
薬物使用　101

薬物乱用　247
役割取得　50, 51
役割モデル　8, 105, 115, 127, 174, 203, 244, 247, 261
ヤングアダルト　4, 215, 231, 297,
ヤングアダルト期　170
友情　18, 52, 62, 64, 180, 181, 184, 185, 186, 189, 204
友人　33, 129, 130,
友人関係　133, 171, 229
友人とのコミュニケーション　131
有能感　62, 177, 230, 269, 290
裕福な10代　220
ユーモア　188
養育スタイル　70
要求性　99
容姿　32, 49, 64, 176, 188
幼年期　105
余暇　159, 196, 206, 220, 221, 223, 224, 232
余暇活動　21, 190, 197, 203
抑うつ　68

ら　行

ライフ・イベント　62
ライフ・スタイル　175
ライフイベントの理論　21
ライフコース　188
ライフスタイル　24, 104, 134, 139, 159,
168, 187, 206, 220, 221
離婚　4, 5, 6, 98, 108, 109, 110, 111, 112, 113, 119, 120, 128, 276, 295, 299
離婚率　4, 108
リスク　100, 150, 154, 155, 177, 272, 294
リスク・テイキング　155, 156, 168
リスク因子　170, 240, 245, 295
リスク行動　101
リスク社会　225
両親　21, 39, 62, 66, 68, 70, 71, 84, 87, 103, 110, 128, 129, 130, 150, 160, 185, 190, 204, 212, 225, 256, 276, 287, 288
両親とのコミュニケーション　114, 131, 274
両親の訓練プログラム　246
レズビアン　137, 138, 141, 148, 150
恋愛　132, 134, 186
恋愛関係　133, 180,
労働　206
労働市場　2, 3, 4, 6, 11, 171, 211, 212, 214, 215, 216, 218, 229, 231, 252, 297
労働市場への移行　206, 207
労働市場への参入　9
論理的思考　44
論理的推論　47

わ　行

若者の政治参加　265
若者文化　225, 228

人名索引

あ 行

アーネット, J.　*11, 157, 228*
アーベル, H.　*208*
アーンマン, G.　*208*
アイゼンバーグ, N.　*253, 257, 258, 259*
アイラー, J.　*261*
アグニュー, R.　*243*
アグルトン, P.　*134, 167*
アスムッセン, L.　*280*
アダムズ, G.　*15, 63, 78*
アデルソン, J.　*91, 253, 254, 255, 274*
アマト, P.　*111*
アリソン, P.　*112*
アルゼイカー, F.　*10, 71*
イーストマン, G.　*115*
イェーツ, M.　*259, 262*
イネルデ, B.　*44*
インダービッツェン-ピサルク, H.　*282*
ヴァーキューテン, M.　*83*
ヴァン・ロズメールン, E.　*225*
ヴィゴツキー, L. S.　*18*
ウィラム, H.　*46*
ウィリアムズ, R.　*134*
ウィリアムソン, H.　*12, 191*
ウィルキンソン, C.　*158*
ウィルキンソン, R.　*219*
ウイン, S.　*135*
ウエスト, D.　*242, 243*
ウェブスター-ストラトン, C.　*246*
ウェリングス, K.　*123, 136*
ウェルナー, E.　*294, 295, 296*
ウォーターマン, A.　*63, 78*
ウォーレン, M.　*35*
ウォーレン-アダムソン, C.　*220*
ウォリス, C.　*207*
ウォルド, B.　*174*
ウドリー, J.　*129, 130*
ウラー, P.　*219*
エイダー, D.　*189*
エクルス, J.　*111*
エッケンロード, J.　*177, 296*
エムラー, N.　*240*
エリオット, G.　*20, 24, 298*
エリクソン, E.　*63, 67, 73, 75, 76, 79, 87*
エルキン, F.　*182*
エルキント, D.　*42, 43, 48, 49, 50, 53*
エルダー, G.　*296*
エンライト, R.　*50*
オヴァートン, W.　*46*
オーチルツリー, G.　*190*
オーブライアン, L.　*164*
オーブリエン, G.　*218*
オソフスキー, J.　*144*
オッファー, D.　*63*
オニール, R.　*107*
オルウス, D.　*71, 200*

か 行

カー, M.　*101*
ガードナー, H.　*230*
カートメル, F.　*216*
カウィ, H.　*201*
カチャドゥリアン, H.　*127*
カフマン, M.　*103*
ガブリエル, J.　*8*
ガメジー, N.　*294*
カラン, V.　*96, 97, 106*
キース, B.　*111*
キーティング, D.　*46*
キャスピ, A.　*296*
ギリガン, C.　*57, 58*
クイン, P.　*263*
クーパー, C.　*91, 92, 102*
クッドナウ, J.　*115*
クラーク, R.　*247*
クラース, M.　*191*
クラーン, H.　*225*
クライバー, D.　*168*
クラッケ, B.　*10, 17, 30, 94*

人名索引 | 343

グラハム, J.　236, 241
クラフト, P.　135
グリーンバーガー, E.　91, 107
グリフィス, M.　227
クループ, M.　19, 21, 175
クレマー, J.　172
グレーバー, J.　12, 13, 276
クレープ, M.　156
グレンディニング, A.　158
クローガー, J.　20, 73, 78, 79
クローセン, J.　230
グローテヴァント, H.　91
グローブ, A.　24
クロケット, L.　128
クロス, M.　210
ケース, N.　261
ゲーテ, J. W.　273
ゴア, S.　177, 296
コイル, A.　141
コークリー, J.　223
ゴースンス, L.　19, 20, 21, 78, 79, 282
コールズ, B.　11, 12
ゴールディング, J.　157
ゴールドマン, J.　123
ゴールドマン, R.　123
コールバーグ, L.　53, 54, 55, 58, 253
コールマン, J.　117, 145, 146, 163, 166, 220, 222, 282
コガンス, N.　159, 163
コケット, M.　108
ゴダード, E.　158, 160
コテ, J.　63, 79
コネル, R.　257
ゴフトン, L.　225
コリンズ, A.　115
コルヴィン, I.　242
ゴロンボク, S.　182
コンガー, R.　244
コンパス, B.　277, 278, 280, 284, 286, 290, 291, 293, 298

さ　行

ザイフゲ-クレンケ, I.　107, 160, 279, 284, 285, 286, 287, 284, 285, 286, 290, 298, 299

ザスロウ, M.　112
ザニ, B.　132
シーゲル, R.　257
シェイベルソン, R.　64, 67, 69
シェイヤー, M.　46
シェーネルトーライヒル, K.　287
ジェカス, V.　96
ジェサー, R.　234
ジェニングス, M.　257
シェフ, T.　96
ジェルデ, P.　103
ジェンキンズ, J.　295, 296
シディック, C.　274
シミズ, H.　103
シモンズ, R.　21, 35
ジャクソン, S.　22
ジャフィ, M.　224
ジャン, J.　257
ジャンク, L.　101
シャンクス, J.　107
シュヴァインハルト, L.　245
シャックスミス, J.　100, 101, 185, 186, 187, 192, 230
シュプレッヒャー, S.　132
シュルツ, L.　53
シュルマン, S.　107, 289
ショーター-グーデン, K.　84
ジョーンズ, G.　11, 12, 207, 211
ショフィールド, M.　123
ジョンソン, I.　208
ジョンソン, M.　262
シラー, J. C. F.　273
ジル, D.　261
シルバーライゼン, R.　10, 17, 30, 101, 128, 155, 258
シルバーベルグ, S.　93, 107
ズィーへ, T.　220
ズィンカー, J.　207
スターンバーグ, R.　47
スタイン, J.　31
スタイン, M.　21
スタインバーグ, L.　33, 93, 100, 107, 112, 123, 124, 235
スタウトハマー-ローバー, M.　241, 242

スタティン, H.　15, 17, 101, 239
スチュワート, F.　220
ストーン, M.　117
スポーズ, R.　117
スミス, C.　114
スミス, D.　170, 176, 234, 235
スミス, M.　295, 296
スメタナ, J.　97
スモーラ, J.　91, 98, 105, 189
スモール, S.　115
セミン, G.　127, 128
セルマン, R.　50, 51, 52, 53, 202, 253

た 行

ダーシー, C.　274
ダービン, D.　192
ダウゲリ, A.　141
タナー, J.　28, 30, 33, 36, 37
タリス, T.　127, 128
ダンネ, M.　135
ダンフィー, D.　180, 181, 193
チェイス-ランスデイル, L.　145, 146
チザム, L.　10
チャーチル, R.　168
チョウ, R.　104
ツイマーマン, M.　71, 72
デイヴィス, J.　159, 163
ティガマン, M.　218
ティザード, B.　85
テイバー, S.　11
デヴィッチ-ナヴァロ, M.　81
デニソン, C.　145, 146
デネヒー, A.　170
デュークス, R.　83
デューリー, D.　218
デューレイ, J.　97
デュセック, J.　289, 290
デュボア, D.　71, 290
テュリエル, E.　50
ドーヴァン, E.　91, 274
トーネイ-パルタ, J.　253, 255
トブラー, N.　247
トランブリー, R.　246
トリップ, J.　108

トルー, K.　173
ドルー, D.　210
トレボー, D.　129, 191
トレンパラ, J.　10

な 行

ナクラ, M.　53
ニエミ, R.　257
ニスベット, J.　230
ニューバン, T.　242
ヌルミ, J-E.　169
ノアク, P.　94, 256
ノラー, P.　96, 106, 218

は 行

パーカー, H.　163, 164, 165, 225
ハーゲル, A.　242
ハーシュ, B.　71
ハーシュバーガー, S.　141
パーセル, G.　215
ハーター, S.　64, 66, 67, 70
ハータップ, W.　201
ハート, D.　261
バーバ, B.　111
ハーマン-ギデンス, M.　37, 38
バイナー, J.　265
ハウザー, S.　107
バウムリンド, D.　99, 115
ハガティー, R.　294
ハケット, C.　265
パターソン, G.　246
バタチャリャ, G.　8
バチェルダー, T.　261
バック, L.　85
ハットフィールド, E.　132
パットン, W.　218
バティステュータ, M.　102
バトラー, I.　191
パピニ, D.　33
バブ, P.　143
バルテス, P.　15
パルモナリ, A.　191
ハレルマン, K.　10, 154
バレンボイム, C.　50

パワー, T. *107*
バンクロフト, J. *28*
ハンソン, S. *107*
バンデューラ, A. *274*
ピアジェ, J. *42, 44, 45, 46, 48, 53, 54, 253, 254*
ビアドスリー, W. *292*
ピーターセン, A. *34, 280*
ピュー, G. *114*
ビュキャナン, C. *108, 110, 111, 112, 113*
ヒリアー, L. *137*
ヒル, J. *15, 115*
ヒルシュ, B. *290*
ビンナー, J. *10*
ファーガソン, D. *295, 296*
ファーマン, T. *94*
ファーリントン, D. *234, 236, 242, 243*
ファーントラット, E. *230*
ファチオ, A. *102*
ファリストンベルグ, F. *112*
ファレル, C. *123*
ファン-アッカー, J. *117*
フィツジェラルド, M. *224*
フィッチ, S. *78*
フィッツシモンズ, B. *158*
フィニー, J. *63, 78, 79, 80, 81, 84*
フイバッシュ, C. *182*
フィリップ, K. *192*
ブーゲンサール, D. *115*
フェイリング, C. *93, 133*
フェグリー, S. *261*
フェザー, N. *218*
フェニックス, A. *85, 144*
フェルドマン, S. *20, 24, 298*
フォーゲルマン, K. *91, 96*
フォード, N. *124*
フォーロング, A. *216*
ブッシュ-ロスナゲール, N. *129, 191*
ブライア, J. *108, 111, 112*
ブライス, D. *21, 35*
フライデンバーグ, E. *281, 286, 287, 291, 292, 293, 298*
フライヤー, D. *218*
ブラウン, B. *184, 194, 195*
ブラウン, P. *211*
ブラザートン, C. *219*
ブラッケスリー, S. *110*
フラナガン, C. *261*
ブランチャード-フィールズ, F. *50*
ブリジット, J. *141*
ブリル, C. *262*
ブルックス-ガン, J. *12, 13, 17, 34, 35, 145, 146, 276, 280*
ブルデュー, P. *207*
ブレア, S. *174*
ブレイク, M. *206*
ブローズ, J. *218*
ブロック, J. *71*
ブロンフェンブレンナー, U. *15, 17, 200*
ブロンリー, J. *107*
ペイコフ, R. *17*
ヘヴン, P. *160, 201*
ヘザリングトン, M. *110, 112*
ベリー, J. *81*
ヘリンコール, E. *295, 296*
ベレンキー, M. *58*
ヘンゲラー, S. *247*
ヘンドリー, L. *21, 102, 156, 162, 164, 167, 168, 170, 172, 174, 185, 187, 191, 192, 195, 197, 201, 208, 209, 212, 214, 219, 221, 222, 223*
ボーエン, R. *50*
ホーグ, D. *69*
ボーゲンシュナイダー, K. *117*
ホートン, K. *171*
ボーリング, B. *236, 241*
ホール, G. スタンレー *9, 273, 274*
ボール, S. *207*
ボールディング, J. *161, 168*
ボンケ, K. *258*
ホスキン, M. *257*
ボズマ, H. *22*
ボトヴィン, G. *247*
ポドレフスキー, D. *292*
ホランド, W. *158*
ホームベック, G. *94*
ホワイト, A. *223*
ポントン, L. *134*

ま 行

マーザー, H.　84
マーシャ, J.　63, 76, 77, 79, 80
マーシャル, S.　83
マーシュ, H.　64, 161, 162
マーチニス, R.　83
マーティン, J.　99, 115, 289
マームバーグ, L.　10
マウンツ, N.　194
マウンテン, A.　173
マクドナルド, R.　213
マグナッソン, D.　15, 17, 239
マクファーリン, A.　168
マコード, J.　241
マステン, A.　296
マゾール, A.　103
マッキンタイア, S.　172
マックインタイレ, J.　289, 290
マッケイ, G.　226
マッコウビィ, E.　99, 115, 289
マッフェソリ, M.　182, 221, 228
マルクーン, A.　19, 20, 21
マレー, F.　45
ミウス, W.　191
ミズン, P.　215
ミッチェル, A.　149
ミューラー, J.　287
ムーア, S.　31, 127, 131, 132, 134
ムース, R.　14, 15, 16, 46, 273
ムンシュ, J.　281
メシュケ, L.　128
モーガン, K.　124
モラー, C.　230
モンスール, A.　66
モンテマイヤー, R.　107

や 行

ヤーンケ, H.　50
ヤコブソン, L.　158
ユーニス, J.　91, 97, 105, 189, 259

ら 行

ラーソン, R.　94, 95, 263, 280, 282
ラーナー, R.　15, 16, 22, 35
ライアン, J.　248
ライカー, S.　240
ライザ, L.　31
ライス, K.　275, 276
ライス, M.　149
ラインイシュ, J.　28
ラザラス, R.　284, 291
ラター, M.　170, 176, 234, 235, 238, 239, 241, 294,
ラドック, J.　201
ラプスリー, D.　58
ランボーン, S.　93
リチャーズ, M.　113
リッカーズ, W.　168
リプシー, M.　247
リンスキー, M.　295, 296
ルイス, M.　93
ルーウイス, R.　287
ルヴェスク, R.　132
ルーカス, K.　157, 158
ルート, S.　261
レヴィン, K.　18, 168
ロイド, B.　157, 158
ロー, K.　228
ローカー, D.　117, 163, 166, 265, 266, 268
ローゼラム-ボラス, M.　141
ローゼル, F.　154
ローゼンタール, D　84, 127, 131, 132
ローゼンバーグ, M.　67, 68, 70
ロジャーズ, B.　108, 111, 112
ロバーツ, K.　23, 215
ロビンズ, L.　242
ロビンズ, R.　71

わ 行

ワード, S.　46
ワーレステイン, J.　110
ワイカルト, D.　245
ワイマン, P.　296
ワインフィールド, A.　216, 217, 218
ワグナー, B.　280
ワシントン, N.　84
ワックシュラーク, L.　146

ワンブラー, R.　*281*

訳者あとがき

　本書は, John C. Coleman and Leo B. Hendry, *The Nature of Adolescence* (3rd. Edition) (London : Routledge, 1999) の全訳である。ただし, 文献紹介と謝辞は省略した。

　ジョン・コールマン博士は, 1940年, イングランドのデヴォン生まれ。カナダのマギール大学を卒業後, ロンドン大学で博士号を取得した。臨床心理士。『青年期研究』(*Journal of Adolescence*) の編集長を歴任するなど, イギリスを代表する世界的な青年心理学者である。彼は私財を投じて1989年に設立した青年研究財団 (Trust of Adolescence Research) の所長 (director) をしている。彼は大学のアカデミックな世界ではなく, 在野で研究を続けたが, それは実践的な研究を志したからである。その成果は, 本書でもいかんなく発揮されている。

　共著者のレオ・ヘンドリー博士は, 1935年, スコットランドのグラスゴー生まれ。ストラスクライド大学出身。アバディーン大学で博士号を取得した。プロのサッカー選手としてレクサム・サッカー・クラブに入っていたことがある。現在, アバディーン大学名誉教授, ノルウェーの科学技術大学児童研究センターの心理学教授であり, 青年期のみならず, 生涯発達や学習方略も研究している。

　本書は類書を見ないすぐれた特徴がある。以下にその理由を記す。

　第1に, 本書は青年心理学のテキストであり, 青年期にかんする基本的な知識が網羅されているが, それのみならず, 最新の研究動向も反映している。青年期にかんするすべての分野で, 膨大な文献から, これだけコンパクトに概説するというのは, 英語圏の研究者ならではのことであろうが, それだけではない。全体を見渡すだけの視野の広さがある。アメリカの研究の紹介が優勢な心理学界にあって, 著者がイギリスの研究者ということもあり, 本書はヨーロッパの動向にも詳しい。

　第2に, 青年期の心理を社会的文脈のなかで問題にしており, 貧困・人種・

ジェンダーという視点から検討している。これは，社会の辺縁へと追い込まれている今日の青年たちの視点から問題をとらえることを意味する。本書は，セックス・労働・政治・余暇・犯罪などといった問題も扱っており，私たちが疑問を感じていることにも応えてくれる。その際，今日の青年のもつポジティブな面や新しい可能性に注目していることは特筆すべきである。

　第3に，実践への示唆を与えてくれることである。コールマン博士の研究所に行ってみて驚くことは，研究内容が実践的なことである。たとえば，実践家のための研修用のビデオ教材を開発し，その効果を検証している。こうした研究の蓄積のうえに，広く文献にあたって，本書が書かれている。しかも，実践家への本書のメッセージは，発達の視点で見ることの重要性に裏づけられている。それは発達心理学がはぐくんできたことである。実践家への示唆はさらに社会や政策への提言にも及んでいる。

　第4に，本書は単なるテキストではなく，オリジナリティがある。コールマン博士は青年期の発達を説明する理論として「焦点理論」(focal theory) の提唱者として有名だが，本書は彼の最新のアイディアを概観できる。従来の青年心理学は青年期を「危機の時期」とみなしてきたが，今日では，危機のある3，4割の青年と，危機のない6，7割の青年のそれぞれを説明することが課題となっている。コールマン博士は青年期に直面する発達上の課題が重複した場合には負担が過重になるために青年が危機に陥ると説明した。

　以上のような魅力から，1980年に第1版が刊行されてから，長いあいだ好評を博して，今日の第3版の刊行に至ったのであろう。本書を翻訳してみて，その魅力をますます強く感じた。

　本書を翻訳するきっかけは，訳者のひとりの杉村和美氏が1995年にイギリスのコールマン博士の研究所を訪ねたことから始まる。その縁があって，白井は1999年の夏に研究所にしばらく滞在した。帰り際にコールマン博士から「秋に第3版を刊行するが，日本語に訳してくれないか」と声をかけられた。厳しい出版事情を考えると即答できなかったが，こうして翻訳を出版できて，コールマン博士に見せることができると思うと，大変嬉しい。翻訳を勧めていただき，終始，暖かい励ましと惜しみない援助をしていていただいたコールマン博士に深

くお礼を申し上げます。

　本書の翻訳は，幸い，若松養亮氏，杉村和美氏，小林亮氏，柏尾眞津子氏の献身的な協力を得て行われた。第1章は，若松氏，杉村氏と白井で，第12章は，小林氏，柏尾氏と白井で訳した。ほかは単独で，若松氏は第7章と第9章，杉村氏は第4章と第8章，小林氏は第3章と第11章，柏尾氏は第5章と第6章，白井は第2章と第10章，日本語版への序文を訳した。各自が担当分を訳した後，互いにチェックしあった。最終的に白井が編集上の統一をした。邦訳文献一覧は杉村氏と白井で作成した。辛抱強い努力のおかげで，作業を丁寧に進めることができた。心からお礼を申し上げます。また，訳語等をめぐってご教示いただいた諸氏にも，お礼申し上げます。

　最後に，本書の刊行を引き受けていただいたばかりか，辛抱強く励ましていただいたミネルヴァ書房と編集部の寺内一郎氏に厚くお礼申し上げます。

2003年9月

訳者を代表して
白井　利明

《著者紹介》

John C. Coleman, PhD

1940年，イングランドのデヴォン生まれ。カナダのマギール大学を卒業後，ロンドン大学で博士号を取得した。ロンドンのミドルセックス病院にて臨床心理士の訓練を受け，王立ロンドン病院精神科の主任講師として14年間働く。現在，青年研究財団所長。イギリス心理学会特別会員。学術雑誌『青年期研究』の編集長を歴任し，Routledge社の出版シリーズ「青年期と社会」を編集している。イギリスを代表する国際的な青年心理学者である。2001年には青少年司法事業への貢献で大英帝国四等勲位を授与された。

Leo B. Hendry, PhD

1935年，スコットランドのグラスゴー生まれ。ストラスクライド大学出身。中等学校などで体育を教える。アバディーン大学で博士号を取得した。現在，アバディーン大学名誉教授，ノルウェーの科学技術大学児童研究センターの健康心理学教授。青年期のみならず，生涯発達や学習方略も研究している。ゴルファーのためのメンタルトレーニングにも携わっている。著書としては，"Lifespan Development : Resources, Challenges and Risks"（Marion Kloepと共著，2002年）などがある。

《訳者紹介》

白井　利明（しらい　としあき）
東北大学大学院教育学研究科博士課程後期中退，博士（教育学）
大阪教育大学教育学部教授
　主　著　『時間的展望の生涯発達心理学』勁草書房　1997
　　　　　『〈希望〉の心理学―時間的展望をどうもつか―』講談社・現代新書　2001

若松　養亮（わかまつ　ようすけ）
東北大学大学院教育学研究科博士課程後期単位取得退学
滋賀大学教育学部助教授
　主　著　『入門　進路指導・相談』（共著）福村出版　2000
　　　　　『現代のエスプリ　427　フリーター』（共著）至文堂　2003

杉村　和美（すぎむら　かずみ）
名古屋大学大学院教育学研究科博士課程後期中退，博士（教育心理学）
名古屋大学　発達心理精神科学教育研究センター・学生相談総合センター　助教授
　主　著　「現代女性の青年期から中年期までのアイデンティティ発達」岡本祐子（編）

『女性の生涯発達とアイデンティティ―個としての発達・かかわりの中での成熟―』北大路書房　1999（pp. 55-86）
「アイデンティティ・ステイタスに関する研究」鑪幹八郎・宮下一博・岡本祐子（編）
『アイデンティティ研究の展望Ⅵ』ナカニシヤ出版　2002（pp. 79-94）

小林　亮（こばやし　まこと）

慶應義塾大学大学院社会学研究科修士課程修了後，ドイツ・コンスタンツ大学心理学研究科博士課程修了。博士（心理学）Doctor rerum socialium
玉川大学教育学部助教授
主論文　『日独児童における自己概念と共感性』（Selbstkonzept und Empathie im Kulturvergleich : Ein Vergleich deutscher und japanischer Kinder）コンスタンツ大学出版部（Universitaetsverlag Konstanz）　1995
「独立的自己と相互依存的自己に関する8歳児女子の日独比較」発達心理学研究，第9巻　第2号　84-94　1998

柏尾　眞津子（かしお　まつこ）

関西大学大学院社会学研究科博士後期課程
大阪国際大学人間科学部講師
主　著　『心理学からみた人間行動と社会』小林出版　2001
『喪失体験とトラウマ―喪失心理学入門―』（共著）北大路書房　2003　J. H. ハーヴェイ　和田実，増田匡裕編訳

青年期の本質

2003年10月30日　初版第1刷発行　　　〈検印廃止〉

定価はカバーに表示しています

訳　者	白　井　利　明ほか	
発行者	杉　田　啓　三	
印刷者	江　戸　宏　介	

発行所　株式会社　ミネルヴァ書房
607-8494 京都市山科区日ノ岡堤谷町1
電話代表　(075)581-5191
振替口座　01020-0-8076

© 白井利明ほか, 2003　　共同印刷工業・新生製本

ISBN4-623-03884-X

Printed in Japan

シリーズ／臨床発達心理学（全5巻）

日本発達心理学会　企画／柏木惠子・藤永　保　監修

長崎　勤・古澤頼雄・藤田継道　編著

❶ 臨床発達心理学概論──発達支援の理論と実際

どんな人も生涯発達の中で様々な問題や障害に向き合う。従来の健常／障害の二分法のパラダイムを越え，問題や障害も包み込んだ人間発達を，生物・心理・社会の観点からトータルにとらえ，支援してゆく方法について考える。

田島信元・子安増生・森永良子・前川久男・菅野　敦　編著

❷ 認知発達とその支援

認知発達は主体と環境との絶えざる相互作用を通して達成される主体の世界観の変容過程で，発達の基礎的側面を担っている。本巻では健全発達保障および障害の適切な査定と対処に関わる考え方や方法・技法の理解を目指す。

須田　治・別府　哲　編著

❸ 社会・情動発達とその支援

社会性と情動の発達，それはヒトが人々のあいだで，人間らしい関係を生みだし，うまく生きるための調整を育む発達をさす。その危機への対処のための評価と支援の在り方を，具体的問題に即して述べていく。

岩立志津夫・小椋たみ子　編著

❹ 言語発達とその支援

臨床発達心理士は臨床の場で多種多様な言語発達上の問題に出会う。それらの問題に対処するための，理論的基盤や評価法，支援方法などについて最新の知見に基づき，支援事例も含め具体的に述べていく。

藤﨑眞知代・本郷一夫・金田利子・無藤　隆　編著

❺ 育児・保育現場での発達とその支援

育児・保育現場で，一人ひとりの子どもが自然，人，そして自分自身とかかわりながら生き生きと生活し発達していくことへの支援を，新たな人間探求の領域である臨床発達心理学に基づいて具体的に述べていく。

■ 各巻／Ａ5判上製カバー・平均320頁・本体価格2800円 ■

ミネルヴァ書房
http://www.minervashobo.co.jp/